中华现代学术名著丛书

# 中国古代服饰研究

沈从文 编著

商务印书馆
创于1897 The Commercial Press

**图书在版编目(CIP)数据**

中国古代服饰研究/沈从文编著. —北京:商务印书馆,2011(2024.11 重印)
(中华现代学术名著丛书)
ISBN 978-7-100-08623-3

I.①中… II.①沈… III.①服饰—研究—中国—古代 IV.①K875.24

中国版本图书馆 CIP 数据核字(2011)第 192876 号





助理:王矛
绘图:陈大章、李之檀、范曾主图
王亚蓉插图

中华现代学术名著丛书
**中国古代服饰研究**
沈从文 编著

商 务 印 书 馆 出 版
(北京王府井大街 36 号 邮政编码 100710)
商 务 印 书 馆 发 行
北京通州皇家印刷厂印刷
ISBN 978-7-100-08623-3

2011 年 12 月第 1 版　　开本 880×1240 1/32
2024 年 11 月北京第 18 次印刷　　印张 24¾ 插页 2
定价:99.00 元

沈从文

(1902—1988)

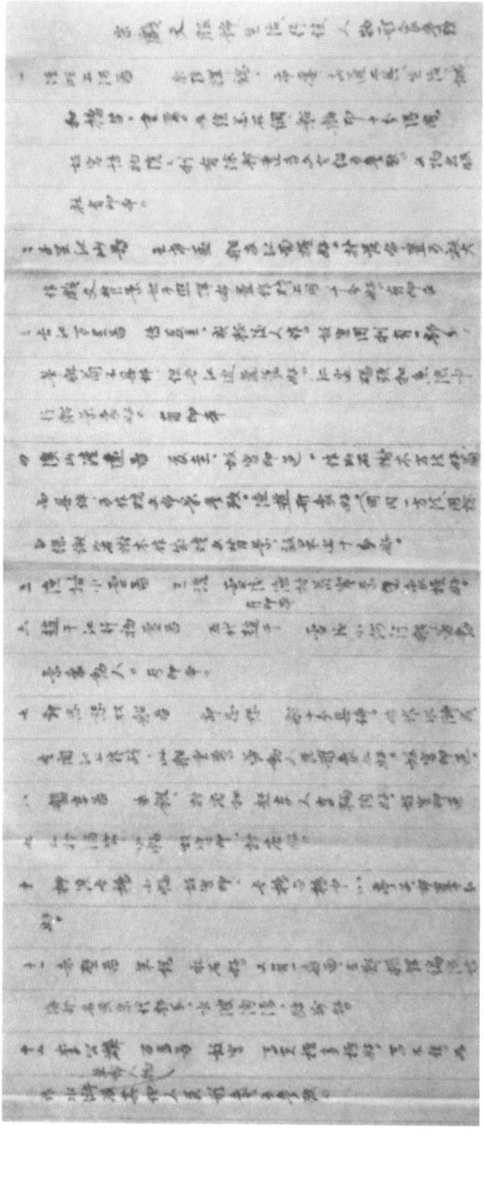

作者手迹（一）

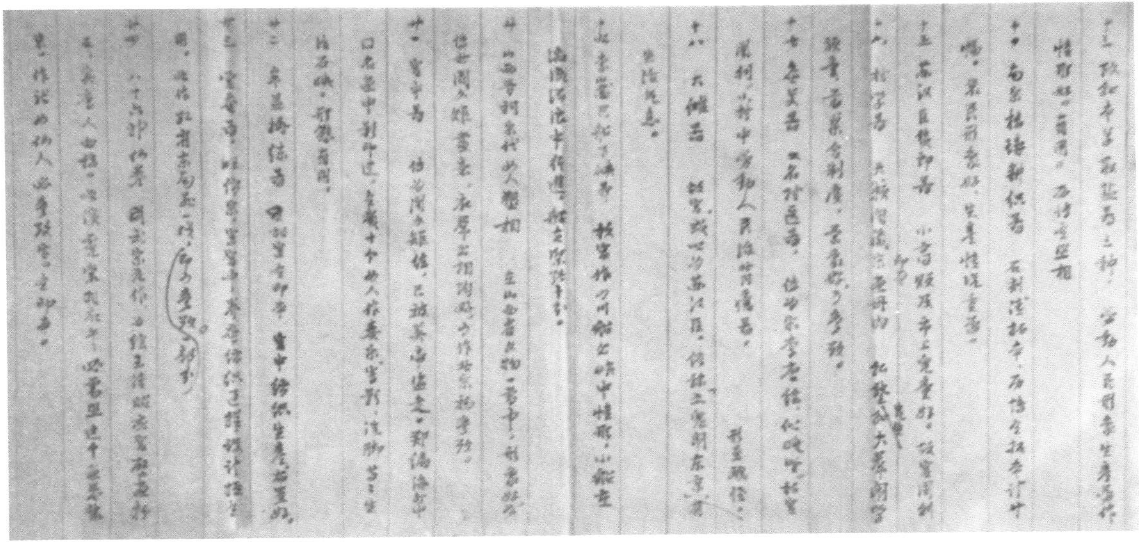

作者手迹（二）

作者手迹（三）

# 出版说明

百年前，张之洞尝劝学曰：“世运之明晦，人才之盛衰，其表在政，其里在学。”是时，国势颓危，列强环伺，传统频遭质疑，西学新知亟亟而入。一时间，中西学并立，文史哲分家，经济、政治、社会等新学科勃兴，令国人乱花迷眼。然而，淆乱之中，自有元气淋漓之象。中华现代学术之转型正是完成于这一混沌时期，于切磋琢磨、交锋碰撞中不断前行，涌现了一大批学术名家与经典之作。而学术与思想之新变，亦带动了社会各领域的全面转型，为中华复兴奠定了坚实基础。

时至今日，中华现代学术已走过百余年，其间百家林立、论辩蜂起，沉浮消长瞬息万变，情势之复杂自不待言。温故而知新，述往事而思来者。“中华现代学术名著丛书”之编纂，其意正在于此，冀辨章学术，考镜源流，收纳各学科学派名家名作，以展现中华传统文化之新变，探求中华现代学术之根基。

“中华现代学术名著丛书”收录上自晚清下至20世纪80年代末中国大陆及港澳台地区、海外华人学者的原创学术名著（包括外文著作），以人文社会科学为主体兼及其他，涵盖文学、历史、哲学、政治、经济、法律和社会学等众多学科。

出版“中华现代学术名著丛书”,为本馆一大夙愿。自1897年始创起,本馆以“昌明教育,开启民智”为己任,有幸首刊了中华现代学术史上诸多开山之著、扛鼎之作;于中华现代学术之建立与变迁而言,既为参与者,也是见证者。作为对前人出版成绩与文化理念的承续,本馆倾力谋划,经学界通人擘画,并得国家出版基金支持,终以此丛书呈现于读者面前。唯望无论多少年,皆能傲立于书架,并希冀其能与“汉译世界学术名著丛书”共相辉映。如此宏愿,难免汲深绠短之忧,诚盼专家学者和广大读者共襄助之。

商务印书馆编辑部

2010年12月

# 凡　例

一、“中华现代学术名著丛书”收录晚清以迄20世纪80年代末，为中华学人所著，成就斐然、泽被学林之学术著作。入选著作以名著为主，酌量选录名篇合集。

二、入选著作内容、编次一仍其旧，唯各书卷首冠以作者照片、手迹等。卷末附作者学术年表和题解文章，诚邀专家学者撰写而成，意在介绍作者学术成就，著作成书背景、学术价值及版本流变等情况。

三、入选著作率以原刊或作者修订、校阅本为底本，参校他本，正其讹误。前人引书，时有省略更改，倘不失原意，则不以原书文字改动引文；如确需校改，则出脚注说明版本依据，以“编者注”或“校者注”形式说明。

四、作者自有其文字风格，各时代均有其语言习惯，故不按现行用法、写法及表现手法改动原文；原书专名（人名、地名、术语）及译名与今不统一者，亦不作改动。如确系作者笔误、排印舛误、数据计算与外文拼写错误等，则予径改。

五、原书为直（横）排繁体者，除个别特殊情况，均改作横排简体。其中原书无标点或仅有简单断句者，一律改为新式标点,专名号从略。

六、除特殊情况外,原书篇后注移作脚注,双行夹注改为单行夹注。文献著录则从其原貌,稍加统一。

七、原书因年代久远而字迹模糊或纸页残缺者,据所缺字数用“□”表示;字数难以确定者,则用“(下缺)”表示。

# 序　　言

工艺美术是测定民族文化水平的标准，在这里艺术和生活是密切结合着的。

古代服饰是工艺美术的主要组成部分，资料甚多，大可集中研究。于此可以考见民族文化发展的轨迹和各兄弟民族间的相互影响。历代生产方式、阶级关系、风俗习惯、文物制度等，大可一目了然，是绝好的史料。

遗品大率出自无名作家之手。历代劳动人民，无分男女，他们的创造精神，他们的改造自然、改造社会的毅力，具有着强烈的生命脉搏，纵隔千万年，都能使人直接感受，这是值得特别重视的。

一九六四年六月廿五日

郭沫若

# 目　录

# 引　言

沈从文

中国服饰研究，文字材料多，和具体问题差距大，纯粹由文字出发而作出的说明和图解，所得知识实难全面，如宋人作《三礼图》就是一个好例。但由于官刻影响大，此后千年却容易讹谬相承。如和近年大量出土文物铜、玉、砖、石、木、漆、刻画一加比证，就可知这部门工作研究方法，或值得重新着手。汉代以来各史虽多附有《舆服志》、《仪卫志》、《郊祀志》、《五行志》，无不有涉及舆服的记载，内容重点多限于上层统治者朝会、郊祀、宴享和一个庞大官僚集团的朝服、官服。记载虽若十分详尽，其实多辗转沿袭，未必见于实用。私人著述不下百十种，如《西京杂记》、《古今注》、《拾遗记》、《酉阳杂俎》、《炙毂子》、《事物纪原》、《清异录》、《云仙散录》等，又多近小说家言，或故神其说，或以意附会，即汉人叙汉事、唐人叙唐事，亦难于落实征信。墓葬中出土陶、土、木、石、铜诸人形俑，时代虽若十分明确，其实亦不尽然，真实性也只能相对而言。因社会习惯相承，经常有从政治角度出发把前一王朝官吏作为新王朝仆从差役事。因此新的探讨，似乎还值得多方面去求理解，才可望得到应有的新认识。

本人因在博物馆工作较久，接触实物、图像、壁画、墓俑的机会较多，杂文物经手过眼也较广泛，因此试从常识出发排比排比材料，采用一个以图像为主结合文献进行比较探索、综合分析的方法，得到些新的认识理解，根据它提出些新的问题。但出土文物以千百万计，即和服饰有关部分，也宜以百十万计。遗物既分散国内外各地，个人见闻接触究竟有限，试探性工作中自难免顾此失彼，得失互见十分明显。只是应用方法较实际，由此出发，日积月累，或许还是一条比较唯物实事求是的新路。因此在本书付印之前，对于书中重点作些简要介绍，求教于海内外学者专家。

本书中商代部分，辑录了较多用不同材料反映不同衣着体型的商代人形，文字说明却较少。私意这些人形，不仅反映商王朝不同阶层，可能还包括有甲骨文中常提到的征伐所及，当时与商王朝对立各部族，如在西北的人方、鬼方，在东南的徐、淮夷，在西南的荆、楚及巴、濮各族人民形象。在铜、玉、陶、石人形中，必兼而有之。特别是青铜兵器和其他器物上所反映形象，多来自异族劲敌，可能性更大。

西周和东周材料比较贫乏，似可作两种解释：一、为立国重农而比较节俭，前期大型墓葬即较少，而铜、玉器物制度且多沿袭商代式样。礼制用玉占主要地位，赏玩玉物却不多（近年在湖南、云南和其他地区出土大量商代玉器，和史称分封之宝玉重器于诸有功国事之大臣情形或相关。说是商代逃亡奴隶主遗物，似值得商讨）。二、用土、木俑殉葬制犹未形成。车乘重实用而少华靡，有一定制度，车上装饰物作铜人形象亦仅见。领作矩式曲折而下，上承商代而下及战国，十分重要。另一铜簋下座两扇门间露出一个人像，虽具体而微，仍极重要。据近年江南出土东周残匜细刻纹饰反映生活情形看来，制作也还简质，在同时青铜器物纹饰中为仅见。直到春秋、战国才成为一种常用主题装饰图案。

春秋、战国由于诸侯兼并，技术交流，周代往日“珠玉锦绣不鬻于市”的法规制度已被突破，珠玉、锦绣已成为商品市场特别商品一部门。因之陈留、襄邑彩锦，齐、鲁细薄丝织品和彩绣及金银镶嵌工艺，价值连城之珠玉，制作精美使用轻便之彩绘漆器，均逐一出现于诸侯聘问礼物中，或成为新兴市场特种商品。衣着服饰之文采缤纷、光辉灿烂，车乘装饰之华美，经常反映于诗歌文传记载中。又由于厚葬风气盛行，保存技术也得到高度进展。因之近年大量出土文物中，一一得到证实。三门峡虢墓出土物和新郑出土物、河南信阳楚墓出土物、安徽寿县蔡侯墓出土物、辉县琉璃阁出土物、金村韩墓出土物，……及近年湖北随县曾侯乙墓出土物、河北中山王墓出土物，文物数量之多、制作之精美，无一不令人眼目一新，为前所未闻。特别是在这一历史阶段中，运用各种不同器材，反映出人物生活形象之具体逼真，衣着服饰之多样化，更开拓了我们不少眼界。前人千言万语形容难以明确处，从新出土文物中均可初步得到较正确理解。有的形象和史传诗文可以互证，居多且可充实文献所不足处。不过图像反映虽多，材料既分散全国，有的又流传国外，这方面知识因之依然有一定局限性。丝绸、锦绣，因时间经过二十四五个世纪，残余物难于保存本来面目。但由于出土数量多，分布面积广，依旧可以证明一部中国古代物质文化史，还保存得上好于地下。今后随同生产建设，更新更多方面的发现是完全可以肯定的。综合各部门的发现加以分别研究，所得的知识也必然将比过去以文献为主的史部学研究方法，开拓无限广阔的天地。文物学必将成为一种崭新独立科学，得到应有重视，值得投入更多人力、物力进行分门别类研究，为技术发展史、美术史、美学史、文化史提供丰富无可比拟的新原料。如善于应用，得到的新成就是可以预料得到的。因为世界任何一个国家，都没有条件保存得那么丰富完整的物质文化遗产于地下。

近人喜说战国是一个“百家争鸣、百花齐放”的时代。严格一点说来，目下治文史的居多注重前面四个字，指的只是诸子百家各自著书立说而言，而对后面四个字还缺少应有的关心，认识也就比较模糊。因为照习惯，对于百工艺业的成就就兴趣不多。其实若不把这个时期物质文化成就中各部门成就加以深入研究，并能会通运用，是不可能对于“百花齐放”真正有深刻体会的。因为就这个时代的应用工艺的任何一部门成就而言，就令人有目迷五色，叹为观止！以衣着材料言，从图像方面还难得明确完整印象，但仅就近年河北出土中山王墓内青铜文物和湖北随县曾侯墓出土棺椁器物彩漆文饰，及当时诗文辞赋形容衣饰之华美，与事实必相差不多。由春秋、战国到秦统一先后近三个世纪，由于时间、空间、族别、习惯不同，文献材料不足征。目下实物图像材料反映虽较具体，仍只能说是点点滴滴，但基本式样也可说已能把握得住，如衣袍宽博属于社会上层，奴隶仆从则短衣紧袖口具一般性，又或与历来说的胡服有些联系，比较可以肯定的，则花样百出不拘一格、式样突破礼制是特征。至于在采用同一形式加工于不同器物上，如金银错器反映生活文武男女有相近处。就我们目下知识，只能作如下推测：即这类器物同出于一个地区，当时系作为特种礼品或商品而分布各地，衣着反映因之近于一律，和真实情形必有一定差距。我们用它来说明，这是春秋、战国时工艺品反映当时人事生活作为主题的新产品，同时也反映部分社会现实，似不会错误。若一律肯定为出土地社会生活，衣着亦即反映某地区人民衣着特征，证据还不够充分。

秦代统一中国后，虽有“车同轨，书同文字”记载，至于这一历史时代的衣着，除了秦尚黑、囚徒衣赭，此外我们却近于极端无知。直到近年才仅从始皇陵前发现几件大型妇女坐俑，得知衣袖紧小、梳银锭式后垂发髻，和辉县出土战国小铜人实相近，与楚帛画妇女发髻亦相差不多。最重要的发现是衣着多绕襟盘旋而下，反映于铜器平面图像上虽不甚具体，反映于木陶彩俑、铜玉人形等立体材料上则十分明确。腰带边沿彩织装饰物，花纹精致处多超过我们想象。由比较得知，这种制度一直相沿到汉代，且具全国性。证明《方言》说的“绕衿谓之裙”的正确含义。历来从文字角度出发，对于“衿”字解释为衣领固不确，即解释为衣襟，若不从图像上明白当时衣襟制度，亦始终难得其解。因为这种衣服，原来从大襟至胁间即向后旋绕而下。其中一式至背后即直下，另一式则仍回绕向前，和古称“衣作绣、锦为缘”有密切联系。到马王堆西汉初期古墓大量实物和彩绘木俑出土，才深一层明白如此使用材料，实用价值比艺术效果占更重要意义。从大量图像比较，又才明白这种衣着剪裁方式，实由战国到两汉，结束于晋代。《东宫旧事》和墓葬中殉葬鈆木简椟，都提到“单裙”、“复裙”。提到衣衫时，且常有某某衣及某某结缨字样。“结缨”即系衣时代替纽扣的带子，分段固定于襟下的（衣裙分别存在，虽在近年北京琉璃河出一西汉雕玉舞女上即反映分明，但直到东汉末三国时期才流行。图像则从《女史箴》临镜化妆部分进一步得到证实）。

秦代出土人形主要为战车和骑士，数量达八千余人。人物面目既高度写实，衣甲、器物亦一切如真，惟战士头髻处理繁琐到无从设想。当时如何加工，又如何能持久保持原有状态？髻偏于一侧，有无等级区别？是一个无从索解的问题，实有待更新的发现。

两汉时间长，变化大，而史部书又特列舆服部门，冠、绶二物且和官爵等第密切相关，记载十分详尽，但试和大量石刻、彩绘校核，都不易符合。主要原因文献记载中冠制多朝会宴享、郊天祀地、高级统治者的礼仪上服用制度，而石刻反映却多平时燕居生活和奴仆劳动情况。且东汉人叙西汉事已隔一层，组绶织作技术即因战乱而失传，悬重赏征求才告恢复，可知加工技术必相当复杂。近半个世纪以来，出土石刻、彩绘图像虽多，有的还保存得十分完整，惟绶的制作仍少具体知识。又如东汉石刻壁画的梁冠，照记载梁数和爵位密切相关，帝王必九梁，而石刻反映则一般只一梁至三梁，也难和记载一一印证。且主要区别，西汉冠巾约发而不裹额，裹额之巾帻，东汉始出现。袍服在东汉具有一定形制，西汉不甚严格统一。从近年长沙马王堆出土大量保存完整实物，更易明确问题。又帝王及其亲属，礼制中最重要的为东园秘器二十八种中的金银缕玉衣。照《汉志》记载，这种玉衣全部重叠如鱼鳞，足胫用长及尺许玉札缠裹。从近年较多出土实物看来，则全身均用长方玉片联缀而成，惟用大玉片作足底。王侯丧葬礼仪，史志正式记载尚如此不易符合事实，其余难征信处可想而知。

又汉代叔孙通虽订下车舆等级制度，由于商业发展，许多禁令制度早即为商人所破坏，不受法律约束。正如贾谊说的帝王所衣黼绣，商人则用以被墙壁，童奴且穿丝履。

从东汉社会上层看来，袍服转入制度化似乎比西汉较统一。武氏石刻全部虽如用图案化加以表现，交代制度即相当具体。特别是象征官爵等级的绶，制度区别严格，由色彩、长短和绪头粗细区别官品地位。武氏石刻绶的形象及位置，反映得还是比较清楚。直到汉末梁冠去梁之平巾帻，汉末也经过统一，不分贵贱，一律使用。到三国，则因军事原因，多用巾帼代替。不仅文人使用巾子表示名士风流，主持军事的将帅，如袁绍、崔钧之徒，亦均以幅巾为雅。诸葛亮亦有纶巾羽扇指挥战事，故事且流传千载。当时有“折角巾”、“菱角巾”、“紫纶巾”、“白纶巾”等名目，张角起义则着黄巾。可知形状、材料、色彩也必各有不同，风气且影响到晋南北朝。至于巾子式样，如不联系当时或稍后图像，则知识并不落实。其实仿古弁形制如合掌的，似应为“帢”；如波浪皱褶的，应名为“帽”。时代稍后，或出于晋人戴逵作《列女仁智图》，及近年南京西善桥出土《竹林七贤图》，齐、梁时人作《斲琴图》，均有较明确反映。

至两晋衣着特征，男子在官职的头上流行小冠子，实即平巾帻缩小，转回到“约发而不裹额”式样。一般平民侍仆，男的头上则为后部尖耸略偏一侧之帩头，到后转成尖顶毡帽，南北且有同一趋势。妇女则如干宝《晋纪》和《晋书·五行志》说的衣着上俭而下丰（即上短小，下宽大），髻用假发相衬，见时代特征。因发髻过大过重，不能常戴，平时必搁置架上。从墓俑反映，西晋作十字式，尚不过大。到东晋，则两鬓抱面，直到遮蔽眉额。到东晋末齐、梁间改为急束其发上耸成双环，名“飞天紒”，邓县出土南朝画像砖上所见妇女有典型性，显然受佛教影响。北方石刻作梁鸿孟光举案齐眉故事，天龙山石刻供养人，头上均有这种发式出现，且作种种不同发展。但北朝男子官服定型有异于南朝，则为在晋式小冠子外加一筒子式平顶漆纱笼冠。因此得知，传世《洛神赋图》产生时代，决不会早于元魏定都洛阳以前。历来相传为顾恺之笔，由服饰看来时代即晚。

隋统一中国后，文帝一朝社会生活比较简朴。从敦煌壁画贵族进香人，到青白釉墓葬女侍俑比较，衣着式样均相差不多。特征为小袖长裙，裙上系及胸。

谈唐代服饰的，因文献说明具体，材料又特别丰富，论述亦多。因此本书只就前人所未及处，略加引申。一为从唐初李寿墓中出土伎乐石刻绘画及传世《步辇图》中宫女看来，可得如下较新知识：初唐衣着还多沿隋代旧制，变化不大，而伎乐已分坐部和立部。二由新疆近年出土墓俑及长安新出唐永泰公主、懿德太子诸陵壁画所见，得知唐代胡服似可分前后两期。前期来自西域、高昌、龟兹，间接则出于波斯影响，特征为头戴浑脱帽，身穿圆领或翻领小袖衣衫，条纹卷口裤，透空软底锦靿靴，出行骑马必着帷帽。和文献所称，盛行于开、天间实早百十年。后期则如白居易新乐府所咏"时世妆"形容，特征为蛮鬟椎髻，眉作八字低颦，脸敷黄粉，唇注乌膏，影响实出自吐蕃。图像反映有传世《宫乐图》、《倦绣图》均具代表性，实元和间产物。至于开元、天宝间，则画迹传世甚多，和胡服关系不大。叙发展，谈衍变，影响后世较大，特别值得一提的即帷帽。历来相传出于北齐幂䍦，或称"幂罗"，以为原遮蔽全身，至今无图像可证。帷帽废除于开元、天宝间，是事实亦不尽合事实，因为宫廷贵族虽已废除，以后还流行于民间，宋、元画迹中均可发现。在社会上层，也还留下部分残余痕迹，即在额前露出一小方马尾罗，名"透额罗"。反映于图像中，只敦煌开元间《乐廷瓌夫人行香图》中进香青年眷属或侍女三人额间，尚可明白位置和式样。透额罗虽后世无闻，但转至宋代则成为渔婆勒子、帽勒，且盛行于明、清。帷帽上层妇女虽不使用，代替它的是在头顶上披一薄纱，称“盖头”。宋代用紫罗，称“紫罗盖头”。反映于北宋上层妇女头上，《花石仕女图》有代表性。反映于农村妇女，则南宋名画家李嵩《货郎图》中几个农村妇女头上，均罩有同式薄质纱罗。就一般说，既有装饰美观作用，亦有实用价值，才因此继续使用。

妇女花冠起源于唐代，盛行于宋代。名称虽同，着法式样迥异。唐代花冠如一顶帽子套在头上，直到发际。《宫乐图》、《倦绣图》反映都极具体。至于宋代花冠，则系用罗帛仿照真花作成。宋人尚高髻，向上直耸高及三尺，以至朝廷在皇祐中不得不用法律禁止。原因是当时花冠多仿拟真花。宋代尚牡丹、芍药，据《洛阳花木记》记载，由于栽培得法，花朵重台有高及二尺的，称“重楼子”，在瓷州窑墨绘瓷枕上即常有反映。此外《洛阳花木记》、《牡丹谱》、《芍药谱》称“楼子”、“冠子”的多不胜数。宋人作《花石仕女图》中所见，应即重楼子花冠。且由此得知，至于传世《簪花仕女图》，从人形衣着言，原稿必成于开元、天宝间，即在蓬松发际加一点翠金步摇钗，实纯粹当时标准式样。如再加一像生花朵，则近于画蛇添足，不伦不类矣。这种插戴在唐代为稀有少见，在宋则近一般性。宋代遇喜庆大典、佳节良辰、帝王出行，公卿百官骑从卫士无不簪花，帝王本人亦不例外。花朵式样和使用材料均有记载，区别明确。图像反映更可相互取证。又唐代官服彩绫花纹分六种，除“地黄交枝”属植物，其余均为鸟类衔花，在铜镜和带板上均有形象可证，惟图像和实物却少证据，是一待解决问题。

宋人衣着特别值得一提的，即除妇女高髻大梳见时代特征，还有北宋一时曾流行来自契丹上部着宋式对襟加领抹（花边）旋袄，下身不着裙只着长统袜裤的“吊墩服”，即后来的“解马装”，影响流行于社会上层，至用严格法律禁止。但伎乐人衣着，照例不受法令限制，所以在杂剧人图画中，还经常可见到这种外来衣着形象。男子朝服大袖宽衫，官服仍流行唐式圆领服制度，和唐式截然不同处，为圆领内必加衬领。起于五代，敦煌壁画反映明确。而宋人侍仆和子侄晚辈，闲散无事时必扠手示敬。在近年大量出土壁画上所见及辽、金墓壁画上的南官及汉人部从亦无例外，随处可以发现这种示敬形象，宋、元间刻的《事林广记》中且用图说加以解释。试从制度出发，即可发现有些传世名画的产生年代，或值得重新研究。例如传世韩滉《文苑图》，或应成于宋代画家之手，问题即在圆领服出现衬领，不可能早于五代十国。《韩熙载夜宴图》，其中扠手示敬的人且兼及一和尚，也必成于南唐降宋以后，却早于淳化二年以前，因画中人多服绿，《宋大诏令集》中曾载有淳化二年诏令，提及“南唐降官一律服绿，今可照原官服朱紫”。可知《夜宴图》产生时代必在南唐政权倾覆以后，太宗淳化二年以前。尚有传为李煜与周文矩合作的《重屏会棋图》，内中一披发书童，亦不忘扠手示敬。历来鉴定画迹时代的专家，多习惯于以帝王题跋、流传有绪、名家收藏三大原则作为尺度，当然未可厚非。可最易忽略事物制度的时代特征。传世阎立本作《萧翼兰亭图》，人无间言，殊不知图中烧茶部分有一荷叶形小小茶叶罐盖，只宋、元银瓷器上常见，哪会出现于唐初？古人说“谈言微中，或可以排难解纷”，但从画迹本身和其他材料互证，或其他器物作旁证的研究方法，能得专家通人点头认可，或当有待于他日。

蒙元王朝的统治不足一世纪，影响世界却极大。大事情专门著作多，而本书却在统治范围内的小事，为前人所忽略，或史志不具备部分，提出些问题，试作些叙述解释。一如理发的法令歌诀。二如元代男女贵族衣上多着四合如意云肩，每年集中殿廷上万人举行只孙宴，制作精丽只孙服上的云肩式样。三如全国大量织造纳石矢织金锦，是否已完全失传。四如女人头上的罟罟冠应用情况等等，进行些比较探讨。是否能够得到些新知？

至于明、清二代，时间过近，材料过多，因此只能就一时一地引用部分图像材料结合部分朝野杂记，试作说明。又由于个人对丝绸、锦绣略有常识，因此每一段落必就这一历史时期的纺织品辉煌成就也略作介绍。惟实物收藏于国家博物馆的以十万计，书中举例则不过手边所有劫余点滴残物，略见一斑而已。

总的说来，这份工作和个人前半生搞的文学创作方法态度或仍有相通处，由于具体时间不及一年，只是由个人认识角度出发，据实物图像为主，试用不同方式，比较有系统进行探讨综合的第一部分工作。内容材料虽有连续性，解释说明却缺少统一性。给人印象，总的看来虽具有一个长篇小说的规模，内容却近似风格不一、分章叙事的散文。并且这只是从客观材料出发工作一次开端，可能成为一种良好的开端，也可能还得改变方法另辟蹊径才可望取得应有的进展，工作方法和结论才能得到读者的认可。

好在国内对服装问题，正有许多专家学者从各种不同角度进行研究工作，且各有显著成就。有的专从文献着手，具有无比丰富知识，有的又专从图像出发，作得十分仔细。据个人私见，这部门工作实值得有更多专家学者来从事，万壑争流，齐头并进，必然会取得“百花齐放”的崭新纪录突破。至于我个人进行的工作，可能达到的目标，始终不会超过一个探路打前站小卒所能完成的任务，是预料得到的。

1980 年 4 月，于北京

# 一　旧石器时代出现的缝纫和装饰品

图一　旧石器时代的缝纫工具和装饰品
1：北京周口店山顶洞人的骨针

我国服饰文化的历史源流，古书典籍中留下了种种传说。惟在提及衣服的创始与沿革时，不免多有附会，情形正和对待远古其他事物的发明一样，名分上照例也要归功于三皇五帝。

有关服装产生的传说，大概以战国时人所撰《吕览》和《世本》的记述最为通行。据称于黄帝时“胡曹作衣”，或说“伯余、黄帝制衣裳”。后来西汉刘安《淮南子》书中，作了更见真切的描绘：“伯余之初作衣也，緂麻索缕，手经指挂，其成犹网罗，后世为之机杼胜复，以便其用，而民得以掩形御寒。”撇开伯余不论，此说似非全出虚拟，也许据旧闻另有所本。它反映了这样一种历史状况：大约在原始纺织技术昌明之前，曾有一个手编织物做衣服的阶段。这是可信的，也是重要的。今天的考古发掘如西安半坡、浙江河姆渡和钱山漾、江苏草鞋山等新石器时代遗址，出土遗物已经证实，在五六千年前已有种种天然材料编制品和手编织物被广泛应用，同时也出现了原始纺织手工业。上述传说，最早可能就是在此种物质条件下产生出来的，一提发明衣服，难免就会想当然地和纺织技术联系起来，似乎先民们第一件衣服照规矩必定是麻布做的，不过那麻布乃“手经指挂”编得很粗疏罢了。其实，历史发展到能够生产出专供做服装的材料——纺织品时，以兽皮为基本材料的原始服饰可能早已自成规模，有的甚至定型化，而面临的是新问题，就是说如何来运用人工生产的新材料——纺织物去加工新形制的服饰。这个阶段和所谓“初作衣”之时，相距已有几千、几万年之久。此传说对于纺织史来说，意义自不待言，如借以论定服饰的起源，则阶段模糊，难以凭信。

如果从出土文物方面加以考证，现代考古学和古人类学的成就，已经把服饰文化的源流科学地向上追溯到原始社会旧石器时代的晚期。这时原始人跨入新人阶段，石制工具已定型化、小型化，还能打出锋利的石片石器。不少遗址发现了磨制骨器和大量装饰品，表明当时已掌握了磨光和钻孔技术，开始制造弓箭，用兽皮缝制衣服，发明了人工取火方法，文化发展的速度远远超过了以往任何时期，其间著名且具代表性的为山顶洞人的文化。

山顶洞人，发现于周口店北京猿人遗址的顶部山洞中。在1933年和1934年的三次发掘中，计得完整头骨三具，还有部分体骨和单个牙齿。据估计至少包含了男女老幼八个个体，体质形态与现代人基本一致，与柳江人、资阳人同为早期黄种人的代表。

山顶洞人所处的社会是母系氏族公社，渔猎经济是人们的衣食之源。在山洞里发现有烧过的灰烬、炭块和烧成灰色、黑色的兽骨。数量最多的是食后所弃的鹿类、鸵鸟、鼠类等残骸。猎取的对象主要是赤鹿、斑鹿、满洲麅鹿、野牛、野猪、羚羊、獾、狐狸、兔等大小野兽和鸵鸟，此外也捕捞鱼类、河蚌等等。

在劳动工具中，除少数石器外，和服饰关系密切的遗物是发现了磨制的骨针与一百四十一件装饰品（见图一·1、2）。此外还有两件磨光和刻有弯曲或平行浅纹的骨角器。

骨针　长约八一二毫米，最粗处直径约三点三毫米。通体磨光，针孔窄小，针头尖锐。毫无疑问，骨针的发现证实了山顶洞人在距今大约两万年前后，便已经能够用兽皮一类的材料缝制出衣服来了，揭开了服饰文化史上最早的篇章。

值得注意和探讨的是，与骨针的发明相适应，也许山顶洞人业已掌握了初级的鞣皮技术。因为即是更简单的以整张兽皮（包括筒皮）作披、围式“服装”，也要求皮张的软化。比如像现在某些少数民族那样，借助唾液浸润酶化，用口咬嚼的办法来鞣制和半鞣制兽皮。然后用石片的锋刃加以裁割，用骨椎、骨针缝缀成稍为合体又利落的鹿皮衣、獾皮衣、狐皮衣等等。缝线可用动物的肠衣或韧带纤维来制造，也许已经懂得使用某些植物的韧皮纤维搓捻作线。联系这一时期弓箭的弦，钻孔、钻木取火的扯索，在技术和材料加工方面必然

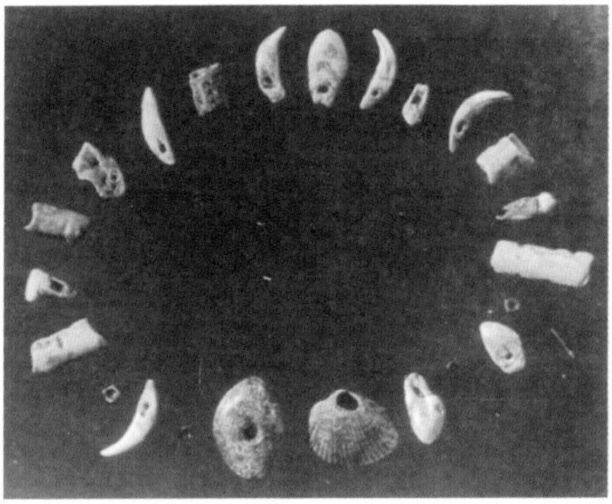

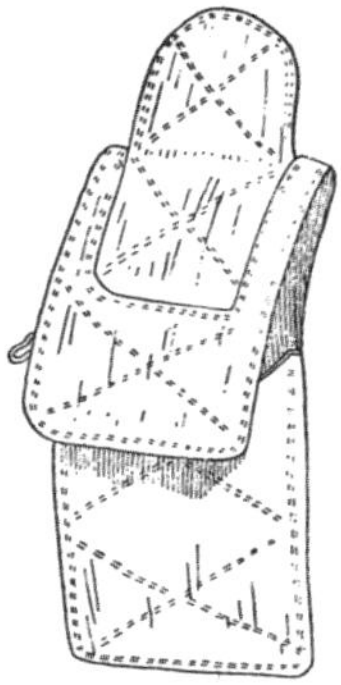

图一（续）　旧石器时代的缝纫工具和装饰品

2：北京周口店山顶洞人的项饰

3：云南傈僳族以前使用的皮甲（采自杨泓《中国古兵器论丛》）

互相提供条件和经验，也帮助了缝纫工艺的发展。

服装的产生，还可能是出于猎捕猛兽、应付战争的需要，为避免利爪与矢石的伤害，或出于伪装与威吓，人们向某些有鳞甲与甲壳的动物学习，即所谓“孚甲自御”办法。便用骨针率先来缝制这种原始的军事服装——胸甲、射鞲一类局部衣着（见图一·3），并由此引导出一般日常服装。保护生命、掩形御寒、装饰自身乃是服装最主要的功用。

装饰品　钻孔的小石珠，发现七件，白色，样式不甚规则，形体大小一致。砾石为黄绿色卵圆形，两面扁平。穿孔系两面对钻而成，还有钻孔的海蚶壳、青鱼眼上骨和可以穿成串的鱼脊骨、刻纹的乌骨管等等，尤其是许多钻了孔的鹿、狐、獾的犬齿。其中有二十五件还用赤铁矿粉涂染成了红色（是目前所知最早的矿物着色工艺染制品），十分引人注目。据推测，这些五颜六色打孔小物件，是用皮条穿成串佩于衣服，或者系在颈项、手臂之上以为装饰的，是我国远古时期先民们的原始工艺美术品。

在山顶洞下室有饰终遗迹发现。埋葬的尸骨上散布着赤铁矿粉粒（或许是衣饰上涂染的遗迹），随葬物有燧石石器、石珠和穿孔兽牙等饰品。男女少长之间无大差别，表明氏族成员的同等关系和血亲感情。但是否还意味着在母系氏族公社时期，男子不仅盛行装饰，出于某种原因还可能在装饰品的数量方面高出于妇女。山顶洞人的一百四十一件装饰品中，兽牙、犬齿占了绝大的比例，达一百二十五件之多，不应当是一种无意义的现象。最初，拔取野兽的犬齿可能是猎手的纪念品，随后演化为装饰。青年男子把它佩带于身，还具勤劳、勇敢与胜利的象征。而某些细小石珠等饰品的选材加工和制造，则可能是对于妇女们才能智巧的表现。作品尽管非常原始，除打孔加工外，大多完全保持着自然形态，但却充满劳动、创造的审美情感，不存在后世那种炫耀财富或者表示尊贵的观念。随着母系社会的衰落，装饰才在妇女方面日益增多，甚至多到不可设想程度，在很长的时间内成为约制妇女的珠玉枷锁。

在山顶洞人之前，旧石器时代的中期或更早时候，先民们是否也有过某种形式的服装？有关传说也相当多，如《绎史》引《古史考》记载："太古之初，人吮露精，食草木实，穴居野处。山居则食鸟兽，衣其羽皮，饮血茹毛；近水则食鱼鳖螺蛤，未有火化。……"《白虎通・号》篇也有相似记述，说远古之时"民人但知其母，不知其父，……饥即求食，饱即弃余，茹毛饮血，而衣皮苇"。这情景大致和早期原始社会相当，在人类尚未掌握或正在掌握火的应用时期。所说"衣其羽皮"、"而衣皮苇"，指的是把自然形态的兽皮、鸟羽和草茅之属，披围到身上，聊以改善赤身露体的情况。此为近实的推测，这当然也是一种进步。倘若以为这便是发明了衣服，则值得商讨。正如北京猿人已利用自然山洞栖身避风雨，而不能认为他们便是发明了房屋一样。照常识，再简陋的房屋也必须是人工建筑所构造，再简单的服装也必经人工裁、缝所制成。或作推测，以为四五十万年前的北京猿人业已发明了衣饰服装。就目前资料考察，则还缺乏实际根据。

山顶洞人的文化遗物，在服装史上的重要性具划时代意义。证实我国于旧石器时代晚期的开初，北方先民们已创造出利用缝纫加工为特征的服饰文化。表明人们的衣着大不同于以往，不再是简单地利用自然材料，而是初步改造了自然物，使其变成较合于人类生活需要的新构造形式。这种原始衣着，具体是什么样子我们还不怎么清楚，但也不是完全没有踪迹可寻。因为今天的事物是从昨天发展来的，某些最基本的东西还会历久流传不衰。比如后世的袻裆、蔽膝（即所谓市、芾、韨、韠）、射鞲、胫衣之类，便可能是远古服装的遗制。用现代眼光来看，它们不过是典型服装的某些部件，而且是粗陋的，或许还很大程度上保留着所取材料的自然形态。比较而言，加工的比重还相当少。尽管如此，它却是人类制造出来的真正服装。与之相配合，还有原始装饰品和矿物染色等技术的应用。种种成就都显示了旧石器时代晚期社会的进步与发展，预示着更高阶段的新石器时代的来临，并为后世灿烂华美的中华民族服饰文化开创了先河。

# 二　新石器时代的绘塑人形和服饰资料

新石器时代服饰问题，由于衣装实物非常难以保存，图像、文物虽较旧石器时代为多，但仍很零星稀少，遂使这方面的工作成了一个有趣的难题。下面仅就近五十年来考古发现的某些相关的遗物遗迹，作为一初步探讨，以求对这一时期的服饰文化、梳妆打扮，有一点概略的认识和了解。

属于仰韶文化半坡类型时期的人形彩绘，以西安半坡、临潼姜寨出土的彩陶盆、彩陶钵所饰花纹最为重要（见图二）。纹样共同特征作图案化圆形人面，双目闭作一线者居多，圆睁者仅见一例，皆张口，口边、耳边对称饰两鱼或鱼尾纹，头顶绘作鱼尾形尖帽。专家对此多有讨论，或以为是半坡居民之图腾徽号，或以为是原始宗教的神祇。从整个彩陶盆图案组合来看，具严肃对称气氛。其中所谓“网纹”，却不像是单纯的渔网，而是一种巫具或是与巫具结合在一起的形象，其骨架即作十形，也就是以后甲骨文中定型的“巫”字。这一图形在早商装饰纹样中也有反映，也多和宗教迷信有关联。我们知道，文字的发明和应用一开始就和巫、卜结下不解之缘，半坡彩陶盆中“◆”文和人面纹组合一起，还体现着巫、祝的意义。人面纹的原本样子，还可能是巫者应时作戏的假面。由于当年半坡居民渔猎生活还占相当比重，绘饰鹿纹、人面鱼纹的器用，当与渔猎祭祀活动不可分割。服饰，尤其是服饰制度的发生发展，本来就和原始宗教

图二　仰韶文化人面纹

1：人面纹、网纹彩陶盆（西安半坡出土）

2、3：半坡彩陶人面纹两种

4：姜寨彩陶人面纹（临潼姜寨出土）

的种种仪式关系密切，表现的虽然不是六千年前的一般形式，却也使我们看到一些巫、祝盛饰的形影。

此类例子，甘肃马家窑文化半山类型的彩陶人形中，有三件陶

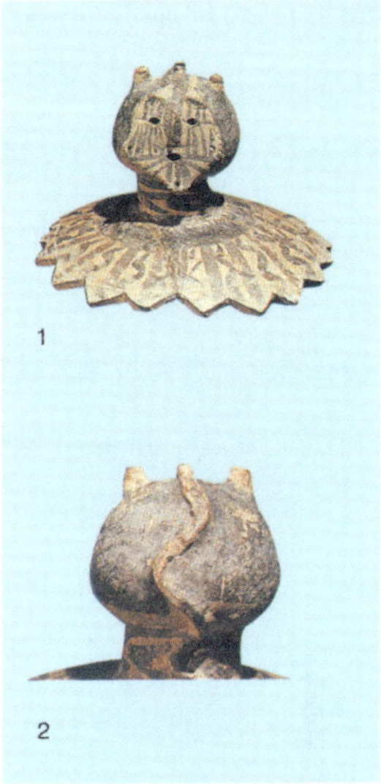

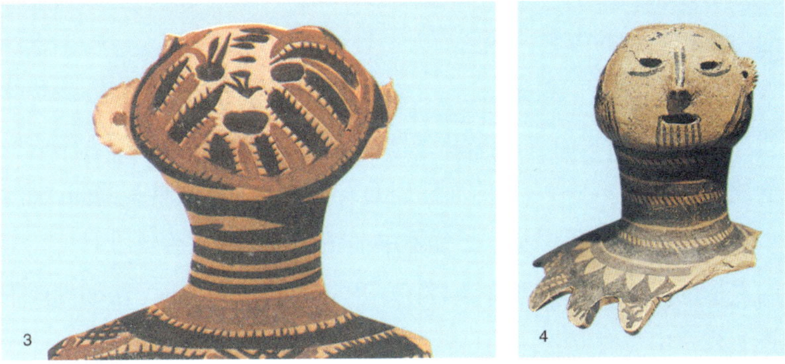

图三　马家窑文化辫发、饰尾人形舞蹈彩陶盆（青海大通上孙家寨出土）

图四　1—4：马家窑文化辫发、饰尾人头器盖（青海大通上孙家寨出土）

塑彩绘人头器盖更具代表性（见图四），实物于上世纪20年代流出国外。头部的口、眼用镂空手法表现，耳作半圆形有穿孔。人面有不同方向的规则花纹，应是纹面的具体写照（这在马厂型人头彩陶罐人面上也表现得很清楚，见图五·6）。半山型塑像发式，脑后平齐不及颈（见图四·2），前额上部有两个角状凸起，上面有孔，可加装饰。奇特的是在头上还卧有一条蛇，尾部蜿蜒向下垂过颈至肩，恰如一支细长的发辫。一般认为这可能是距今四千年前古羌人女巫或某种宗教偶像。羌人又和"左洞庭、右彭蠡"的三苗有关联，故在考古发掘荆楚文化中，亦多有操蛇、珥蛇神灵怪异形象发现。

1973年，甘肃秦安县大地湾出土了一件难得的艺术珍品——人头形器口的彩陶瓶，时代属仰韶文化庙底沟类型，距今约五千多年。头像作圆雕式，塑造得逼真而朴美，尤以发式表现得最为具体，前额头发齐眉，向后披发齐颈，并梳理得非常整齐。不知在五千多年以前，究竟用什么工具或方法才能作这样的修剪。这种发式，在相当长时间内和相当广的古羌人地区有普遍性。同例还见于秦安寺嘴出土的人头器口红陶瓶（素无彩绘），东乡东塬林家出土的人面纹彩陶盆残片，以及甘肃永昌鸳鸯池出土的马家窑文化，彩陶筒形罐上的人面绘纹（见图五·1—4）。前面提到的人头形象的发式具有共同式样，一直延续到商、周时，某些（如本书插图三乳虎卣）作牺牲具惩罚性的人形的发式也作披发齐颈样子。甲骨文记载殷商时，在征伐西部戎羌战争中每有俘获，并且曾经把这种人俘用作牺牲，也可证明此种发式即古羌族的被发形式。它和安阳妇好墓所出玉石人细长辫发从右后侧盘顶加帽箍为冠的商朝形式大不相同。

著名的舞蹈纹彩陶盆（见图三，属马家窑文化），是1973年秋在青海大通县上孙家寨出土的。在盆内壁绘有舞蹈队形纹饰三组，每组五人牵手横列，画面为舞蹈进行的瞬间剪影，却表现得节奏明快、体态轻盈，为我们留下了原始社会一个极富抒情气氛的文化生活侧

图五　发式、纹面与装饰

1、2：披短发人头器口彩陶瓶（甘肃秦安大地湾出土）

3：披短发人面纹彩陶盆残片（甘肃东乡东塬林家出土）

4：披短发、纹面彩陶人面纹（甘肃永昌鸳鸯池出土）

5：有发饰陶塑人头（甘肃礼县高寺头出土）

6：纹面人头器口彩陶罐（青海乐都柳湾出土）

7：有项饰人头器口彩陶罐（青海乐都出土）

面。此盆如用作盥洗具，水面适当，上下相映，如池畔倒影，其佳趣正可见出设计的巧思。

关于人物所反映的装饰，专家们多以为系辫发饰尾。即如《山海经》述西王母故事，人面虎齿有尾或虎齿豹尾所说也正是原始人着兽皮留尾的服饰形象。这种饰尾乐舞服饰，在云南石寨山出土的青铜滇人舞女中，表现得更为真实具体。并且有的是虎尾，有的是豹尾，但比动物的自然尾长，都截短了一些（参见本书插图三八·1、2），文献记录则见于《后汉书·南蛮西南夷列传》和樊绰《蛮书》。从这里还可见出相隔二千余年古代民族的迁徙和文化上的相互承袭与影响。

披皮饰尾的服装起源可能极早，原始人为生活去追逐大动物时，至少需接近到弓箭射程之内，在发明弓箭以前，则需混迹于兽群之中或埋伏到非常接近的程度，才能有效地捕获动物。故披兽皮留尾成为极端必要的伪装，直到现今我们还可以从鄂伦春人戴“麅头帽”（米那共）狩猎习俗中看到这种遗制。这种伪装进行的捕猎活动，最富戏剧性情节，因而饰尾的服装多被保留在表演这种生活的舞蹈中，并影响着日常衣着。

舞蹈人物因作剪影式绘画，发式仅具轮廓，不甚具体。如为辫发，其结束处似较低，与“一抓椒”式不同（参见插图一·3），但也可能是一种结发垂髾式（形同今日马尾式），但辫发或垂髾似都与当时当地的披发传统不合。从画面人物形象来看，所绘或应是青少年女子的一种发式，或者这种发式是一种舞蹈的专有装扮，却不是成年妇人发式的典型通例。

反映新石器时代原始人头面装饰的资料，见于陶器人形的例子，有甘肃礼县高寺头仰韶遗址出土的陶塑人头（见图五·5），可能也是所谓人头器盖残存的部分。表面橙黄色，顶部有一小孔，前额向后有半圈附加堆塑泥带，带上作出断痕，表示系一种压在发上的串饰。陶人的口、眼镂空，两耳垂处穿孔，发际的串饰可能是珠、管一类，也可能象征贝串。这种装饰形式，在内蒙某些早商墓葬的头骨上也有发现（现今少数民族还有类似装饰流传，其中以傈僳族妇女压在前额发上的贝带饰，最近于这种原型）。它和此后从商代开始的帽箍式冠饰以至明、清的遮眉勒子，可能是一脉相传的。

在颈部的项练式装饰，曾见于青海乐都出土的马家窑文化人形彩陶罐（见图五・7）。人头面部表情妩媚中见矜持，眉心处有两点妆饰，耳有穿孔，颈部环绕一串齐整的椭圆形贝饰或者珠饰。看去如同压在衣领上一般，但这似是由于陶罐的装饰花纹带形成的错觉。

以上所举人形塑像中，两耳穿孔的占绝大多数，这也显示出五千多年以前早已有珥珰的装饰。

新石器时代的装饰品遗物，考古发现以石、玉、陶、骨、角、牙诸般较耐久材料作成的环、珠、管、坠、笄等为最常见。出土地区分布广，数量种类也相当多。下面略举数例以见其大概。

笄，《说文》解释为“簪也”，是一种簪发用具。就目前所知，早于仰韶文化的遗物是河北磁山遗址出土的骨笄（见图六・1）。有两种式样：一作尖头圆箸状，长十八厘米；一作柳叶簪式，长约十厘米，距今已有七八千年的历史了。稍后，到仰韶文化时期，当以西安半坡遗址出土实物数量形式具代表性（见图六・2、3）。在一千九百余件各类发饰、耳饰、颈饰、手饰、腰饰和嵌饰中，石陶笄和骨笄占很大的比例，总数达七百一十五件之多。可分三种：棒式的、两头尖的和丁字形的，大多重在实用，造型简质。制作上刻意进行装饰的例子，应数甘肃永昌鸳鸯池遗址出土的骨笄（见图六・4）为最

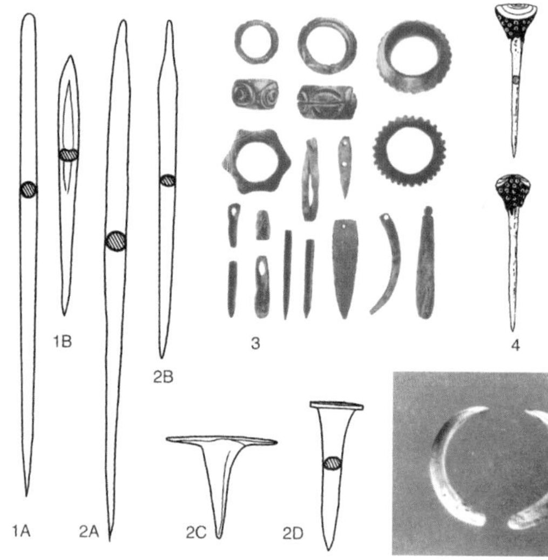

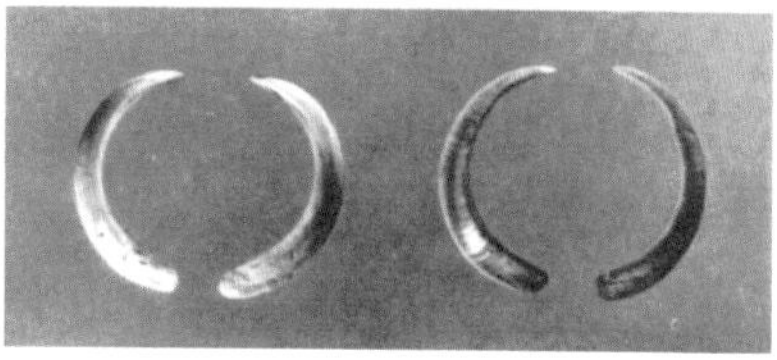

图六（左） 笄和装饰品

1：圆箸式（A）与柳叶式（B）骨笄（河北磁山出土）

2：棒式（A），两头尖式（B）与丁字式（C、D）石、骨、陶笄（西安半坡出土）

3：环饰、坠饰和笄（西安半坡出土）

4：镶嵌骨笄（甘肃永昌鸳鸯池出土）

图七（右上） 象牙梳（山东大汶口出土）

图八（右下） 獐牙头饰（山东大汶口出土）

出色，是距今四千多年的遗物。笄首用胶黏物（或树脂混合体）作成圆锥状，表面嵌埋着三十六枚白色管珠，首端贴盖一椭圆形骨片，上作同心圆刻纹五圈，是一件别具匠心的工艺品。东部，如大汶口文化的发笄，以石质居多，首端出台肩，似应有笄帽附饰。有的笄且作箭镞形，或古代曾用镞箭簪发。其遗制在兄弟民族中仍有保留，如《皇清职贡图》（见本书图二三九）图说中即谓瑶妇盘发贯箭，

三、五、七枝不等，西南藏族人猎手也是把弩箭插在头发里（见洛克《中国西南部的古代纳西王国》图二〇二），亦成一格。这种情形和《诗经》中提到的“六笄”、“六珈”，晋代“五兵钗”可能都相关联。

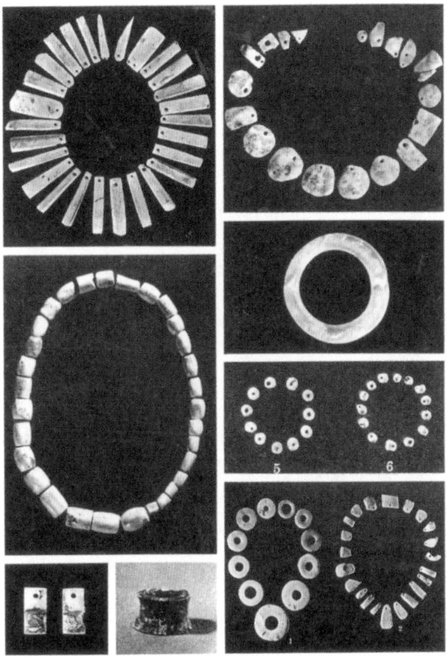

图九　大汶口文化头饰和臂饰（大汶口出土）

笄的应用，在当时又与中原华夏民族的结发形式有密切关系。束发盘髻或辫发盘髻之类方式和以后的束发于顶，着某种冠子，则皆须用笄方能约束。如为断发、披发、散发等形式，便应用不会广，甚或毫无所用。考古发掘中边缘地区似数量较少，自西往东至黄河中游即渐增多，隐约反映了历史上民族融合风习相尚的情况。到后来，安阳殷墟五号墓，妇好一人即随葬精美玉笄二十余件，雕花骨笄四百九十余件。其贯插簪戴形式必已相当复杂，又十分讲究。奴隶主豪华习气的炽盛，于此可见一斑。

比较成系统的头面装饰品，当以山东大汶口遗址墓葬中的发现最为精彩。在一百二十多座墓葬中，凡头部有装饰品的多随葬纺轮，不然多随葬农具。一方面反映社会已进展到男耕女织的时期，一方面又反映了妇女在生产中地位的下降。

其时男女皆束发着笄，有的发上还插着镂空花纹的象牙梳（见图七）。惟妇女额前有一弯月形（或角形）装饰（见图八），系两片野猪獠牙加工作成的（这种奇特饰物，在台湾雅美族中现尚有流行，但却保持在男子饰品系列中，不着于首，多三两成串悬于胸前）。这种装扮和后世中山国出土玉人头上角形饰必有相通处。妇女们还要戴头饰两串（有的四串或一串不等）、颈饰一串。前者分别用白色大理石片和管状珠组成，后者由不规则的绿松石骨突子串作项练（见图九）。再戴上象牙片耳坠，右腕戴玉臂环，手上戴玉指环。随葬还有玉斧、象牙雕筒等饰物，周身覆有约二厘米厚的黑灰，很可能是衣着和首饰中软件的遗迹，其装饰的繁盛已经近于豪华。

其间关于臂饰的发展是十分有趣的。早期可能受到皮韦臂衣的影响，产生了各式筒形臂饰，如甘肃鸳鸯池等地出土的臂饰，就可能是在皮革上用黏合剂黏贴骨片作成的，同时玉石器臂筒也随之出现。这种情形，随着农业发展射猎生活的减弱，筒形臂饰则可能日渐消失，或长度逐步缩短，终于形成为腕饰——手镯，并遂后为金银材料所取代。

到新石器时代中期，玉器工艺在漫长的石器生产经验中发展起来，并可能出现了专业分工，制作了大量玉石、玛瑙的珠、管、坠、玦、璜、环、璧、琮、镯等高级装饰品。产量也相当可观，仅南京北阴阳营墓地一处，就发现玛瑙、玉器近三百件之多。而近年东北辽宁西部出土的红山文化玉冠、玉佩，南方长江下游太湖地区出土的良渚文化玉冠饰、玉臂饰、玉项饰以及琮、璧、环、璜等玉器，不下二十余种，三千二百多件。相应地反映了当时服饰文化的高度进展，其重要自不待言（见图一〇），且为殷商奴隶社会的玉工艺大规模生产准备了技术和艺术的条件。

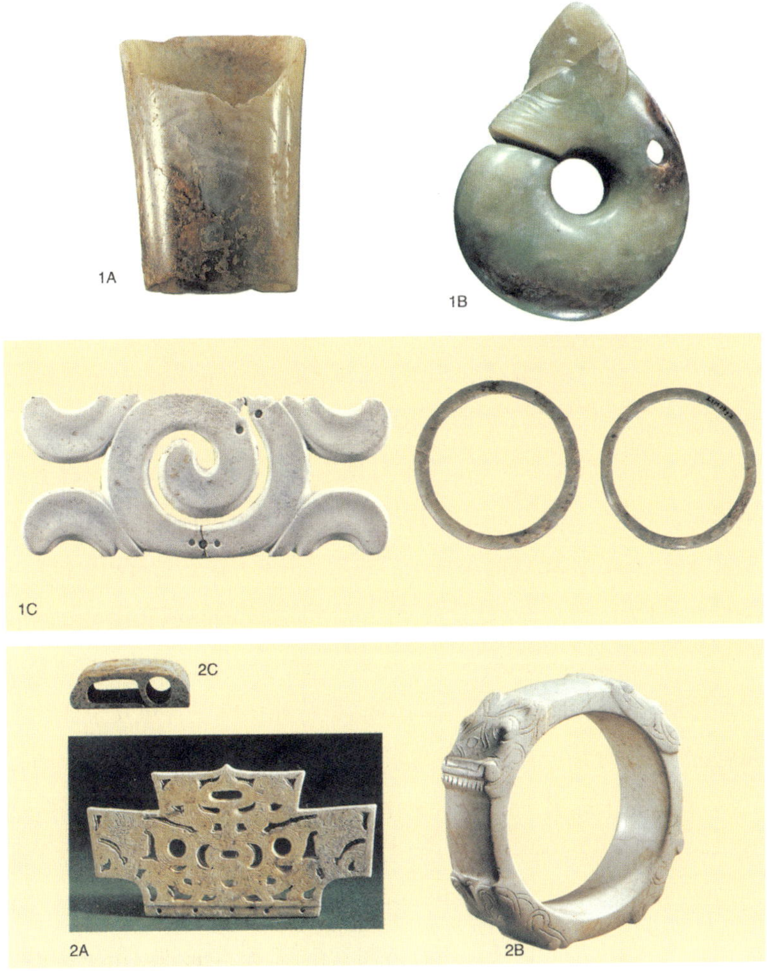


图一〇　玉饰

1：红山文化　A. 王冠，B. 玉龙佩，C. 勾云玉佩及玉镯

2：良渚文化　A. 冠状玉饰，B. 龙首玉镯，C. 玉带钩

新石器时代的服装实物很难保存下来，今后也许在那些极干燥或极潮湿的地区地层中会有幸运的发现。若从现有遗物拣选，也有一些间接的形象资料可供考察。

关于帽子方面的资料，除半坡人面纹上的所谓尖状帽外，1978年陕西临潼邓家庄出土的陶塑人像，提供了五千多年以前着帽人物的具体形象（见图一一·2）。时代属仰韶时期，其形制近于毡帽或毛皮圆帽。史称上古之时穴居野处，"衣毛而冒皮"，此或可称为"皮帽"，或叫作"皮冠"（传古时用于田猎有一种皮帽。后世国君田猎活动中还保留有这种古制，用其传信以招管山泽的虞人。故卫献公戒孙文子、宁惠子食，"不释皮冠而与之言，二子怒"）。

关于靴鞋的形象资料，却十分出人意外，最近在辽宁凌源牛河梁红山文化（公元前3500年）遗址中，发现了一件裸形少女红陶塑像，可惜头部、右足缺失，残高不到一〇厘米。左足上赫然着有短鞠靴（见图一一·1）。再一件，是甘肃五门火烧沟出土的四坝文化（公元前2000年）彩陶人形壶，亦为一裸胸女子，着尖头大鞋，鞋头尖深而锐，平底形制，和《急就篇》所说的"靸"鞋恰相仿佛。青年女子裸胸着靴鞋，或是当时某一社会习俗与宗教原因的装束。晚期的例证，则有1989年青海乐都出土的辛店文化（公元前1400年）彩陶靴，造型几乎和现代橡胶雨靴一模一样，与牛河梁陶塑靴型也完全一致。靴底前圆后方，靴上绘有条带和三角纹，显然是仿照皮革实物而来（见图一一·3、4）。同期还有一件人足彩陶罐，造型特别，给人印象两足如着拖鞋，启发我们作种种联想。古代靴本字作"鞾"，《释名·释衣服》："靴，跨也。两足各以一跨骑也。"《韵会》引《说文》则谓："鞮，革履也。胡人履连胫（有长筒）谓之络鞮。"《隋唐·礼仪志》也说："靴，胡履也。"文献表明这种长筒皮鞋源于北方先民，

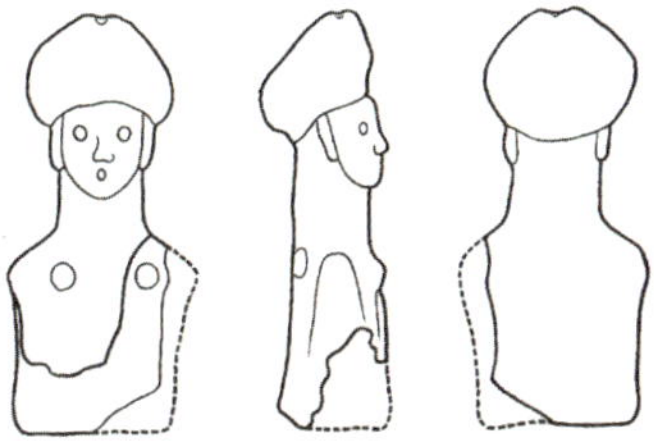

2

3

1

图一一　帽与靴鞋

1：红山文化着靴陶人残像（辽宁凌源牛河梁出土，辽宁考古所藏）

2：陶塑人像（临潼原头邓家庄出土）

3：新石器时代着翘头靴人形彩陶罐（甘肃玉门市出土）

似与出土材料很为吻合。然而年代如此久远，分布如此广阔，北方是否为一个单纯族属？其间种种名目和种种民族关系，都需细作检点，有待深入考察，以得出较实际结论。

图一一（续） 帽与靴鞋

4：彩陶靴（青海乐都出土）

5：红山文化陶塑衣饰残部（辽宁喀左东山嘴出土）

检索新石器时代有关服装形象的遗物遗迹，除前列者外，其他如身衣方面的像样资料，则至今在考古发掘中尚无所见。1979 年，辽宁喀左东山嘴红山文化遗址，曾有陶塑人体残件出土，可惜也都裸而无衣。惟另一陶塑残片（见图一一·5），似有可能为所塑衣饰的某一局部，且表现出高度写实性和质感。从其两侧内收及结束情形推测，它所塑造的也许是由皮革制成系于腰际的装束，即蔽前覆后的市、韨，亦或所谓“赤髀横裙”一类的衣饰，究属何物实难肯定。从这里至少体现了五千年前北方衣饰的某种结构，留给我们一点自旧石器时代延续下来的皮韦服饰的具体印象，也使我们对今后的考古发现充满希望。

至于原始纺织品行世以后的服装形制，由于新石器时代相关资料的极端缺乏，我们或可从年代较晚的某些遗物遗迹中去寻求借鉴

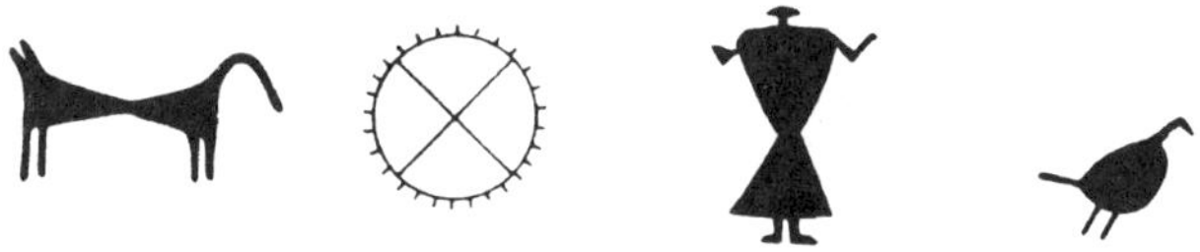

图一二　辛店文化陶器上绘饰的人形图像

和线索。例如辛店文化陶器上绘饰的人形图像（见图一二），各地发现岩画中某些早期人形图像，以及民族学方面可供参考的资料等等。

辛店文化是原始社会晚期一种青铜文化，分布于甘肃洮河下游、大夏河和青海的湟水流域，年代相当于中原殷、周之际。陶器以绘有简单黑色图案为特点，间有圆形、鸟形、鹿、狗动物纹布置其中。特别是还有少数几件陶器上面饰有人形图像，但多为收集品，且均于20世纪20年代中期以后流出国外，其可靠程度如何，专家中或有存疑处。

20世纪50年代以后，各地岩画多有发现。比较重要的是60年代在云南沧源，70年代于甘肃黑山、靖远吴家川以及内蒙古西部狼山地区等处所发现的许多古代岩画（见图一三）。据报道，其年代或多在战国、秦汉间，有的则跨越的时代比较宽泛。若就其中较早部分反映的服饰、发式以及个别符号图形作比较，大致与辛店彩陶上的人形纹饰及表现手法（剪影或平涂式）相类同。或许它们各自的时代不相上下，或许这种服饰形制相沿时间极为长久，显示出它们之间的联系。从共有的例子来看，发式有齐颈披发的，有束发或辫发甩向一侧的，也有左右作角形的。衣服的形式，除沧源岩画着平肩

图一三　岩画中反映的原始服饰

1—13：散见于内蒙古阴山、甘肃黑山、云南沧源等地的岩画人像

14：内蒙古阴山岩画人像　　15：云南沧源岩画人像

短上衣外，其他一律作自肩及膝、上下沿平齐的细腰状（⧗）长衣。这种服装，在新石器时代出现纺织物以后，可能是逐步规范化了的、普遍流行的一种衣服，而且在社会进程滞缓的民族中一直沿用未变。它是用两幅较窄的布对折拼缝的，上部中间留口出首，两侧留口出臂（见图一五）。它无领无袖，缝纫简便，着后束腰，便于劳作（那种齐地不宜劳动的衣服，可能只有不劳而获的统治阶层出现以后才能产生）。这种服装对纺织品的使用，可以说是非常充分而无丝毫浪费的，在原始社会物力维艰时代，这是一种最理想的服制。其名称应叫“贯头衣”。《后汉书·东夷列传》记述倭（古日本）人服装说：“男衣皆横幅结束相连，女人被发屈紒，衣如单被，贯头而着之。”同书《南蛮西南夷列传》说两广一带的交址人“项髻徒跣，以布贯头而着之”，也是穿这种衣服，同传又有永昌太守郑纯，“与哀牢人约，邑豪岁输布贯头衣二领”的故事，可知云南保山一带人民当时也穿这种服装。沧源岩画平肩式服装形制是南方亚热带短打扮式样，而辛店彩陶、阴山岩画式贯头长衣，其形象资料年代虽晚，服装的源流却可能相当早。从现代民族志资料来看，这两种无袖胴衣在我国台湾省高山族中尚有保存，长到膝部的称作“鲁靠斯”，短仅及腹的（前为开口对襟）或叫“拉当”或“塔利利”（《中国纺织科技史资料》6 期），材料多取蕉、葛、麻布。

关于文献中提到的倭人“男衣皆横幅结束相连”，女人“衣如单被”，可能还指出了另一种形式的原始服装。这种式样，在现在我国西南地区如独龙族、怒族，台湾雅美人中都有流传。实际上是把几幅布横拼如一被单（见图一四），对叠后将上方二角结束于右肩头，褶弯的一边则从左掖下绕过，便成一侧开口出臂，一侧袒肩露臂模样，一般长可及膝披围或束腰为服。如果需要，还可取对称形式，露双肩结两角于颈后，或直接作斗篷式披着于身，彝族的披风“擦尔瓦”也是它的同类形式。其优越处是白天为衣，夜间作被。在材料的应用方面，如云藏高原气候寒冷，多用条纹毛布或麻布，形制较长。南方温热地带，喜选薄爽材料，腰身也较短。这种衣着，服用时可能还有种种变例和规矩，以区别男女、年龄，标志氏族部落和反映社会风俗等等，它也是服饰文化史上古老的形式之一，且至今相沿流传。

贯头衣从地理分布来看，自蒙古西部向南，横跨了半个中国。

1

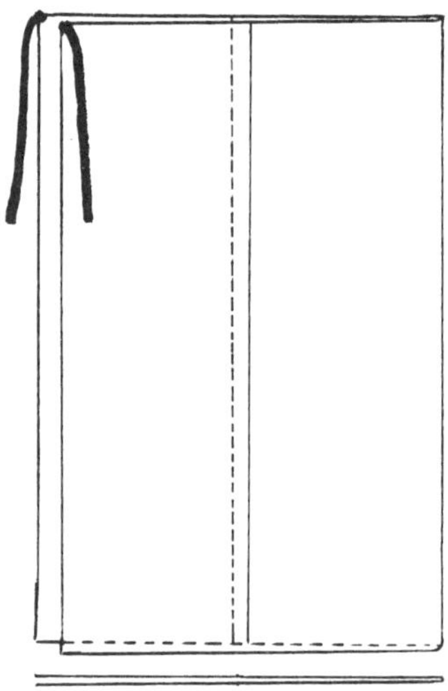
2

图一四　“披围式长衣”示意图

1：单被式袒左披围衣

2：四幅布横连单被衣形制

图一五　贯头衣

1：贯头衣（长式）A、B 两种形制，以 B 式为典型，均由两幅布缝合留口

2：台湾兰屿雅美人贯头式“塔利利”男衣

3：女子着贯头长衣，束腰，并加臂饰、脚筒（胫衣）及男子着短衣示意图

从我国古文献上看，可以向东展示到日本，向西到新疆西北边境的霍城、裕民、额敏等地亦有相似岩画发现。所反映的族属可能不那么单一，而是相当多的。这批形象资料时代虽然比较晚，但说明贯头衣在纺织品出现之后，这种服制已发展为定型服式。在相当长时间内具一般性，并在极广阔地域内和较多的民族中通行，只不过随地理气候在尺寸的长短和选用材料等方面有所变化。它是一种概括性，也可说是笼统化的整体服装，是新石器时代典型服装之一。它改变了旧石器时代的部件式衣着形式，并在以后的演化中把这些部件逐步融会组合成新的服装。例如将臂韝向上延长与肩掖相接形成为袖，加领形成衣袍。又如胫衣，则向上加长发展作袴，合裆又形成为裈等等。事实上许多最基本、最经久的服装式样，多出于原始社会先民的首创，不断地随着生产的发展和文化的进步而丰富提高，终为中华民族上国衣冠、文物制度奠定了基础。

# 三　新石器时代的纺织

新石器时代，母系氏族公社达到了全盛时期。在黄河、长江两大水系的宽阔地域中，形成了以农业为主的综合经济，边缘地带有了畜牧业，原始手工业如制陶和纺织工艺也得到极大发展。自然界的东西不仅被广泛利用，还不断为人们加工改造或再生产出来。其时各种各样的纺织品的产生和进步，为早期的服饰缝纫工艺提供了新材料，并对服饰形制也发生了重大影响。

最先受到注意的是纺织工具。在已发掘的百数以上的新石器时代遗址墓葬中，几乎各处都有纺捻纱线的纺轮出土（见图一六·1）。年代较早的实物，是近年在河北武安县磁山早期新石器文化遗址发现的四件陶纺轮（圆饼状中穿孔），距今已有七千三四百年。此外，在长江下游浙江余姚县河姆渡遗址，还出土了一批木制的织机部件（见图一六·2），据研究为水平式踞织机（腰机），以为形式与云南晋宁石寨山所出部分青铜织具及贮贝器盖上的平织机形象差不多。但从河姆渡遗址同出的某些未被注意的实物来看，这种织机的构造可能比目前的估计要进步得多。如第一期发掘简报（《考古学报》1978 年第 1 期，62 页），提到木筒七件，用途不明（见图一六·3），状如中空的毛竹筒，系用整段木材挖成，内外错磨得十分光洁。有的内壁开一周浅槽，塞以圆木饼；有的外壁密缠藤篾，似乎力图保持圆筒的周正。以图一六·3 为例，筒长三十二点六，外径

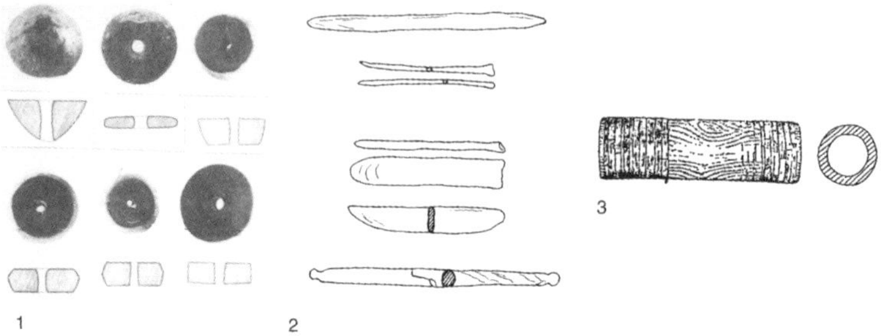

图一六　新石器时代的纺具和织具

1：陶、石纺轮（西安半坡出土）

2：宋兆麟复原的河姆渡踞织机（引自《中国原始社会史》170 页）

3：木筒（筒式后综，河姆渡出土）

九点四，壁厚零点七厘米，度其尺寸与形制，应是平织腰机或坐机上的“筒式后综”（或叫作“分经筒”），它的使用方法和规格，可能和现今云南文山苗族的梯架织机近同（见图一七）。

更重要的是一件刻纹纺轮，上面的花纹图像作十字形，中部圆圈表示穿孔，它是织机上具代表性部件——卷经轴的端面形象（见图一八）。经轴在古代和现在民间（如安阳），都叫作“胜”或“幐”，十字形木片是经轴上两端的挡板和搬手，叫作“幐花”或“羊角”。搬动它可将经线卷紧或放松。把这种图像刻饰于纺轮之上并非偶然即兴之作，我们从江苏武进潘家塘遗址出土的陶纺轮上，还可以看到更为精确的图形，年代比河姆渡稍晚，属马家浜文化类型。这种花纹还见于彩绘陶器上，地理分布从我国东南伸展到东北地区。它已是典型的标记纹样，成为纺织的象征，并可能从此前后便演化成妇女的首饰，寓意男耕女织的分工。所以《山海经》述西王母故事有“蓬发戴胜”、“梯几而戴胜”，“有人，戴胜、虎齿、豹尾，穴处，名曰西王

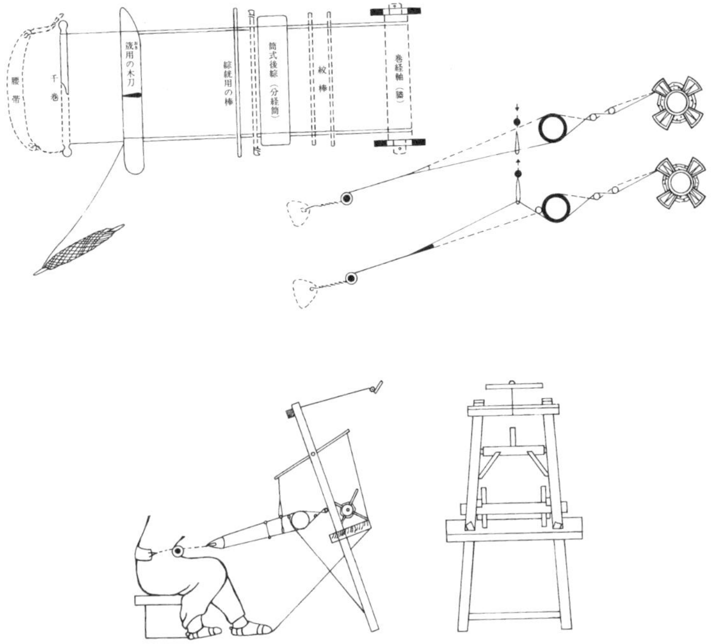


图一七　河姆渡织机的再认识

上：河姆渡织机和开口运动复原图（引自王矜《八角星纹与史前织机》，《中国文化》第2期）

下：云南文山苗族的梯架织机

母”，注云：“胜，玉滕也。”据《淮南子·汜论》“机杼胜复”，可知“胜”即“滕”。《说文》“滕，机持经者”，即为经轴。这一织机部件用为妇人首饰的形象，可从沂南汉墓画像西王母头上看到具体样式，再是北齐时孝子棺线刻孝子董永故事，其中织女即手持一滕，以示身份。另一图中的织机后端也清楚地画出了这种经轴（见图一九）。至于以金、玉材料作成的首饰实物，在某些汉、魏墓葬中也有出土，形式都较小巧，未见有西王母画像中那种大比例的规格。

从上述资料分析，河姆渡织机有了筒形后综，可以形成自然织口，织平纹织物时则只需一片前综手提开口，它还有了卷经轴——縢。这就表明这时的织机，可能也有了相应形式的机架。最简单的情况，也应略与文山苗族的梯架织机相类似。这种形式的织机，是前所不能想象的，也许它的完备程度仍将出于我们的意料之外。如果考察一下河姆渡遗址显示的木结构技术，便会觉得这又是顺理成章的，可惜至今还不能知道这种高水平的木工工具的情形，是否在年代上比原

图一八　纺轮上的八角縢纹

1：刻有八角縢纹的陶纺轮（江苏武进潘家塘出土）

2：刻有縢纹的陶纺轮（浙江河姆渡出土）

3：刻有八角縢纹的陶纺轮（江苏邳县大墩子出土）

1

2

3

4

图一九　后世所见八角縢纹（卷经轴的端面）形象

1：北齐孝子棺石刻董永故事中织女手持縢杖（经轴）形象

2：南北朝石刻织机上的縢杖（经轴）形象

3：沂南汉墓石刻西王母画像头戴縢杖为首饰形象

4：清代蜀锦织机经轴（縢杖）左右的縢（中国历史博物馆藏品）

来的判定要晚一些。但毫无疑问，河姆渡织机的发现是20世纪70年代考古工作的重大收获之一，在纺织机械史上将写下崭新的篇章。

纺织品实物，多为天然有机材料所制成，本身易于朽腐毁灭，在漫长的历史岁月中极难保存下来。所以原始社会的皮、毛、麻、葛、丝绸遗物极为罕见。据说在陕西华县新石器时代遗址中，发现过“染成朱红色的麻布残片”，但未见详细报导。见于正式报告的，如西安半坡、临潼姜寨、华县泉护村，以及河南陕县庙底沟等仰韶文化遗址有关麻布的资料，则均为陶器上的印痕（见图二〇·2）。经测定，每平方厘米约有经纬线各十根。在南方良渚文化遗址中，曾有苎麻平纹织物出土，经纬密度约每平方厘米30×20根。经纬都系股线，但捻向相反。值得注意的是江苏吴县草鞋山遗址发现的距今六千年前的织物残片（见图二〇·1）。实物已炭化呈暗黑色，结构因而保存得比较清晰，据鉴定可能是用葛（一种豆科藤本植物）的韧皮纤维所织成，内中一件或许是以手工编织而成的某种罗纹织物。这一现象非常重要，如把时代相近的半坡遗址发现的种种编制品印痕（见图二〇·3）拿来相印证，便会给我们许多新的知识和启发：一、对机织技术导源于更古老的编织技术，增加了具体知识。二、使我们开扩了眼界，看到在机织物出现之前，也许各种材料加工成的手编织物早已为人们所穿用，它的精美复杂程度是书本中不曾有的，也是我们头脑里无法凭空产生的。三、纺轮和织机一般地相关联，有时又不相关联。某时期某种纺轮捻出的纱线，既可用于缝纫等方面，又可用于手工编制织物，还可用于上机织造布帛。此外，从彩陶纹饰上还可看到当时某些织物的几何花纹（见图二〇·4），当然这是大略的估计情形。

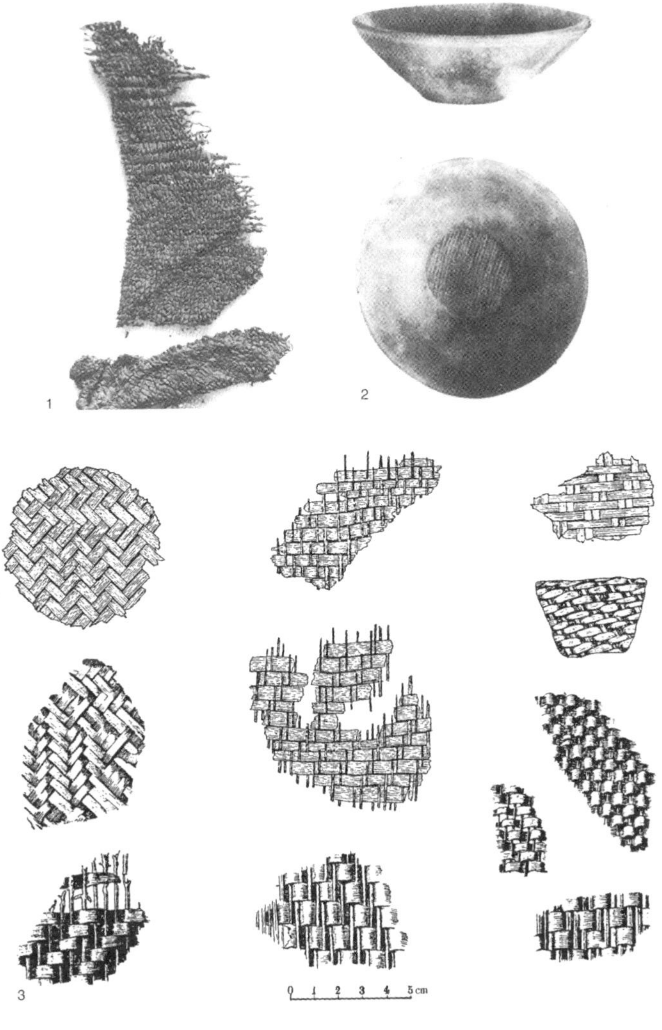


图二〇　织物与编织物印痕

1：织物碎片（江苏吴县草鞋山出土）

2：陶钵底部织物印痕（西安半坡出土）

3：陶器上的编织物印痕（西安半坡出土）

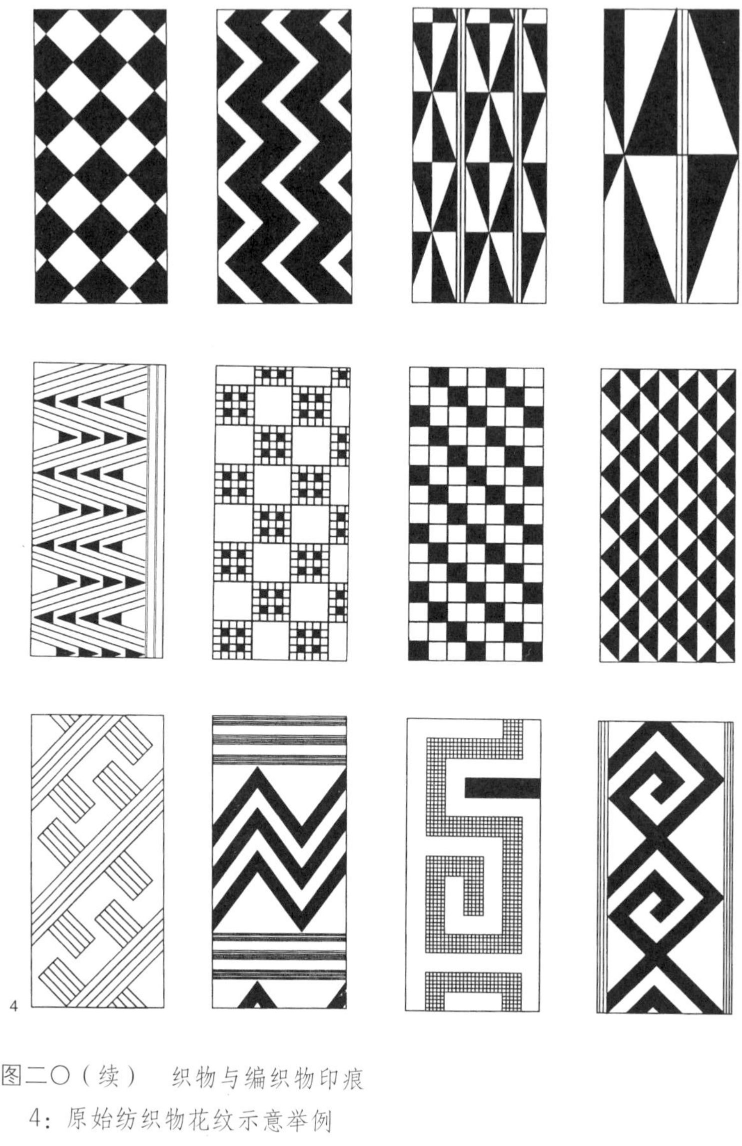


图二〇（续） 织物与编织物印痕

4：原始纺织物花纹示意举例

史称唐尧时“冬日麑裘，夏日葛衣”（见《韩非子·五蠹》），和实际相对照，说明本色（白色）的葛、麻织物普遍应用以后，服装材料分作了两大类，即皮革毛皮与植物纤维纺织品，且在穿着使用上形成了季节性分别，对于生活在南方炎热气候下的先民来说，尤为必要，在服饰材料史上也是一大进步和转折。从此而后，用于制作衣服的自然毛皮材料缓慢地趋于缩减，而手织织物（改造了的毛麻）材料，在服装制造中的应用日趋扩大。传说中的唐尧时代，约相当于父系氏族社会的末期，距今不过四千年上下。近三十年间的考古发现对于葛、麻织物的历史，已大大突破了传说年限，至少还可以再向上推移两千多年之久。葛、麻织物在母系氏族公社的繁荣时期就得到了广泛应用。

丝绸生产也发轫于新石器时代，是我国古代劳动者对于人类物质文明最有贡献的发明之一，其功绩也应当属于原始社会母系氏族公社的妇女们。但在目前，探讨起殷、周以前的桑蚕丝绸的创始年代，专家学者看法尚不很统一，一时难有确定结论。

见于仰韶时期的考古资料是一例孤证。1926 年，李济先生在山西夏县西阴村发掘仰韶遗址，出土了一个“半割”的蚕茧，据鉴定认为是家蚕蛾科野蚕桑蟥的茧。但我国考古界学者从发掘经验方面提出争议，认为“在华北黄土地带新石器时代遗址的文化层中，蚕丝这种质料的东西是不可能保存得那么完好的”，因此，不赞成“根据这个靠不住的‘孤证’来断定仰韶文化已有养蚕业”。

另一例子，是 1958 年在浙江吴兴钱山漾（良渚文化）遗址出土的丝线、丝带和绢绸残片。绢片呈黄褐色，炭化轻微，仍保持有很好的韧性。经鉴定确认为家蚕长丝纤维所织造，平纹组织，密度为每平方厘米经纬丝各 48 根。距今约四千七百年，其保存程度之好是难以置信的，即使战国、汉、唐时期，在密闭条件下埋藏保存得最好的那些丝织物，其断口皆如剪刻，而前者的断裂处却呈丝缕状。因此也使人蓄疑，却又难于作出解释。考古发掘偶尔也会出现万一奇迹的。

从史籍中查考，也存在不少困难。相传远古之民未知衣服之时“圣王以为不中人之情，故作诲妇人，治丝麻，捆布绢，以为民衣”（见《墨子·辞过》）。圣王居于何代何时？或有云神农氏（炎帝）“教之桑麻以为布帛”，或曰伏羲氏（太皞）“化（驯育）桑蚕为繐帛”。这些传说，虽向上扩展到母系氏族公社农业初兴之时，字里行间桑麻、丝麻、布帛并称，作为探微溯源来论，资料早已越过了利用野生植物纤维和野蚕丝纤维的开初阶段，甚至反映的已是农业经济相当发展时植桑麻、育蚕治丝男耕女织的情况了。显然此中多少已掺入了战国、秦汉以来学者的猜测和敷衍，但这终究提示了一个信息，桑蚕的历史和植麻纺织很早便紧密相连。

若从殷商时期高级丝绸的生产和丝织技术的成熟水平来推断，在殷商之前必然会有一个较长的发展过程，其时间至少应在新石器时代的中晚期是合乎逻辑的。我们期待今后的考古发现会有更多的收获。

丝绸的发明，不仅推动了新石器时代纺织技术的飞速进步，也必然促进了丝绸服饰的发展，同时还对后世高级多彩提花织物的成长准备了条件，对于高级服饰提供了优等材料。甚至它还影响到室内装饰、采光、灯具制造、镂刻花版、绘画、书写等文化艺术的各个方面。这一贡献是伟大的、多方面的。

# 四　商代墓葬中的玉、石、陶、铜人形

图二一是几个用玉、石、陶等不同材料作成的人形，从商代墓葬中出土，是奴隶制社会墓葬中早期出现的俑。由于在阶级社会里身份不同，衣着形象也各不相同。

商代是奴隶制社会，当时殉葬俑估计有如下几类不同身份的人：一、奴隶——奴隶社会一切物质文化的创造者。二、较小部落的奴隶主及战败后成为俘虏或待赎取的人质。三、常在大奴隶主身边服务当差的比较亲信臣妾和供娱乐的弄臣。四、作为当时鉴戒的亡国灭祀的前一代古人，例如酗酒的夏桀。五、大奴隶主或其近身血缘亲属。至于本图中某人是某种身份，虽难于肯定，但从形象衣着还是可以得到部分理解。例如手负桎梏的陶俑，显然是奴隶或俘虏人质（见图二一·上左）。本图下方白石雕刻踞坐人形，身穿精美花衣，头戴花帽，如不是奴隶主本人，即是身边的弄臣或"亡国丧邦"有所鉴戒的古人，三者都有可能作成酗酒不节、放纵享乐的形象。至于其中一个头着高帽（巾子），身穿长袍，裳裙曳地，衣前附有皮革的韠或锦绣的韍下垂"圜杀其下"的人物，按身份如不是个小奴隶主，也应当是个地位较高的亲信奴隶（见图二一·上右），因为古代奴隶社会和前期封建社会都把身前这件东西象征权威，并用不同质料色泽花纹分别本人等级。

从这份材料中，衣着式样至少可以看出有三四种各不相同。

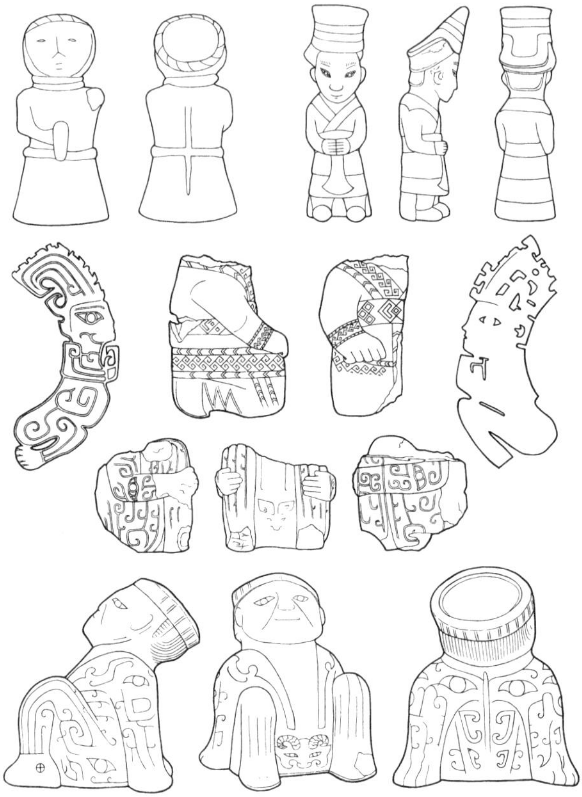

图二一　上左：[商] 盘发、戴手梏奴隶陶俑（安阳小屯出土）
上右：[商] 高巾帽、佩黻贵族玉人（安阳出土）
中上：[商] 织纹衣、束腰带贵族白石雕像（安阳侯家庄出土）
中下：[商] 织纹衣贵族白石雕像（安阳小屯出土）
中左：[商] 高冠人形玉佩（安阳小屯出土）
中右：[商] 高冠人形玉佩（安阳侯家庄出土）
下：[商] 平顶帽、翻领绣纹衣贵族白石雕像（安阳四盘磨村出土）

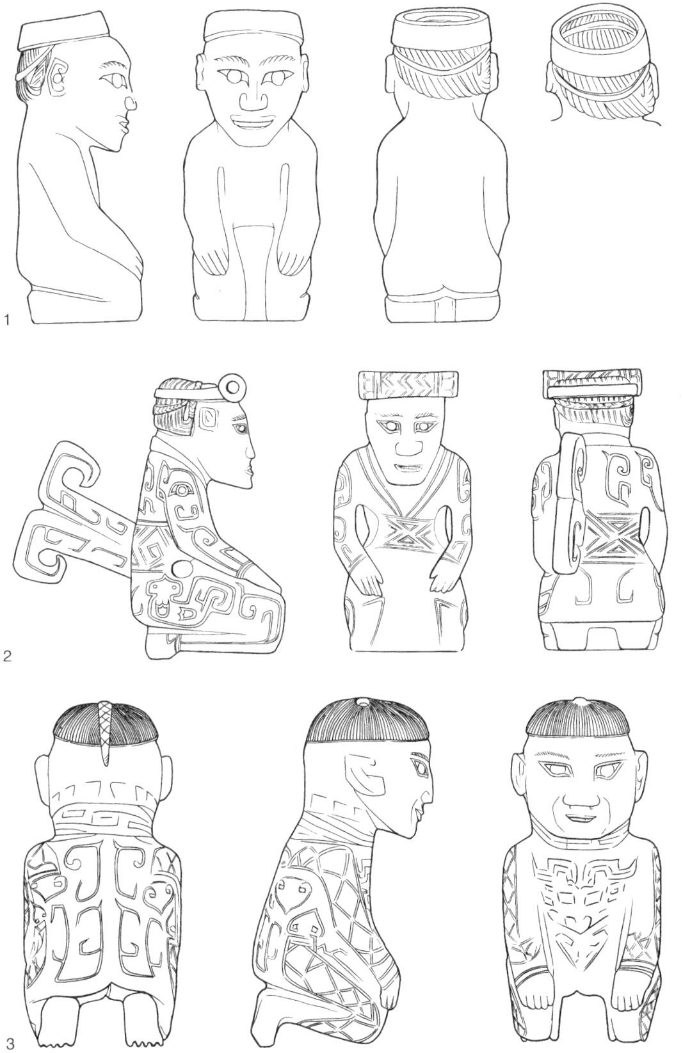


插图一 · 安阳殷墟五号墓人形雕像

1、3：石人　　2：玉人

一、袖子小而衣长不及踝，头发剪齐到颈后，又像是编发成辫子再盘旋于头顶（见图二一·上左、插图一）。二、后裾下垂齐足，前衣较短附一斧式装饰物，即最古的“韦鞸”或“黻”，也就是后来文献常说的“蔽膝”（围裙）。头上如不是尖顶帽，就是裹巾子（见图二一·上右）。以后虽少见，但是缠裹方法还始终保留到西南苗族或其他兄弟民族男女头上。三、短衣齐膝，全身衣着有不同花纹，领袖间、平箍帽子及宽宽腰带都可能是提花织物作成。腹前也若有兽头纹样精美蔽膝作装饰（见图二一·中、下）。第三种衣服虽短，身份不一定较低，这一点认识相当重要。因为后来一般说法，奴隶主及封建统治者宽袍大袖是权威象征，凡衣短齐膝就是胡服。但据汉代武氏祠石刻古人形象反映，传说中的几个有功于人民的古帝王名臣，如神农、颛顼、后稷、夏禹，穿的全都是大同小异的小袖短衣，可以间接证明本图这种人当时社会地位并不低。所谓“胡服”，战国时含义应当是短衣齐膝，使用带钩，便于骑射。就近年出土相当多的铜、玉、陶和其他材料的人物形象看来，春秋间社会上层衣着还有不少短衣齐膝，用组带系腰，显明是中原固有式样。白石雕和玉雕人像头上，一再出现近似汉代平巾帻式的平顶帽或帽箍，也是个重要问题。可证实这种帽式源远流长，最晚在商代即已出现，春秋、战国在某一地区某一种人头上还经常应用。并非汉代史志所说，西汉末年王莽因头秃无发才起始应用，其实比他早一千多年即已经上头。至于这些不同巾帽，是否即史志说的古代“毋追”、“冔”、“章甫”、“委貌”等夏、商以来奴隶主冠帽本来形象，或式样有某种共通处，尚难肯定。另有几种雕玉女子头部加有装饰，与商代墓葬中大量发现的刻有鸟形的骨玉笄比较，可得到些当时妇女发饰的基本知识。

故宫还收藏有两个商代雕玉青年贵族男女头像。男的帽子式样

插图二·殷代玉雕头像
1：高冠人首玉柄　　2：青玉女佩（故宫博物院藏）
3：黄玉鹰攫人首佩（故宫博物院藏）

相同，女的上施双笄，两鬓垂发卷曲如蝎子尾，十分重要。因为在雕玉人形珮件中，男女都出现过卷发垂肩情形（见插图二·2、3）。

商代人民已经能织极薄的精细绸子和几种提花织物，在铜、玉器上留下显明痕迹。若据本图中白石刻人像，一个衣带间作连续矩纹，既曾经反映于同时期铜和白陶器的花纹上，又与春秋、战国人像衣着和雕玉纹饰及秦汉之际大空心砖边沿纹饰相通，应当是由织席发展而成的一种较原始的多彩锦纹（见图二一·中上）。从发展作分析，这种彩锦即是后来唐代的双矩锦、宋代的青绿簟纹锦等一系列规矩图案锦的前身。西南兄弟民族中，如傣、壮、苗、土家族，直到如今还有使用结构简单的小腰机，用丝、毛、棉、麻纤维作经纬，两手理经提花，用牛肋骨压线，织成各种毛棉规矩花图案的花边、被面、手提袋、

插图三・乳虎卣上的人形

花腰带等。连续矩纹的处理，和本图中石刻衣着花纹十分相近。另一石刻像，衣上作零散不规矩双钩云纹，和同时期碾玉作法相同，可能是绘绣花纹（见图二一・中下）。

又据安阳发掘材料，死者头上发饰，有的多上耸而向后倾，上面除骨、玉笄外，还插有一或数枚古琴式扁平玉簪（照《周礼》似名为“衡”）和垂于额间成组列的小玉鱼。图中两种透雕曲璜式人形佩，头部也作成这种“满头珠翠”向后倾斜延伸式样（见图二一・中左、插图二・1），或即汉代以来记载天子所戴卷梁通天冠所本。但汉石刻千百种，所见梁冠均作前高后卑式，无相似形象可证，在壁画中出现时代更晚。即传说中的东王公、西王母，也只在一二件汉、晋间南方出土铜镜上作成这种冠式。惟北朝石刻及敦煌唐代壁画才有戴这

插图四・殷代人形种种

1、2、3、4、5、10：人面形玉饰　6：铜刀上所见人形

7、8、9：人形玉饰

种向后延伸卷曲、上缀金玉冠子的贵族形象，似多本于汉《舆服志》叙冠服作的图解。近年出于新疆唐代墓葬中绸被上画伏羲、女娲像，也发现有戴这种向后卷曲古式冠子的衣着同是短齐膝部。巧合似非偶然，宜有所本。隋代统一中国后，重定舆服制度，有帝王卷梁嵌珠玉齐天冠（或通天冠），但一般只是在唐道教于壁画间绘诸天星宿头上戴它，以后千多年却成为天子朝服之一，也是根据汉舆服叙冠冕制度而来。至于汉石刻壁画，反映当时上层人物生活相当具体，可是至今为止从未有相近冠式发现。从插图部分玉片透空雕人形头上所见，则这种向后延伸的长冠，或于较早时用某种胶类将发胶固后，经过缠裹上缀装饰而成。立体玉人还少见。又男性发式，挽成发辫盘于头上再罩一帽箍，已近通用格式。部分则发剪到颈部，部分剪到一定长度后即加工卷曲（见插图三、四）。从甲骨文字记载反映，殷商时期主要征伐对象有两个，即西部的戎羌和东南的淮夷。至于荆蛮成为征伐对象，时间似较后。这些在玉、石、铜上的人物形状，可能有一部分正是各个敌对而又强有力的西羌和东夷人形象。特别是铜兵器上卷发人形，必有所寓意，不会是偶然出现的（见插图四·6）。

# 五　周代雕玉人形

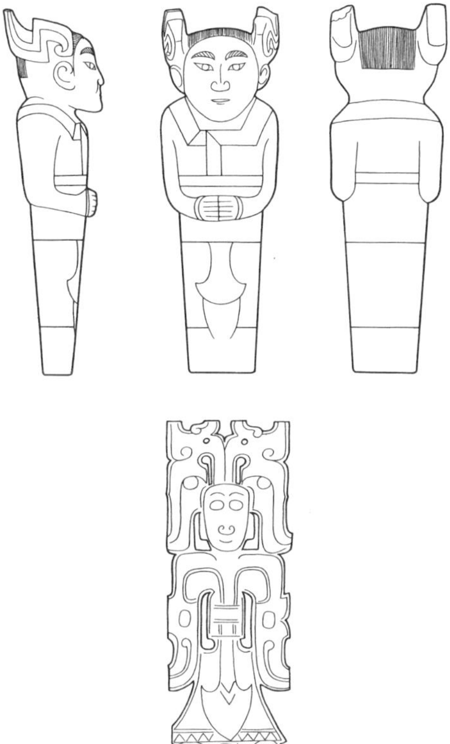

图二二　上：[ 西周 ] 双笄、佩韍、方领曲裾衣玉人（洛阳东郊出土）
下：[ 西周 ] 双笄、佩韍、大袖衣玉人（天津历史博物馆藏）

图二二上部玉人，洛阳东郊西周墓葬出土。下部玉人，原物藏天津博物馆，刊载于《文物》1959 年第 7 期，题作战国时雕玉，时代可能较早，或在商周之际。因为商代重玉，史传提及伐纣成功后，周得商玉以亿万计，均分散于讨伐商纣有功的诸部族长。近年云南、湖南都发现大量商玉，广西及其他地方也发现零星商玉，都有可能是周初得来的。图中下部玉人，从衣饰处理方式看来，时代也应早些。

两玉人头上装饰处理，和商代以来成年妇女笄的应用有关。笄是古代妇女发簪的一种。照礼制，女子成年才着笄。古称“及笄”，表示成年，可以结婚。商代或周初墓葬中，经常发现大量骨笄，制作较简的和骨椎差不多（见插图五）。本来是从便于实用的骨椎，发展为约发专用器物。男子单用，多横贯椎髻，或小冠子将发髻套住后，用骨笄穿过冠下孔中把它固定。妇女双用则斜斜竖插于头顶发际两旁。制作简单的只在一端刻上几道凸起的线箍，或便于系结颔下缨緌。制作精美的多在一端刻个五六分大小上耸冠毛的水鸟，有的眼部还加嵌两粒小小松绿石，形状近似鸳鸯、鸂鶒或戴胜。这种用双鸟作器物装饰，在青铜鼓上和车衡上都发现过。惟在骨、玉笄上应用，是否含有成双成对永不分离喻意，不得而知。也有用白玉刻成近似龙形的笄，使用者必是特种身份人物。《说文》则称：“笄端刻鸡形（似限于妇女），士以骨为之，大夫以象为之。”汉代人的解释，笄用不同材料分别等级，则指男人，从图像反映难于取证。这类应用约发工具，古代在妇女头上的位置，大体已经明白。从本图及插图二看来，可以进一步明确，凡属鸟状笄头，不是两鸟相对，就是并列向前。汉代的金雀钗，就从它发展而出，《女史箴图》所见还保存一点古意。

此外，玉人衣着虽简繁不同，但衣袖大小分明，衣身已出现有比较宽博的式样。还有个相同点，即上衣的前面多作矩领，用较宽带子

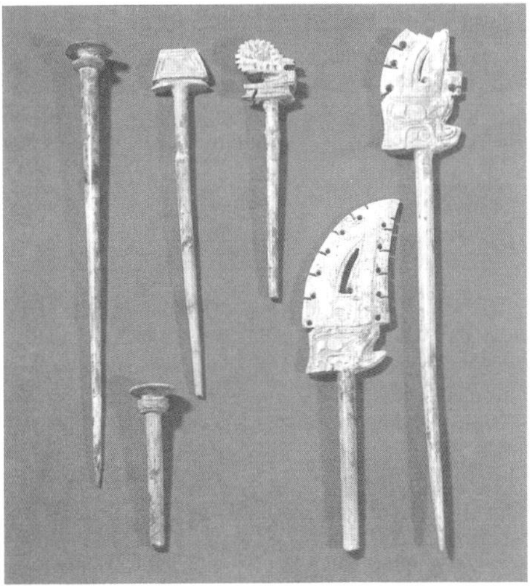

插图五・骨笄（安阳殷墟妇好墓出土）

插图六・人形铜车辖（洛阳庞家沟西周墓出土）

插图七・黻纹

1：彩绘漆棺花纹（河南辉县固围村战国墓）

2：黻纹瓦（河北易县出土）

束腰，腰下腹前各系有一片斧形的装饰品，和其他发现的几个商代人形大致相同（见插图六、八）。使用皮革涂朱或彩绘的名叫“韦韠”，用丝绸绘织绣花纹的叫“黻”。金文铭刻及古教令中，常有大奴隶主赏赐功臣、亲信以彤弓、朱矢、鸾旗、琱戈、赤芾、朱黄的记载。“赤芾”

应即指衣袍前这片用皮或丝绸作成的红色或杂绣，象征特别身份装饰物而言（和其他涂朱绘彩镂金嵌玉的弓箭、旗帜、车马、玉佩都象征权威，是古代阶级社会重要凭证）。后来叫“蔽膝”，是通俗指它的位置和作用而言。事实上，就是加工不同的围裙，制作得特别精美，附以政治意义而已。古代王者必衣黼绣，《考工记》叙画绘，以为“青与赤谓之文，赤与白谓之章，白与黑谓之黼，黑与青谓之黻，五彩备谓之绣”，系泛指衣上纹饰绘绣加工而言，可能本来实指衣前这一部分。东汉郑玄解释形象为“圜杀其下”，并无错误，应即状。但汉代图像已少见，汉以后人不得其解，才误作状。黻纹为“两弓相背”，作状，二千年来帝王衣着上十二章绣纹，即占有一定位置，唐代列于大袖口上，宋、明列于袍服正中或龙旁或领上，即始终作成式，实难得本来面目。如就金文比较，可知多为两龙、两兽纹样的对峙或相蟠，也即是一般蟠虺虯形象。铜器上有许多花纹都相近。漆、陶、金银错器物上花纹，也都有相似而不尽同。古称“诸侯之棺必衣黻绣”，河南辉县发掘所得之残漆棺肩部彩绘装饰，即是典型的黻纹。河北易县燕下都出土大量大型花砖瓦，也是黻纹（即黼纹）。不同处只是一用彩绘，一为浮雕（见插图七）。但从大量汉代石刻绘画分析，已少发现那个在衣前的斧状物，也少发现符合那类纹样的锦绣。可知汉初定服制礼仪的叔孙通，对此已缺少明确知识。因此相距三世纪后博学多通的郑玄，才会对于黻纹用“两弓相背”作注。隋、唐统一全国后，隋代的牛弘、虞世基和唐初的长孙无忌等，依据汉人三《礼》旧说，因循两晋南北朝习惯，重新恢复了封建帝王冕服制度，遇国有大事时，必按照不同需要来穿用。如传世《列帝国》中帝王冕服形象，就是隋、唐诸大臣依据旧说重新制定的。这些衣着，用汉代石刻绘画或较前统治者形象反映到铜、玉、漆、丝上衣着比证，实缺少共通处。但由唐定制以后，加上宋人绘制《三礼图》，却影响后来约一千年。冕服前面那片锦绣作龟背纹的，显明即由古代贝锦记载有意仿效而成。作回旋如意云纹的，又还和汉代或战国时金银错纹样相通，更近于有意仿黼黻锦绣而作。惟在发展中和商、周原来形象相去日远，

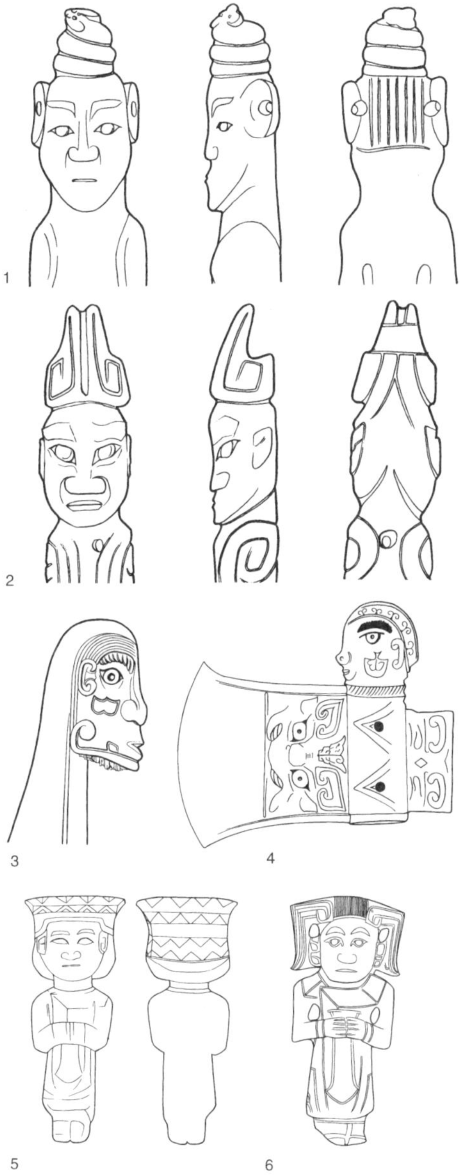


插图八·西周人形种种

1、2：玉人（甘肃灵台白草坡西周墓出土）

3：青铜戟上人头饰（甘肃灵台白草坡西周墓出土）

4：人头銎钺（采自《中国兵器史稿》）

5、6：玉人

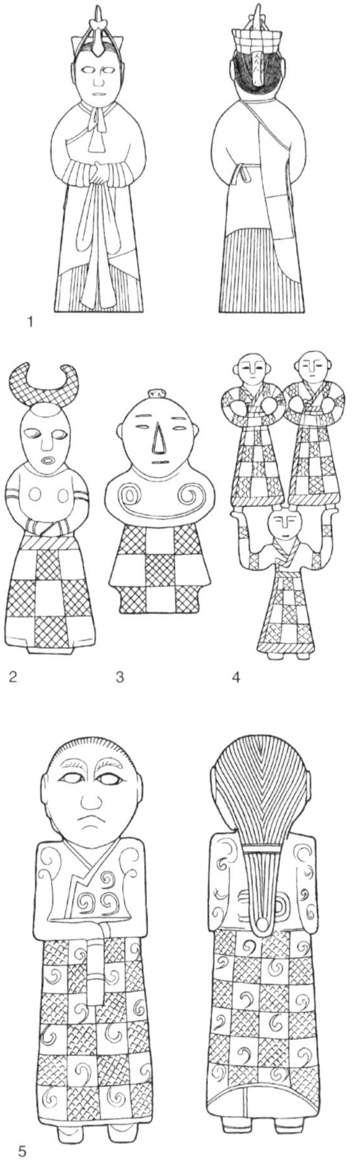


是意中事。

春秋、战国之际，正是西周农奴制逐渐解体，前期封建社会以宗周王权为主的延长及四五世纪的统一政权，由于王权日益衰弱，诸侯力政，大小兼并，相尚以力、相争以权、相夸以财富的时期，但由于技术集中，也正是社会生产显然提高时期。史部文献中曾留下大量丰富材料，或于诗歌中作种种形容。另一方面还从出土文物中让我们明白，反映到贵族统治者维持政权的坚甲利兵、车服器用艺术水平之高，均达到一个新的水平。然而关于人的日常衣着的异同问题，我们其实多还近于无知状态。因此由汉、唐直到18世纪的学者通人，

插图九·春秋战国之际人形雕像

1：白玉雕像（故宫博物院藏）

2、3：玉人（河北平山战国中山王墓出土）

4、5：玉雕人形

凡涉及这个问题，总不易给人以比较满意正确说明，长远停顿到以书注书方法上，得到的知识当然不够明确。特别是春秋、战国之际这一阶段的多样化，我们知识的贫乏十分显明。即对两汉，也还缺少应有理解。直到近半世纪，我们才有机会从大量出土物反映种种，初步明白这方面的多样化和前后相继承的点滴情况。尽管前期材料还不够多，有的且制作简陋，无从以一概全，究竟掌握了大处，特别是从比较中，这些知识十分有用。譬如故宫所藏一件白玉人形雕像，高冠布置极明确，但和东汉梁冠毫无共同处。襟旋绕而下，剪裁方法和近年湖北随县曾侯乙墓几个承钟武士却极相似。惟前垂丝带结法不同，亦无带钩痕迹（见插图九·1）。又近年河北平山古中山国墓中出土小玉人，其一头上角形冠子，衣小袖长袍，腰无带钩，下部作格子花纹（见插图九·2、3）。和另一件极小玉雕三人作百戏状重叠，出土情况虽不明确，产生时代则必相近，衣着虽小有异同，但分明为商、周以来的汉族曲裾襟式（见插图九·4）。类似的还有一件玉雕人形，格子衣空白处加云纹绣，衣仍作曲裾制，惟发下垂已近汉初俑式（见插图九·5）。古中山国属于北狄，角形冠子则在山西侯马冶铸遗址中已出现过，战国薄刻铜器战士头上更常见。这些材料都可说在春秋、战国间带钩未普遍使用以前，是一般人的衣着款式，多样化是必然情形，但总不外曲裾制和交领制，还保留一点西周以来规格，又在衣着形象方面给我们一种新的印象。至于用这些少量材料去附会某种冠服衣式，即文献上的某种定型名称，似乎还早一点。

# 六　周代男女人形陶范

图二三　上、下左：［春秋］丝绦束腰、齐膝直裾短衣男子陶范（山西侯马牛村出土）

下右：［战国］丝绦束腰、绣纹短衣、佩短剑青铜武士（山西长治分水领出土）

山西侯马东周青铜冶铸场遗址出土。这些图像前后曾分别发表于《新中国的考古收获》和《文物》中。

原物是为铸造青铜器物座承用的，同时期或稍后铜器物都有发现。如中国历史博物馆藏青铜残余座承，作一佩剑穿云纹花衣武士。这些人形一般多作双手上举，如有所承托（到汉代后，这类器物座承才一律改用三熊代替，铜尊、铜斛、玉奁、釉陶仓、石砚，无不可以发现）。

图中男女都穿长只齐膝的上衣。时代相近出土物，还有传为洛阳金村韩墓发现的一个银人（旧称"银胡人"，见插图一〇），和一个梳双短辫、衣下有襞折如短裙式青铜弄鹊女孩（见图二九・上），和相传同出金村韩墓几个头戴小冠子铅铜制作的烛奴（灯座），及近年新出土的战国时青铜烛奴，衣着均同样长齐膝部，绕襟到背后，衣带多明确用丝织物编成，作蝴蝶结式，不用带钩。可知这种服式是我国古代阶级形成初期，统治阶层人物尚未完全脱离劳动，为便于行动的衣式。由商到东周末春秋、战国，沿用已约一千年，社会中下阶层始终还穿用到。有关胡服，若仅指衣式而言，这种小短袖衣有可能原是古代中原所固有，影响及羌戎的。

几个人形的产生时代，从大量陶范花纹联系判断，当比赵武灵王采用"胡服骑射"时代早一些。和史传说的胡服相近，产生存在却较早。因为胡服虽无当时实物形象可证，较晚一点反映于汉代匈奴族青铜饰物上和汉石刻上形象尚比较完整，同

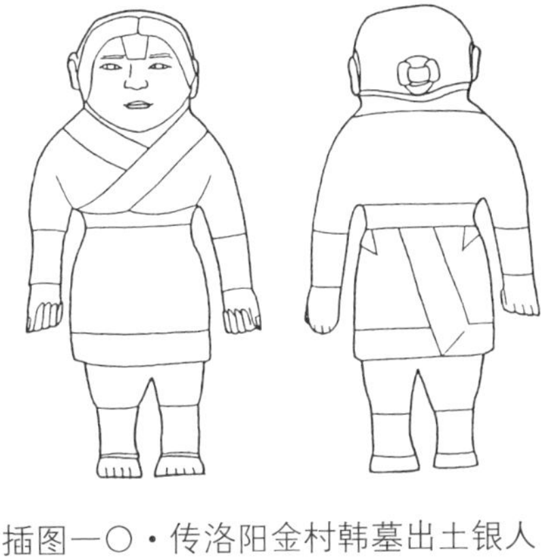

插图一〇・传洛阳金村韩墓出土银人

样还是小袖而衣长齐膝。在我国西北部，这种衣服式样始终变化不大。直到唐代，突厥、回鹘族衣着与此还极其相近。有的衣襟也同样向右作矩形倾斜，不到腋即直下。有的又作对襟式或改作圆领翻领，一般且多右衽（即汉朝赠予匈奴君主之"锦绣衣"，南朝以来即成定制，特织的"蕃客锦袍"。唐代西蜀、广陵每年均特别织造的蕃客锦袍，就出土实物看来，式样就始终相差不多）。

图中诸人形衣式，可能是夏、商以来固有式样，并非来自西北游牧部族。因为武梁石刻作夏禹、颛顼等古人图像，就和本图人形衣制大同而小异。这些石刻衣着必有所本，绝非完全出于汉人臆造。近年安阳妇好墓新出几个商代玉石人形，小袖而衣长齐膝，都反映得相当真实具体。本图人形身上穿的那种连续矩纹的纺织物花纹，和商代青铜及白陶花纹均相同，近似当时两色或彩织花纹。另外一种有间隔条子式方折回旋云纹，商代方铜鼎和白陶壶上也均有同式花纹发现。这种相似，决不会是偶然的。图中诸人形腰间系的组带是丝绦打蝴蝶结，而未使用革制皮革加钩，也值得我们注意。这种结带方式，可由《诗经》中"执辔如组"一语得到一点启发，明白当时御车手握缰辔部分，形象必与本图中组带处理相近。

春秋、战国以来，儒家提倡宣传的古礼制抬头，宽衣博带成为统治阶级不劳而获过寄食生活的男女尊贵象征。上层社会就和小袖短衣逐渐隔离疏远，加上短靴和带钩，一并被认为是游牧族特有式样了。事实上所谓"胡服"，有可能还是商、周劳动人民及战士一般衣着。由于出土材料日益增多，"胡服骑射"一语，或许重点应在比较大规模的骑兵应用，影响大而具体。

河南信阳二号楚墓出土彩绘青年妇女木俑（见插图一一，正、反、侧面不同形象），刻削技术虽比较简质，衣着加工精细处却为我们提出许多新问题。如领袖间，显明是用不同材料配合并用不同剪裁方法加以处理，形成完美艺术效果的。系腰的大带及绕襟而下的缘边丝织物材料，花纹也各不相同，图案精美谨严规整而多样化。由此可知，当时实物配色调和华美，也必然和图案组织完全相称。更重要的是，木俑胸前杂玉佩的几种组合方法大大开阔了我们的眼界。因此明白，春秋、战国之际，这一历史阶段新出现的彩琉璃和玉质明莹雕琢精美麻花绞式蚩尤环及大型玉璜的出现，组列成杂佩饰，应用设计实多式多样，不拘一格。正如稍后一时人形容带钩应用“宾客满堂，视钩各异”情形相同。

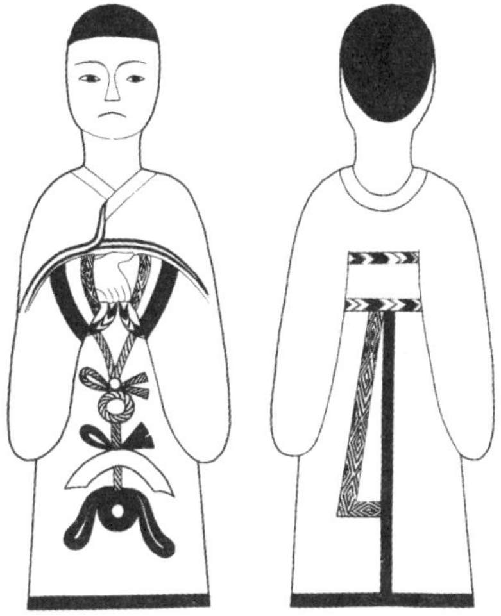
1

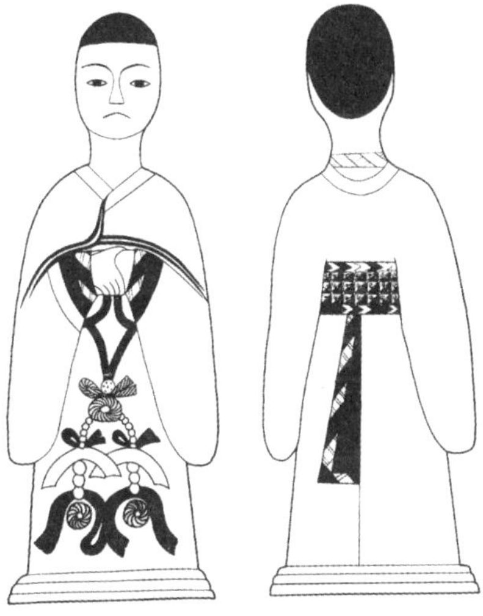
2

插图一一·楚墓彩绘木俑

1、2：信阳出土

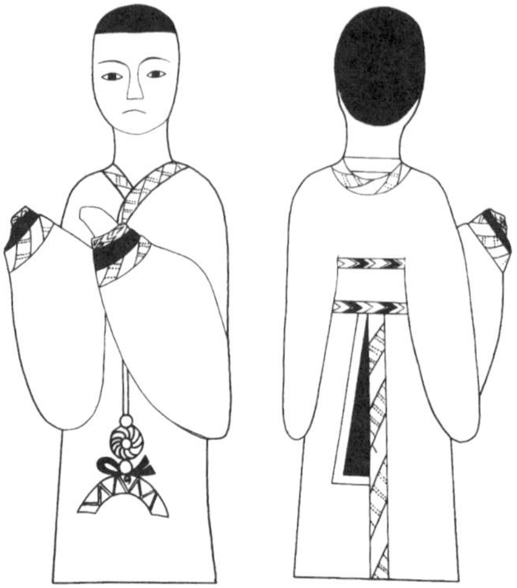

3

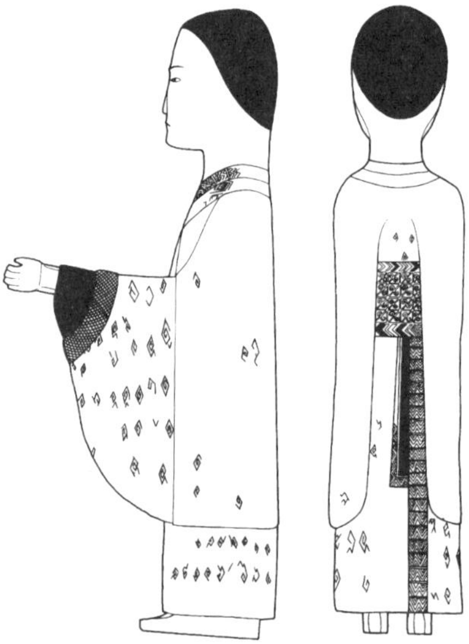

4

插图一一（续）·楚墓彩绘木俑

3、4：信阳出土

三《礼》旧说，对于古代玉佩制度的标准规格化，可能只限于礼制上应用。至于到了春秋、战国，君子无故玉不去身，一面成为人格象征、一面成为玩赏事物时，不仅洛阳金村韩墓那一组佩玉，即三门峡虢墓出土那一组佩玉，都不合制度。因为前者过于简单而后者又过于复杂。特别是河南辉县出土那一份玉物中琢工异常精美、两端兽头可以活动的大型白玉龙璜，和光彩夺目的彩琉璃及白玉蚩尤环如何组合成套，当时如何应用于人的身上，就难于设想。若就本图作例，会觉得这份珍贵装饰品的艺术效果，是完美无缺达到理想的。

其中一大袖妇女衣

上的残余花纹（见插图一一·4），应是丝织物中的“绮纲纹”，在楚墓出土残余实物中即有发现。在战国楚式青铜镜纹中，和马王堆汉墓出土彩绣衣料花纹中，同样间杂于云气纹中出现。据朱德熙先生意见，“绮”或“纲”字，惟楚竹简出现过。这种大量反映于楚文物铜、漆及织绣特殊图案，可能实较早同出于楚国工人手中。

另一木俑（见插图一一·6），为近年湖北江陵楚墓中所出。体

5

6

插图一一（续）·楚墓彩绘木俑
5：信阳出土　6：江陵出土

态修长而衣式奇特，胸前两组佩饰并列而下，编缀制度极具体，和《楚辞》中所描写"纂组绮缟，结琦璜些"、"灵衣兮被被、玉佩兮陆离（琉璃）"情形正相符合。衣作交领小袖式，分块拼合如水田衣，左右对称但设色相反，与出土中山国玉雕人物棋格纹衣着貌似而实不同（见插图九·2）。其形制或有所本，或近于春秋时的"偏衣"。《左传》闵公二年（公元前660年），晋献公使太子申生帅师伐东山皋落氏，"公衣之偏衣，佩之金玦"，注家云："偏衣，《晋语》亦作'偏裻之衣'。裻，背缝也。……自此中分，左右异色，故云'偏裻之衣'，省云'偏衣'。"这种服装，当时在中原地区不合传统法度，被视为"尨奇无常"招致不祥的奇装异服。故《周礼》阍人职守之一是"奇服怪民不入宫"。但到战国时期，尤其在南方楚地则情形有所不同，文化上水平较高，礼制方面少禁忌，如三闾大夫屈原喜欢高冠奇服，年既老而不衰，楚文王好獬冠，便举国风行，因此服饰方面种种新的尝试就易于产生，也易于发展和流行。以此俑为例，衣着色彩的对比非常强烈，在各个方向上都富有远距离表达效果，很像今天登山、滑雪运动中的一类标志服装，应用上似有专门性质，当时社会服饰的多样化程度于此可见一斑。

# 七　战国楚墓漆瑟上彩绘猎户、乐部和贵族

图二四取自河南信阳楚墓发掘报告。

这是目前出土文物在彩绘漆器上画迹表现古代人生活较早的一份材料。因受加工材料影响和工艺条件限制，人物形象比较简单，仅具轮廓，不能如较早或同时玉、石、陶、木立体形象具体（见插图一一）。但供我们作比较研究还是相当重要，可以得到不少有益启发。

上面绘有狩猎、乐舞及几个贵族（内中另外有些形象可能是属于执行巫术或尸祝性质）。这些图像是用彩漆绘在一具古瑟上部四周边沿，作为装饰的。原物已残毁过半，留下彩画部分也不够完整。但它却是目前出土古代人物画之一种，反映社会生活多样化，时代当在春秋、战国之际，比近年长沙、江陵楚墓出土漆器彩画和帛画（见插图一四）时间都早一些。内中人物衣着大致表现三种不同身份：猎户、乐人和贵族。

猎户一律短衣，紧身袴，头戴尖锥式帽子（或即韦弁）。舞伎只残余一小部分，依旧还可看出一只袖管长长的，和韩非引民谚“长袖善舞”情形相符合。由此得知，汉代砖石刻画表现的狩猎、乐舞人衣着，还多和春秋、战国以来式样相同。图中乐部人数较多，可大略看出一人击鼓，鼓横置，一柱由中部贯穿，上作流苏羽葆四垂，随风飞扬，和大量汉石刻壁画相近，得知汉代建鼓基本式样，可提早到公

图二四 ［春秋战国间］：漆瑟上彩绘猎人、乐师、巫师和贵族（河南信阳长台关楚墓出土）

元前 4、5 世纪（见插图一三）。一吹大横笛，一吹笙，传称“墨子过楚衣锦而吹笙”，有在乡从俗意。这种管乐器，应当是楚人习惯应用的一种。《长沙见闻记》曾提及楚墓出土的匏笙。近年长沙马王堆又出一西汉初年的大竽和一份律管，保存得十分完整。虽同属模型性质，仍可证制度。形制和现在西南苗族的葫芦笙相差还不多。弹筝或抚瑟乐伎，虽仅残余点滴，乐器斜搁身前，汉代砖石刻上还常见这个演奏姿势。一击磬，磬成组列悬架下，和铜器上钟磬悬奏相同。画迹虽残毁大半，但却是至今所见最早反映于彩绘上的乐舞。用来和长沙楚墓出土成组乐俑，新出其他彩绘木俑乐部，解放以来河南、山东、四川出土薄质铜器上刻镂反映金石之乐八音谐奏古人敲钟击磬形象，及时代略后的汉代石刻绘画彩绘俑乐组形象比较，可以丰富我们许多有用知识。舞者一般只一人，多则二人，由汉代直到唐、宋，还经常是这种样子（宗庙、宫廷特别集会，舞人才会加多）。乐人和猎户，头上戴的帽子多作尖锥形，如后世的浑脱帽或胡公帽。

身份较高的统治者，均褒衣博袖，独坐一榻上，手中若执羽状翣扇。冠式约三种：一种高顶上平而腰细，如元代贵族妇女头上的罟罟冠，秦、汉之际的空心砖上还可发现。直到北朝晚期，高句丽古坟中乘鹤驾鹿仙人头上，

插图一二・沂南汉墓石刻建鼓

都还戴同式高冠(见插图一三)。由此推测,或早在汉人作《列仙图》中,表现仙人时即已使用。再一种如前着二角而后垂扁形鹊尾。在近年发现的细刻纹薄铜器上,却常有相近式样冠子出现于战士头上。第三式如上据一鸟而后有披。史传曾提及“南冠”、“楚囚”,虽为囚人,还一望而知,原必统治者身份,或和三式冠子之一有相近处。《墨子》称:“昔者楚庄王鲜冠组缨,绛衣博袍,以治其国,其国治。”又《庄子》说:“古之道术有在于是者,宋牼(墨子弟子,善于用小说宣传墨家学说)、尹文闻其风而悦之,为作华山之冠以自表。”《淮南子》则说:“楚文王好服獬冠,楚国效之。”獬相传是一角能触邪神兽,汉代御史冠就从之取法而成。《楚辞》还有“冠切云之崔嵬”语。根据这些记载,楚人头上戴的冠子,在古代必有些不同于其他地方的特征,如制作色泽特别华美,有的还高高上耸。图中几种冠式,虽难于肯定名称,说它是春秋、战国以来楚人常用的冠式,大致不会错误。和当时中原诸国习惯不同,也极显明。

1

2

插图一三・集安高句丽墓壁画

1:仙人跨鹤

2:仙人天鹿

图中一人，大衣博袖，两手高举，手作鸟爪状，似在执行巫术。冠子前如两角，后曳一鹊尾长披，则似乎属于当时较常见的一种式样。因为近年在山西、河南、河北、江苏、四川各省出土薄质细刻纹铜器及镶嵌铜器等以反映社会生活为主要内容的器物中，上面就多有戴同样冠子的人像出现。有的在奏乐，或进行习射礼，也有的是战士。各种身份不同的人头上都可发现，可知当时实具一般性，而少区域性。这种特别冠子，汉代石刻绘画上已无反映，可知必消灭于秦统一以后。近人于发掘报告中，通称为“鹊尾冠”，似值得商讨（见图三〇、三一）。

# 八 战国帛画妇女

图二五 ［战国］云纹绣衣、梳髻贵族妇女帛画（长沙陈家大山楚墓出土）

插图一四·长沙子弹库楚墓帛画

此画长沙楚墓出土，现藏湖南省博物馆。是目前世界上较古在丝绸上作的一幅中国妇女画，艺术价值和历史价值都相当高。插图一四则为近年新发现一尺幅相近男子驭龙升天帛画，可能均属死者本人生前的面貌。

原图上部画有一只健翩凌雪的飞凤，前侧有一个壁虎状龙形。因龙足不清晰，只摹一足。摹本展出时，有误以为系“夔一足”的反映，从而引申作解说（见插图一五）。其实原画四足具备。这类装饰图案是春秋、战国一般性图案，反映到工艺品各方面，相当普遍。以在漆器上作的云龙凤图案，格外活泼生动多样化而富于艺术效果。

图中妇女作侧面行进状。关于服饰有几点特征，值得注意。

一、上作不规则云纹绣，旁加深色宽缘，在楚墓男女俑中都常有发现，可以用来证“衣作绣、锦为缘”，是春秋、战国以至汉代贵族男女衣着通常式样（见图二六）。画的是人而不是神。《尔雅·释衣》称袖身扩大部分为“袂”，袖口缩敛部分为“祛”。本图所见，和信阳出土楚墓彩绘女性木俑（见插图一）大致相同，式样也比较标准。小口大袖俗谓“琵琶袖”，汉代还保持不变。照后来刘熙《释名》所说，有袖口的为“袍”，无袖口的为“衫”。这种衣服，不分男女，应当通称为“袍”。据发掘工作者提及，信阳彩俑出土时，是当成捧巾栉的侍女，二八列侍于大型镇墓怪兽两旁。是当成人加以比较真实反映，而不是当成神来夸张表现的。这幅帛画并不例外。

插图一五・长沙陈家大山楚墓帛画（据郭沫若《文史论集》图版一）

二、腰间束丝织物大带，不是犀比钩的革带。腰身束得极细小，和长沙楚墓彩绘漆卮上的妇女形象相近，可证这种好尚已成社会习俗（见图二七）。反映具一般性，当时是作为美的标准而出现的。马廖疏引民谚“楚王好细腰，宫中多饿死”，暴露了当时楚宫廷部分现实。但细腰装束原不限于宫廷，新出较早材料如金村几件玉雕舞女已足证明（据信阳楚墓出土彩绘俑摹本看来，这种束腰带有种种不同花样，制作得十分精美讲究（见插图一一））。

三、发髻向后倾，并延伸成后世银锭式或马鞍翘式样。时代相近妇女形象，有河南辉县出土战国小铜妇女俑，发髻处理相同。骊山出土秦代大型陶女俑，云南石寨山出土西汉末大型青铜妇女跪像，及另一奴隶主形象，发髻的位置、式样都十分相近。可以说，战国初到西汉末，这种髻子式样及位置具一般性。

四、眉短而浓，显明曾加过工，和其他楚俑相似。可知《楚辞·大招》中用“粉白黛黑”形容当时女子化妆，既有区域特征，也具一般性。

附图另一男性帛画作驭龙升天状。宽衣博袍，头上着薄纱高冠一片，和领下结缨，均若用极其轻薄丝织物作成。《汉书·江充传》叙江充以常服见武帝时，“充衣纱縠禅衣，曲裾，后垂交输，冠禅縰步摇冠，飞翮之缨”，或有共通性。此图实本于黄帝升天传说为死者而作，图像应即死者本人。至于画幅中龙身后立一鹭鸶，龙前还绘一鱼，只近于点缀画面，看不出什么深远含意。

# 九　战国楚墓彩绘木俑

图二六　［战国］绣云纹、锦沿曲裾衣妇女彩绘俑（长沙仰天湖楚墓出土）

1　2　3　4　5

插图一六・战国楚墓彩绘俑（据蒋玄佁《长沙》）
1、2：男俑　3、4：女俑　5：木俑

长沙仰天湖出土，原物现藏故宫博物院。

解放以来，长沙楚墓出土大量彩绘木俑，为考古工作提供了许多有关春秋、战国以来楚人冠巾衣着形象，和生活方面重要材料。木俑约有四种不同类型，即男女侍从俑、武士俑、伎乐俑和贵族俑。前三者事实上多属于死亡人生前奴隶，后一种或为死者血缘亲属，或为文武官吏。伎乐俑毁蚀较大，一般只留下点人形轮廓。但一乐组中人数多少和乐器配列情形，还可用来和其他地区发现材料相互印证，明白古代宴乐中八音谐奏乐器配置的大略情形。武士俑一部分保存比较完整，面貌用墨绘出，显得英气勃勃，个性鲜明。眉短而浓，眼大颧高，下颔短促作三角形，须多上翘。原本刻削比较简质，衣着纹

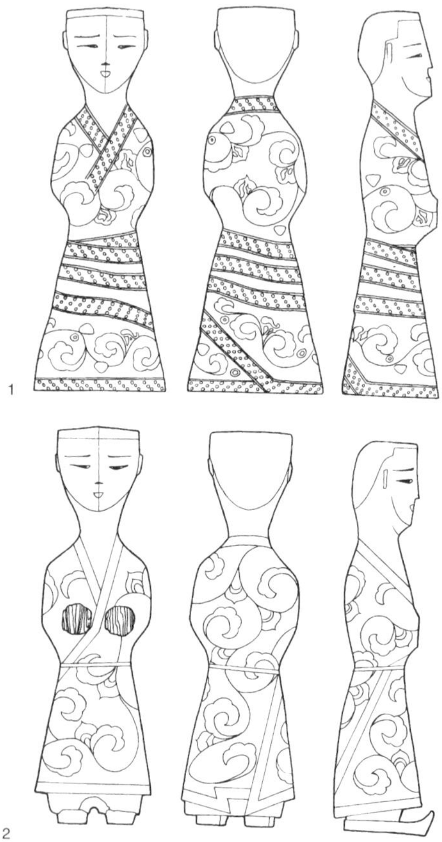
插图一七・云梦西汉墓彩绘木俑两件

饰多已剥蚀，未尽具体（见插图一六）。仅少量还可以看得出穿的是分段彩绘条子式革甲，用来和错金刺虎镜子骑士比较，还是可以得到一种明确印象。其中男女侍从俑所占分量特别大，有不少保存得还相当完整，和史书文献结合，明白些有益有用问题。汉代文化各部门都受楚文化影响，文学受《楚辞》影响，十分显著。衣着方面也常提及“楚衣”、“楚冠”，至于特征何在，就还难言。从楚俑中却可以得到许多比较具体印象。和东周以来齐鲁所习惯的宽袍大袖，区别显明。特征是男女衣着多趋于瘦长，领缘较宽，绕襟旋转而下。衣多特别华美，红绿缤纷。衣上有作满地云纹、散点云纹或小簇花的，边缘多较宽，作规矩图案，一望而知，衣着材料必出于印、绘、绣等不同加工，边缘则使用较厚重织锦，可和古文献记载中“衣作绣、锦为缘”相印证。近年长沙马王堆出土西汉初大彩俑和丝织品袍服实物，材料之细薄、刺绣之精美，都达到极高水平。剪裁制度和楚墓彩俑还十分相近（见图八二，插图五四、五五）。屈原常自称“余幼好此奇服”，应即近似这一类形象。曲裾衣的应用，春秋、战国到汉代虽具普遍性，但在楚墓彩绘俑及出土实物中才明白它的剪裁方法相当经济，处理材料方法且极重实用。中南夏季炎热，衣着主要部分，多用极薄的绮罗纱縠，同时用较宽的织锦作边缘，才不致缠裹身体妨碍行动。

扬雄《方言》称“绕衿谓之裙”，注解多把“衿”解作衣领。虽也有解作衣襟的，作衣领解的占多数。试从图像取证，则一望而知，必绕襟无疑。这种衣着到汉代还具一定普遍性（见插图一七）。

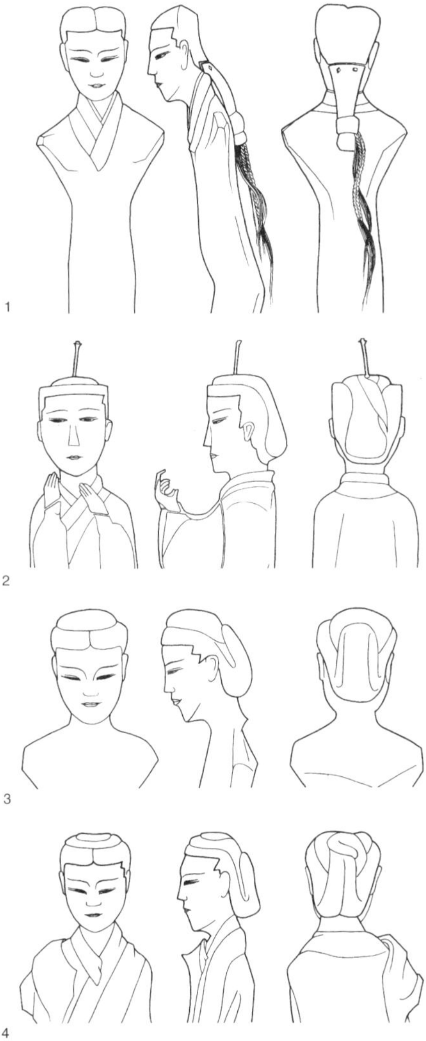


插图一八・长沙马王堆一号汉墓女俑发式

1：着衣女侍俑　2：吹竽俑

3：歌俑　　　　4：着衣女侍俑

图中妇女头发部分只余一片黑色，发的处理似无交代。信阳楚墓彩绘俑情形相同。就信阳同墓中另一俑看来，原有散发一撮黏贴于后，末端用细丝束紧，下垂方式还待研究，估计总不外或和雕玉舞女相似，或和马王堆西汉彩绘俑相同（见插图一八）。因为凡事不孤立，从前后上下求索，总有个规律存在的。

# 一〇　战国彩绘漆卮上妇女群像

图二七　［战国］着帽结缨、白狐出锋衣人物群像（传长沙楚墓出土彩绘漆卮）

漆卮长沙楚墓出土，现藏南京博物院。计共有坐立男女十一人。通称"舞女漆奁"，其实就形制言，是喝酒用的卮。时代或可能晚到西汉初期。

近人编《长沙出土楚漆器图录》，有摹绘展开复原图。序言第5页以为本图内容反映的是当时仕女风俗画，还近情理。又以为“反映出战国时代贵族宫闱阴暗的一角”，因为“女子多细腰欲折，和古谚‘楚王好细腰，宫中多饿死’的宫廷残酷情况相适应”，意见实可商讨。图中有好几位近似男性，不像女人。又因为画面有一妇女，双手分张，有一线横贯两手间，近似执鞭作嗔怒状，即以为系教舞时虐待舞女情形，说明证据不足。就原物仔细分析，所谓鞭子，只是漆器上一道破裂痕迹。在妇女右手还斜斜延伸寸许。几个在近旁站立女子，也多敛手而立，十分从容，和战国时习见舞姿毫无共同处。又说：

插图一九・战国冬装乘马人物（长沙楚墓出土车马卮部分彩绘纹）

"人皆着轻绡，长裙曳地，衣裳为黑衫白领袖。帽的式样也有好几种，结带颔下。"事实上领袖露白处，面积较大，有丰厚蒙茸感，应属于皮毛出锋。和人物戴帽子情形联系，画中反映的宜为冬季时节，绝非盛夏情况。这还可以从另外一件彩绘酒卮的车马人物装束中得到更明确印证（见插图一九）。

漆上彩绘有局限性，所以衣着使用的黑色，也不会是当时丝绣绫锦本色，只能得轮廓而不如帛画及彩绘木俑具体。惟妇女也着帽结缨，帽式接近近年秦汉间出土武士头上物，衣领、袖沿和下摆使用皮毛出锋，均为新发现，可补史志文献所不足。

说它是目前为止，战国、秦汉间反映社会生活衣着重要材料一部分，大致还说得过去。作为阶级压迫的反映，和前面说的仕女风俗画，即相互矛盾，难于得到应有的理解。

# 一一　战国雕玉舞女

传为河南洛阳金村战国韩墓出土。日本人集印于《洛阳金村古墓聚英》一书中。图二八中对舞妇女，是成组列佩玉的一部分。原物在美国。

由于商、周以来对玉物的爱好和重视，促进了春秋、战国雕玉工艺的高度发展。照礼制，成组列佩玉也于这时期完成。但据近年大量出土玉物分析，凡是成组列佩玉，实各式各样不受礼制约束。这一组雕玉，组织不尽合礼制，但配列工艺设计极精，用黄金组绳贯串。是目前为止，艺术水平特别高和有代表性的一组佩玉。

上圆舞女衣着袖长而小，袖头另附装饰如后世戏衣的水袖。领、袖、下脚均有宽沿，斜裙绕襟，裙而不裳，用大带束腰，和楚俑相近。额发平齐，两鬓（或后发）卷曲如蝎子尾，商代玉雕女人已有相同的处理。下图单独的一个舞女（图中为正、背两面），头顶覆盖一帽箍，较先的商代人形和较后的楚俑都常有相似形象，可见当时妇女应用装束的共通性（古代冠子有“制如覆杯”形容，指的或近似这种式样）。发式前后均有一部分剪平，后垂发辫则作分段束缚，这种样式西汉陶俑中还有发现。此外楚俑有于后背长辫发中部结成双环的，西汉彩绘妇女俑也发现过。又有作单环的，近于由双环简化而成。又有下垂作圆锤形的。这种发式处理似均为歌舞伎所采用（见插图二〇。顾恺之《女史箴图》中，一般宫女发辫也有作双环后垂的。可知此

图二八 上、下：[战国]长袖曲裾衣舞女玉雕（传洛阳金村韩墓出土）

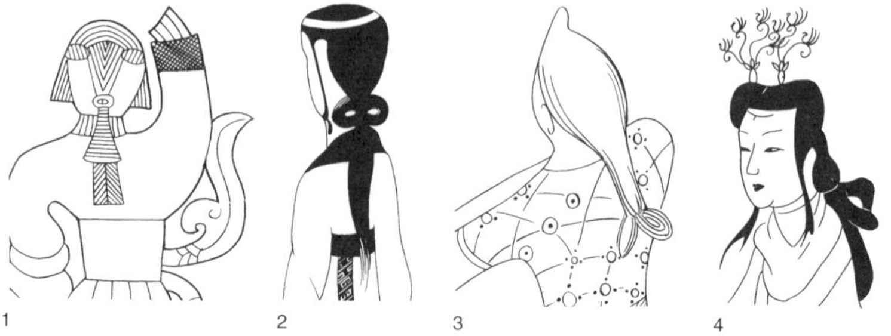


插图二〇・发式示意

1：金村玉舞女　　2：楚俑长辫中部结双鬟

3：西汉彩绘陶舞俑双鬟　　4：《女史箴图》宫女双鬟

画一部分或依据西汉旧图而成。西晋时，妇女早已不采用这种装束）。

上图二舞女，年岁较轻，发上部蓬松如衣髻。

《管子》称："桀女乐三万人，端噪晨乐，闻于三衢，是无不服文绣裳者。"又《国语》记齐桓公说："齐襄公陈妾数百，衣必文绣。"史传记载，容易夸大失实。惟从近年长沙信阳楚墓出土大量彩绘男女俑看来，奴隶社会崩溃、封建社会形成过程中，商业发展占显著地位。当时从事歌舞伎乐的年轻妇女，社会地位即或不高，衣着必已十分讲究，色彩鲜明，质料柔软轻盈。《史记》称"燕赵美女揳鸣琴，蹑利屣，游媚公卿间"。可知在封建社会初期，这种能歌善舞的年轻妇女，活动于社会上层，在艺术文化方面影响都极显明。

# 一二　战国雕玉小孩和青铜弄雀女孩

图二九　上：[战国]梳双辫、弄雀青铜女孩（传洛阳金村韩墓出土）
　　　　下：[战国]梳双丫角雕玉小孩（洛阳西郊出土）

图二九玉雕藏中国历史博物馆，中国科学院考古所河南辉县发掘品，曾刊载于《辉县发掘报告》。青铜弄雀女孩，原物传为洛阳金村战国时韩墓出土物，据《洛阳金村古墓聚英》摹绘。

女孩梳双辫，衣长及膝，腰带间系杂佩，衣下小裙作襞积，近于后来元代人穿的辫线袄子。手中所持二雀，或系后来商人伪造。与其他先后出土人形器物比较，女孩手里拿的应当是两个弯曲状灯柱，分别搁有一二灯盘，属于“烛奴”性质的灯座。

古代小孩和未成年男女，头发多作小丫角，或称“总角”、“丱角”。安阳殷墟妇好墓曾出土有两面像雕玉小孩，头上作丱角，是目前所见最早一种式样（见插图二一）。传安阳出另一玉人，衣着如宋式，时代尚难于肯定。图二九所见，则为战国时小孩。丱角情形在画图反映，另外还有旧传成于东晋顾恺之或戴逵的《列女仁智图》中一孩子，传世画迹时代虽晚，原稿或取自汉代。《礼记》称：“剪发为鬌，男角女羁。”注以为角者，“夹囟两旁当角处，留发不剪”；羁者，“留其顶上，纵横各一，相交通达”，故曰“夹囟曰角，午达曰羁”。又“拂髦总角”，注为“收发结之”。

插图二一・安阳殷墟妇好墓出土两面玉人

原注意译成现代语言，似可作剪发，男的顶门两旁留一小撮，把发梳理之后，结成小丫角。女的顶正中留一小撮，编成小辫（俗名“一抓椒”、“冲天炮”），以示区别。到稍长大，发不再铰剪，男的总成椎髻，加上冠巾，如《释名》说的“士冠，

插图二二・双丫髻

1：东晋《女史箴图》彀弩人　2：南朝《竹林七贤图》王戎

3：南朝邓县画像砖侍从　4：北魏曹望憘造像马童

5：北齐《校书图》侍女

庶人巾"。女的发辫后垂，或结成不同形式，簪以双笄，表示成人。从近年出土文物看来，这样解释和实际情形相去不远。惟双笄的应用有可能比较广泛，从近出商墓大量玉、牙、骨、铜实物可知。图二九白玉雕骑怪兽小孩和妇好墓玉人小小丱角儿，正可作为古代孩童"总角"的说明，女孩梳小双辫分垂耳旁也可作为"女羁"的一种注释。

到魏晋南北朝时，表示不受世俗礼教约束，大人也有梳双丫髻的。近年出土晋人作《竹林七贤图》，即有这种双丫髻出现在竹林名士头上（见插图二二・2）。《女史箴图》彀弩人（见插图二二・1）和《北齐校书图》一坐胡床男子，头上情形均相同。北朝因迷信佛教，根据传说，佛发多作绀青色，长一丈二，向右萦旋，作成螺形，因此流行"螺髻"，不少人把头发梳成种种螺式髻。麦积山塑像，和河南龙门、巩县北魏、北齐石刻进香人宫廷妇女头上及《北齐校书图》女侍（见插图二二・5、二三）即有各式螺髻。分成二小螺亦常见。到唐代，成年女子一般多梳双丫双鬟，已少有在背后垂发辫的。婢女称"丫环"，即头上丫角和双环并称，是一种新的发展。最常见的则重双环而不着丫角。晚唐以后，也有把双环中部紧束近似银锭，宋代妇女还常用。

1

2

插图二三·螺髻双丫双鬟

1：麦积山石窟北魏比丘

2：咸阳底张湾薛宇墓壁画仕女

宋代未成年书童有梳丱角的，也有披发的。元代则成年蒙族男子又多把发分成一环或若干环，分垂耳后，据元人《大元新话》所载，似应名为“练垂式”。

# 一三　战国铜鉴上水陆攻战纹

图三〇作水陆战役进攻防御种种情形。衣着仅具轮廓，得其大略而已。但涉及这一历史阶段社会生活，还是可以明白许多问题，可和文献互证，或补充文献所不足。

本图战士兵甲约三式，应用兵器有剑、盾、戈、矛、戟、弓、擂石，还有进行战役中的各种辅助工具，如渡河用的船，攻城用的云梯，节制战士进退的金、鼓，指麾战士迎敌方向的旌、麾，无不具备。

图三〇　［战国］　水陆攻战纹铜鉴上武士及战具（河南汲县山彪镇出土）

古代甲有用犀和野牛皮作成,上涂丹漆彩绘花纹,称"犀兕之甲"。用鲨鱼皮作的名"水犀甲"(商代即有皮甲残片出土,上加丹漆彩绘,比《左传》、《国语》、《国策》所叙述还早七八个世纪)。有用丝绳编组而成的,称"组甲"(《左传》襄公三年,楚子重伐吴,至于衡山,使邓廖帅组甲三百以伐吴。杜预注以为系"漆甲成组文",似可商讨)。有用缣帛中夹厚绵衲成的,名"练甲",文献称"被练之甲"。战国以来,除彩绘皮甲外,还有用铜铁片联缀而成的,曾有些残片遗留,惟部位不明确。近半世纪出土文物中,有商代到战国的铜盔(或铁盔),商代的上面多铸成兽面,因此得知,后代"虎头盔"来源已久。长沙战国楚墓都有皮甲和铁甲发现,作成狭长鱼鳞片或柳叶式重叠缀合而成。《周礼·考工记》叙古代甲制及制作过程:"函人为甲,犀甲七属,兕甲六属,合甲五属(即若干不同节段)。犀甲寿百年,兕甲寿二百年,合甲寿三百年。凡为甲,必先为容(依照使用要求先作甲范),然后制革,权其上旅与其下旅,而重若一。以其长为之围。凡甲,锻不挚则不坚,已弊则桡(前者或指铁甲,后者指皮甲)。"楚墓出土皮革残甲及彩绘俑甲士虽不甚完备,却可证制度。本图中战士有一种衣长不及膝的,因束腰较紧,下脚多开张,照形状看来,穿的或是"练甲",当时是用厚帛衲成的。又一种紧裹全身,不易明白名目。

盔帽从图像看来有二种:一种如近代儿童球帽加有遮檐;另一种头部如顶戴二角,后部加披如曳长鹊尾(文武均同)。此式样在信阳彩绘漆瑟上有相同形象,辉县薄铜器上一些士大夫、文士头上也可以发现。衣不分长短,冠帽式样竟相差不多,如不是当时具有普遍性,则可能是这种以人物社会生活作主题装饰画的新型铜器,原本出于同一区域工匠之手,因此画面人物,不分文武,衣着多相同。后来模仿也难出范围。这种估计是否正确，还有待更多发现。因为直到如今，这种反映社会生活铜器、生产地区我们还缺少明确知识。

古代作战，进攻必鸣鼓以壮士气，鸣金则停止接触。文献常有记载，但具体应用实不明白。春秋兵车战时，主将必秉桴（执鼓槌）击鼓，激励士气。所以史传中记载，主将有中伤后还鼓音不绝，直到胜利方伏于鼓上死去。照情形，鼓必平置车上，这类战车实物图像还少见。本图系作守城防御战，长戈横贯于鼓架上部，和汉代建鼓搁置方法相近。

"鸣金收兵"的"金"，历来多以为指的是钟形附有长柄的铙或钲、铎等，有专人用手拿着敲打。从本图和其他作战图像看来，战国时战阵上用的"金"，实附于鼓旁一种铃子式小小青铜响器，体积并不大，附在一根盘旋弯曲二尺来长的铜条上，铜条另一端固定于一个台座上，和鼓联系，应名为"丁宁"（合音即"铃"）。这类战争辅助工具，至今还少实物出土，形象和传世铙、钲、铎很少共同处，十分显明。又另一铜器上表现演奏钟磬之乐，悬挂于筍簴（乐器架子）下的钟磬附近，乐人身旁也有一鼓、一丁宁。可知当时不仅应用于军事，宫廷宴享、宗庙祭祀之乐，也用它来节制进止（见插图二四）。又古人称"以金錞和鼓"，因錞于发声方法失传，晋代学人附会曲解，难于从图像取证。幸亏近年于云南石寨山发现铜鼓敬神仪式上有具体反映，才得到证实。原来系二人扛一铜鼓（绳贯铜鼓一耳）及一虎錞（绳系虎纽），两人各用木槌击打。也可说是至今为止惟一能证实文献的材料。却是应用于祀神，并非作战。金钲如原指铙、铎式响器，作为军容，也还少见。直到汉代改成大锣形状，"金钲黄钺"作为军容仪仗，出于封建帝王特别赐予，代表可专征伐，山东石刻及四川砖刻、

插图二四・丁宁

1、2：见于水陆攻战纹鉴

3：见于宴乐渔猎攻战纹壶

4：见于成都百花潭出土嵌错铜壶

5：见于南阳汉墓画像石

东北东晋壁画，才有明确图像反映。前二者各竖立于车上行进，后一式则分别由二人抬扛敲打，在仪仗前行开道。

兵器中戈矛联合使用，河南濬县西周墓葬即有实物出土。春秋、战国以来，多分别使用。戈戟上端，有的还加有一个青铜作的鸟形籥，和风信子一样，绾住柄端。戈矛柄则用细木条作中心，外裹细竹条紧缚分段涂漆作成。长沙楚墓有完整实物及残余实物出土，和古称“攒竹而成”作法相合（直到后来，宋、明“缠稍枪”还是依据这种制度产生）。矛身起脊下部，多有一个可贯丝绳的小孔，通称“鼻”，商代则两旁各有一个，通称“耳”。《诗经》有“二矛重英”语，“重英”一般多作两簇丝穗附矛刃下解释，宜悬挂于矛下小孔部分，如后世红缨枪样子。但事实上较早图像中，从未有这种反映。本图戈矛柄中部多有两三道缨穗装饰，似可给“重英”提出一种新解。

《周礼》：“司常掌九旗之物，名各有属，以待国事。……通帛为旜，杂帛为物，……全羽为旞，析羽为旌。”“通帛”指大赤一色，“杂帛”以帛素其侧。“全羽”、“析羽”皆五彩，系之于旞、旌之上，所谓“注旌于干首”也。

《仪礼·乡射礼》：“旌各以其物。无物，则以白羽与朱羽糅，杠长三仞，以鸿脰韬上二寻。”据注意，旌是旗类总名，如不用绸帛，即用红白长羽混杂，杆子约长二丈（以今市尺计则一丈二三尺左右，和楚墓新出土藤柄长矛相近），应即“翱旌”，用来指挥军队左右进退。

所谓“通帛”即整匹绢帛，正合后人释主兵事的蚩尤旗“制如匹帛”相同。也就是麾。图中所见，古人或名“旜”、“旞”，较后通名“旌”、“麾”。是用它来指挥军事攻击或防御方向的，和金鼓节制进退，同是古代战争进行中不可缺少的工具。本图所见，可证制度。

又剑出现于西周，广泛应用起始于春秋，战国才盛行。平时贵族用来防身并壮观瞻，一般剑身多较短，制作特别精美，如吴越错金剑嵌松绿石，虢墓出土象牙鞘剑，可以作例。即近年出土的越王勾践剑，长度也相差不多，常在古尺三尺（合市尺二尺）左右。到战国晚期，在发展中由实用转为贵族身边装饰品，才日益加长，并增加附带装饰，成为流行的“玉具剑”。直到后来如《史记》所

插图二五・侯马背剑跪人陶范铸像

叙述，秦始皇佩剑竟长及七尺（约合今尺近四尺半），遇事拔不出鞘，绕柱而走，左右惊呼："王负剑！"才由背后拔出。《燕丹子》一书则说，秦王请听筝而死，弹筝女因作歌："罗縠单衣，可掣而绝。八尺屏风，可超而越。鹿卢之剑，可负而拔。"秦王悟，绕殿而走，由背后将剑拔出云云。

装饰珠玉的名"玉具剑"，剑鞘中部、下部，剑身柄端，用玉约四五种。再到后来，才进一步改用当时极贵重的乳白琉璃，仿羊脂玉雕法，作高浮雕子母辟邪装饰。应用情形，是用丝绳系缚剑鞘中部

插图二六 · 随县擂鼓墩大墓编钟座承

那个长条形玉璏两端，用小钩悬挂于腰带间，剑身可以上下前后移动，所以汉人叫“鹿卢剑”。

至于短剑匕首，也有制作极其讲究的。剑身春秋、战国用青铜，汉初改用精铁，剑鞘却有用象牙或黄金镶嵌宝石作成的。但一般战士用剑，除漆鞘外再无其他装饰。从一般图像反映，多直插腰带间。本图所见，形象虽简单，还具体。但从近年山西侯马出土一佩短剑战士陶范看来，则剑鞘中部已附有一长方形玉具，平时系于腰带上，可以移动，因此拔剑时，剑鞘仍附于腰带间（见插图二五）。和湖北随县出土编钟武士人形座承（见插图二六）同看，得进一步明白早期剑鞘已附有一长方孔玉具，主要在直附带间可以前后移动。因此得

插图二七·西汉砖持长剑人物

知传世大量这类玉器的产生时代，过去多一律以为汉玉，且始终不明白用途。新的材料才让我们明白，凡是这类长方孔形小玉器，多产生于春秋、战国间。是后来所谓“昭文带”的前身，也即玉具剑中玉璏的前身。

《国语》虽有上士、中士、下士按身份佩剑长短记载，和出土千百实物比证，记载不一定可信。春秋、战国前期，剑重在实用，一般剑身多在二市尺左右。战国后期才加长，所以屈原有“带长铗之陆离”、“抚长剑”等形容。到汉代，镶嵌特精或用黄金作鞘的多属短剑，近年有不少实物出土。至于长齐下颐的剑，在砖石刻画中反映，佩带的多属身份极低的门卫、亭长。这种青铜长剑，且影响到西汉时的铁环刀制作，在实用上仍只便于刺击而不利于斫削，应用效果已远不及战国时（见插图二七）。

# 一四　战国青铜壶上采桑、习射、宴乐、弋猎纹

图三一宴乐渔猎攻战纹壶摹本，实物藏故宫博物院。

上部采桑和习射，中部宴乐，下部用矰缴弋猎天空鸿雁。人物身份各不相同，衣着和图三〇差别极小（参看图三〇说明），但反映了一个有待研讨的问题，涉及古代社会生活各方面，可以结合文献互证。

周代有“珠玉锦绣不鬻于市”的教令，说明这些高级特种锦绣工艺品，一律归上层少数统治者独享，较早还不许当成商品上市。春秋、战国以来，由于铁工具的广泛应用，促进了农业和其他手工业发展。新的封建主，多是大地主兼当地特产的垄断者，高级丝织物已当成贵重商品流行。据《左传》、《国语》、《战国策》等记载，诸侯邦国间为缓和彼此间矛盾，聘使往还，在贵重礼物中，就把美锦和白璧、黄金、文驷（装饰华美的四马车）并提，正说明它的货币价值很高，艺术成就也足相称。陈留襄邑出的大张锦、齐鲁出的罗纨绮缟和精美刺绣，对于生产地经济有重要意义，因之也稳固了他们的统治政权。《尔雅》曾提及有好几种不同的蚕，用不同植物培养，有樗叶、棘叶、栾叶、萧艾叶等。得知古代人曾经过长时期的实践试验，最后才肯定柞树最宜于培养野蚕，桑树最宜于家蚕。纺织本属于妇功，所以采桑养蚕必为妇女。本图上右部分所见，是极早有关蚕事生产图

图三一 ［战国］ 青铜壶上采桑妇女、射手、乐人（故宫博物院藏）

像之一，或本于《诗经》“女执懿筐……爰求柔桑”语意而作。

上左习射。习射本于《周礼》，古代统治者早就当成一件大事来进行。《考工记》对于作弓必备的六材竹、木、胶、漆、羽、角等原料如何选择提炼及制作过程，都有细致详尽记载。官府设有司弓矢专官，掌管六弓，有王弓、弧弓、夹弓、庾弓、唐弓、大弓等不同名目。大小、式样、用处都不相同，等级区别分明。《荀子》则说：“天子雕弓，诸侯彤（朱漆）弓，大夫黑弓。”天子、诸侯习射，还必具备种种仪式，在特设射圃幄帐下进行，奏特定音乐，饮特制酒浆。用的箭垛子名“侯”，中心名“鹄”。《周礼·射人》“若王大射，则以狸步张三侯”，郑玄以为三侯用熊、虎、豹。侯分五彩，中心红，次白，次苍，次黄，玄在外。《仪礼·乡射礼》说法稍不相同：“凡侯，天子熊侯，白质；诸侯麋侯，赤质；大夫布侯，画以虎豹；士布侯，画以鹿豕。凡画者丹质。”《孔丛子》则说：“射有张布谓之侯，侯中者谓之鹄，鹄中者谓之正，正方二尺。正中者谓之槷，槷方六寸。”照宋人刻《三礼图》所见，和个大方盾牌一样，中绘种种不同圆圈，竖立于射圃一端。《三礼图》对于古代器物制度，多出于附会，以意作古，有的且极其荒谬，错误相沿达千年，难于纠正。惟关于射侯的形象，用来和本图印证，倒还接近真实。

中部宴乐。另一图右侧有高脚条案，上陈二罍，罍上各横搁一长柄酒勺。青铜制或竹木制实物虽经常出土，至于当时应用形象，则只能从这类图像反映，得到些具启发性知识。本图重要处在乐器处理和有关附属物形象。古代诸侯王宫廷宴会、宗庙祭祀必具金石之乐，是以编钟、编磬为主，加笙瑟等乐部，八音合奏而成章。挂钟磬的架子名“筍簴”，照古文献所说，磬声清越，架座必雕鸾凤，上面横梁还得加些善鸣叫而声音清细好听的螽斯类小草虫。钟鼓出声洪壮，架座应雕虎豹，也配上些其他善于鸣吼的兽类作装饰。这种美学意识

1

2

插图二八·宴乐、弋射纹样

1：成都百花潭错银壶宴乐部分

2：湖北曾侯乙墓漆匫（衣箱）弋射部分

3

插图二八（续）·宴乐、弋射纹样

3：百花潭错银壶弋射部分

的形成，实由于儒家讲礼乐及阴阳家“天人合一”之说流行的反映。所以这种象征性设想，广泛影响到上层结构意识形态各部门。筍簴的式样，过去无实物可证。近年这类材料陆续发现，实物不断出土，才明白乐器的座承果然有雕成鸟兽的。本图反映也是鸟类形座承。信阳出土的编钟残座，虽不符合《尔雅》记载，一个大鼓还是用二虎作为座承，上用二凤将鼓身悬起。最近江陵出土的二十七个青石编磬，上面还绘有十分精细云凤缭绕花纹。另一大鼓则下用二虎相承，上用二凤支鼓，反映它的多样化。本图悬钟磬的筍簴旁另外设有金鼓，有专人执事，作为指挥演奏进行或停止工具，和前图作战用的同一式样，代替了礼制中常称引的"柷敔"作用，可补文献不具备处。至于记载中用竹木作成指挥音乐进止的"柷敔"，却从未发现。一切文献有其相对性，因时间、地点、条件不同而差别显著。本图中的钟磬同列一堵，即是一例。是照顾画面空处而作的安排，事实上还是分堵处理的。由近年河南信阳楚墓及四川成都出土实物排列可知。

第三部分重点在弋鸿雁。《周礼》夏官司矢掌八矢之法，其中矰矢、茀矢，都明说用于弋射。原注："结缴于矢谓之矰。"又《考工记》注八矢应用："矰矢用于弓，茀矢用于弩。"《考工记》并有诸矢名目、制作长短、轻重及使用不同效果说明，十分详细。照记载，矰缴是把一条长而细的丝绳缚于箭镞小孔上，用来射高空的飞鸟和深水中游鱼，如汉人辞赋所说的，上可以干青云，而下及深渊。恩格斯认为"弓箭发明延长了人类手臂"。弋射的应用和弩的发明，把人类向自然斗争的智慧和能力，更推进了一步。是我国古代劳动人民进行生产、征服自然一项极其智巧的重要发明。

但是古代如何具体应用这个先进生产工具，过去我们可说完全无知。将近年从全国大量出土实物加以贯串，应用方法和技术进展才比较明确。先是长沙战国楚墓出土文物中，有几件保存极其完整的弩弓，机臂全份具备。且有各种只宜射猎小鸟兽用的细小箭头。常见有箭镞上洞穿小孔的，同时又发现一些用途不明丝线团子，附于一件保存比较完整的弓旁，发掘者以为这两个丝团是修补弓弦的"备弦"。如把出土实物和图像文献结合印证，可明白线团实为矰缴应用的。从图像得知，早期矰缴的使用，还只是一个线团搁置于弋射者身旁。成都百花潭出土一个错金银壶，弋射部分图像中用的丝团，已加用一竹签固定于地面，不致为箭矢带走。成都汉代砖刻上，又发现上面也有弋猎天鹅、鸿雁的两个猎人形象。射法还和战国时弋猎天空鸿雁相差不多，但工具却明确有了进展。矰缴丝团已有改进，固定于一个可随意捎带的式专用竹木架子上。重庆博物馆出的图录释文中称为“觥”，极有见地（见图七一及其说明）。因为后来放风筝用的缠线工具，还叫“线拔子”。

至于这种重要发明，为什么到汉代后期即少出现？因战国到汉代前期，一个铜箭头的价值，比一只雁鹅、一尾尺来长的鱼还值钱，所以必须考虑箭头回收的问题。到汉代，铁箭头和鱼雁比价日低，加之猎鸟捕鱼工具又有了多样化进展，弋射的应用已失去了重要性，这种工具就慢慢失传了。

内容和本图相同的例子，还有近年成都百花潭出土的错银铜壶，花纹图像可以互相参证（见插图二八）。

# 一五　战国鹖尾冠被练甲骑士

图三二　［战国］错金银刺虎镜上鹖尾冠、练甲、执短剑骑士（传洛阳金村古墓出土）

中国人用马作为坐骑，过去多据部分文献，以为起始于战国时赵武灵王。根据近半世纪安阳发掘报告，得知商代就已有人马共同殉葬，近于战骑或坐骑。惟一般马匹的应用，多限于驾车。

骑兵作战是古代游牧族习惯。先或使用于狩猎和驱逐侵犯牛羊的狼群。战国时，七国中原战事中，才有大规模新式骑兵出现，代替了春秋以来规模较小的兵车战，不久且成了作战的主力。这个新的装备特征是运动性加强，且有利于速战速决。《荀子·议兵》说楚军"轻利僄遬（速），卒（骤）如飘风"，又说"善用兵者感忽悠暗，莫知其所从出"。《战国策·齐策一》说齐军"疾如锥矢，战如雷电，解如风雨"，都形容战事中运动迅速的重要，与胜利密切相关。和《孙子兵法》上提及的"攻其无备，出其不意"，"始（静）如处女，……后（动）如脱兔"的作战理论完全相合。

当时七国各有大量骑兵，并用它作迂回包围战。《史记·白起列传》称："秦奇兵二万五千人绝赵军后，又一万五千骑绝赵壁间。"楚有骑兵一万。都彰明显著影响战事成败。且主要战役进行中，用兵常以十万计，使用战骑也到万匹。指挥战事因之也成了一种高度艺术，产生了许多观察敏锐、头脑灵活，既富魄力，又能随机应变的专门军事指挥将帅。军事理论，特别是《孙子兵法》中的各种重要理论原则，正是在军事装备起了较大变化、争战频繁的这种历史现实情况下产生的。

惟最早骑士比较完整的形象，留下的并不多。图三二中骑士也还属间接材料，虽在猎取虎豹，还能说明部分问题。身穿手臂可以活动的用犀革加彩绘作成组甲或练甲，甲式长短和山西长治近年出土作为器物座承小型铜武士及长沙楚墓出土的彩绘木俑十分相近。手执短剑，剑的长度也和侯马出土陶范战士腰间佩剑比例及图像所见

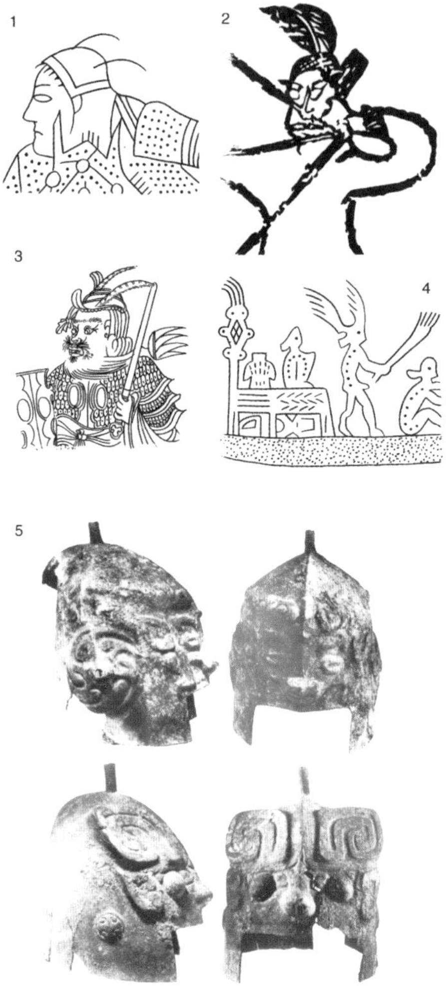


插图二九·鹖尾冠

1：刺虎镜骑士 2：西汉砖骑士 3：宁万寿石棺门卫 4：石寨山出土铜鼓花纹 5：安阳侯家庄1004殷墓铜盔两件

形象反映相近（见插图二五）。特别重要处是头盔上插二鸟羽，可联系到史志相传赵武灵王"胡服骑射"中的"鹖冠"、"鵔鸃冠"，或和它有相通处。其所以用鹖尾，《古禽经》早有说明："鹖冠，武士服之，象其勇也。"又应劭《汉官仪》称："虎贲，冠插鹖尾。鹖，鸷鸟中之果劲者也。每所攫撮，应爪摧碎。尾上党所贡。"又《续汉书》云："羽林左右监皆冠武冠，加双鹖尾。"可证汉代或较早即已实有其事，汉以来成为制度应用，虎贲骑士即必头戴鹖尾，穿虎文锦袴。二千多年武将一系列头戴鹖尾形象，都由之发展而来。时间较后有北朝时宁万寿孝子石室二门卫，表现得且格外完整而具体。而在某些边远地区，由于地方出产色泽华美的雉鸟，在舞乐中或进行宗教仪式中，即早有大量战士或奴隶，头戴长长雉尾的形象出现。如云南石寨山古滇人铜鼓上的反映，就是一例（见插图二九）。又四川出土的一件三角形戈上，也有一个头戴长长雉尾的形象出现。从戈的形制比较分析，产生时代，可能还早过本图中骑士百十年。时人因此或以为系“巴渝舞”形象。这个舞的来源有二说：一为纪念刘邦胜利而作，一为参加武王伐纣的西南八个部族中巴、濮等族为庆祝胜利而作。“濮人”即“僰人”，居云南昆明一带。舞人图像有手执三角形戈及长盾，上还有长羽作为装饰，反映问题也较多。至于安阳出土的商代铜盔，有在盔顶中心部分作一管状物，若用唐代以来的盔上装置作比较，可能原来必插有一二支较短鹖尾或别的鸟翎，以象征威武或区别军中等级（见插图二九·5）。

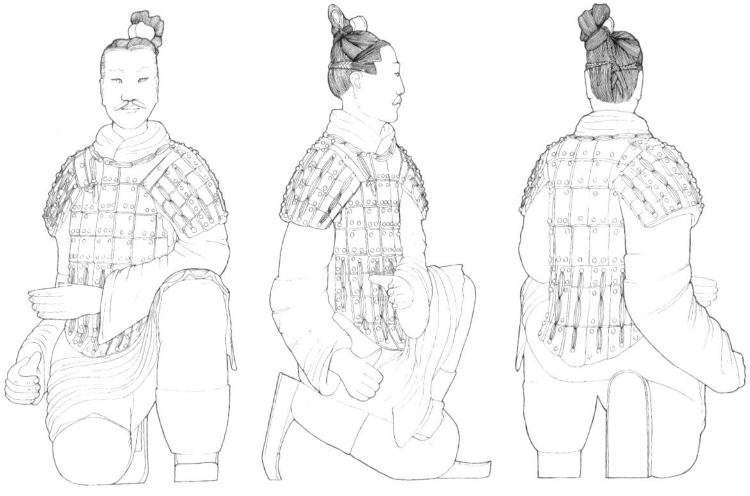

插图三〇·秦蹲跪式步兵俑（秦始皇兵马俑坑出土）

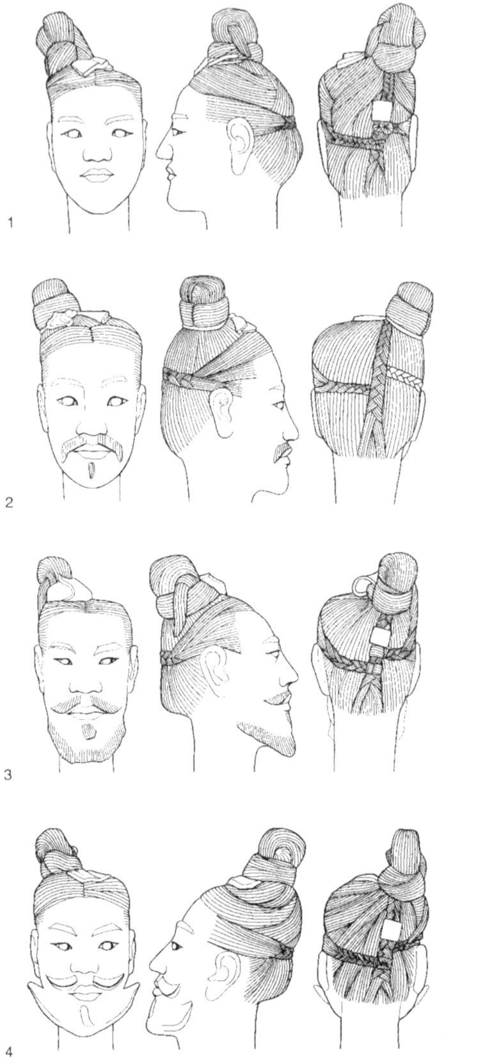

插图三一·秦兵俑中所见发式与巾帽（秦始皇兵马俑坑出土）

秦代大型陶俑甲士，是近年陕西临潼骊山秦始皇陵附近出土的一小部分殉葬品。规模之大、数量之多，为历史所少见。照《史记·秦始皇本纪》记载，始皇初即位，就穿治骊山。及并天下，即调用七十余万人，穿三泉，下铜而致椁，宫观百官、奇器珍怪徙藏满之。以水银为百川江河大海，机相灌输。上具天文，下具地理。二世皇帝且下令把所有参预修建皇陵内部的工人全部殉葬，以免泄漏机密。这个陵墓，在汉时即有亡羊入墓穴，牧羊儿寻羊遗火焚毁，火烟数月不绝传说。但可以焚毁的，只限于竹木器用、建筑结构部分，其他遗存在另一时可望全部暴露于地面。有关秦代服制，只从《史记》得知，秦迷信过去阴阳五行家说，以水德而王天下，因此服制尚黑色，指的或只是帝王本人郊祀礼仪中使用，和当时其他人无关。这份数以万千计的陶俑，从实物看来，未能证明曾用黑涂饰过。可能是就地烧成后就地加工上色，于始皇葬后就加以封盖，因此保存得十分完整。衣甲特征反映得十分具体，部分在甲片上还另加组带，重在增加其强韧与灵活性。甲片较大，式如后来的两当，肩部虽加覆膊，式样极短，只能对肩部起保护作用。总的说来，制度实比较简单（见

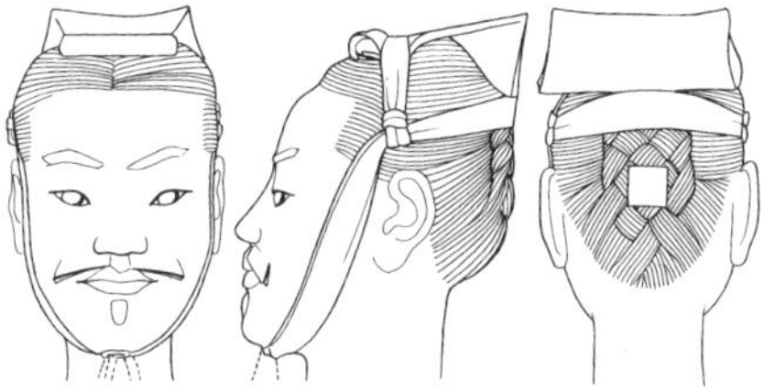
5

6

7

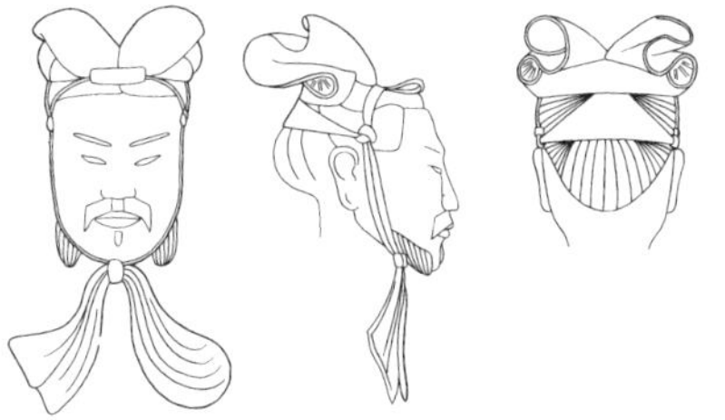
8

插图三一（续）·秦兵俑中所见发式与巾帽（秦始皇兵马俑坑出土）

插图三〇）。脚下穿的和汉代钩履相近，前端较长而微作上曲。头部巾裹多式多样，巾子包头较前简单，兜鍪近于用皮革作成，有一种近似冠子的，或属于中下级武官身份，有待进一步分析。最特别的是一般步兵，发髻多向上耸而略偏右（有的或偏左），编结之复杂到不可思议（见插图三一）。是否和当时军事组织或所属番号有关，不得而知。惟步卒衣甲，与近年在湖北随县曾侯乙墓出土漆甲、河北满城汉初刘胜墓铁甲联系比较，特别是个值得研究的问题。

# 一六　战国佩玉彩琉璃珠和带钩

商代以来，由于硬度极高透明度强的白玉发现，和随同高硬度解玉砂的发现，雕玉工艺因之也有了特别进展，创造出许多精美线雕、透雕、高浮雕和圆雕艺术品。据《逸周书》记载，殷商最后大奴隶主纣王自焚于鹿台时，连同宝玉四千件付之一炬，而“武王俘商旧玉亿有百万”。聚敛之多反映用途之广和财富之集中。这部由东周或战国人辑成的古文献，还提到西周伐纣成功后，把宝玉重器分散有功于国事的大臣。从近年在湖南零陵地区出土商代铜器中发现的大量商代小件玉器，和云南石寨山铜器群中也出现商代大量玉器看来，初步证实这种古玉的来源，和上述文献记载必有一定的联系。如时人说是殷商奴隶主逃亡时携带而来，势不可能。又西周由于“礼制玉”的确定，大型礼器玉圭、璋、璜、璧、琮，各有一定用途。祭天地山河、礼神祇、诸邦国朝聘修好、会盟结约诸事，都不可缺少。典守玉物且立有专官。小件佩玉，也成为当时统治地位稍低的诸公卿、士大夫身边不可少的贵重装饰品，且随本人社会身份官职大小，使用材料各不相同。春秋以来，更经过读书人渲染，说玉有七德或十德，赋以人格品德要求的象征。因此礼制玉以外在一般服饰上也得到新的广泛用途。

雕玉装饰品既在社会上层生活中占有特殊地位，工艺也逐渐得到多方面的进展。相玉有专家，治玉有专工。如战国时人夸大的说

图三三　上：［战国］玉璜（河南辉县固围村出土）
中：［战国］银镀金、镶玉块、嵌彩琉璃、玉龙头带钩（河南辉县固围村出土）
下：［战国］琉璃珠

法，当时各诸侯都有贵重难得的美玉，鲁有璠玙之美、楚有白珩等等，有些玉看一眼也值五个城市。卞和献玉及和氏连城璧，更成为二千多年来历史流传的有名故事。照古礼制，成组列佩玉上必有弯月式的曲璜、联系小璧，中有方形上刻齿道的琚瑀，旁有由野猪牙演进而成龙形的冲牙，用彩色丝绳贯串璸珠点缀其间，下垂彩繐，才成一份。所以行动时环佩叮当，形成节奏。玉声一乱，就算失仪。只是根据近年大量出土珠玉印证，佩玉制度似还少有完全符合记载的。璎珞式玉串，从三门峡虢国墓发现，犹能贯串复原（见插图三二）。山东临淄齐国贵族墓中出土大量佩玉，组织更多样化。河南辉县出土玉物，据发掘记录加以分析，所有组玉多是因材使用，就便配合，并无一定规矩形式。图三三中两件有代表性的佩玉，一为大型典璜，一为大型镶珠嵌玉带钩。工艺特征，除雕刻花纹种类加多、加细、日益精巧、碾线细若游丝、能随心所欲外，又能由商代双线碾法进展作乳状突起縠纹或云纹，排列整齐。作工极难的，是在一环状玉上碾刻回旋连续细纹，俗名“蚩尤环”。玉璜分段组合，两端各刻兽头装饰，可

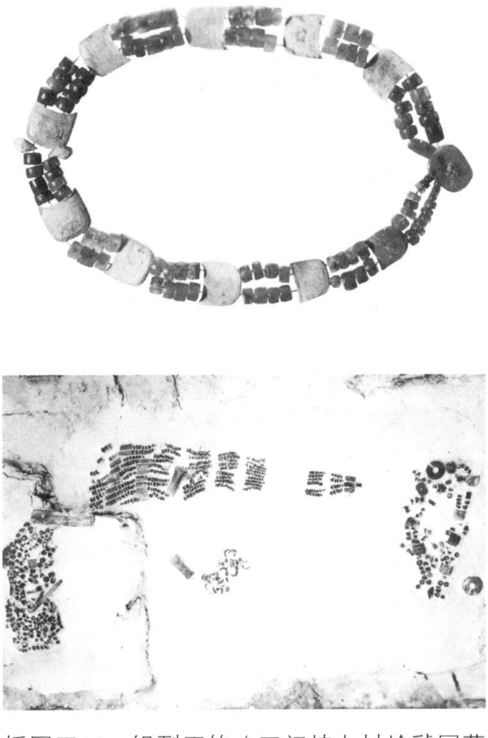

插图三二・组列玉饰（三门峡上村岭虢国墓出土）

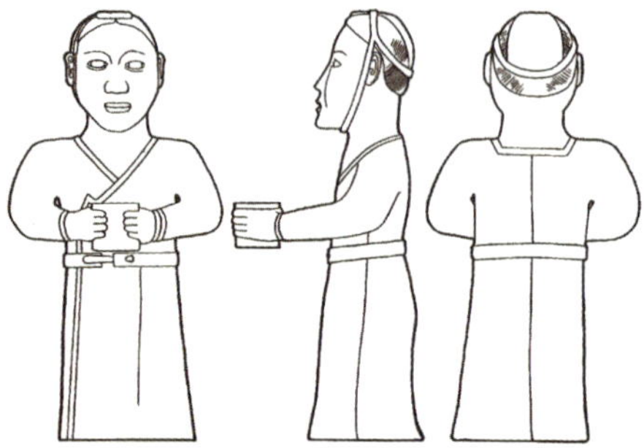
1

2

插图三三·带钩

1：战国佩带钩青铜烛奴（河北易县出土）

2：汉代佩带钩青铜烛奴（山东诸城出土）

以转动；中部刻一透雕卧驴，长不及六七分却十分生动逼真。板片状玉透雕龙佩和其他，造型更活泼秀挺。材料品种日益丰富。并且已能够把高硬度的玛瑙、水晶由较小的珠子琢磨加工成小环和各种形状不同曲璜。又能仿玉烧造各种彩色琉璃珠子，料质明莹。依照当时审美观点或个人爱好，把这些材料、颜色、形状不同的珠子，搭配作成无一定形式的珠串，系在衣带间，更加显得美丽无比。《史记》黄支国传，有武帝刘彻时，派人"入海市明珠、璧琉璃"语，较后鱼豢《魏略》说："大秦国出赤、白、黑、黄、青、绿、绀、缥、红、紫十种琉璃。"前人据此多以为琉璃是外来物。近代学者亦多因循旧说，不加分析，以为人造珠玉全系外来物。根据最近江陵楚墓发现，有越王勾践自用锦纹剑，剑珥部分就镶嵌二小粒透明碧蓝色料珠（一般春秋错金剑用松绿石镶嵌）。由此得知，烧造琉璃的技术，最晚在春秋、战国之际即已成熟。近年湖南楚墓且常有制作精美的碧琉璃璧环及光泽明莹的琉璃珠子出土。近年陕西沣西岐山，在西周墓葬中均发现水碧色琉璃珠子。既然殷商釉陶即已存在，且有釉质极细，在一器物内用两种釉料处理，烧造得已十分精美，则在青铜铸造约一千年后的春秋、战国时，彩琉璃的生产成于中国工匠之手，也就十分自然，不足为奇了（见图三三·2）。

战国晚期，楚国政权所属墓葬中，又经常发现用青苍玉雕成满身云纹大龙佩，大型的有到汉尺一尺的，一般成双作对，缀于胸间，具体处理还不明白。或仅限于殉葬用，亦有待新的出土材料才能证实。另外有一种大型碧色和乳白色透明琉璃璧，也不断有出土物。

这一时期的细金工，也取得极大进展。镶嵌工艺更加特别突出。冶金工匠开始掌握了冶炼白银技术，出现用白银制作的薄质半桃状酒器，及用银丝镶嵌于木弩臂上的实物。又发明了利用水镀金的技术。较早还只在银器上镀金，到秦汉间才大量应用在铜器上，还进一步提高了冶炼精铁技术。各种技术加以综合利用，便成金属工艺的真正“百花齐放”。利用金银片丝的强烈悦目光泽，镶嵌于青铜器上，即产生“金银错”百千种美丽图案，丰富了古代细金工艺美术内容，创造出万千种精美绝伦的工艺品。例如本图中辉县出土玉龙头大带钩，就是揌银作成，镀上了金，中嵌小白玉玦三个，玦孔中再镶嵌三粒彩色夺目琉璃珠子。信阳战国初期楚墓出土一个长条形铁质大带钩，则用当时技术所能达到的精铁，上面分段嵌上小方板刻金云龙及水晶。此外还有用松绿石拼合成各种美丽图案的，有于玉龙带钩上加彩琉璃珠子的。这种种综合处理，极显明在当时是高级手工艺品，非诸侯王、公卿贵族不可能使用。但创造者却尽是些无名工师。许多制作于二千四五百年前，出土后犹完好如新（见插图三三）。

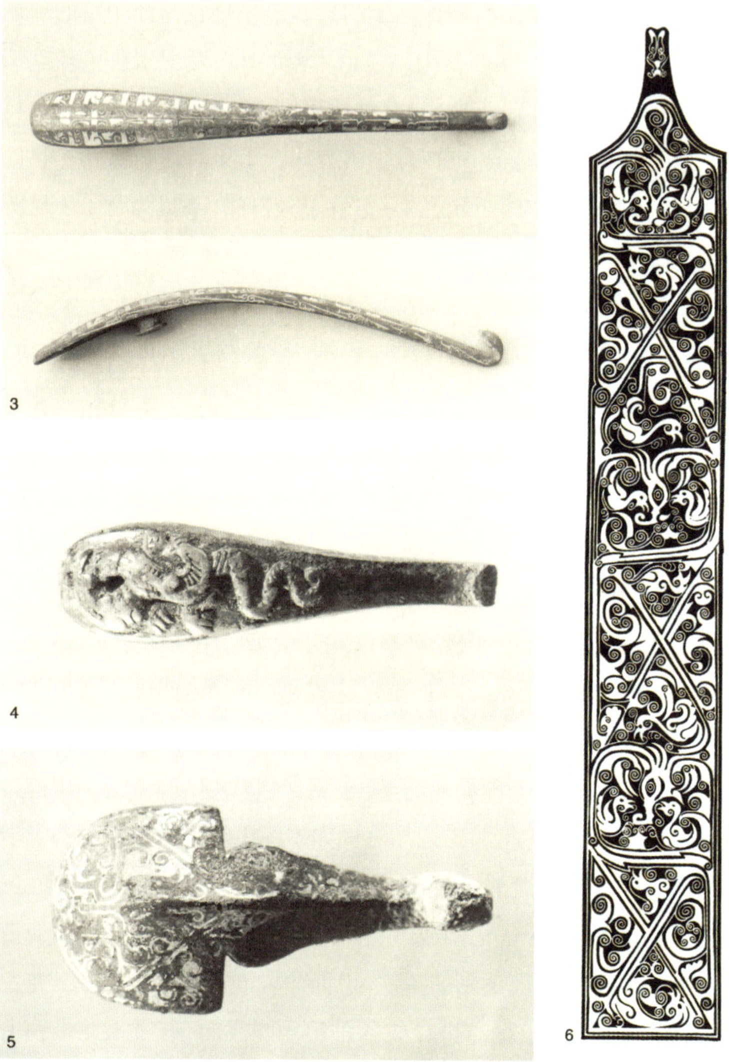

插图三三（续）·带钩

3、4、5：侯马战国墓出土错金银铜带钩和铁带钩

6：错金铁带钩（江陵出土）

带钩的应用，相传为赵武灵王仿自西北部游牧民族。或指当胸革带使用的青铜带钩而言，初期只限于甲服上，加以发展，才代替了丝绦的地位，转用到一般贵族王公袍服上。汉代人称为"师比"或"犀毗"，社会流行一时，以至于俗语有"宾客满堂，视钩各异"的记载。因此成为社会上层具时髦工艺品另一重点，用不同材料作成千百种不同式样，小的不过寸许，大的长几及一市尺，宽约一市寸。除青铜、银、铁外，玉、骨、象牙制作都有发现。据《史记》、《汉书》记载，常有赐匈奴族君长以"黄金师比"事，近年纯金和包金实物也陆续有出土物。可知带钩虽来自游牧民族，在发展中，却逐渐成为中原一种特别高级工艺品，作为特别礼物转赠匈奴君长。东汉晚期才为新型的银质九环带所代替，而逐渐失去作用。

# 一七　江陵马山楚墓发现的衣服和衾被

本节图像资料均取自《江陵马山一号楚墓》报告，彭浩先生研究所得的成果甚为重要。

马山楚墓的年代，约当公元前三四世纪之际。属战国中晚期。墓葬规模不大，埋藏得却较严密，保存了不少精美绝伦的丝织物珍品，而且质地、色彩也还相当好。尤其是内中的锦、绣衣被实物，为近代考古发现史和先秦服饰史充实了崭新的内容，对于世界文化史也是一份极其重要的贡献。

丝绸文物大多出自棺内，品种规格比较繁杂。就所用材料而言，有平织的各样绢、纱，有绞织透孔的罗，重经或重纬起花的彩锦，还有只用经丝手工编织和针织的花素组、绦，以及绚烂多彩令人叹为观止的高级刺绣织物等等。若从服饰方面分类统计，则有单衣四件（包括冥衣一）、袂衣一件、绵衣八件、单裙两件、绵裤一双、锦帽一顶、漆履一双、麻履三双、衾被三领（不包括敛衾），此外还有绣枕套、绣镜衣种种日用杂物和缘饰、系饰诸事，总计不下五十余件，是国内出土时代最早的一批古代锦绣被服实物。

在上述十余件衣服中，除模型冥衣裁作直领对襟样式外，所有长衣则一律作交领、右衽、直裾、长袖，上衣、下裳联成一体的形式，并以锦绣缘边。大体又可分为以下几个类型。

小袖式　亦可称之为“窄袖式”。保存较好的实物，是编号 N-1

素纱（？）绵衣（见图三四）。此乃开棺后取到的第一件两千三百年前的完整衣服。身长约一四八厘米，袖展为二一六厘米。平放时，两袖略下垂，袖筒自肩腋部向袖口作显著收杀。袖口宽二一厘米。交领，背部领口下凹。袍面为极细薄之平织纱，似经涂饰加工，但早已朽败，清理时仅见略存的痕迹。整体为上衣与下裳两大部件组合缝成。上下以腰缝为界，腰缝以上用八幅织物对称斜拼。领、袖缘均用本色生纱斜裁，谓之“颇缘”（见《韩非子·十过》）。腰缝以下八幅竖拼，幅均正裁。白绢里，絮丝绵。衣里剪裁与衣面同。腋缝处有嵌片，如“小腰”之制（详后述）。

这种衣服，凹领窄袖，短小适体。衣面用本色素料，不饰文彩。

图三四　素纱绵衣（N-1）

图三五　串花凤纹绣绢绵衣(N-10)

情形和《论语·乡党》“红、紫不以为亵服”说法相参酌。反证它必是贴身穿着的冬服小衣或内衣，一般不显露于外。同式尚有一件深黄绢袂衣。另一件是编号 N-22 绣绢绵衣，是着于死者外衣之内的。形制亦与 N-1 相近,惟衣面彩绣龙凤花纹。如照《释名》“中衣言在外，小衣之外，大衣之中也”，应称之为“中衣”。

宽袖式　实例以编号 N-10 串花凤纹绣绢绵衣（见图三五）最为精工华美。身长约一五六厘米，袖展为一五八厘米，袖口宽四五厘米。同式还有编号 N-14 对龙凤纹大串花绣绢绵衣（见图三六）。这类长衣的特点，皆短袖宽口、肩袖平直，衣面用高级刺绣匹料正裁缝制。腰缝以上四片（胸背两片挖剪）拼合，腰缝以下九片或六片不等，上衣、下裳不通幅，腋下施“小腰”。素绢里，絮丝绵。衣里的剪裁与衣面同。

缘饰方面，领、袖、衣缘均用锦，与“衣作绣、锦为缘”制度正相合。

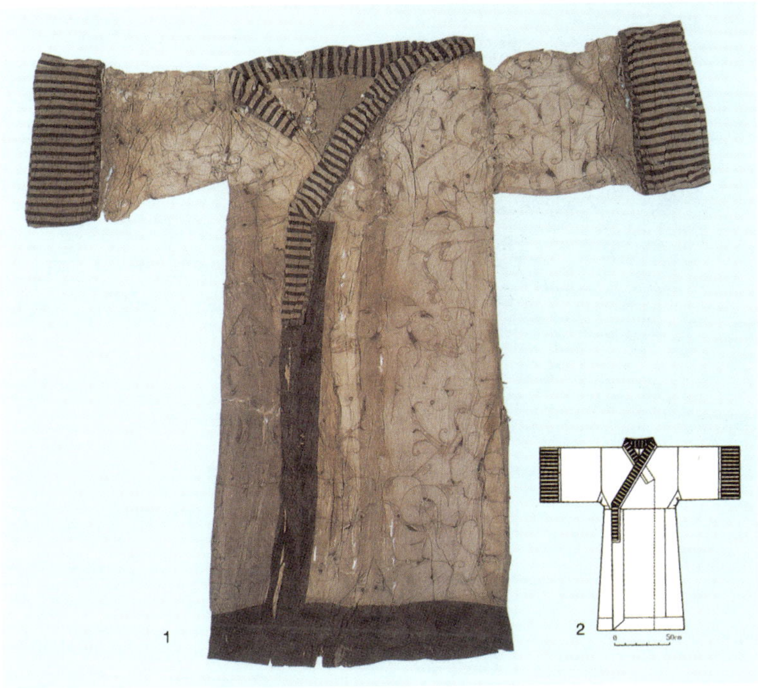

图三六　1：对龙凤纹大串花绣绢绵衣（N-14）
2：对龙凤纹大串花绣绢绵衣（N-14）结构图

锦缘厚重，构成衣服的框架，有利于服装形制的稳定及穿着时贴体。在锦领的内面及外面，还各加饰一道纬花绦带，带宽不足七厘米，纹样却惊人复杂，能在极小面积中作车马人物驰猎猛兽生动场面。这种绦带大概还可以随时更换，以见新意或应规矩。此外，于领缘、袖缘与袍面交界处，又压一道针织物花边为过渡装饰，与《后汉书·舆服志》述皇太后、皇后庙服“皆深衣制，隐领袖缘以绦”作饰的法度颇相一致。所谓的“隐领”，即可能是此种附加的衬领。

总观而言，这类短袖筒、宽袖口、刺绣凤鸟主题纹样的长衣，增

图三七　长信宫灯女像（满城汉墓出土）

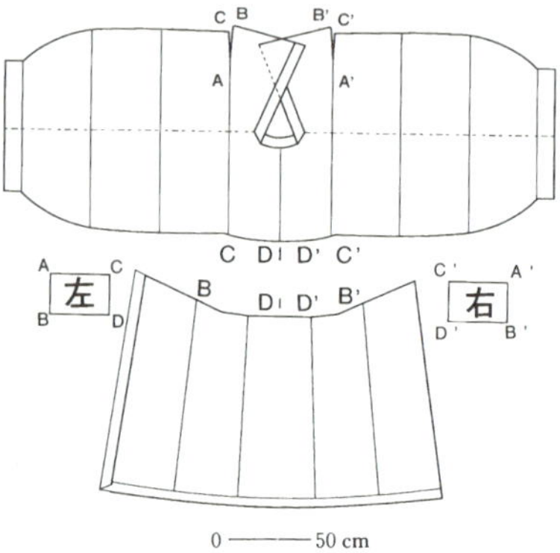


图三八　小菱纹绛地锦绵衣剪裁图

饰加工不厌其繁，实可能是当时社会上层妇女的一种吉服或礼服。其中以N-14绵衣用条纹锦作领缘、袖缘更具一般性。如墓主（女）外衣的领、袖，及同墓小腰秀颈木身女俑的领、袖，以及长沙陈家大山楚墓帛画妇女像的领、袖，三例女服都以条纹织物为缘饰。似乎出现了某种相对固定的女装式样，而且流行了相当长久的时间。到两汉之际，在妇人衣饰中有一种叫作绛缘"诸于"的。《汉书·元后传》注："诸于，大掖衣，即袿衣之类也。"形制当与战国妇人宽袖衣一脉相承。形象或可从满城汉墓长信宫灯鎏金女像（见图三七），以及传洛阳出土画像砖妇女像（见图六八·下），以及江陵凤凰山一六七号汉墓彩绘女俑等方面得到具体参考。

大袖式　此种长衣有单有绵，共五六件。形制基本相同，特点是衣袖格外地长大，两袖平展，长度约在二五〇至三五〇厘米之间，

图三九　小菱纹绛地锦绵衣（N-15）

故也可称之为“长袖式”。

例如编号 N-15 的绵衣（见图三九），袍面材料用小菱纹绛地锦，领、袖、衣缘用几何纹锦或大菱纹锦，素绢里，内絮丝绵，绵较薄。身长约二〇〇厘米，袖展达三四五厘米，合战国尺度正一丈五尺，超过死者身高（骨架长为一六四厘米）一倍多。是墓中所出衣袖最长的衣服。其结构，以腰缝为界，分作上衣与下裳两大部件组合缝接为一体，但上下不通缝、不通幅。当腋处施“小腰”（一种长方形“嵌片”，类似现今连袖衫的“袖底插角”（Gussit），详见后文）。

剪裁时，上衣正身，以两幅锦对称挖剪，背缝直拼并与腰缝垂直，前胸接腰缝的底沿斜裁，腋角成 75° 左右。上襟角约 82° 。领口作“又”字形。两袖各三幅（或即“三祛”）缝接。袖宽最大处为六四厘米，底缝略显弧形如鱼腹，近袖端急上收。袖口宽四二厘米。下裳部分以五幅竖拼，前襟与底襟裁为一对，上端对称斜剪出角，以便和胸襟接合。两侧幅又为一对，背中独幅。各幅均下宽上略收削。缝合展平状如扇形围裙（见图三八），成衣后折叠，前襟与底襟即重合相掩。腰缝处宽六八厘米，下摆宽八二厘米。衣里的剪裁与衣面相同，从略。

图四〇　小菱纹绛地锦绵衣腋部嵌小腰（衽，见灰色部分）立体效果模型

值得注意的是，当上衣、下裳、领、缘各衣片剪裁完毕之后，拼拢来看似已完整无缺。若照不久前我国民间中式大襟衣袍的平拼做法，便可就此缝合成衣了。但这种衣服的做法却不这样简单，还需另外正裁两块相同大小的矩形衣料作“嵌片”（长三七厘米，宽二四厘米左右）。然后，将其分别嵌缝在两腋窝处，即上衣、下裳、袖腋三交界的缝际间。由于它和四周的缝接关系处理得非常巧妙，缝合后两短边作反方向扭转，“嵌片”横置腋下，遂把上衣两胸襟的下部各推移向中轴线约十余厘米，从而加大了胸围尺寸。同时因胸襟的倾斜，又造成两肩作八字式略略低垂。穿着后，结带束腰，下裳部分即作筒状变化，上衣胸襟顺势隆起，袖窿（或即“袼”）扩张，肩背微后倾。衣片的平面缝合却因两“嵌片”的插入而立体化，并相应地表现出人的形体美（见图四〇）。其次，还使两臂的举伸运动，获得较大的自由度。实为简便、成熟、充满才智的一项设计。

缝于腋下的“嵌片”所提供的技术细节，至为重要，使我们对于先秦服制及其加工艺术获得了新知识、新启发。把这一实例和文献相印证，就可以断定，它（嵌片）便是古深衣制度中百注难得其解的“衽”。衽，通常所指为交领下方的衣襟，如左襟叫“左衽”，右襟为“右衽”。这里要讨论的则是作为狭义词的“衽”，亦即汉代人所谓的“小要（腰）”。如《礼记·玉藻》“深衣三袪，……衽当旁”，郑注：“凡衽者，或杀而下，或杀而上，是以小要取名焉。”同书《檀弓上》：“棺束，缩二，衡三，衽每束一。”这里，称束合棺缝的木榫也叫作“衽”。郑注：“衽，今小要。”孔颖达作疏谓：“其形两头广、中央小也，既不用钉棺，但先凿棺边及两头合际处作坎形，则以小要连之，令固棺。”据文献所载和考古发现的实物都表明合棺缝的木榫——“衽”或“小

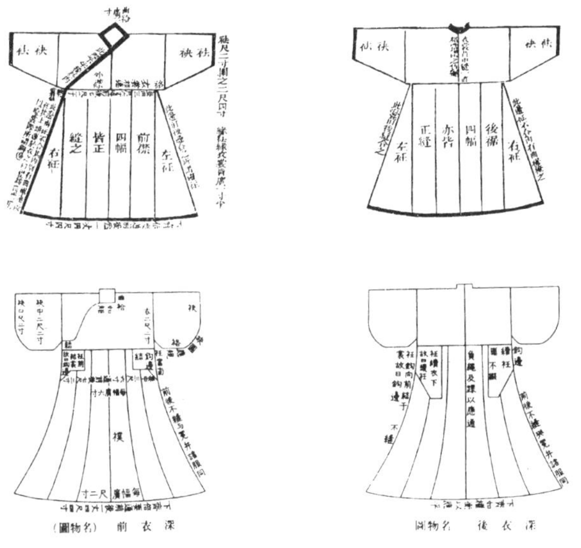

1

2

图四一　诸家考证深衣图举例

1：［清］江永《深衣考误》深衣复原图（正面及背面）

2：〔日本〕诸桥辙次《大汉和辞典》采用深衣图

要”其形象均为此⧓式（后世多称之为“细腰”，也叫“燕尾榫”、“鱼尾榫”或“大头榫”、“银匠锭”。在木、石、金属等材料的接合方面应用较广）。若把它和N–15绵袍上所设的“衽”（小要）相对照，原来衣服上这种矩形“嵌片”当被插缝于袖腋处时，两短边相对扭转约90°—180°，变成如此⋈样子。即是把衣服摊平放置，“嵌片”中部也必蹙绉而成束腰状。故无论正面还是侧面看去，衣衽的轮廓恰和木榫“小要”相互类似（它们的功用也相一致），所以说“衽，今小要也”，“小要，又谓之衽”（见《释名·释丧制》）。异物而同名。从衣衽的位置与结构关系方面考察，也和《礼记》中有关深衣形制“续衽钩边”、“衽当旁”等记述相合。据此，此种缝掖大袖之衣，必为战国以来成熟期深衣的某一通式。然而西汉以后在中原地区或已不传，亦或发生了较大转化（如马王堆汉墓出土大量衣物中即未见一则同例），故东汉经学家郑玄为《深衣》篇作注时已难得具体准确。此后，特别是清代学者、现代国内外专家，都曾对深衣形制作过广泛考证，但在释“衽”问题上，却始终未能有所突破，或隐约近其仿佛而止，或刻意泥古反背道相绕（见图四一）。所幸近年马山楚墓成系统的袍服实物出土，才打破了两千年来深衣释“衽”以书证书字面猜索局面，使我们对深衣制度的总体情况也有了一些生动的了解。

据墓主尸身着装情形，此式小菱纹绛地锦绵衣或是一种家常冬装外衣，用料讲究而不华丽，着意以闲雅雍容取胜。亦或是一种葬服，目前尚难进一步确定。

直领式　仅见一例。编号为8–3A，是一件单衣模型。出土时盛于小竹笥内，并附有墨书签牌，标名“緅衣”（见图四二）。

衣长约四五点五厘米，袖展五二厘米，袖宽一〇点七厘米。直领对襟，背部领口凹下。制如长褂。衣面绢地呈绛紫色，上绣凤鸟啄

图四二　绨衣（8-3A）

1：正面　2：背面

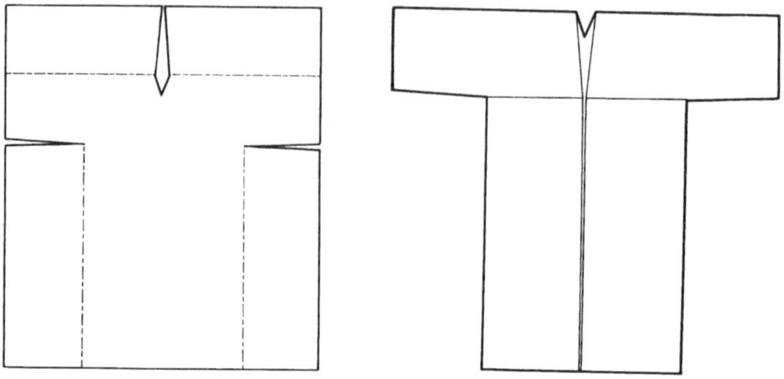

图四三　䋖衣
左：衣片剪裁示意图
右：缝合示意图

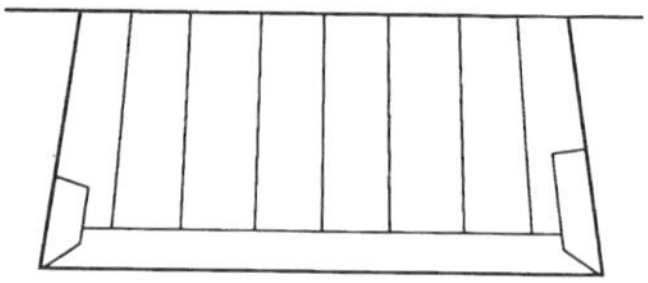

图四四　深黄绢单裙（N-17-3）分幅结构图

蛇纹样。领、袖皆锦为缘，而襟与下摆以绣绢缘边。整件衣服系用宽约五一厘米、长约五七厘米的独幅织物剪折制成（见图四三），材料的利用极其充分，同时又能不失细节的表现（如腰缝、凹领等处）。虽一冥器，显然已形成了常规制作方法，它反映着某种服装的基本形制。

据发掘报告作者推测，直领对襟式“䋖衣”，可能是“生者为死者助丧所赠”之“浴衣”。古丧礼中有“浴衣于箧”记载，其说从出土情况看与史籍有相合处。但在已发现的战国绘画雕塑人像中却例证少见，仅长沙附近的五里牌四〇六号楚墓、仰天湖二五号楚墓，各有一木俑作长衣之外又着半袖对襟式（？）齐膝罩衣打扮。两者且皆为女装，制度上当与“衣”有关联。遗憾的是实物绘彩脱落较甚，发表的照片又欠清晰，其具体结构情形尚待进一步考察。较早的例子，曾见于商代贵胄白石雕像着翻领对襟绣纹衣（见图二一・下），格调几近于现今之西装衣领，与“緂衣”式样似嫌相去略远。稍晚的资料，传洛阳八里台出土西汉画像砖彩绘妇女之外衣（见图六八・下），则具类似格式。如将“緂衣”模型放大二倍，身长可达九〇厘米，袖展可在一〇四厘米上下，尺寸若有损益，为长袖，为半臂，与彩绘砖妇女外衣相较，两者更为接近。这种服装，拟即是前面曾提到过的“绣镼”。是两汉时尚且流行的女式刺绣纹装饰性外衣。《后汉书・光武纪上》叙三辅吏士东迎更始故事：“见诸将过，皆冠帻而服妇人衣，诸于绣镼，莫不笑之，或有畏而走者。”注称：“《前汉书音义》曰：‘诸于，大掖衣也，如妇人之袿衣。’字书无‘镼’字，《续汉书》作‘裾’。扬雄《方言》曰：‘襜褕，其短者，自关之西谓之裗裾。’郭璞注云：‘俗名裾掖。’据此，即是诸于上加绣裾，如今之半臂也。”相关的记述，还见于同书《五行志》作“绣拥髷”，《东观汉记》作“绣拥裾”。从这里还可以明白，这种刺绣短外衣，两掖处亦当有“小要”之设施。故以其特点俗称为“裾（屈）掖”。但终因实物和形象资料的缺乏，作出肯定的结论尚嫌过早，仅只试备一说以求探讨。

其他还有：

*单裙*　两件（见图四四）。均以素绢裁制，作梯形。上腰以窄带为系，底沿用几何纹锦缘边。但两侧竖缘高低有别，也许在系着时有内外之分。其中编号N17–3较完好，裙高九五厘米，上腰横长一八一厘米，底摆横长二一〇点五厘米，锦缘宽一三厘米。裙面八幅竖拼，绢色棕黄。另一件则残破过甚，分幅已不清楚。裙高约九九厘米，上腰横长约一五六厘米，底摆横长一七一厘米，缘宽一二厘米。

裙，古时男女通服，又称之为“裳”或“下裳”。也是一种内衣，一般不露于外。《太平御览》卷六九六引《释名》：“裙，下裳也。……

又曰：裙，里衣也。古服裙不居外，皆有衣笼之。”这与马王堆汉墓有关单裙的情况正相一致（见《长沙马王堆一号汉墓》上，69、74页）。其裙两件，各以素绢四幅拼成，下宽上窄，不加缘饰。裙高均为八七厘米，系于腰身之后，下沿距地还有十余厘米（约汉制半尺多）之远。两裙的底边横长分别是一五八、一九三厘米，上腰横长一四三、一四五厘米，恰可围腰两匝。死者的随葬衣物十分豪奢，但不见着袴或裤。秃裙不缘并非是为了俭约，实体现着一定的风习。此两素裙应即是贴身的亵服——中裙（可参见《史记·万石君列传》述石建侍亲事迹）。而马山楚墓之素绢单裙，形制虽与其相近似，却也存在着明显的不同处：一是裙身较高，二是下摆以厚锦宽饰重缘。绢裙着体后长将及地，不便深藏。倒是可能已经在追求使裙缘露于衣袍之外的层叠性装饰效果了。或者还有另一种可能，当时楚地由于袴的流行与进步，服用日广，着袴于内，系裙于外，上加短衣（如编号N-23，残损严重。为袷衣，长仅及膝），也许已是家常的便装打扮了。

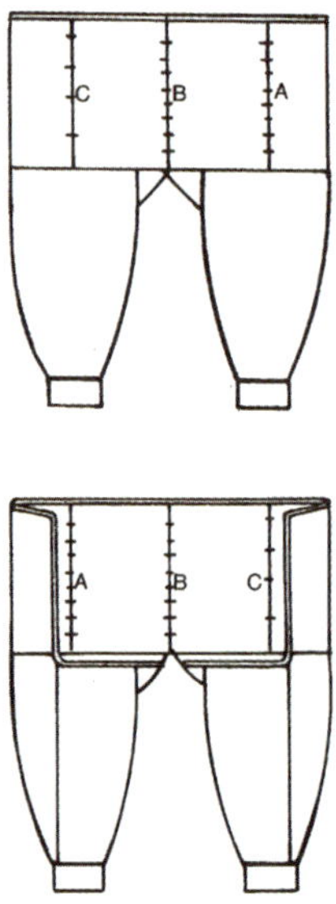


图四五 绣绢绵袴（N-25）

图四六 绣绢绵袴结构图

绵袴 一件。编号为N-25，实物

因紧贴尸骨，残损较重，后经报告作者绘出复原图始见规模（见图四五）。

袴总长一一六，宽九五厘米。由袴腰、袴腿和口缘三部分组成。若以中缝为轴线，左右的形式、结构、分片完全对称。袴腰高四五厘米，全长一二二厘米，用四片等宽的本色绢横连，但后腰开口不闭合。袴腿以朱绢为面，上绣凤鸟串枝花样。素绢为里，中间薄絮丝绵。长六一厘米，宽约三七厘米。面料两片，合缝后以絛带压缝为饰。下端襞積为裥，收接于条纹锦紧口袴缘。缘高九厘米，宽一六厘米。上部、外侧接袴腰，内侧（即后身半幅的一片）上沿略低，绲边无袴腰，而在近裆处留缝嵌入一方长一二厘米、宽一〇厘米的绢片，折叠后形成一个向中轴线斜伸的三角形分裆（见图四六）。制作时，可能在两袴腿完成之后，再将前腰中缝调整拼合。总之，此袴乃是一个整体，但前后裆不合拢，后腰阙断为敞口，是其主要特点。

袴，在汉代文籍中又称之为“绔”。《说文》：“绔，胫衣也。”清人段玉裁注：“今所谓套袴也。左右各一，分衣两胫。”而《释名》：“绔，跨也，两股各跨别也。”照此说法，则可以认为袴又是分衣两股的“股衣”了。以上两书虽都明确指出袴不同于合裆的裤，而且还是左右分置、无裆无腰的裤筒，或者以为它就是现今仍流传民间的套裤。但这些解释都是不够准确的。例如“胫衣”，在民族志资料中还有保存。它不过是套于膝下的双只布筒。今西南地区㑩尼族、苗族等系短裙妇女，膝下皆着胫衣，而且刺绣、染彩无不工丽，汉译名谓之“脚筒”，可用以避山路榛荆虫虻之害。它和古时“行縢”、“邪幅”等同源，应是最早、最简的护胫服装之一。至于套袴，比“脚筒”林长得多，高过膝盖以上，下口平齐，上部斜削，形如马蹄口，顶端朝前并附细带，可系于腰间。在汉族中主要用于男子，着于长裤之

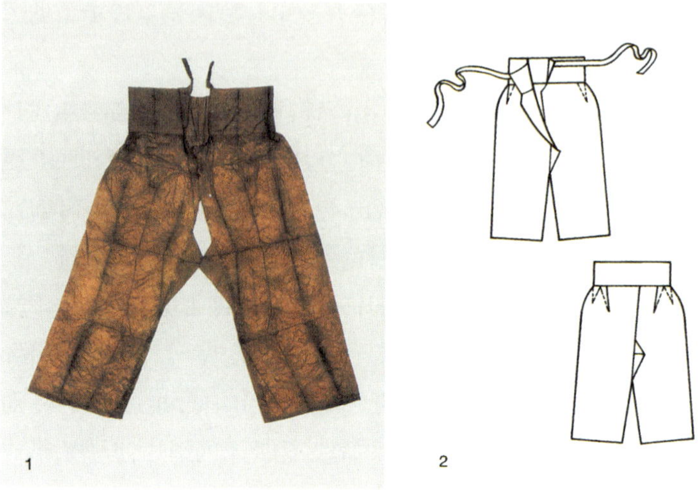

图四七　1：［南宋］开裆女裤（福州黄升墓出土）
2：［南宋］女裤结构图（正、背，福州黄升墓出土）

外，以利于行路与劳作。它倒是和《释名》所谓左右各跨别的“股衣”近是。倘以此二者与出土实物相较，却都存在很大的不同处。编号N-25的绵袴，已具有发展得相当完善的袴筒，下有收口，上有分裆，两袴脚也不是左右分离不连属的，而是由袴腰的作用将其总为一个整体。剪裁设计和缝纫工艺也都是高水平的。这种一体的开裆裤，才是历史上“袴”的典型格式。沿用时间也相当长远，我们从几个南宋墓出土的遗物中，仍可看到相同例子（见图四七）。以它来解释《史记·赵世家》“赵氏孤儿”故事的匿儿于有腰的袴中，才是合理的和可能的。又《汉书·外戚传》服虔注“穷袴”谓有“前后裆”也才容易明了。如仅有胫衣、套袴的印象，就会全然不可理解。这次发现，使我们对两汉以前有关袴的形制，以及历来所作的诠释和名称的区别，都得到了一些新鲜明确的知识。

帽 一件（见图四八）。其状略如一凸字形。高约一九厘米，前宽二五厘米、后宽四〇厘米，顶部开口，后两角各垂组穗为饰。

整体系由帽顶、帽缘和穗饰三部分组成。结构较简单，但裁制方法颇具机巧。帽顶以赭色绢为表，素绢作里，两绢等大，为四比三之矩形。剪裁时，表里重合，长向对折，折痕即中线，在中线与对边各自三分之一处，按 45° 剪去两角（见图四九 · 1、2），惟中部须留缝份。缝合后便成斜棱锥状之帽顶，底面因一边收缩转如梯形，然后把中缝重合于中线上叠正。平剪去帽尖，缝作顶孔，再于底边上方横开一窄缝，正中用朱绢叠小方缝为隔断。最后，以绛地几何纹锦沿四周包镶帽缘，缘框亦作梯形。两边的组穗，则用一两针钉于后缘角内，

图四八 锦缘绢帽（8-5B）
1：正面
2：背面

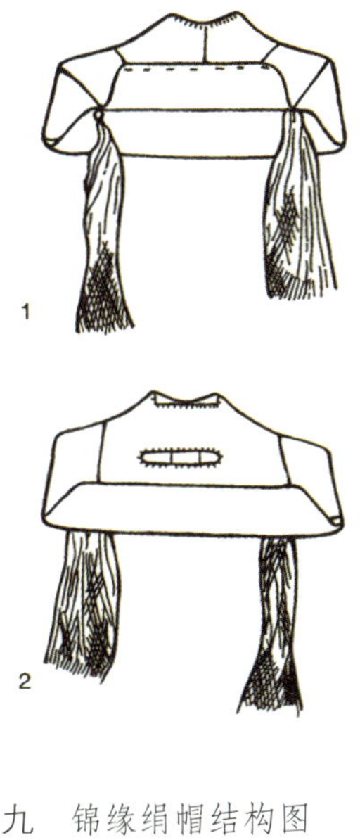


图四九 锦缘绢帽结构图
1：正面
2：背面

牢度要求不高，说明它不是用作系帽的“组缨”，只不过是一种垂饰。这和相关史籍提及着帽方法时谓之“簪帽”，不言系，情形较相合。

这种帽子前覆后披，中间起屋，下垂四角，左右两穗。在当时必为一种通行样式。但具体怎样冠戴，如何定名，目前都还不能确实明白。大致短缘在前、长缘在后着于首，顶孔可露出发髻，后部横缝，当为簪笄首饰贯发安帽而设置，还可能从这里引发上卷或者拖发披垂于外，处理上的简繁想必还有一定制度，也都难以详细明白。可资比较的形象材料亦很少，仅见西周（或商代）玉人雕像头上有一二类似例子（见插图八·5）。再是长沙出土彩绘漆卮所画妇女亦有着不同帽子的（见图二七下中间一人）。但都还难以认同互证。古称帽为“头衣”，或说：“帽名犹冠也，义取于蒙覆其首。”（《宋书·五行志》）束皙（3世纪人）《近游赋》还提到“帽有四角之降”（《太平御览》卷六八七引文作“帽引四角之缝”），记述与此帽有近似处。

另外，死者面部所覆之“幎目”（编号为N18–1），亦与此帽同形制。棕绢表，素绢里，四周饰锦缘，作梯形。长边四〇点五厘米、短边二四厘米，宽二四点五厘米，开孔形状亦同，仅无组穗。无疑这是利用现成的帽子展开、倒置掩于死者面目的。与以往出土所见“幎目”不同，与《仪礼》记载亦不合，有可能这是当时楚地一种习俗或变通方式。

*履*　三双。其中以编号8–1漆履保存较完好（见图五一）。圆头方口，编织而成，底长约二四厘米，前宽九厘米，履底略出边，其下遍布乳钉状线结。线结作用和现代胶鞋底上的齿纹差不多，目的在于防滑。底和面上还涂了较厚的黑漆，能够防水。这是现今看到的时代最早的一种雨鞋了，鞋帮上还缦饰菱纹织锦，但却和“青丝履，偏诸缘”那样鞋口镶边的办法不同，倒很像近时民间服丧“裱鞋”（以

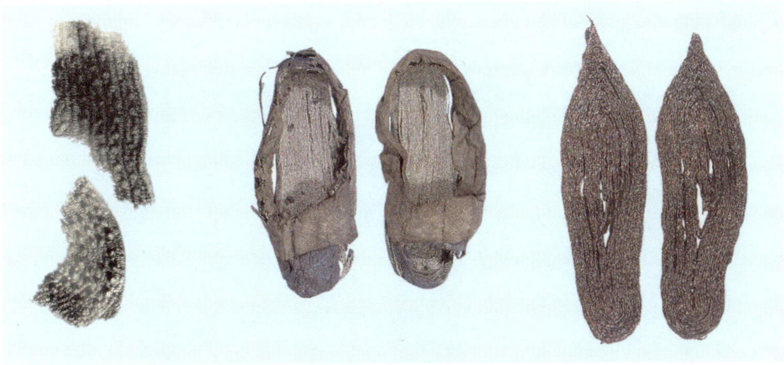

图五〇　有齿结漆履底残片（临淄东周墓出土）
图五一　锦面漆履（8-1）（马山楚墓出土）
图五二　钩履底（河南光山春秋黄国墓出土）

白布蒙鞋面）的方式。缝线针脚比较稀疏，可便于日后随时拆换更新。这种装饰形式，到汉末时诗文中还有反映，类书引刘桢《鲁都赋》：“纤纤丝履，灿烂鲜新，表以文组，缀以朱玼。”看来还不独限于雨鞋，丝鞋上也在裱饰花纹织物，应用比较广泛。

漆履的考古资料，还早见于山东临淄郎家庄一号东周墓出土遗物中，由于实物在地下被焚毁，故仅取得部分破碎残片，未获全豹（见图五〇，并参见《考古学报》1977 年第 1 期，84 页）。但残片中见到的圆底、有齿、涂饰痕迹等现象，则与马山楚墓的完整实物全然相同。说明早在春秋、战国之际，制作这种漆履的技术就已臻于成熟，形制且长期稳定，南方荆楚、北方齐鲁，两三百年间无大变化。

古时底部设齿的履和屐，可能有多种形式，惟此种软底漆履为轻便，较流行。专门名称，已无从知道。据扬雄《方言》郭璞注“今漆履有齿者”为“鞠角”（也作“卬角”），或许即其类同。

另两双为麻履，圆头平底，样式与漆履基本相同。又新近在河

图五三　绣龙凤大花纹绢被（N-2）

南光山发现公元前648年黄国墓葬，清理出履底一双，亦为线绳盘曲穿缀而成，但前端显著尖出（见图五二），与鞋帮结合时必然要翻上一部分，作勾履状，形制和上述三例明显不同。

衣饰之外，重要的发现还有三领丝绵大被（见图五三）。古时称之为"衾"。最大的，长约二六八厘米，宽二二七厘米；中等的长二三五厘米，宽二一五厘米。多以整幅锦、绣为被面，很是壮观。较小的一领，编号为N-2，被面为绢地，呈浅淡之棕黄色，绣龙凤大花纹，橙、紫杂糅，异常宏丽，可惜所用非整幅材料，是以二十五片大小不等的刺绣零头拼合作成的。被长约一九二厘米，宽一九〇厘米，最可注意处，是被头中部还设有一个凹口，用红、黑、黄三色条纹绮镶边为被识，表、里两侧均有绣缘，素绢为里。上述三领大被形制相同，特征是被头皆设凹口，宽约四二至五七厘米之间，其制在先秦文献中未见记载，笔者曾撰文介绍江陵楚墓丝绸，指出此被或为较后文献中所说的"鸳鸯衾"，事见《南村辍耕录》卷七"鸳衾"条："孟蜀主（昶）一锦被，其阔犹今之三幅帛，而一梭织成。被头作二穴，若云版样，盖以叩于项下，如盘领状，两侧余锦则拥覆于肩，此之谓'鸳衾'也。"所述制度与出土实物殊相一致，踪迹其流源上下已千四五百年之久。宋代以后遂不见流传。

# 一八　马山楚墓出土的锦绣

春秋、战国时期，社会经济、政治各方面发生许多重大改革，新出现的铁工具逐渐得到推广应用，农业、手工业生产有了很大发展。以丝、麻为原料的一般纺织生产也空前繁荣起来，而高级丝绸工艺技术的提高更是突飞猛进。这种情况也和当时诸侯争雄、邦国林立，政治、经济发生剧烈竞争密切相关。社会上层统治者及其臣属、嫔妃形成一个巨大的奢侈消费集团，食必粱肉、衣必文绣自不待言，甚至连宫室、狗马也无不锦绣被体，即国与国间的聘问往还、馈遗礼品也要使用大量美锦文绣，其耗费数额之大十分可观。为了解决政治、战争问题，如请盟求和，竟然也要用到纺织刺绣的生产者——执针、织纴的工奴和“女工妾”作为贿赂品，动辄数十、数百人（见《左传》成公二年楚人侵鲁事、《国语・晋语》晋人伐郑事）。在这种风气中，高级丝绸的消费量急剧增长，促使这一时期官、私纺织、刺绣高级工艺品的生产规模日益扩大，工人之众、产品的精美新奇都达到前所未有的水平。史称陈留襄邑出美锦，齐鲁的罗纨绮缟和刺绣名噪天下。但我们过去却少有实际知识。在20世纪80年代以前半个世纪时间里，虽然也曾有少量锦、绣实物出土，而资料较零星分散，还难以有一较全面的印象。

1982年，湖北江陵马山楚墓发现一批古丝绸织物。品种极其丰富，包括了春秋、战国时期的锦、绣、编组、针织各个主要门类，而

1

2

图五四　几何纹锦样两例（马山楚墓出土）
1：D型锦　2：E型锦

1

2

图五五　朱砂染经织锦
1：凤鸟凫鸭纹间道锦（N-5）（马山楚墓出土）
2：朱经间道锦（长沙左家塘战国墓出土）

且在工艺技术和装饰艺术方面都具有相当充分的代表性。

出土彩锦约可分作两类，其中多数是商、周以来采用经丝起花的“经锦”和一些变化形式，少数为纬丝起花的窄带织物。

经锦　实物幅宽一般在四五至五一厘米范围，约合当时二尺至二尺二寸，是比较标准的幅面尺度。以深色地浅色几何花纹的菱纹锦、小花型规矩纹锦为常见。这种纹样延续时间较长，到西汉时仍还照样生产（见图五四及本书图八三·上）。另一种形式的是丙丁纹间道锦，以及凤鸟、凫鸭纹间道锦（编号N-3束带、N-5衾面），锦面

1

2

图五六　通幅双人对舞鸟兽纹经锦(N-4)
1：单位纹样
2：双人对舞局部纹样

采用经丝分区法布色，即先把经丝分别染成不同颜色按条纹状排列，再上机织造显示花纹。染色除用植物染料外，还使用朱砂颜料涂染到经丝上，织出的花纹色调非常鲜明，富于对比变化。1957 年在长沙左家塘战国墓也出土过同类织锦，都是涂料染色织锦的较早标本（见图五五）。此外还有采用挂经法和纬丝换梭，局部形成纬花办法，来改善、丰富经锦小花纹的表现力。较突出的例子是：双人对舞鸟兽纹通幅大花纹经锦（编号 N-4 衾面，见图五六），图案横向分段织出双龙、双凤、对虎以及双人对舞等不同花纹，装饰华美。通幅大花纹织锦，过去在东汉织物中曾有发现，而西汉马王堆墓葬中却未见出土。人们曾据此或以为西汉时大花纹织物尚未形成。现在证明战国时期已具有相当完善的提花装置和先进的织造工艺。这由纹样错位直贯终匹而得到肯定。

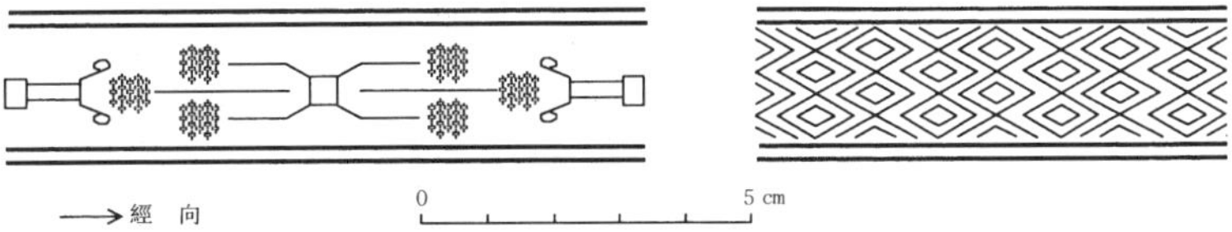


图五七　纬花织物两种（N-12）

纬花窄带织物　这里介绍的，是专用于缘饰衣领并且可以随时更换的一种华贵装饰织物。约有三四种（见图五七）。

此外在衣缘处，还发现提花针织品。据发掘报告作者研究可能是棒针织成。古称"天衣无缝"，若用针织品作成衣服，必非虚言。它可能为迄今所知最古老的针织品之一，为我国纺织技术史增添了新的篇章。

自古虽然锦、绣并称，但由于刺绣完全是手工和技巧作品，艺术价值和经济价值都比当时的织锦高出许多。先秦贵族的服装，无不以刺绣为尊贵。《诗经》中尤不乏例子。特别是《尚书·益稷》提到的十二章服所谓"黼黻文绣之美"，一直受到历代统治者和舆服制度纂订部门的重视。但到西汉时，人们已不十分清楚。马山楚墓出土物中最为精彩动人的便是许多大花纹刺绣品，总数不下二十余种，使我们对古代画缋五色文绣之事，得以获得许多具体的新知识。谨摘其要者举例如下：

龙凤大花纹彩绣纹样　本例选自编号N-2衾被。原物以刺绣零头材料杂缀成，故花纹不完整。但辉煌壮丽的艺术效果仍然光彩四溢不可掩蔽。经摹绘复原之后，才看到纹样的本来面貌，也更见出设计布局的大派和雄浑气势（见图五八）。

图案以龙凤为主题。单位纹样左右对称，但设色两边相反。以花纹密集形式构成长方形块面。高约八〇厘米，宽四五厘米（见图

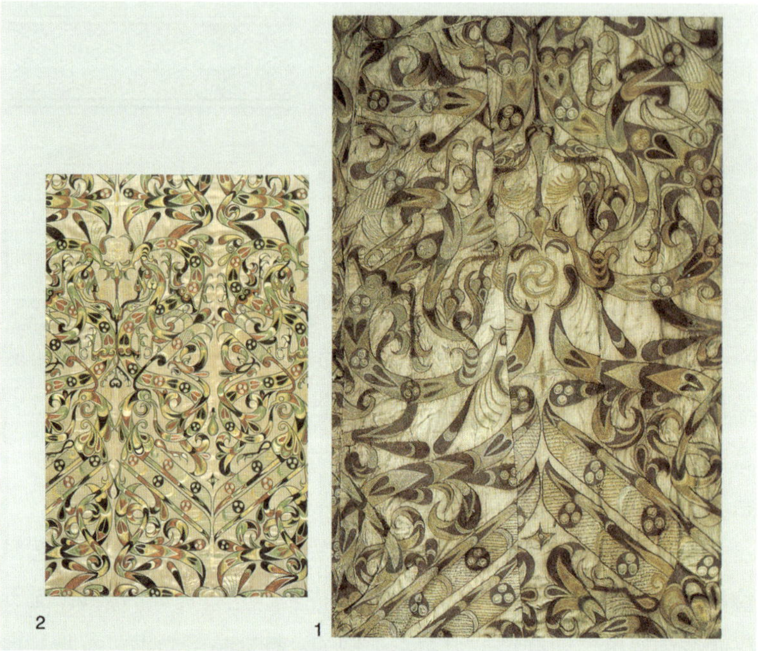

图五八　龙凤大花纹彩绣纹样（N-2）
1：N-2 衾被绣纹（原件花纹不完整）
2：N-2 衾被完整纹样及单位组合（王亚蓉研究复制）

五八·2）。在对称轴一侧，花纹配置一大龙居上，体态蜿蜒如游蛇，盘曲呈弓字形。巨口细尾，张牙吐舌，上颚夸张地向前伸展具典型性。头上有冠、角，角后鬣鬃竖立。有四足，足三爪。身躯全长达九六厘米，形象遒劲生动而具体。其间尚攀附一仅具两足的小龙，蜷身回首与之呼应。两龙的体式，恰和十二章服制中所谓“两已相背”、“两弓相背”的黻纹形容相合（见本书第60页）。下部花纹为一大凤，长冠屈头，修身卷尾，羽翮高扬作凌空飞逐之状。翼下则有一妩媚幼凤依傍相随。而大凤的利喙似即将衔住大龙的尾梢，龙则强烈作出挣扎反应。

如此一幅情景，使画面充盈着生命、搏斗的力量，且富有世情味和戏剧性。其中寓意跟后世的“龙凤呈祥”、帝后象征一类内容却大不相干。

纹样的中上部，骑轴线为一花树。花树之上两龙首相拱处，嵌了个鲜明金黄涡轮纹，若这代表的是太阳，花纹设意或与《山海经》中“九日居下枝，一日居上枝”的扶桑树故事相关联。在轴线下端凤尾处，相应又有个浅淡灰绿色涡轮花纹，看来像是一面圆月的形象。

图案用色也比较复杂多变，尤其在明暗色调对比方面见出长处。现在看到的颜色，至少还有八九种之多，如深蓝、棕绿、灰绿、蛋青、紫红、深褐、金黄、粉黄等等。其中以蓝、紫、褐诸色保存得最好，在染色工艺上必相当讲究，至今还显得深沉明快、旧里透新。

纹样的排列关系，采用了先秦、两汉最通行的一种格局，即将单位纹样填入龟背格框架中组合成面饰。虽然形式简单，运用起来却可以千变万化、争新斗奇。

*龙凤虎纹彩绣纹样*　实物是一件绣罗单及，编号为N-9。由于地子呈半透明状态，花纹空间布局疏朗，整体效果浑似青铜铸成、金银打就的镂空浮雕一般，如放大作建筑装饰必定更为壮观。特别是图案中布置的两两相对昂首长啸的虎纹，周身用朱、墨二色作旋转条纹，斑灿彪炳，威猛而秀美，真可谓是虎虎风生的杰作（见图五九）。

图案的单位纹样较前者为小，以一凤二龙一虎组成。高三〇厘米左右，宽约二一厘米（见图五九·1）。颜色有朱砂、黑、绛红、深褐、土黄、粉黄、米色（近白）等七八种。虎纹配置于左上角，而右下角却突破单位格子甩出一金钟花形凤冠，长约一〇厘米，作单位纹样间搭接勾连的纽带。凤鸟的两翼作一字张开，压在另一条对角线上。

图五九　龙凤虎纹彩绣纹样（N-9）

1：龙凤虎纹绣罗衣局部

2：龙凤虎纹绣衣复制图（王亚蓉研究复制）

图六〇　凤鸟纹彩绣纹样（N-10）

1：凤鸟彩绣衣局部

2：单位纹样（王亚蓉研究复制）

这是巧妙的一着。当单位纹样左右对称、前后移位，按方格网框架组合成面饰之后，整个局面就为之一变。由凤凰展翅作成的对角大斜线把图案另加分割，拼对出一个较大的联合单位。即划取四个基本单位各自的二分之一，组成新的大菱形格子，两虎并立其间。从整个画面上看去，时或相背，时或相对，真如猛虎在山，平添出无限生机，美妙到不可言喻的地步。

鸟形纹彩样　见于编号 N-10 袍面。淡黄绢地，绣线有深蓝、翠蓝、绛红、朱红、土黄、月黄、米色等色。单位纹样近竖长方形（一侧呈阶梯状），高约六〇厘米，宽二五厘米（见图六〇）。下部作正面鸟像，张两翼为舞步，头上华冠如伞盖，两旁垂流苏。仿佛一靓妆繁饰女巫。翅膀上曲部分复作成鸟头形状，其一更生出花枝向上蔓卷，至顶反转倒挂长长三花穗，呈丽组长缨结玉佩陆离之形。画面五彩缤纷，如烘如炙，遒媚温润之中散发出奇异诡谲气氛，使我们深深感受到楚文化的魅力和情调。

对龙凤大串枝彩绣纹样　选自编号 N-7 衾被。这是一件超级刺绣艺术品，不独工艺异常精美，花纹之大也是出土织物中前所未见的。

被面以绢为地，呈桑黄色。花纹色彩有深蓝、天青、绛紫、金黄、淡黄、牙白等六七种。布色重对比，通体以冷色为主调，极典雅。单位纹样由四对凤纹、三对龙纹构成。左右对称，纵向以植物枝蔓作 S 形串连，上部轴线处，用个三角形花纹将两列龙凤合总，形成全对称竖长方的大单位格子，高约一八一厘米，宽四五厘米左右（见图六一·1、2）。以整幅丝绸加工刺绣成匹料。使用时可以取单位横移形式拼接成巨型带饰，也可以交互或颠倒拼幅组成面饰。两幅之间用花绦络缝。其工艺的讲究也是无匹的。

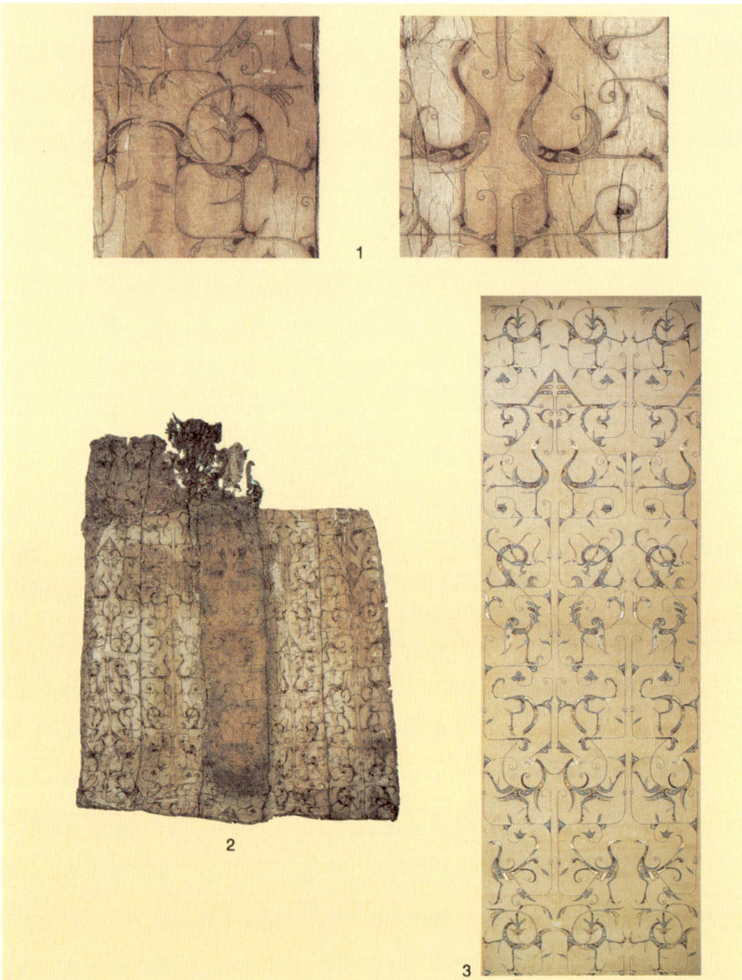

图六一　对龙凤大串枝彩绣纹样（N-7）

1：对龙凤大串枝彩绣局部花纹两例

2：对龙凤大串枝彩绣绢面衾被

3：单位纹样（王亚蓉研究复原）

图六二　纳绣纹样（N-10领）

1：车马田猎纹纳绣

2：车马田猎纹单位纹样（王㐨、王亚蓉研究复制）

图案设计格调极高，龙凤的造型既有写实感，又具抽象性。其中一对龙纹仅各有一足一尾，由一线相引和一对凤纹连体，而另一对凤纹则只具一翎一爪，以中腰一线与上部龙纹合身。此外，龙身而凤距，凤身而龙爪例子也可互见。艺术构思自由、大胆充满幻想，但又情韵绵密格律谨严。特别是凤纹（？）的造型，“竦轻躯以鹤立，若将飞而未翔”，全然是一副柔媚女子绰约秀拔、风力爽俊仪态。也许内容所本和以上龙凤纹样原不相同，情节是重复地和谐相连却少争斗。龙纹自身也少有蛇的形貌，而凤也一洗鸷鹰气，则更近于鹤、鹭样子（参见本书插图一四）。或许也就是古籍所称“羽毛光泽、纯白似鹤”的长颈“鸿鹄”（天鹅）。当这两形象交织到极富节奏情感背景中时，乍离乍合，以遨以嬉，美丽动人处，惟有今日冰上芭蕾方能得其仿佛。从中，使我们对曹植《洛神赋》关于“翩若惊鸿，婉若游龙” 赞美女性的形容也得到新的理解。

车马田猎纹纳绣 这是专用于缘饰衣领并可随时更换的一种华贵饰带。马山墓出土约三四种。其中编号N-10衣领外侧一片最为精美（见图六二）。这种绣带宽约六点八厘米，纹样长度在一七厘米左右。采用对顶针，纬向纳绣显示花纹的方法绣成车马田猎纹。计车马一乘飞驰前行，车上御手一，挺身昂首束腰端坐驭车；前立一人为射手，正执弓控弦作引而待发之状；车尾彩斿飘扬，车前有狂奔之鹿和中矢回首之兽；车前下侧一勇士执盾转身搏猛虎，后下侧又一人持短剑或匕首与困兽格斗。如此方寸之地竟作出一派楚云梦田猎“陵阻险，射猛兽，搏豺狼，斗熊罴，箭不苟害，解脰陷脑，弓不虚发，应声而倒，割鲜染轮”的生动景象。这些写实而具有戏剧性的情节，却安排在极规整的二方连续菱形格架中，其间山泽坑谷、茂林长草，均以几何图形作象征表现，使动静对比、节律与速度感分外强烈。色彩应用似繁而简，在沉香色地上仅用棕红、金黄、翠蓝三色绣线便能作成非常华美效果。这种绣带或即是《汉书》贾谊陈政事疏所说本是帝王皇后“以缘其领”，到西汉时“富人大贾、庶人嬖妾缘其履”的“偏诸”，唐人颜师古作注：“偏诸，若今之织成，以为要（腰）襻及领者也。”其上绣作车马骑从之象，或称作“车马饰”。论刺绣技术不为难，但工艺要求特别精严。制作时须先以合股丝平织一带，宽六点八厘米，排列经丝二二二根，每平方厘米径密约三二根、纬密一八根左右。于两纬之间顺纬向纳缕绕经刺绣花纹，这种针法表面看非常像纬线显花的织锦，而遮盖力强、纹线纯净鲜明。由于在带上满地绣作，过去我们都误认为是一种特殊的纬花织物。直到最近为复制N-10绣衣，一接触实践才发现，所谓的绕经纬花织物是绝难在织机上提花织造的，惟有在平织带上绕经刺绣才是最可行的（见图六三）。但由于密度的关系，要求绣工要有极好的目力和细心，数着布丝，一针不错、一丝不苟地进行纳绣。一个单元大致要二三十个工。设若八个单元一条领带，则需大半年的时间方可完成，不说设计的智巧，只计算劳动量就令人惊骇，其价贵比黄金。就外观而言，它酷似织锦，胜似织锦，但到底不是织锦。如果要有一个命名，可称之为"纳锦绣"或"纳缕绣"。王充《论衡·程材》篇提到"刺绣之师能缝帷裳，纳缕之工不能织锦"，"纳缕"作为"刺绣"的同义语或可以作为命名的参证。针法和后世的纳纱、戳纱法实有一定的联系。

在以上数例中可以看到，战国刺绣工艺，不论技巧、装饰设计均已臻于高度成熟。尤其是纹样的构思创作，充满抒情幻想和生命力。在处理纹样结构、造型方面抽象中见具体，大胆而不蛮，处处见功夫，达到多不可减、少不可逾的地步。刺绣花纹的骨架则多取己字或弓字形，对称相并是主要形式。或许它就是上文所引述的著名"黼黻"绣纹的基本面目。

纹饰整体布局和局部细节处理，重对比而结构谨严。如纹与地、深与浅、线与面、面中的点，皆积累吸收了其他工艺的长处。效果上和当时金银错工艺相通，和江陵等地出土战国彩绘石磬花纹风格也相一

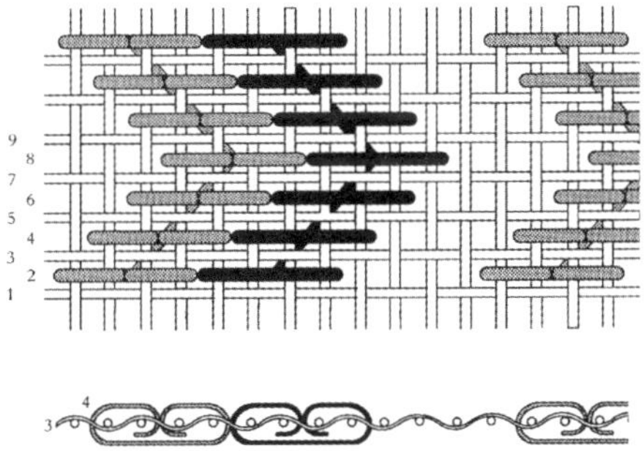


图六三　车马田猎纹纳绣针法示意图
上：2、4、6、8 为纬向刺绣针迹
下：断面　绣丝绕经示意

致。在虎身纹饰的转动线纹上，也可见出琢玉工艺蚩尤环的表现方法。

值得注意的是，还有图案结构技术。单位纹样的组合多取对称阵形，但能避免商、周铜器花纹的过分严肃和呆气。一般可理解为先直移组成带饰，带饰之间滑移二分之一单位向量，拼成面饰。或反转对称搭接勾连，往往形成新的联合单位圆形，造出千变万化局面。这种反转对称方法，能以最小单位纹样造成大出几倍的花纹。其技巧或受到编织、纺织提花的启发发展起来的。值得进一步总结学习，是一份可以从中得到教益的文化遗产。

# 一九　西汉墓壁画二桃杀三士部分

图六四　［西汉］椎髻、短袍执剑武士，高冠、袍服、持节使者，漆纱冠、大袍、持兵杖从官和不同巾冠袍服平民（洛阳西汉空心砖墓壁画）

据河南文物工作队摹本，曾刊载于《文物精华》及《考古学报》。

图中表现《晏子春秋》记载二桃杀三士故事，作三勇士因争吃二桃，相继自杀情形。用笔虽近写意画，人物精神面貌和衣着巾裹式样，却还表现明确。三人均衣齐膝短衣，大口袴，佩长剑，头不着冠，只用小巾子约发，怒发上耸，须髯戟张。《庄子》称："剑士皆蓬头突鬓垂冠，曼胡之缨。"注以为垂冠，不高其冠，如今包巾也。曼胡，粗鲁也。这种形容影响到两汉一般画家对于历史故事人物形象的表

插图三四·山东嘉祥武氏祠画像石荆轲刺秦王故事

插图三五·山东临沂金雀山汉墓帛画武士

现，所以本图和沂南汉墓石刻“列士传”部分（见图六九）、武氏祠石刻“刺客传”部分，以及近年金雀山汉墓出土帛画中武士形象，对古代义烈之士的反映，多具共通性（见插图三四、三五）。

又蔡质《汉官典职》云：“尚书奏事于明光殿省中，画古烈士，重行书赞。”又《汉书·景十三王传》广川惠王越传云：“其殿门有成庆画，短衣、大袴、长剑。”可知这类画西汉以来即曾绘于奏事宫殿墙壁上，也有画于殿门，而衣着且和本图情形大同而小异。

《史记·叔孙通传》：“通儒服，汉王憎之，乃变其服，衣短衣，楚制，汉王喜。”这种“短衣”可能即楚国旧有式样，西汉人犹沿用。本图中还有一个身份较高的官吏，应为赐桃使者或晏婴形象。手执旌节，作三段垂穗，是目前所见画刻中较早旌节形象，可和《列女仁智图》、《洛神赋图》中所见旌节比较。冠子极小，附着头顶，和近年长沙马王堆新出轪侯家属和西汉初年古墓中所出彩绘较大彩俑头上冠式相近，也和传世宋人李唐绘《晋文公复国图》中人物冠式、旌节有相通处。由于比较，得知《晋文公复国图》虽成于宋人李唐，也并非凭空臆造，人物衣着形象，实乃根据旧稿传移模写而成。且有可能和传世《列女仁智图》情形相同，原稿或传自南朝，属古《列女传图》一部分。汉代以来，即习惯用作屏风画的一个粉本。

本国使者身后尚有二持器仗的侍卫，头上如在平巾帻上另加一个薄纱笼巾。因为近年长沙马王堆西汉墓漆奁中，有一完整如新实物出土（见插图六九·1），宜为齐国三服官生产的“首服”，不是一般等级卑下的武卫所能用。或以为即史志所谓“武冠”，似可商量（后来北朝官员所戴的官型漆纱笼冠，即由它发展而出）。因为同一式样，虽常见于汉代砖刻“亭长”及门卫头上，但洛阳出彩绘砖表明，文人头上也出现过。又有一种软式巾子，额前还加有一小小缨结，其他西汉大型空心砖上也可发现（见图六五），东汉石刻却已少见。

# 二〇　汉空心砖持戟门卒

图六五　［汉］戴不同冠、束腰大袖衣、执戟佩剑门卫（洛阳出土空心砖模印画）

上图为汉代大型空心砖墓，模印砖画像之一部分。

这种墓葬制多属于西汉陕、洛一带制度（近年新发现时代可早到战国），东汉已少见。全部用砖砌成。每砖约长一米半左右（因后人习用作搁琴工具，俗称"琴砖"）。上面有模印种种花纹图案，主题部分有豢虎驯马的，有执戟侍卫，有狩猎和其他。墓前两件三角形砖，多作屠龙武士或鸿雁群飞景象。边沿花纹则和丝绸中的绫绮锦纹相通。人物衣着、巾裹形象有鲜明时代特征，和东汉画刻截然不同。

图中三人都属侍卫门卒，持戟佩长剑，近战国末年式样。剑已狭窄成一长条，仅具形式，实用价值已不高。故宫有实物收藏（西汉初即多改为环刀）。衣服宽博，着曲裾袍，大口裤，勾履，是西汉前期通行一般式样，官、吏相差并不多。区别等级在冠服颜色和材料有一定限制。《汉书》称功曹官属多“褒衣大袑”，“大袑”即大袴。朱博作瑯琊太守下令剪短，离地三寸。这几个门卫，衣脚均比其他石刻壁画中等官属较短。头上巾裹式样，也和一般常见东汉定型平巾帻不同。近年洛阳出土一西汉空心砖墓，上部另加彩绘壁画，人物部分有完全和本图相同巾式，全部覆盖头部，额前还耸一小小缨结（如图正中一式）。得知西汉前期，实有这一种冠巾式样。史称古人冠巾约发而不裹头，西汉末后来才发展一帽箍式的帻，及有人字形顶（叫作“屋”）平巾帻，在东汉低级差吏通行，有官职才加“前高后卑”的梁冠。图中所见，应为尚未定型的西汉通行式样。

河南信阳战国早期楚墓彩绘漆瑟上，绘有一贵族冠式，高高上耸，上作平顶而中部收缩，和本图右所见式样有共通处。或者这种冠子，在战国时属于楚国统治者所戴，秦灭楚统一六国后，才成为身份职位卑微的门卒或官职较低的执戟郎官头上物。这类大型空心砖的产生相对年代，也正是战国末期到西汉前期。《楚辞》有“冠切云之崔嵬”，又有“高余冠之岌岌兮”语。目前出土文物，楚人衣着形象可证《楚辞》高冠的似乎还只有三种：一、信阳出土彩绘瑟上所见贵族头上冠子（见图二四）。二、洛阳西汉壁画所见一使者头上小冠子（见图六四·下左）。三、本图右持戟郎头上平顶上耸冠子。以本图表

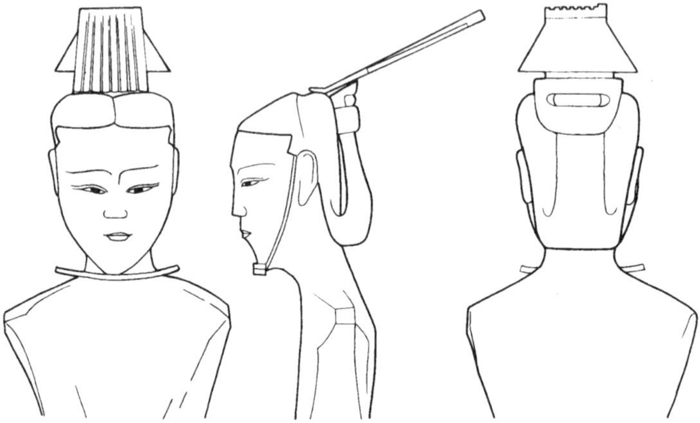

插图三六·马王堆一号汉墓戴冠男俑

现得格外明确而具体。汉代御史的獬豸冠，照记载应是这个样子。至于长沙马王堆西汉初年墓中出一彩衣木俑冠子，则接近洛阳画中使者头上物而加高，疑即所谓“刘氏冠”，实物是用木板或竹板外蒙漆纱作成（见插图三六）。

汉代砖刻亭长和门卫三式，衣着和本图所见大形空心砖持戟门卫小有不同。头上冠子差别显明（见插图三七）。三人头上所戴均如后世纱帽，中一加鹖尾的或称“武冠”。同一式样也曾见于西汉壁画中持器物卫从及洛阳西汉画像砖普通人头上。因为轪侯家属墓一漆奁内新出一实物（见图六四、插图六九）还十分完整，可知这个冠式最晚在西汉时已定型，而且流行。

史志中的“刘氏冠”，传为汉高祖作亭长时戴的，用竹皮作成，及贵，常冠之，所谓“刘氏冠”是也。高帝八年有令：“爵非公乘以上，毋得冠刘氏冠。”《汉书》注：“即竹皮冠也。”“以竹始生皮作冠，

插图三七・汉代砖刻亭长人物三式

今鹊尾冠是也。”又《晋书・舆服志》称：“长冠，一名齐冠。高七寸，广三寸，漆纚为之，制如版，以竹为里。”说“高七寸，广三寸”，都和汉石刻常见梁冠相近，和插图亭长冠联系不上。但有一点甚重要，即插图诸砖刻多附有“亭长”名字，和刘邦微时职务相同，戴的且确是漆纱作的冠子。沂南汉墓石刻“列士传”部分，也已有这种大同小异纱帽、纱冠出现，额部还装饰有些花纹（见图六九）。那一部分画像，也应属于西汉人旧稿。从目前出土实物及画塑看来，接近叙述中刘氏冠的，惟马王堆汉初墓中一有依饰的彩绘木俑。形象具体，结构与洛阳西汉画像砖上那个使者头上物相合，惟顶上后垂部分，似应参照画图稍作纠正，才与本来情形相合。

本图三门卫均执戟佩剑，插图三亭长均执戟、盾。盾式和长沙出战国实物相同。戈（或戟）中左两种还是作战国时青铜戈戟式样，锋刃部分平时并不外露，有两片木荚保护，形象和豆荚差不多，楚墓有实物出土。战国文称“有客为宋元君画荚”，细如毛发。画的即应指这类兵器附件而言。插图两旁亭长手中物，则为汉式定型卜字形铁戟，上加搭彩帛（或油绸）一片，下结双缨。《说文》谓“有衣之戟曰棨”，是汉代一般棨戟常用式样。惟上部如风信子，汉初实物似未发现。后来大宫僚“门列棨戟十二”的制度，据记载已改为木制，上罩油绸加朱漆，仅具兵杖式样。但如何搁置于衙署或家宅门前，记载不明确。据四川近年出土汉代砖石刻反映，才知是每列六件，斜插于木架上，八字式分列于私人府第或衙署门前。

# 二一　汉贮贝器上滇人奴隶和奴隶主

图六六　［汉］乘肩舆奴隶主（云南晋宁石寨山出土贮贝器盖，云南省博物馆藏）

《史记·夏本纪》称，禹行四载，“陆行乘车，水行乘船，泥行乘橇，山行乘辇”。虽出于传说，但古代阶级社会，奴隶主或封建主利用特殊乘檋（即舆），役使劳动人民抬他们爬山越岭，这种原始交通工具的应用，时间必相当久远。金文“辇”字多作四人拉车形象，后来最高封建统治者坐的用人扛抬的舆轿，还叫作“辇”或“步辇”。《左传》、

《史记》均常有关于“舆”的记载。许慎《说文》“箯”字下云：“竹舆也。”段注引《公羊传》曰：“胁我而归之，筍将而来也。”何注：“筍者竹箯，一名编舆，齐鲁以北名之曰筍。将，送也。”《史记·张耳传》记有汉高祖使泄公持节问贯高“箯舆”前。《汉书·严助传》“舆轿而喻岺（即岭）”，注曰：“今竹舆车也。江表作竹舆以行是也。”说明虽详尽，形象无可征。因为大量汉代砖石刻画及壁画上，还少发现足当“箯舆”这种交通工具形象。

图六六为云南晋宁石寨山出土铜器人物纹饰，其中“舆”形象值得注意。

证诸记载，得知汉代以来，这种工具名称有箯、筍、编舆、竹举，同是一物。主要材料用竹子，使之轻便易举。四人肩抬，则本图两个铜器纹饰反映十分完备，且为目前所见最早图像。晋人绘《女史箴图》中“班姬辞辇”部分所见，有八人同抬，晋代则名叫“八缸舆”。邓县画像砖墓雕砖所见，和大同新出司马金龙墓葬中彩绘屏风画上所见，都应叫“平肩舆”（见图八六及插图五八）。陶潜上庐山赴会坐的是“板舆”。宋人绘靖节佚事图像，作矮脚方榻加二竹木长杆，由亲属子弟二人扛抬。坐处四周竹编边沿，似应称“篮舆”。北朝孝子棺石刻，也有一板舆出现。唐人绘《列帝图》和《步辇图》，两杠间有襻带，挂于舆夫或宫女肩头，两手下垂提扛而行，应名“腰舆”（见图一一五）。唐代为优待老年大臣上殿免得过劳，特赐可以乘坐的名“担子”，形象还不大明确。又唐人写经插图，有二人舁一坐榻而行，唐代则名“舁床”（见插图五八·4）。五代人作《宫中图》和南宋人作《中兴祯应图》，杠头作凤形，为皇后公主宫廷中往来专用，或称“凤辇”。北宋社会一般妇女出行所乘轿子，照《东京梦华录》记载，在街头巷尾随进可以租赁。明、清转成官用，等级分明，使用材料和轿夫数目均有一定制度，由三人至八人，通名　“官轿”。县令只许用三人，称“三顶拐”。平民用二人，加筒瓦状罩棚，名“鸭棚轿”。还有类本图式样，上加罩棚，可容妇女、小孩躺卧的，名“包杠”。组织特别简单，只一靠背、一坐板、一搭脚板的，名“滑竿”，最早在南宋人作西湖游山画迹中即已出现。西南山城重庆解放前还普遍使用。

本图所见古滇人奴隶衣首，长仅及膝，材料多作条子花纹，近似植物纤维和杂色兽毛织成。《后汉书·西南夷传》中说的“白叠布”和“阑干布”（或“阑干斑布”），前者为木棉作，后者或即指这类有条纹混纺布匹。织时用坐地腰机，另一具铜鼓，正面有明确反映。正中坐一奴隶主，一群女奴隶则坐地围绕一圈，进行生产。妇女多作银锭式发髻，戴大耳环。奴隶主和近身奴隶，也多着汉式服装。一般男性奴隶骑士多戴盔着甲，非战斗的只用巾子束发，仍见地方性。舆夫四人和旁行一亲信侍女，均身披虎皮。据樊绰《蛮书》记载，唐代南诏滇人只有亲信官才披虎皮（古代滇人称虎为“波罗”）。照本图所见，可知奴隶主亲信身披虎皮制度由来已久，西汉时就出现了。

# 二二　高冠盛装乐舞滇人

我国西南住的苗、瑶、黎、彝等古民族，多长于歌舞。西汉时的滇人，即商、周时的古棘人（亦即濮人），在铜鼓形贮贝器上反映的集群舞蹈形象，多手执古式钺和长盾，盾上还有羽毛装饰，舞人也用长雉尾插于头上，或多或少还保留西南八个部族参预伐纣因庆贺功成而作的"巴渝舞"痕迹，又另有武士盘舞及近似印度式舞女佩饰出土（见插图三八）。姿容轻盈活泼，富有地方性。四人均束发上耸，各用一长巾裹额部，由后作结拖于背后，且各罩一披肩，背后各缀一虎（或豹）皮。这种兽皮的应用，在另一贮贝器装饰纹样上，在扛篌舆的四个奴隶及在舆旁照料的从人身后也发现过。照唐代樊绰《蛮书》记载，认为是南诏贵族身边亲信的象征。可知制度沿袭千年犹未改变。图中一人口吹匏笙，另一人右腕套一串铃（同式乐器，记得个人幼小时在一卖药瑶人腕上见过）或兼歌唱。另二人则显得只作舞客。古滇人之能歌善舞，从这份铜器上反映得特别分明。可证明西南诸民族歌舞艺术，内容极丰富，有的或传自远方（见插图三九至四三）。

图六七据云南晋宁石寨山发掘报告摹绘，原物藏中国历史博物馆。彩版中实物藏云南省博物馆。

上图四舞人，系铜质鎏金饰件，作同式盛装，高冠上缀花球，垂二有花纹长帔于背后，穿齐腰短裙，衣左衽。胸前着一圆形佩饰。若联系相关而不同的另一奏乐作歌舞鎏金铜佩饰作对照（见插图

图六七　　上：[汉] 高冠盛装乐舞滇人鎏金铜像（云南晋宁石寨山出土）
　　　　下左：[汉] 大耳环、梳银锭髻、戴钏镯、穿对襟长衣滇人女奴铜像（云南晋宁石寨山出土）
　　　　下右：[汉] 缠头滇人骑士铜像（云南晋宁石寨山出土）

四〇），又可看到这种四人组舞还有四乐师共同表演场面，且人物情绪紧张活跃，是反映实际生活具体、艺术表现力很强的作品。据同式出土实物比较，得知这种有地区性装饰品，一般是用松绿石磨切成绿豆大小有孔圆片镶嵌而成。秉铎作歌舞，或属巫舞娱神性质。因西南少数民族秉铎摇铃，始终属于巫师通神工具，至今犹未尽废。

下左图系一大型立体女奴铜像，耳坠大环，髻向后垂作银锭式，和战国楚墓帛画妇女发式相同。衣着亦汉式。腕间戴一环绕多箍金镯，是此后唐、宋、明均使用的"金条脱"最早出现式样。手执一长柄铜伞盖。原像贴近于一个体积较大奴隶主身后。

下右图一立体骑士，衣左衽，长及膝部，巾裹式样及前额圆形饰件，在出土滇人立体形象中有不少近似发现。可知装束在古滇人中具一般性，宜属于中层身份人物。坐骑鞍具还不完备，只在马背上搭一圆形毡罽物，前后无鞍桥。处理方式和近年陕西骊山始皇陵前发现战骑俑装备，及西安杨家湾出土西汉初年彩绘战骑俑马具情形相差不多。但另外贮贝器上有一配备相同立体战骑，则显明已出现使用马踏镫形象（可参阅插图四九）。近人从东北前燕冯素弗墓中出土器物中，发现用柔皮裹木心作成的马踏镫残件，联系《世说新语》记载谢玄有"玉贴镫"事，认为马踏镫于东晋时才出现。事实上从插图中所见，这种马具的应用，却可能早过东晋四个世纪。又西方学者认为马踏镫的发明，出于游牧民族，这种推想也值得商讨。一切发明必和应用要求相关。滇、蜀多山地，利用乘马爬山越岭，求便利安全，避免倾跌颠覆，是促进马踏镫产生的重要原因之一。至于西北游牧民族，则由于草原奔驰早成习惯，男女于牧童时期，即已能于奔马中揪住马鬃或马尾趁势跃上马背，至今还不使用鞍具。元代画迹作蒙古战骑，尚可发现在鞍镫部分草草结一环套代替马踏镫图像，也足证明马踏镫的发明应用，和我国西南山地民族关系反而比较密切。

插图三八·西汉滇人舞女（云南晋宁石寨山出土）

1：青铜滇人舞女

插图三八（续）·西汉滇人舞女（云南晋宁石寨山出土）

1：青铜滇人舞女（续）

插图三八（续）·西汉滇人舞女（云南晋宁石寨山出土）
2：青铜滇人舞女摹本

1

2

插图三九·石寨山乐舞铜饰

1：双人盘舞铜饰

2：石寨山铜鼓形贮贝器面上纹饰拓片

插图四〇・石寨山八人乐舞鎏金铜饰

插图四一・广南铜鼓舞蹈图拓片

插图四二 · 石寨山铜鼓形双盖贮贝器舞蹈纹

插图四三 · 石寨山铜鼓上执干戚舞人

# 二三　西汉画像砖

原物传河南洛阳八里台出土，据图照摹绘。

上图四男性，均近中年模样，各衣汉式有袖口之袍。左侧二人裹巾子，右侧中间一人着小梁冠。照“士冠，庶人巾”制度说来，前二人社会地位必较低，属平民。右中一人着冠子，社会地位或较高。衣着虽仅具轮廓，然人皆约发而不裹头，一望而知实西汉时制度。右侧一人头上似着帻而外罩细纱冠子，照习惯，多属于低级武卫所着，惟袍服下应为大袑（即下部肥大而末端缩小之裤），才合常规。如今处理方式似非事实所应有。下图三妇女均上披长襦，内加长裙。头上发式有些突出，大量出土西汉土木彩俑及绘画所见均少类似处。只近年洛阳出土西汉卜千秋墓壁画中一神像约略相近（见插图六〇）。三妇女额间均若戴有金爵钗，和近年长沙马王堆帛画妇女前额花饰有共同点。但其中一妇女突出一步摇状物，比例殊不大相合。人物总的形象，虽近西汉，惟男女衣着多矛盾处，一时还难于作合理解释。有可能这类盗出国外文物，由于出土时，画迹剥离过甚，有经验而无知识的盗窃商贩，为牟利计，有意在衣着间略加增饰，转成蛇足，致失原貌。特别是上图右侧男子衣裳，下部应为大裤，目前式样有些不伦不类。下图三妇女外加上襦，已近似北宋旋袄，不仅东汉时少见，即西汉出土材料亦不多见。

这几方粉彩绘画像砖，虽剥落过甚，难于肯定是否有增饰处。

惟近年扬州前后出土西汉墓极多，扩大了我不少知识领域，发现彩画木板，行笔飘逸处，即和旧传洛阳画像砖相类同。

图六八　上：[汉] 彩绘人物砖上戴巾子文人（传洛阳八里台出土）
下：[汉] 彩绘人物砖上簪花钗、对襟上襦妇女和佩长剑武士（传洛阳八里台出土）

# 二四　汉石刻垂绶佩剑武士

山东沂南汉画像墓于1953年发现。石刻仿真实建筑而加以缩小，各部分均作浅浮雕，内容包罗宏富，有神话传说、历史故事、祭祀礼仪、纳租入贡、乐舞百戏、庖厨烹饪及贮藏兵器库房等等，秩序井井有条。至于舞乐百戏部分，则近于《平乐观赋》的图解。凡赋中叙述到的，无不具备。至于纳租奏事部分，把当时官僚大地主对农民的残酷聚敛剥削情形，反映得十分具体。历史故事部分却近于古代屏风画，人物衣服别具风格。画旁各附刻有"齐桓公"、"灵辄"、"管叔"、"苏武"、"孟贲"等文字。这些西汉以来即流行的春秋、战国到西汉故事，西汉末即总集于刘向所编《说苑》、《列士传》等著作中，并反映于图画上，为东汉人所熟习，且经常反映到屏风画及砖石刻中。从人物冠巾制度，约发而不裹头，佩剑长度，腰旁垂绶或佩虎头鞶囊，穿宽身紧口裤等等服饰看来，都属于西汉时制度。因此全部石刻画迹，可分成两部分。反映社会现实部分，全属东汉时期。至于历史故事部分，时间必早些，或依据西汉旧稿而成，《汉官典职》即提起过，宫中绘古烈义士。图六九中武士须髯怒张，攘袖至肘，和近年洛阳出土西汉墓壁画二桃杀三士故事画生动活泼情形相近，本图原稿产生时间，必不晚于东汉。

汉代是封建社会成熟期，官阶等级，除衣服冠巾有严格区别外，腰间垂绶，更区别显明。组、绶同属丝织带子类织物，组多用来系腰，是一条较窄狭具实用意义的丝绦，绶则约三指宽织有丙丁纹的丝绦，

图六九　上：［汉］戴漆纱冠、大袖衣、大口裤、佩虎头鞶囊、系绶、佩剑武士石刻画像（山东沂南汉墓出土）
下：［汉］戴高冠、大袖衣、大口裤、系绶、执剑武士石刻画像（山东沂南汉墓出土）

插图四四·敦煌壁画唐人作古代朝服垂绶图
1、2：双绶　3、4、5：单绶

用不同颜色和绪头多少分别等级,和官印一同由朝廷颁发,通称"印绶"（或称"玺绶"）。印分玉、金、银、铜,绶有长短及不同颜色。照法律规定,退职或死亡,应一同缴还。关于组绶制度,《汉官仪》、《后汉书·舆服志》、《汉百官志》、《董巴舆服志》均有记载。由于时间有先后,前后情形不尽相同。以《汉官仪》记载比较详尽具体。

因记载长短宽窄不一律，帝王有长过二丈的，短的也到一丈七八尺。当时如何佩带，文献上说不清楚，从画刻上反映，才比较明确。原来挂在右腰一侧。除本图所见，山东嘉祥武氏祠石刻和其他石刻，也常可发现，惟不如本图明确具体。汉尺约当市尺六寸半，以一丈八计，事实上不过市尺一丈左右，是把它打一大回环让剩余部分下垂的。贮绶有绶囊，平时佩于腰间，用皮革作成，叫"鞶囊"。画虎头形象叫"虎头鞶囊"。图中所见为惟一形象，其他画刻少见。唐、宋朝服还多依照古代制度，经常还提及"紫绶金章"、"大绶"、"双绶"，事实上也还在使用，但由于结绶式样和佩带位置方法失传，因此唐代敦煌画迹中反映，均近于附会，十分可笑（见插图四四）。因汉代记载，绶长及二丈余或一丈五六尺，却不载阔度。后人画迹中，惟传世唐人作《列帝图》中帝王冕服、绶的处理还合古制。此外时代较早传为顾恺之或戴逵作的《列女仁智图》宋人复本，多作成手指大窄窄丝绦佩于腰间，或反覆作成连环结而下垂，且有结双绶竟作成绣球式悬于身后的。宋代宫中女官又常系于胸前，称"玉环绶"，山西太原晋祠女侍彩塑中犹可发现。这种结环加玉佩方法，还一直影响到清代，惟和官制已无关。种种不同处理，主要是受宋人刻《三礼图》影响，以意附会的结果。

# 二五　汉代陶俑砖刻所见农民

图七〇　左：[汉]笠帽、束腰、短衣农民陶俑（宝成铁路沿线出土）
中：[汉]着帻、束腰、短衣农民陶俑（宝成铁路沿线出土）
右：[汉]着巾、短衣、赤脚农民陶俑（四川大学藏）

插图四五・四川彭山汉画像石舂米图

四川成都扬子山汉墓出土，原物现藏中国历史博物馆。

农民或农奴戴小帽或巾子及斗笠，衣短襦，佩小削，持簸箕和臿头等生产工具，衣着窄小，和其他地区出土农民图像相差不多，但和川蜀砖上模印奴隶舂米俑却不大相同。

汉代农民照法律规定，只能穿本色麻布衣，不许穿彩色，董仲舒《春秋繁露》还说到"散民不敢服杂彩"。到西汉后期，才许用青绿，如《汉书・成帝纪》永始四年（公元前13年）诏："青绿民所常服，且勿止。"可知当时或较早还曾有过禁令。至于川蜀砖刻舂米图像，衣着更加简单，且多椎髻不巾（见插图四五）。

汉代在政治上虽重农轻商，照《管子》传统提法，四民为"士农工商"，事实上农民和手工业工人生活始终极其贫困，永远受残暴地主和狡诈商人剥削压迫，"富者田连阡陌，贫者无立锥之地"。大官豪富占有千百男女奴婢，利用他们进行农业和手工业生产，至于官私奴婢中，有为祭祀长年劈柴择米的“鬼薪”、“白粲”，或颈悬铁钳，终生从事重体力劳动的罪犯，倍受虐待折磨，生活情况更凄惨。

据《汉书·高帝纪》，汉初有禁令，“贾人毋得衣锦、绣、绮、縠、绨、纻、罽，操兵，乘骑马”。从禁令本身，就可知秦代或更早以来，这些情况即已存在，汉初才会有法令禁止。随后经常且有打击商人的法令，如《景帝纪》言，有市籍不得宦。《贡禹传》称，“文帝时贾人不得为吏”。《汉书·食货志》则称：“贾人有市籍，及家属，皆无得名田，以便农。敢犯令，没入田货。”又本于秦代旧制，重新立“七科谪”法令，更进一步加重其束缚，使之从军征西域。七种人中，其四为“贾”，其五为“贾故有市籍者”，其六为“父母有市籍者”，其七为“大父母有市籍者”，内中四项都和本人或家属经商有关。但事实上从禁令即可看出商人以至于他的家属，平时生活始终远比农民富裕。汉代俗谚说“刺绣文不如倚市门”，明确反映小商人生活也远比手工业工人强。

蜀郡是古代巴蜀二国所在地，历史悠久。《周书》称武王伐纣，会师宣誓于牧野，西南即有巴僰（即濮）八个部族参加，终于共同摧毁了殷纣奴隶主政权。传说汉代之“巴渝舞”，即由之产生。战国末秦派司马错率兵入蜀，据为属地。不久即派兵由水路攻楚陷郢都。秦灭六国后，迁移大量人民入蜀，促进了川蜀工农业生产的发展。汉初犹继续移民，且把楚国屈、景、昭、怀四大家族及齐国田氏二大族，同迁川蜀，土地得到充分开发，铜、铁、丹砂、井盐、蚕织和漆工艺，也无不得到高度发展。原来以丹砂铁冶起家的，如著名豪富巴寡妇清和卓氏，家中均各占有僮奴千百人，进行生产。《史记·货殖列传》还说，成都富户或有资财千万，或用山谷量牛马。且列举当时一般商人，凡占有各种商品物资到一定数量的，利息收入每年可达二十万钱，

图七一　［汉］椎髻、用矰缴弋鸿雁猎人和椎髻、齐腰短衣、用长镰收获农民砖刻画像（成都扬子山出土）

能抵一个千户侯的收入。因此大富翁、大商人，照贾谊文形容："白縠之衣，罗纨之里，缇以偏诸，美者黼绣，是古天子之服也。今之富人大贾，嘉会召客以被墙。"又说："今之卖僮者，得绣衣、丝履偏诸缘。"可见商人奢侈靡费到何种程度。在其他图像中，诸奴婢，一身穿着也比农民好得多，有的还满头金珠花钗，远非农民可比（见图七二）。

图七一砖刻反映的是收获和弋射，刈麦割稻用长柄镰刀，常有汉代铁制实物出土。《管子》中说的农民必有各种生产工具，才能

进行生产。这种事，在春秋、战国时，显明只限于少数特定地区，必到汉代，铁冶官工业成立后，一般农民才有可能普遍得到成份铁工具。

有关弋射矰缴，在本图和近年成都出土战国时于薄刻青铜器上反映也有了显明进步，弋射用线团已由竹签固定于土地上，改进为三四个线团成排置于特制竹架上。使用时，既可把竹架固定于地面，行动时又携带轻便。矰缴的作用，并不是箭头直中，只是箭头缠绕鸿雁长颈，在本图中反映也格外明确。这种工具应用失传，和铁冶官工业的进展密切相关，图三一说明文中已提及。

# 二六　戴花钗三女仆

图七二　左：[汉]戴花钗、献食女婢陶俑（重庆化龙桥出土）
中：[汉]戴花钗、持瓶女婢陶俑（重庆化龙桥出土）
右：[汉]戴花钗、杵舂女婢陶俑（重庆化龙桥出土）

上图据四川重庆化龙桥东汉墓出土妇女婢仆俑摹绘。

人多作劳动形象，头部各着花钗二三事，左右二人均衣短袖上襦，在川蜀婢仆或其他劳动妇女中常见，陕、洛、山东砖石刻绘即较少，或与地区、时间有一定关系。川蜀资源丰富，土地肥沃，秦汉以来，在政权统一下，一再用法令迁高资大族于川中，土地资源得到进一步开发，因盐井、丹砂、铁冶、蚕织之利，豪富著名全国。东汉厚葬风气盛行时，川蜀豪门名宦墓前所遗几个著名石阙（如高颐阙、沈府君阙等等），至今保存得还相当完整，在国内同式纪念性建筑物中，不仅艺术上值得重视，工艺成就也值得重视。又解放以来，随同全国工农业建设，四川各地都发现大量东汉时期墓葬浮雕模印小方砖，砖上有充分反映出这一历史阶段川蜀社会劳动人民生产各部门的图像，如打井、取卤、熬盐、种桑、割禾、狩猎、农田水利、车马桥梁等等。这些图像，无不在高度写实基础上，作得十分活泼逼真。至于反映社会上层生活的乐舞百戏、习射投壶、六博弈棋，也都达到高度艺术水平。以崭新的内容丰富了我们对于这一地区古代艺术史的知识，可以深一层认识到在生产普遍高度进展情况下，物质文化必然相应得到进一步提高的事实。

图中几个妇女，虽然是奴仆身份，但和其他砖刻所见近于自耕农民的图像比较，衣着显然要好得多。

# 二七　汉望都壁画伍佰八人

原画出于河北望都第一号汉墓，据中国历史博物馆藏摹本。

画成于东汉晚期。伍佰着赤帻，衣缃色兵卒短衣。《晋书·舆服志》称："车前伍百者，卿行旅从，伍百人为一旅。汉代一统，故去其人，留其名也。"又史称伍佰着赤帻。《周礼·司服》注："今时伍百缇衣，右兵服之遗色。"唐初颜师古以为"缇，黄赤色"。这个壁画的发现格外重要，因为既可印证文献，更可用来和其他汉代壁、砖石刻画比较，得知平巾帻的标准颜色和式样。

《东汉会要》卷十释帻："帻者赜也，头首严赜也。至孝文乃高颜题续之为耳，崇其巾为屋，合后施收，上下群臣贵贱皆服之。文者长耳，武者短耳，称其冠也。""武吏常赤帻，成其威也。"

但据本墓反映及其他画刻反映，东汉时中下层有官职人物，必于帻上加前高后斜的铁制卷梁冠。身份极低的吏卒则不加。也有地位虽高，在平居生活时不用梁冠的。

"崇其巾为屋"，指帻顶隆起作尖劈形，恰如屋顶，是平巾帻的标准样子。历来难得正确理解，因之对于帻也少具体印象。唐、宋以来《舆服志》，还经常沿袭旧称，说某某着"平巾帻"、"介帻"，其实形象已不同汉代式样。因为晋代尚小冠子，去梁、去屋，而将帻缩小，回复到头顶，只在冠顶横别一扁平约发簪导，成为品官等级象征。簪导按官品不同，分犀、玉、牙、骨、角。南北朝冠子又逐渐加大，簪导亦随之加倍长大，到后竟长近一市尺，两端横出，和东汉时制度已大不相同。魏晋间画刻部曲兵吏或平民，帻后一律呈尖劈状，无疑应为乐府诗中的“帩头”。

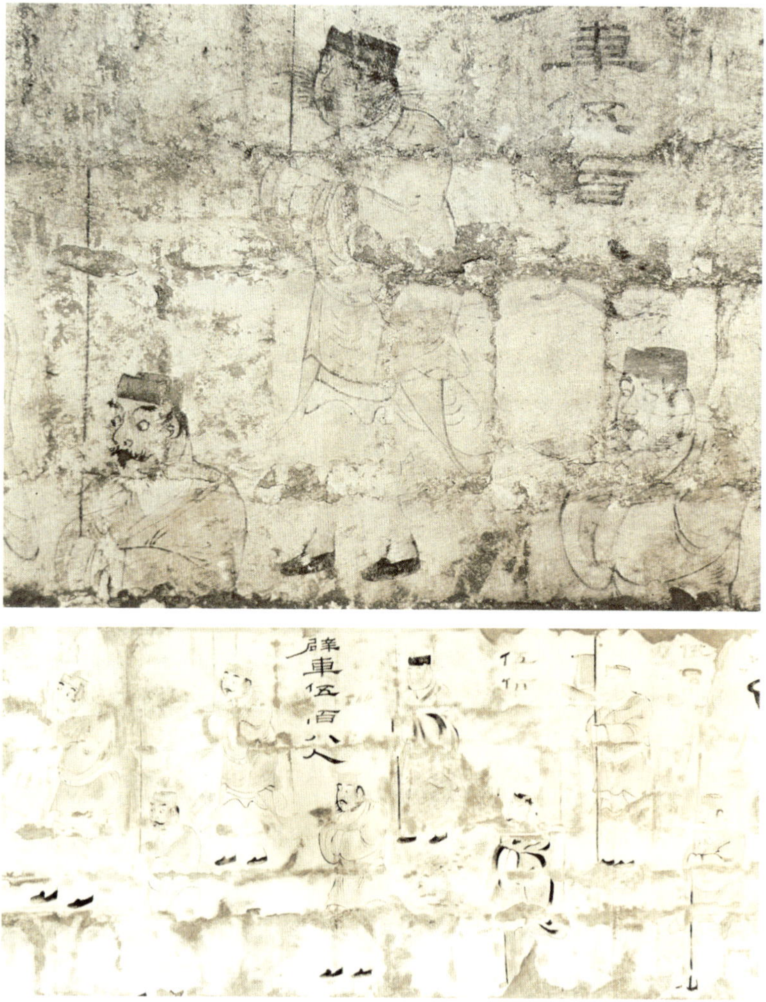

图七三　[汉]门下小吏和赤帻、行滕伍佰（河北望都汉墓壁画）

伍佰着行縢。行縢古称“邪幅”，即今裹腿或绑腿。《诗》“邪幅在下”，笺云：邪幅，如今行縢也，“偪促其胫，自足至膝”。刘熙《释名》：“偪所以自逼束，今谓之行縢，言以裹脚，可以跳腾轻便也。”可知从春秋以来，即已成为兵卒习用，汉、魏沿袭到宋、到清仍不废除。西南各兄弟民族地区，至今犹习惯使用，足着草鞋，爬山涉水，行动便利。

# 二八　汉代舞女

图七四　上左：[汉]戴花冠、长袖衣舞女彩绘陶俑（广州东汉墓出土）
上右、下：[汉]长袖衣、细绸裙舞女（浙江绍兴出土铜镜纹饰）

上图据广州东汉墓出土舞俑，及绍兴出土青铜镜子舞女图像摹绘。

左上图舞女，衣汉式袍服，举手作舞容。惟在特高大髻花冠上满插珠翠花朵，衣左衽，大袖长袍，在两汉出土绘画陶俑中为少见。制作虽较简质，衣着结构组织却相当完整。另三图均为江浙一带出土西王母神像镜子所见“天女”、“玉女”形象。这类镜子产生时代虽或晚到魏晋之际，衣着却是汉代式样，长袖见时代特征。舞容显得活泼利落。特别如右上图所反映，袖口宽博，随即骤然缩小（如较后戏中舞衫海青褶子）。大袖口里则折叠得整整齐齐可以伸缩自如之“水袖”，并另附一近于飘带式样极长巾子。用大带束腰，右腰则系一丝绦，末端悬几个小铃，在舞旋中必发出细碎响声。衣下作重叠襞折，便于在急骤旋转中展开。下着阔边大口裤。全部造型完美而调和，在汉代舞女形象中别具一种健康清新风格。在西王母座前出现，显然和越巫密切相关。徐坚《初学记》卷十五引《夏仲御别传》称：“仲御从父家女巫章丹、陈珠二人，妍姿冶媚，清歌妙舞，犹若飞仙。”可知这种女巫必能歌善舞，而且必长得艳冶娟秀，名分上才能事神，事实上却重在使观众倾心。

巫在中国古代原始社会中，既有“先知者”特别地位，行为又和舞不可分。进入奴隶制社会的商、周时，还是医、巫并提，祭祀娱神、解祟禳灾，均必用巫。平时社会地位且比纯技术性的医还高一些，和奴隶主关系也格外密切。虽在天灾人祸来临，民心惶惶，奴隶主感觉到政治上会发生影响时，为转移责任，照例采取焚巫曝觋方式，用这种人作替罪羊，缓和政治上危机。但正因为如此，巫的社会作用却始终保存下来。

秦汉以来，社会组织虽进入封建制成熟期，朝廷却因循古代习惯，设有九巫，各主不同神祠。九天巫、云中巫、楚巫、越巫等等，在法律上既得到认可，宫廷里数以万千计的宫女信仰中，亦有一定位置，因

插图四六·汉代舞女

1：南昌东郊西汉墓象牙饰舞人　2：北京大葆台西汉墓玉舞人

3、4、5：铜山西汉崖墓玉片舞人　6、7：玉舞人

8：武威磨咀子汉墓漆樽图案舞蹈部分

此争宠夺权，巫蛊狱事不断出现。当事者虽经常在残酷刑罚中死去，巫的地方势力却并未丧失，依然在政治上受利用，起作用。在民间，也始终有广大信徒。汉武帝刘彻好神仙，迷信燕、齐方士巧佞谎言，以为炼成黄金不死药，即可以长生不死。东汉以来，社会有了进展，宫廷中巫鬼政治势力日益衰退，南方民间杂神祠却特别加多。人民椎牛酬神，饮食歌舞，举国若狂。邯郸淳作《孝女曹娥碑》，即叙述到曹娥的父曹盱"能抚节弦歌，婆娑乐神"，因逆潮迎伍君神而溺死上虞江中。绍兴出土镜子，即常有伍子胥神像。内中以西王母神像镜最多而制作极精。镜中舞女，多作在西王母前歌舞情形，反映出祀神用年轻美貌女巫歌舞的社会现实，和《夏仲御别传》记载可相互印证。

插图四六中诸舞女图像，作为佩饰用牙玉作成，舞容多呈静止状，一手上举,一手下垂,具一般性。或系因为牙玉佩件原和礼制相关,《周礼》注人舞,“以手袖为威仪”。同时且受使用材料限制,因此不免文静中见板滞,欠活泼。反映于砖印石刻宴会乐舞中图像,才潇洒自由,给人以随风转折双袖飘举感。至于两汉文人诗赋中的舞姿形容,则惟在彩绘中才能给人以一种翔鸾舞凤、飞燕惊鸿的炫目动人印象。

# 二九　汉画刻中所见几种骑士

史称汉初因楚汉相争，天下凋弊，宰相公卿多乘牛车。文、景以后，生产有了恢复，才乘马车，各有一定等级制度。官位高的必朱轮华毂，两轓绘云气纹，上施锦罽茵褥表示尊贵，武卫导从必骑马。王公贵族狩猎时，奔驰于长林丰草间搏虎豹熊罴，也必骑马。若四方有事，骑兵更占重要位置。汉武帝刘彻经营西北，卫青、霍去病等前后率大军二十余万人，远出大漠塞外，和匈奴连年作战，双方主要武力就多靠骑兵。当时三辅富室子弟的从军，和大宛天马的南来，无疑促进了马种的改良，马具也相应有所提高。这一时期的生产发展水平，在马匹和鞍具上都得到明确反映。《急就篇》提及皮革应用种种，其中一部分就和车骑装备有关。从西安杨家湾西汉前期数以千计大型彩绘战骑看来，鞍具犹保存秦代旧制，有"搻汗"而无障泥，也未发现鞍桥（见插图四七·1）。正如桓宽《盐铁论》和王符《潜夫论》都提起过鞍具应用实由简而繁情形。鞍鞯必用锦罽，辔头鞍桥用金银、珠玉装饰，或在武帝时。如插图四八所见，似可证高桥鞍具已成型。因这类错金车饰作狩猎图像多和西汉《羽猎》、《长杨》诸赋形容相关。作仙人乘芝盖云车驾白鹿，则和《史记·封禅书》相同，可知必产生于武帝时。

《西京杂记》说，武帝时身毒（印度）献马具，白玉连环羁，玛瑙勒，白光琉璃鞍，光照十丈。还提到绿熊皮障泥。且以为从此以后，

图七五　上：［汉］浑脱帽、持刀盾北方民族骑士石刻画像（山东沂南汉墓出土）
中：［汉］鹖尾冠、引弓骑士（洛阳出土空心砖模印画）
下：［汉］执刀盾骑士（浙江绍兴出土铜镜纹饰）

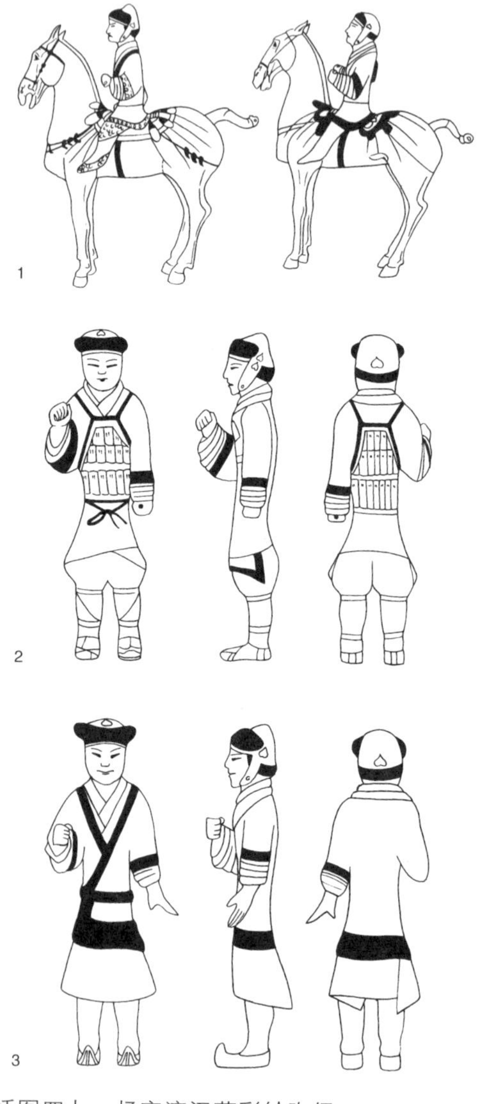
插图四七·杨家湾汉墓彩绘陶俑
1：战骑　　2、3：步卒

“长安始盛饰鞍马，竞加雕镂，或一马之饰直百金。皆以南海白蜃为珂，紫金为花，以饰其上。犹以不鸣为患，或加以铃镊，饰以流苏，走如钟磬，动如飞蟠”。从图像取证，西汉一代还少见如此繁琐华丽马具。《三国志·吴志·甘宁传》才出现马踏镫。马身加铃镊装备，“响马”即由之而得名。画刻中反映且更晚。到东汉后期，马匹装具显明已大有改进，《梁冀别传》曾提到贵戚权臣梁冀用“镂衢鞍”向平陵吝啬富人士（公）孙奋质钱五千万。一马鞍质钱到数千万，制作无疑已十分精美。曹植有《上银鞍表》，说因不敢乘用，才缴还。另外

1

2

3

插图四八·汉代猎骑三种

1：见于汉代空心砖　　2、3：见于汉代金银错车饰曾有些鞍桥上镶嵌些银质镂空残余材料发现，器物大量用银作饰，正是东汉晚期风气。

图七五据山东沂南汉墓石刻、历史博物馆藏大型空心砖和绍兴出土青铜镜子摹绘。图中是三种不同形象的骑士，有冲锋陷阵的胡骑和越骑，也有近于在狩猎时追狡兽逐轻禽的射生手。上图是沂南汉墓石刻上发现的几个胡族骑兵，深目高鼻，戴尖锥形毛毡帽，穿齐膝短衣，手执剑盾。还保留着匈奴、乌桓骑士僄勇捷速形象。中图和插图四八的金银错射虎骑士衣着相近。头上戴的武冠不甚具体，冠上插二鹖尾则极明确。照史书记载，应为西汉虎贲骑士所专用。这种骑士还必穿虎纹锦袴。头上戴的帽子和上图相近，必用细纱作成。常见于武卫头上，或即"武冠"。和砖刻上所见持戟亭长形象相近。上图胡骑衣小袖齐膝，应即胡服一般式样。照《史记·匈奴列

插图四九·石寨山出土铜骑

传》所说，当时诸部族君长喜衣锦绣。汉遗匈奴书信提及的赠物，即有绣袷绮衣、绣袷长襦、锦袷袍各一领，每年且有上万匹锦绣运往西北（《南史》还提到给“蕃客锦袍”。《唐六典》、杜佑《通典》都记载川蜀、广陵每年必织上贡蕃客锦袍二百领事。黄文弼先生报告，则说交河城一带古墓中，贵族死者，即黄发小儿，也穿锦绣衣）。近半世纪以来，在西北各地不断出土的汉、唐各色花锦彩绣衣，许多还色彩鲜明，不仅能证明史传记载确实，并且在汉代锦缎彩绣和艺术成就和工艺成就方面，也丰富了我们许多知识。并可证明，史志有关西北诸部族小袖而长仅齐膝的衣着基本形象，前后二千年变化实不太多。下图骑士是从浙江绍兴出土青铜镜上摹绘的。南方越骑随军远征，西汉以来即已成习惯。统兵的“越骑校尉”印章常有发现。至于执剑盾作战形象，却是目下仅有材料。镜子产生时代虽较晚，惟镜纹简质，衣着仅具轮廓，但基本还是汉式。

几个骑士的姿势，难于明确，或已使用马镫。马镫的应用，创始于中国，对于世界有极大贡献。汉代实物虽尚未发现，反映于图像则十分具体。早期马镫有可能是用皮作成圈套。近年云南晋宁石寨山出土大量铜器群，一贮贝器上部有个立体骑士，鞍帔和新出大型秦骑俑相同，还极简质。骑士脚则十分明显踏于一马镫上（见插图四九）。至于进而用金属或其他材料代替皮革制马镫，时间或较晚些。前燕冯素弗墓出土残余马镫，用皮革裹木作成，和东晋谢玄“玉贴镫”记载，都应当是鞍具成熟后事物，不可能是初次出现的产品。晋南北朝到唐代多用铜作，踏足处还作条子形，上部长柄。唐代西北出土实物，还有镶嵌螺甸的。大型三彩唐骑俑，马踏镫多鎏金的。

契丹素称鞍马甲天下，就近年出土实物和壁画反映，得知实沿袭马鞘孔金银闹装鞍唐代制度而成。宋代官定鞍制分二十余种，最贵重的还是“金银闹装鞍”，定价八十多两纹银（帝王表示特别恩宠，才许可各路节度使及外聘使节鞍上加一金丝猴皮作成的“狨座”）。

# 三〇　汉朱鲔墓石刻

图七六　［汉］戴花钗贵族妇女和着巾帻侍从石刻画像（山东金乡朱鲔墓出土）

上图据朱鲔墓石刻拓本绘。

北宋沈括《梦溪笔谈》卷十九："济州金乡县发一古冢，乃汉大司徒朱鲔墓，石壁皆刻人物、祭器、乐架之类。人之衣冠多品，有如今之幞头者，巾额皆方，悉如今制，但无脚耳（指近似宋代纱帽，实即汉代平巾帻）。妇人亦有如今之垂肩冠者，如近年所服角冠，两翼抱面，下垂及肩，略无小异。人情不相远，千余年前冠服已尝如此。其祭器亦有类今之食器者（实多东汉应用饮食器，耳杯形已用圆式）。”

据拓本看来，石刻布置和一般汉石刻所见不尽相同，主要反映日常生活方面器物较多，因此有关起居服用事物也较具体。例如多折屏风的应用，高长条案的应用，方圆案式样，都极写实。男子中有一着冕服的，虽不垂旒，较其他汉石刻具体。就其人位置分析，头上所戴或应为“樊哙冠”。和近年山东济南出土，西汉前期墓葬杂伎百戏俑部四人头上冠式极近。又大同出土北朝时司马金龙墓中屏风画《列女传》故事中楚王头上之冕旒，及吉林集安五盔坟墓中壁画青龙神头上冕旒比证，得知传世唐阎立本（或立德）绘《列帝图》，及隋唐所定冕服制度，正如史志所说，实均有所沿袭，并非完全凭空臆造（见插图六八）。

至如妇女花钗式样，用花钗制，和近年汉墓砖石刻及出土彩绘比证，多有相似处，可知也是东汉以来一般格式。实多本于周代应用“六笄”、“六珈”制度而来。和唐代花钗礼服所用，似同而实异。沈括所说，北宋人尚有相近处，具见于敦煌宋初画迹中，还反映于宋墓壁画中，也即是周煇说的“大梳裹”式样。然汉式花钗处理与宋代一般画迹中盛装打扮，实少共同处。近年出土汉代石刻壁画及应用器物以万千计，宋代材料更多，其中同异处，一望而知。《梦溪笔谈》叙述，只是相对而言。

此墓石刻关于人物衣着服饰，虽刻画比较素朴，缺少飘逸感，至于刻画日常应用器物，多十分准确完备，为我们提供了不少具现实性有用材料，和近年山东沂南汉墓出土石刻，反映社会生活丰富内容，对于我们研究东汉时代生活器用杂物都十分重要而有用。

# 三一　汉、魏晋墓壁画男女像

图七七为辽宁棒台子屯和三道壕汉墓壁画（时间可能稍晚），据沈阳博物馆李文信先生报告中图像摹绘。

左上角图作三女奴取水，二人用木架抬一水盆，一人在井架辘轳旁汲水。衣过膝短袄。右上角图为守门卒，执盾和环刀。中上共三个骑吏，第一人头上戴笠子形有缨盔帽，出现于元、明图像中极平常，在魏晋间画迹中则仅见。另二骑吏，头上着平巾帻，具一般性。中下一贵族妇女，穿云纹绣衣，头上所着或宜称“巾帼”，在东汉晚期才流行。榻前陈圆案，中置饮具数件，近旁一侍女举小承盘托杯敬酒。对榻男子着平巾帻而不具梁冠，照河南密县打虎亭汉墓石刻人物生活形象反映，则在平时燕居可以从简，不加代表官爵的梁冠，照本图反映，似因年轻尚无官职，因此帻而不冠。平巾帻的应用，在东汉后期，也本有上下通用说法。下图一男子高耸梁冠，榻前横置二舄，背后屏风旁题名为“□□支令张□□”。对面另一榻上妇女，华鬘间斜插一步摇或人日迎春小幡。两榻间竖立一柱，下有石辟邪柱承，上部流苏帐连续，近于贵族平时燕居情形。又另一形象相似妇女，衣着相同，头上亦若有华鬘步摇或人日迎春小幡。据榻坐，旁有执纨扇女奴侍立。纨扇反映汉代画刻上，时间多较晚。半规状便面则较早，两汉通行，且具普遍性。

壁画多已残毁。报告中曾述及图像部分男女奴仆及门寺骑从及

图七七　上左：[魏晋] 短衣取水奴婢（辽阳三道壕古墓壁画）
上右：[魏晋] 戴平巾帻、短衣、执刀盾门卫（辽阳棒台子屯古墓壁画）
中：[魏晋] 三骑吏和穿绣纹衣、着巾帼、盛装贵族妇女，戴平巾帻年轻贵族（辽阳三道壕古墓壁画）
下：[魏晋] 戴梁冠贵族男子和二着步摇贵族家属（辽阳三道壕古墓壁画）

男女贵族衣着颜色。照一般习惯，画中衣色未必即本人生前实际服色。

根据近年甘肃嘉峪关外出土魏晋之际一个古墓壁画内容比较，可知东汉末年三国时，中原地区因长期战乱，社会经济崩溃，农村萧条已到极点。自从董卓焚洛阳后，复又大疫，人民死亡已到难以为葬程度。适如王粲《七哀诗》、蔡琰《悲愤诗》及曹操父子杂诗中所咏述景象，平原白骨蔽野，千里渺无人烟情形。且掘墓风气盛行，军中还特设摸金校尉，企图从墓葬中求金宝。身为将帅，如袁绍、崔钧之徒，也只能用幅巾裹头，难具冠戴。其他可知。

惟东北、西北未经战乱边沿地区，封建割据官僚和豪强坞主，活着时尚能利用习惯势力，维持原来生活方式，即到死后，或也尚能在丧葬制度中勉强保持一点汉代规模。事实上几个墓葬中壁画及诸明器，仍极十分简陋，近于勉强具礼而已。这几个不同地区墓葬，得知时代均极相近，仅从画中婢仆发髻后各垂一髾即可明白。因为这个垂髾式样，较早出现西汉时（参阅插图六〇），东汉却少见，而魏晋之际在东北、西北墓画中又经常出现，成为这一时期下层妇女发式特征。

# 三二　汉石刻簪笔奏事官吏

图七八　［汉］戴梁冠、袍服、簪笔奏事官吏石刻画像（山东沂南汉墓出土）

图七八取自山东沂南汉墓石刻，据发掘报告图版。

图中跪下的一官，双手捧举案牍，作奏事状。戴梁冠，衣大袖袍服，腰间系个带鞘的小削（刀），近汉代常见式样。惟耳间簪笔特别明确，是目前仅见材料。簪笔是汉代一种制度，官吏奏事必须书写于奏牍（木简）上，笔无搁处即插头上耳边一侧，本出于实际应用，后来才成官制具文，限于御史或文官才用。《晋书·舆服志》："笏者，有事则事之，故常簪笔，今之白笔是其遗象。三台五省二品文官簪之，王、公、侯、伯、子、男、卿、尹及武官不簪，加内侍位者乃簪之。"但汉、晋画像石百十种，和近年新出许多汉代墓中壁画，均没有发现簪笔具体形象。这个石刻，在奏事形象中，好几个人头上耳边都有一枝笔。由此得知，晋南北朝人绘画中，仿簪笔制度使用"白笔"，如簪导由后插入顶发，已难得应有形象。北朝高级官吏又有戴漆纱笼冠，由后上升悬垂一缨缌于额间，或称"垂笔"，也由簪笔发展而成，则和本来形象相去更远。另一官吏耳侧上插一物形象虽和本图相近，却可能属于"珥貂"性质，等于把簪笔和"珥貂"并而为一（见图九八·中、右）。

这个石刻产生的时代，国内专家学者，据部分装饰图案比较，有以为较晚于汉，宜在三国、西晋时。亦有据另一部分图案花纹比较，以为必东汉晚期无疑，因为同类石刻多东汉后期出现。似只就点滴迹象而言，未作全面理解，更少有就史志文献提及服饰变化结合图像加以分析的。如从这方面作综合分析，即可知内容大致可分成两个部分，时代并不相同。属于用《列士传》故事作主题部分，巾冠特征为束发（或加纱丽武冠）而不裹额，是西汉以来常见一般格式。洛阳彩画砖，及洛阳西汉二桃杀三士壁画，情形多相同（见图六四及插图）。艺术风格也显得活泼而生动（内中一小部分头上却有东汉梁冠，并不统一，应当是从旧稿传移，不是同时创作）。原稿产生时间，可能实早二三世纪。至于本图中近于反映现实生部分，人物形象比较严肃，刻画也比较呆板。冠子系在平巾帻上加前高后卑的卷梁，和

插图五〇・筒子形毡帽（嘉峪关魏晋间墓出土画像砖）

插图五一・筒子形毡帽（敦煌莫高窟出土北魏刺绣佛像供养人部分）

武氏祠石刻、望都汉墓壁画多大同小异，和其他东汉砖石刻、壁画多相通，十分写实。这种式样，照文献记载，实起于西汉末王莽因本人秃发，才冠下加帻包头。又史称帻上下通用，无等级区别。如指平巾包头而言，当可信。如指本图示例，上作人字形屋顶，从大量汉代石刻壁画所见看来，还多是公吏仆从头上物（职位略高的官吏必用梁冠），不用冠倒和较后记载"惟卑贱服用"情形相合。辽阳壁画百戏部分，老人头上巾子，和洛阳西汉壁画中人头上巾子相差不多，平顶，不起屋，不卷梁，身份似乎也不低。式样则沿袭商玉石刻。因近年出土的殷商玉、石、陶人形，不分贵贱，头上多发见帽箍式形象（见图二一及插图一）。较后则山西侯马陶范所见，大体还相同（见图二三）。这种种都不在后来官定平巾帻范围。至于西晋则流行小冠子，已转小、转高，卷梁已消失。这种小冠子到东晋时，南方多于北方。但到北魏由大同（武州塞）转迁河南洛阳定都，且用种种法令推行汉化后，贵族朝服无例外复有改进，原来流行的筒子形毡帽（见插图五〇、五一）也有所改变，仿效西晋小冠子而外罩漆纱笼巾，或上加冕旒。这种巾帻上罩漆纱笼冠（或巾）服制，一直沿用到唐初还继续使用。如《十八学士图》中的魏征，如近年出土李贤墓壁画中引导蕃客外宾的大鸿胪典礼官冠子还可发现（见插图六九）。干宝《晋纪》、《晋书·舆服志》说得都相当清楚明确，可和图像比证。

# 三三　东汉墓彩绘壁画和石刻

图七九　［东汉］宴乐百戏壁画和石刻（河南密县打虎亭汉墓出土）

据河南密县打虎亭东汉晚期大墓报告，刊载于《文物》1972年第10期。

墓葬内反映社会生活计两个重要部分，都十分显明突出。一是彩画宴乐部分，大宴会举行场面，是在一个大厦广庭中进行的。两廊各具长筵一列，宾客衣着红紫缤纷，分别坐于华美茵席上，面前各置一长案，樽俎杯盘罗列。席次尽头处，则特设一朱色锦绣幄帐，后着四棨戟和彩旗，帐中坐二人似为主人和其家属。前置一高足长漆案，上面复陈有一长方朱漆长托盘，上置耳杯一组和其他饮食果品用具。正中地面一方丈茵席上，复有种种饮食应用器物，仆从往来执役，显得异常忙碌。中庭空处，且有种种伎乐人，百戏杂陈，各自尽材逞能，以娱宾客。这个壁画长达七米多，场面之壮丽、伎乐之复杂，以及壁画经营位置设计之精巧、彩色之华美，都十分突出。显得比沂南汉墓石刻百戏部分生动而自然。报告称壁画画面宽广，构图谨严，线条劲健有力，并熟练地运用了平涂着色的技术，表演百戏的紧张和欢乐的场面，都描绘得相当生动。壁画主题充分反

插图五二・密县打虎亭一号汉墓人物画像石摹本

1：墓门内甬道西壁画像石

2、3：前室西壁画像石

4：前室北甬道西壁画像石

5：北耳室西壁宴饮画像石

映了汉代封建贵族奢侈靡费的生活场面，也同时可算是汉代无名画师在艺术史上掌握高度写实手段一个珍贵记录。可惜画面部分多已脱落，因此形象不够完整，彩印图版又过小，不易反映出原画精神。

据报告推测，这个墓葬主人，或是东汉晚期弘（或宏）农太守张伯雅墓葬。因为郦道元的《水经注》中洧水注曾提及了一点线索，叙述及洧水、绥水会合处乃汉弘农太守张伯雅墓，冢前有石庙，列植三碑，碑云："德，字伯雅，河南密人也。"

插图取用的是同墓前线刻人物部分摹本。从衣着形象上分析，如图中（见插图五二·1）三男子，头着平巾帻加纱冠，和另四人（见插图五二·2）之头上仅着平巾帻男子的身份地位略有不同，前者宜为乡绅中有一定官阶人物。插图五二·5则近似送礼之亲眷。坐榻上的（插图五二·3）显明为死者本人，正付与执事吏属仆从一个待加印泥缄封文件。因为面前人手持盘中搁的筒子状器物，和望都汉墓壁画所见比较，无疑同是内放封泥的专用器物。主仆头上同着平巾帻，应当是墓主解职以后，在家平居生活反映。同时也是时代特征，可证《后汉书·舆服志》提及"平巾帻为上下通服"之例。又东汉画像石刻，妇女一般照古代"六笄"、"六珈"制度，使用六钗，具有统治阶级尊贵象征。但在东汉末期某些不同地点、不同时间画刻反映，贵族妇女除如史志所载流行马皇后四起大髻，此外簪、钗均少使用，而在伎乐或执行一般任务的女性婢仆头上，反而出现满头珠翠。金银六钗更明确在发髻间外露（见插图五二·4、5）。因此北宋沈括在谈及朱鲔墓中石刻妇女首饰时，才以为和北宋有相类同处。插图所见，则男性平居生活中平巾帻已成通用事物，而女性花钗应用似仍限于统治者妇女头上。执役婢使或家属晚辈，有头用巾子扎定，惟横插二钗的，亦有仅具巾裹不着钗饰的。即此可知汉代梁冠制，在东汉后期某些情形下虽已废除，统治者的衣服彩色还必然保留等级制度。至于妇女，则在钗环使用方面，还是有极严格区别，一望而知，不易混淆。

# 三四　汉讲学图画像砖

图八〇　［汉］戴梁冠、持简牍、佩书刀儒士（成都青杠坡出土讲学图画像砖）

图八〇为四川成都汉墓出土浮雕砖画像。

主题部分作一经师，着宽博儒服，戴前部高耸梁冠，据高榻，前列几案，展布简编，如有所讲授。其余诸人分别坐席上，各捧简册，恭谨听讲。一般说是根据西汉初年秦博士“伏生传经”故事而作。也有人以为应是西汉“文翁讲学”，属于四川本地故事的。有关文翁祠堂石刻，记载上即无“伏生传经”。且史称伏生年九十余，双目已盲，和砖刻形象也不合。后一说比较合理可信。因为文翁于西汉时在蜀中讲学，影响西蜀封建文化极大。东汉人作为一种主题画装饰墓中，不足为奇。本图重要在讲经制度，比如主讲经师据高榻，陈典册于几上。其一侧二人连席，近似助讲身份。另一侧则四人连席，年龄位分必更低。惟其中一人背面腰间悬一小环刀，即《考工记》称“合六而成规”的“削”，也是孔丘叙《春秋》“笔则笔、削则削”的“削”。是古代用竹简作书，刮削简牍错字的专用文具。近年河南信阳楚墓出土铜削，和其他锯、刮、小锛、治简工具成一份，且和一批竹简毛笔同放一竹编长方小筐中，可知古代文房工具的种种情形。砖刻提供了一种平时悬挂佩带方法。西汉以来通名“书刀”，陆机文中说曾看过曹操生前用的书刀。讲究的还错金作出种种花纹，有的又在刀柄环上缠裹金箔，西汉即已流行，常有实物出土，可证制度。

经师座间上面悬挂一有方楄木板，用木做应是“承尘”。刘熙《释名》：“承尘，施于上以承尘土也。”《楚辞》即有“经堂入奥，朱尘筵些”语，注以为“上则有朱画承尘，下则簟筵好席，可以休息”。这种承尘若用丝绸作成加个边缘，便成斗帐。斗帐有单夹，讲究的四角悬小铃或香囊。乐府诗“红罗复斗帐，四角垂香囊”，咏的应是这类斗帐。形如覆斗，所以“复斗帐”或为“覆斗帐”，也说得通。

经师身前横陈一长几（或书案），上面竖搭一片锦绣，前后下垂如后世桌围，和古称“几案承以锦”制度相关。处理的方法系竖搭不是横陈。因此得知，唐敦煌画维摩变故事讲经台前和佛说法图前

插图五三・长沙西晋永宁二年墓对坐校书青釉陶俑

香案锦绣应用情形，还是自古相传方式。不同处只是维摩所据讲经台较高，因此几案相应加高，锦垫也必相应加长。案和坐具分离，图像反映，春秋、战国即已明确。作坐具的榻相当沉重，且有一定位置，案则视需要而移动，应用方面且日益广泛。春秋、战国间薄刻青铜器宴乐图中，常见长案上置二酒罍，罍上横置一长柄酒勺。汉代百戏中的“安息五案”，照四川砖刻反映，即把方案重叠五具（高的达十二具）供百戏人在上面作种种表演。这种方案唐代还名“床子”。下脚增高成为方桌，实在唐代，敦煌画屠桌有形象出现。宋代因坐具加高成为椅子，这种长方形条案或方桌才日益加多，且常有“桌子”记载。桌子或长案边沿加锦绣桌围，唐代敦煌经变画中判案已有种种反映。直到明、清依旧应用，有大量板刻、壁画及部分实物可证。但事实上宋式长方形的条桌还占主要地位，一般还较低。在图画中如酒店、学校及文人遗老的闲居聚会，所用小型条案及大型酒宴案具，比例上都还比明代的低一些。

本图听讲诸人中，几个手捧简编的形象也极重要，因为古代奏事、读书、校勘等这类材料留下并不多。反映于画塑上的，望都汉画有一官吏在“独坐”方榻上作执笔写奏牍状，沂南汉石刻有官吏簪笔捧简奏事，近年长沙出土西晋青釉俑，有二文吏俑相对据小案校勘文籍，事实上恐是核对“遗册”中殉葬物件（见插图五三），宋、明木刻作《玄奘譒经图》，此外即少见（至于传世《北齐校书图》，作诸人连榻同坐，琴酒果品罗列，如同旧题顾作《文会图》，实在读诗作文，表现封建文人的社会生活。此后还有《文苑图》、《文会图》、《西园雅集图》，以及明人《李白春夜宴桃李园序图》等传世，反映的多是文人吟诗唱和情状，和校读关系并不多）。

# 三五　汉武氏石刻贵族梁冠和花钗

图八一为嘉祥武氏祠东汉石刻历史故事部分。左图内容据《史记·赵世家》，作赵氏托孤公孙杵臼故事。右图据《列女传》，为无盐丑女钟离春说齐宣王故事。在汉代画中同属于儒家思想占绝对统治地位后"以古为鉴"引垂教训的主题画。这类故事多集中于刘向编的《说苑》、《新序》、《列女传》一类通俗读物中，东汉以来即经常绘于宫廷屏风上或墙壁间。在坟墓石刻画中，也占有一定分量。

人物衣着虽简化成图案状，仍可看出汉代一般宽博大袖，袖口收敛，和战国画刻如信阳楚墓彩绘妇女俑、漆瑟上绘贵族男子、长沙出土帛画妇女衣着式样还基本相同。照汉石刻壁画反映，统治者上至帝王公卿、下及百官衣着式样都差不多，统名为"袍"。当时等级区别，主要在衣冠组绶等材料精粗和色彩配合上（总的说来，即红衣为上服，青绿较次。吏卒衣黑，平民衣白，罪犯衣赭）。齐王头上戴的冠子为东汉通行用铁作成的梁冠。式样特征是前面一梁高耸，顶上一片向后倾斜，后附微起双耳为"收"，和西汉不同。西汉时冠制原只约住顶发，并不裹头，即有冠而无巾帻，宜如洛阳画像砖墓所见巾冠式样及另一大型空心砖墓加彩绘二桃杀三士故事部分情形。沂南汉石刻"列士传"部分，或同属西汉。本于古制"士冠，庶人巾"，士大夫用冠，平民用巾子。史传称西汉末王莽专政，因本人秃头，才加包头的帻，成本图中冠式；一说加帻始于汉文帝"壮发"（多发），似以前说为可信。

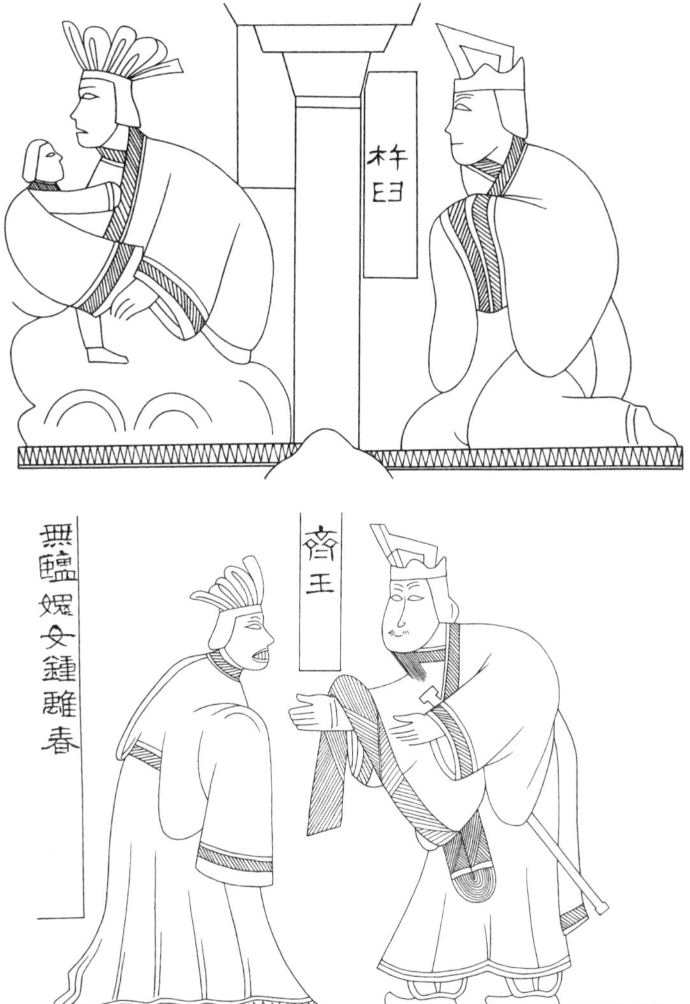


图八一　［汉］梁冠、佩绶贵族和花钗大髻妇女（山东嘉祥武梁祠石刻画像）

根据近年较多两汉人物画塑、石刻比较，用铁片作成前高后低的梁冠，史志记载和实在情形大致还符合。实成熟于东汉，西汉尚未发现。这种冠宜名“通天冠”。《后汉书·舆服志》称：“通天冠，高九寸，正竖，顶少邪却，乃直下为铁卷梁，前有山，展筒为述，乘舆所常服。”《晋书·舆服志》于制度有所补充，以为“前有展筒，冠前加金博山述，……”记载及注释不甚明确处，却可从出土实物形象印证。比如冠前所附“金博山”一物，属于王族所特有装饰，近年山东东阿鱼台曹王村曹植墓出土一件长寸余盾形金饰，用吹管滴珠法作成，缕空作山云纹缭绕状（有的还中嵌二琉璃），就足当这个称呼。又东北前燕冯素弗墓，也有同式出土物。报告中只提“冠饰”，实在就是《晋书·舆服志》一再说过的“金博山”。唐代以后才改用玉蝉。汉、晋、唐舆服志，均有金博山记载，图像反映于十八学士之一头上，实已似是而非，亦无实物出土。朝服额间附一蝉，唐、宋图像才出现，实物亦无闻（至于白玉或白琉璃蝉，汉墓出土物不少，均死者口中物，非冠饰）。

又“远游冠，似通天而无山述”。照蔡邕《独断》所说，则为诸侯王所戴。又有高山冠，也似通天，惟顶直竖不斜却。巧士冠又似高山冠稍小。仅从图像取证，恐不易得到明确认识。主要原因，《舆服志》记载多属礼制沿袭，当时即或曾一时使用于特别礼制上，至于一般生活则并不使用。汉、晋人述汉冠制，常提及冠名，形制既多相似，大小和装饰不同，便成重要标志。一般画刻既较简略，这方面知识虽能得形象轮廓，实难于具体详尽。还有多和记载矛盾处，如史志虽说梁冠常以梁数多少定等级尊卑，但画刻反映则一梁为常见，或中分作一线道，即近似二梁，或正中一梁旁附二小梁，便为三梁。除上三式，此外即少见。至于唐、宋式向后延伸卷云梁冠，汉代画刻中实未发现。

似是唐人根据晋代巾帼襞积法作成，首先用于宗教画中诸天形象，后人作《洛神赋图》、《朱云折槛图》、《却坐图》，才转用到古代帝王头上。事实上汉代卷梁冠，大多只是指东汉以来一般前上耸后邪斜式而言，和唐、宋人图画中梁冠少共同处。

又史称东汉马皇后美发，为四起大髻，内外仿效，成一时风气，多用假发衬托。因此民间有谣谚讽刺说“宫中好大髻，四方广一尺”，本图中无盐即是一例。应即是四起大髻流行后一种式样。东汉后期石刻作此式大髻的为常见。

汉代妇女花钗制，东汉一般多于发间斜插六花钗，或另加步摇，实从《诗经》所咏“副彼六笄”、“副笄六珈”而来。《舆服志》虽明说为皇后所用，惟在汉石刻反映，这种花钗常多着于舞女或婢妾头上，贵族妇女头上却少见。山东、广东各地出土画塑情形均相同。仅近年河南密县打虎亭出一百戏宴乐大幅壁画，作两列贵族妇女，中作百戏场面，席上贵族妇女一律在发髻上着花钗。其他图像则多于婢妾头上出现，差别显明原因，还有待进一步探讨（参阅图七六、七九，插图五二）。

# 三六　长沙马王堆一号汉墓中几件衣服

前图取自《长沙马王堆一号汉墓》图版部分。

这个墓葬文物，内容异常丰富，包罗万有，是解放以来近三十年出土西汉古墓葬保存得最完整的一份重要材料，可供治文史、艺术、医药、卫生、饮食、器用等等有关专家学者进一步深入研究。若能联系同时及先后传世出土有关材料作比较分析综合，显然将给人以十分有益的启发，可望促进文史研究工作摆脱旧有过时的以书注书的孤立方法，充分从这个新的物质文化成就宝库中，取精用宏，得到崭新的进展。

仅就衣式为例。据报告，老妇身上保存完整衣服计十二件，内中有九件均属曲裾。此外半已残毁的衣料中，还有四五件也属曲裾衣式。这显明是按照《礼记》上说的"深衣"式样裁制而成。衣样尺寸虽不尽与文献叙述相合，即在同墓这份遗物中，式样也并不一致，但是同属随襟旋绕而下，却大同小异。即此一点，已足证明宋人聂崇义的《三礼图》作的深衣剪裁式样不足信。千年来，博学宏儒关于这个问题的研究讨论，也因此全落了空。

这些曲裾袍特征多是方领、曲裾、衣襟下达腋部，即旋绕于后。乍一看来，不免感到十分新奇，认为这又是一个新发现。事实上却是早已有之，文献上早就提起过。各持一说的商讨，且已进行了两千年。因为照习惯，各自引尽证书，总归得不到定论。所争的是五个字中的

图八二　上：[ 汉 ] 信期绣锦缘绵袍（长沙马王堆一号汉墓出土）
下：[ 汉 ] 印花敷彩纱绵袍（长沙马王堆一号汉墓出土）

插图五四·马王堆一号汉墓帛画中部墓主人及侍从像

一个字，即扬雄《方言》中提起的"绕衿谓之帬（即裙）"的"衿"字。或以为衣领，或以为衣襟，注释家不厌其烦引经据典反覆求证，可无人注意到这一句话的全部含意。问题的症结是"帬"在扬雄时代或较早，究竟是个什么样子，始终没有人注意过，也没有人知道。因为人人都自以为对于"帬"认识得十分清楚。尽管人们非常熟悉乐府诗里的"缃绮为下帬，紫绮为上襦"，"何以接欢欣，纨素三条裙"，且能称引《东宫旧事》中提到的太子纳妃时衣服中有单裙、复裙，还同时注意到近年出土魏晋间和稍后墓葬出土的铅板和木简牍上常有相近文字提及的衣裙名目。但是都不明白裙的应用忽然大量出现的原因，也绝对说不出裙子的式样和汉、晋前后有什么不同处，更绝不会联系到"绕衿谓之帬"五个字上去。因为一联系追究，那就更难于理解了。其实一接触实物，问题就得到了解决。首先将会承认衣领不能绕，衣襟才能绕，正如附图中附注所说，绕向后边，通叫作"帬"。原来如此，简单之至（见插图五四、五五）。

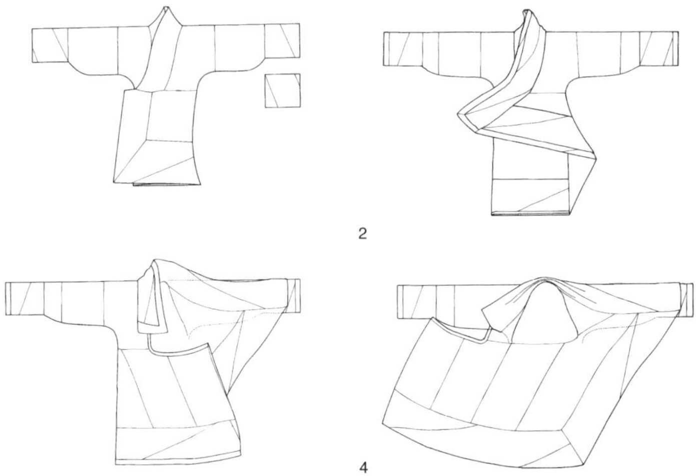


插图五五・马王堆一号汉墓出土的袍服

1：印花敷彩纱绵袍（329-13）表面结构示意

2、3、4：信期绣绵袍（329-10）表里结构示意

以目下出土图像知识判断，大约在春秋、战国之际，信阳楚墓一份彩绘木俑反映得已十分明确清楚。长沙出的彩绘俑时代稍后一点，式样还是相差不多。长沙出的几件西汉前期实物和大量尺来长彩绘俑，还证实了古代说的"衣作绣、锦为缘"的事实。洛阳金村战国韩墓出土的几个玉雕舞女，则说明这个衣着制度，在战国或更早些时实具共通性，并不是孤立事物。山东济南无影山西汉墓中一组彩绘伎乐俑，那个舞女穿的同样是旋绕而下。即在两旁七个大袖博袍似近《国语》所说"瞽诵故记"的讴歌盲人，衣襟也还是向后旋绕而下。山西和长安出的两个妇女俑，和湖北江陵出的几个彩绘妇女俑，几乎无例外衣着全是旋绕而下。不仅妇女这样，男子也不例外（也可说连衣裙的产生，原来出自中国战国及汉代，是当时社会上一般普遍服

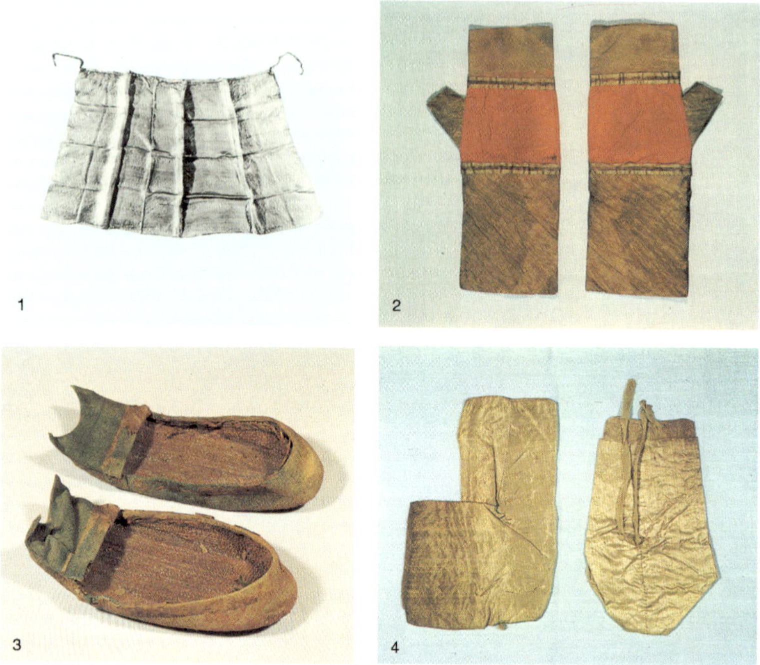


插图五六 · 马王堆一号汉墓出土的衣物

1：单裙　2：手套　3：青丝履　4：夹袜

用。参见图二六、二八，插图九 · 1、插图一四至一七）。

长沙马王堆虽然也出了两件绢裙，北京近郊出的小件雕玉舞女，和东汉砖石刻画歌舞伎图像，也常有和后来相差不多的裙样出现，但旋绕而下的式样却始终是主流。至于它的改进，使上襦和下裙分开，单独产生存在必在头上冠巾、身上衣服式样大有改变的魏晋之际。干宝《晋纪》说的衣裙上俭下丰，和《东宫旧事》记载的太子纳妃单复衣衫裙，都可证明裙在各阶层妇女间应用的广泛。而谈及某某衣衫时，必附加有某某不同色料的结缨，也说明衣襟已改变为由腋直下，才用得上附于腋下的结缨。而这种结缨方式，则直应用到宋、明、清初，才陆续为纽扣所代替。

马王堆一号汉墓出土实物，除大量精美丝绣袍服外，尚有两件绢裙（或称作“单裙”），各以四幅素绢竖并而成，下宽上窄，当腰处用绢条横约并于两端留出系带。就随葬衣物来看，此应是一种衬裙。又有青丝便鞋四双，显明是死者生前用物，鞋前端昂起二小尖角，实稍后双歧履的前身。又有短统夹绢袜两双，袜口附有二带，可以系缚足胫。又有露指手套三副，制作十分精巧，一为花绮加绣云纹作成，一为花罗作成，一为朱色花罗作成，上部均附有极窄薄丝绦缝上加固，绦上还织有“千金绦”三隶书，见出当时使用并不全在御寒，实较多具装饰作用，可补历史文献所不足（见插图五六。这种露指手套，在湘中至今还流行民间乡村中，所重则在严寒里犹不妨碍工作，可知有些属于生活上实用器物，古今相去不甚相远，亦常理也）。

# 三七 汉代锦绣

春秋、战国以来，陈留襄邑就出名贵彩锦，山东齐鲁出薄质罗、纨、绮、缟及细绣文。齐国生产有“衣被天下”称呼，可见生产量之多、商品行销之广以及对齐国经济影响之大。到汉代，由于铁工具的广泛应用，农业和手工业生产有了更大发展，丝绸纺织也得到进一步提高。汉代除于长安在少府工官统属下设立东、西织室，有男女工奴数以万计，还设织室令专官监督生产，齐地也设三服官，按时织造不同材料，供官府需要，年费巨万。生产除一部分供官用，其余大部分供上层和西北各民族及国外作为特别商品或礼品。因此本来只为封建帝王特别享用的高级锦绣，照贾谊文奏说，到文帝时就已为富商用来装饰墙壁，出卖奴婢时，必“绣衣丝履偏诸缘”。《太平御览》卷八一五引汉人伪托范蠡著《范子计然》称：“齐细绣文，上价匹二万，中万，下五千也。”二万钱就是二两金子。当时一般绢帛市价，据西北出土汉简记载，一匹才值六七百钱。上好锦绣的比价竟多达二十五倍以上，可以推想产品工艺水平之高。《史记・货殖列传》引汉代谣谚说“刺绣文不如倚市门”，意思是工不如商。必然是生产量大而国内外又有广大市场，商人才有可能过这种当时为人称羡的剥削奢侈生活。《史记・货殖列传》曾列举许多种商品占有者（包括染料中的栀子、茜草等植物染料），到达一定数量时，一年就可取得利润二十万钱，和一个千户侯的正份收入相等。

图八三　上：［西汉］规矩纹起毛锦（长沙马王堆一号汉墓出土）
下：［东汉］“万世如意”锦袍（新疆民丰尼雅东汉墓出土）

张骞出使西域归来后，探知西蜀的筇竹杖和蜀中细布早为商人由身毒（印度）转入中亚，因此才开辟了由西北往中近东及大秦诸文明古国一条商路，即历史上著名的“丝路”。主要商品就是中国特产丝绸锦绣（《魏略》还说及大秦将中国丝绸解散织成胡绫）。当时我国西北住居的诸部族统治者，也特别欢喜穿锦绣衣，汉政府为这个原因，每年就有若干万匹锦绣运往西北各地，作为团结诸族君长的礼品。作为商品交换，数量必更可观。近半世纪考古发掘，逐渐证明了这个历史事实。本节图中有的彩绣和“万世如意”锦袍就在新疆民丰出土。由于土地干燥，埋藏虽经二千年，颜色还完整如新。其他几片有文字锦缎花纹图案，原物也是在西北地区出土。解放前，部分材料已盗运出国外，近二十年出土的，全部收藏于国家博物馆和省市博物馆中，前后发现锦绣已不下千百十种，花纹壮丽活泼，配色鲜明调和，工艺水平极高。部分还织有如“登高明望四海……”、“长乐明光”、“无极未央”、“延年益寿”等吉祥文字。从字体结构和语意内容分析，蒙古阿尔泰山古墓所出“登高明望四海”，和封建帝王上泰山封禅必有一定联系。“长乐明光”是西汉宫殿名称，而“无极”、“未央”又都是秦汉以来习用语，也和秦汉宫殿名称相关。可以推测这类锦纹图案的创造，早不过秦始皇以前，而晚不会在汉武帝以后。必然是这一历史阶段长安东、西二织室的产品。

西汉元帝时，有个专管宫廷事务的文官，名叫史游，为便于初学儿童记忆，用三七言韵语编了个通俗读物，名叫《急就篇》，记下许多日用器物和西汉以来其他社会人事的名称。关于锦绣丝绸花色，在第八章有如下形容：“锦绣缦旄离云爵，乘风悬钟华洞乐，豹首落莽兔双鹤，春草鸡翘凫翁濯，郁金半见霜白蒲，……”历来注解多以为前一部分指花纹，后一部分指色彩。若用近三十年出土锦绣实物及反映于金银错器物和漆器上花纹图案作综合分析，可得到些新理

图八四　上：［西汉］“长寿绣”绢（长沙马王堆一号汉墓出土）
　　　　下：［西汉］“乘云绣”纹绮（长沙马王堆一号汉墓出土）

插图五七・汉代织绣花纹

1：印花敷彩纱纹样　　2：金银色印花纱纹样

3：双鹤菱形绮纹样　　4：豹首纹锦

解，内中形容花纹占较大分量，相当具体，而且是标准化了的纹样（见插图五七）。如“春草鸡翘凫翁濯”过去以为比拟色彩的，或许还是对于花纹图案的形容。“郁金半见”也指的是花纹而非色彩（汉代锦绣中均有成串铃兰或郁金花朵作式点缀其间）。当时高级手工艺品的纹样图案，主题不外反映两个方面：一即汉代统治者现实生活中的游猎，如《上林》、《羽猎》诸赋中用大量辞藻铺叙的，射生勇士于山陵起伏长林丰草间搏猛兽、逐轻禽的现实情形。二即为当时的燕、齐海上方士、游客宣扬煽惑形成的神仙思想。如《封禅书》所叙述的，海上有蓬莱、方丈、瀛洲三神山，上有仙人玉女、白鹿白雁、奇花异药，使人长生不死。又说王者得天下必上泰山封禅，才算是真

插图五七（续）·汉代织绣花纹

5：鸡翘纹锦

6：凫翁纹锦（据马王堆一号汉墓复原）

7：郁金纹绣

8："长乐明光"锦（采自《马王堆一号汉墓》、《蒙古诺因乌拉发现的遗物》、《亚洲腹地》、《文物精华》·2）

正完成帝业。这两种思想和行为，使汉代铜、玉、陶、漆、金、银工艺美术图案，无不或多或少受它的影响，作出相似而不尽同反映。在丝绣、金银错、髹漆中的处理，则更多样化。

中国古代丝绸锦绣工艺历史上，西汉武帝时代是一个重要发展变化阶段，文物上反映十分显明。主要特征是由对称规矩图案发展成为流动活泼的不对称图案。试用两湖出土时间较早锦绣材料，和稍后西北各地出土的锦绣材料作比较分析，便可明白区别开来。

近年湖南长沙和湖北江陵一带出土西汉初年细绣纹纱罗，薄如烟雾，且有仿泥金银印花彩绘薄质织物。纱衣每件重量不到一市两，近于汉人所说的“雾縠”，南朝人所说的“天衣”。刺绣精细所达到的工艺水平都是难于设想的。但几件花锦的配色设计，显明都受提花技术上的限制，却以对称几何图案为主调，风格比较简质，少变化，欠活泼，配色艺术也较单纯，远不及同时细绣纹样加工复杂多样化。后来情况完全相反。从本节图中和其他许多西北出土的锦类材料看来，图案多华美壮丽，配色也相当复杂，和西汉初年长沙、江陵出土锦类不同。至于刺绣，相形之下则江河日下。过去仅刺绣所能达到的艺术效果，新的彩锦已同样能达到，显明反映出织锦提花技术有了改进。彩锦提花技术的改进，世人多据晋傅玄《扶风马先生传》，认为是东汉末马钧的发明贡献，对此极少怀疑。而这种进步，据出土实物分析，却必然和武帝刘彻于长安设东、西织室，各集中五千官奴婢进行大量生产有关，是这么一种雄厚的人力、物力条件所促成。不可能是东汉末正当锦绣生产下降期，马钧个人独出心裁所能做到的。傅玄提及马钧简化锦机提花事，可能是依据产生时间早些的《西京杂记》叙述陈宝光家织绫机提花法记载而来。

至于刺绣用的连环琐丝法，据近年出土材料，则由西周、战国到两汉始终少变化，直到南北朝刺绣转用于宗教迷信的绣佛和供养人像时，由于要求效果不同，铺绒绣和结子绣才随之产生。前者艺术效果柔和而秀丽，后者则色彩对照强烈鲜明。植物类小簇花和生色折枝花成为社会风气后，近于写生的花鸟成为刺绣主题而应用到上衣旋袄的领袖及裙子，并大量应用到其他器物各部门。为适应这一需要，刺绣才产生配色复杂逼真的擘绒错针法，逐渐代替了传世千余年的琐丝绣而得到更新的进展，奠定了明代的顾绣、苏绣的基础。又由于社会发展和多样化的要求，明、清两代的官服补子以及其他服饰附件各有大量需要，因此不仅汉代以来的琐丝结子绣依旧保存下来，唐代的堆绫贴绢法也还各有用途，而更新的洒线、刮绒、戳纱、纳丝绣法都各有不同成就。

# 三八　东晋竹林七贤图砖刻

近年南京出土，据南京博物院藏拓本照片摹绘（图八五）。

图中除竹林七贤外，还有个晋人欢喜称引的古代贫穷高士荣启期，共计八人。从艺术成就而言，图中人物面貌神情活泼而自然，艺术风格相当高。唐张彦远《历代名画记》即载有顾恺之作阮咸像、荣启期像。又顾自作《魏晋胜流画赞》，有"七贤，惟稽生像欲（'犹'或'尤'）佳。其余虽不妙合，以比前竹林之画，莫能及者"。当时作《七贤图》的，还有史道硕、戴逵等，或较前或同时，顾恺之本人也不止画过一次。这个砖刻浮雕画迹，可说是研究晋六朝几个著名人物画家艺术风格和成就的第一手重要材料。衣着也是当时南方士大夫通用的巾裹衫子便服。如把它和时间略后有关这个主题的材料同看，显然还会得到许多新的认识、新的启发。

史称西晋山涛、阮籍、嵇康、向秀、刘伶（图作"刘灵"）、阮咸、王戎七人，常集于竹林之下，肆意酣畅，世称"竹林七贤"。当时和稍后用这故事作主题画的不少，作赞作诗的也不少，赞美的多有不为礼俗所拘的称许意思。反对的如《晋书·五行志》所称："惠帝元康中（公元291—299年），贵游子弟相与为散发裸身之饮，……希世之士耻不与焉。"同时或稍后还有许多人作《竹林七贤论》，当成个讨论题目，有褒有贬。《隋书经籍志疏证》辑引了些遗文片断。总的反映出一个问题，即这类封建士大夫阶级一些落拓不羁的行为，有

图八五 ［东晋］着衫子、巾帼螺髻或散发、弄乐器隐士（南京西善桥出土竹林七贤和荣启期砖刻画）

受老庄思想影响消极的一面，也有不满现实腐败政治的一面。因此对于以后千多年封建社会读书人的思想、文学、艺术影响极大。有关衣着方面，则本画可和史志记载相互印证。这个画迹近于写意草稿，不及《女史箴图》布局严整，也不如《北齐校书图》用笔精到。比其他七贤图材料却早一些。人物形象、衣着式样，更接近东晋以来的社会现实。

图中诸人都近于袒胸，七人赤足，一人散发，三人梳丱角髻，四人着巾子。三人面前有装酒的鸭头勺（或称“凫头勺”），二人正举羽觞，二人抚琴，一人擘阮，一人手指顶着个如意玩。巾裹及生活方式，都正是有意描写“相与为散发裸身之饮”及“肆意酣畅”不为世俗礼节所拘情形。器物也是汉、晋之际式样。两个七弦琴都刻得简单而具体，可与传世《斲琴图》、《北齐校书图》所见琴式比较（见图九九）。阮咸手中的乐器，是目下所有同式乐器形象最早的一具，用竹签子弹拨，也是过去不知道的。北朝画塑形象多用手拨，所以称“擘阮”。同式丱角儿髻，在成人头上出现，除《女史箴图》有一射鸟人，还有《北齐校书图》一坐胡床文士。借此得知，前人把《校书图》题作“勘书图”或“文会图”，说是顾笔，也有一定道理，因为衣着、器物时代相去均不甚远，特别是成人头上丱角处理很相近。

几个人穿的衣服，照刘熙《释名》，应当叫“衫子”，和汉代袍不同处，是衣无袖端，敞口。《释名》并以为即扬雄《方言》说的西汉以来陈、魏、宋、楚的“襜”或“单襦”。这个说法还值得研究，因为两者得名含意微有不同。汉人单襦，一般袖口总比较小些。

晋《东宫旧事》称“太子纳妃，有白縠、白纱、白绢衫、并紫结缨”。晋《修复山林故事》称：“梓宫有练单衫、复衫、白纱衫、白縠衫。”可知当时是上、中阶层通用便服。衫有单、夹，不论婚、丧均常用白色薄质丝绸制作。

画中几种巾裹相当草率，也相当重要。《晋书》称：“汉末，王公名士多委王服，以幅巾为雅。是以袁绍、崔钧之徒，虽为将帅，皆着缣巾。”《晋书·五行志》称：“魏武帝以天下凶荒，资财乏匮，始拟古皮弁，裁缣帛为白帢，以易旧服。”又东晋裴启《语林》称诸葛亮“羽扇纶巾”。白纶巾、紫纶巾颜色材料即或不同，式样必大致相近。汉末《郭林宗别传》：“林宗尝行陈、梁间，遇雨，故其巾一角沾雨而折。国学士着巾，莫不折其角云。”又《豫章记》：“王邻隐西山，顶菱角巾。”又诗人陶潜有葛巾漉酒故事，在较后画图中这些巾子均不断有反映。可知汉、晋之际，或因为经济贫乏，或出于礼制解体，人多就便处理衣着，终于转成风气。武将文臣、名士高人，着巾子自出心裁，有种种不同名目。如把本图中几种巾子和较后的《北齐校书图》、《列帝图》、《高逸图》，以及反映到唐代越窑瓷和青铜镜子及螺钿琴上的竹林高士形象、荣启期形象、墓中砖刻壁画《竹林七贤图》、长安石刻《七贤图》、敦煌初唐壁画《维摩图》、诸葛武侯像、陶靖节佚事画像、元人作归去来图等等头巾同看，古代所谓“帢”或“帽”，以及折角巾、菱角巾、纶巾、葛巾，都可从比较中得一明确形象。也可从文图互证中，判断许多画迹产生相对年代。

荣启期事见《列子·天瑞》篇，称孔子见其老而贫，披裘而带索，美其乐天安命。晋人皇甫谧《高士传》中，他就占一个重要位置。陶诗也有“九十行带索，饥寒况当年”句，诗意本来应当是用草绳作腰带，图中画的却在结得很有款式的腰带上，另外挂一串绳索，近于蛇足。或许陶潜看到的荣启期，是另外一个画像。当时作荣启期不止一人、不止一图。

又本图荣启期像为披发状，与沂南汉墓石刻之苍颉图像、邓县画像砖墓砖浮雕之浮丘公及南山四皓图像均同作披发状，有“不臣事于王侯”寓意，亦即李白“散发弄扁舟”诗意所本。《竹林七贤图》照记载如更写实些，应为散发裸身才符合。作图用丱角髻和赤足表现，似注重到较容易为当时人接受。

# 三九　晋女史箴图中八舆夫

图八六　［晋］笼巾、大袖衣舆夫和八辋舆上贵族（传顾恺之《女史箴图》局部）

据《女史箴图》班姬辞辇部分摹绘。

本画是依据西晋著名文学家张华《女史箴》一文作的图解。故事来源，则出于西汉末年刘向所编《列女传》中“班姬辞辇”一段。《列女传》作为劝诫性故事，在两汉都早已使用于宫廷屏风画上。

1

2

3

插图五八·舆

1：平肩舆（大同北魏司马金龙墓朱漆彩绘屏风）

2：平肩舆（邓县南北朝墓模印彩绘画像砖）

3：板舆（北朝宁万寿孝子棺石刻）

晋代画迹著录中，也还有顾恺之、戴逵等作的《列女仁智图》，故宫博物院还保存一个宋代人摹本长卷，旁附题赞。近年山西大同北魏司马金龙墓中出土一件朱漆彩绘屏风，上作《列女传》故事。就画中男女冠巾、衣着、器物比较分析，有些部分保留汉代旧稿，有些方面显明是晋南北朝时人有所补充。本图也有相似情形，人物图像上限可早到西汉，下限却可能晚到齐、梁。

八舆夫面貌神情及衣着攘袖至肘形象，都具有西汉画刻常见式样，特别是其中一人所穿的大口袴，不是晋人所习惯。舆夫头上的细纱笼巾，早在西汉亭长砖及洛阳出土西汉画像砖墓彩绘武卫头上也常有反映，近年长沙马王堆古墓且有一具实物出土，保存得完整如新。但应用到头上时，把原附两带一加束缚，都接近后来纱帽式样。至于本图中所见，则完全和北朝迁都洛阳以后才定型的漆纱笼冠毫无差别。不仅缺少汉意，也决不会出现于东晋初年画家笔下。仅就这一点而言，说这个画卷实近于拼合而成，原稿有早于顾的，产生时代或晚于顾。

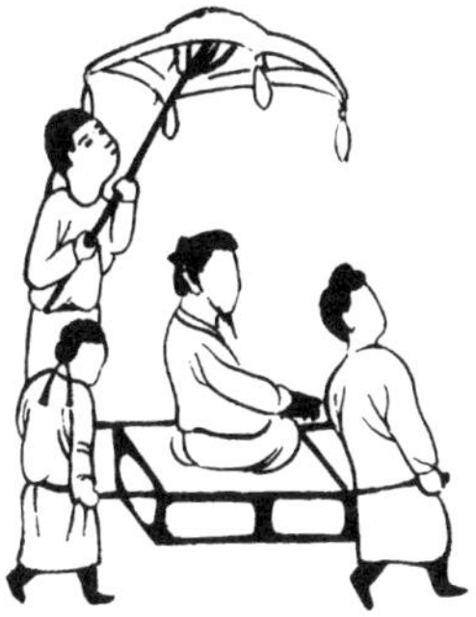

4

5

插图五八（续）·舆

4：舁床（唐《过去现在因果经》插图）

5：平肩舆（唐敦煌壁画所见）

至于图中帝王所用乘具，汉代通名“篷舆”（见图六六说明），晋六朝通名“平肩舆”。《晋书·谢安传》称，“谢万尝衣白纶巾，乘平肩舆”。《王羲之传》也有子敬乘平肩舆入顾氏园看竹子，旁若无人，不和主人周旋，大受其窘故事。本图所反映，宜为当时平肩舆中一种。舆上笼罩薄纱，暑天可避蚊蚋。旁置几案，能供阅读书写。《南齐书·江夏王宝玄传》有“乘八缸舆”语，指的应当就是这种八人扛抬的交通工具。司马金龙墓中出土一朱漆屏风，彩绘《列女传》故事，也有“班姬辞辇”一节，用四人扛平肩舆（如插图五八·1式样），民间通用则更简便一些，有“板舆”、“篮舆”等等名目（见插图五八·3）。手提不上肩的名“腰舆”，帝王在宫中使用便称“步辇”。《隋书·礼仪志》叙及这种交通工具有一定概括性："天下至于下贱，通称'步舆'，方四尺，上施隐膝，以皮襻举之，无禁限。载舆亦如之,但不施脚,以其就席便也。"《新唐书·李纲传》："贞观四年复为少师，以足疾赐步舆，听乘至阁，问以政事。"可知唐初年老大臣入宫议事，可蒙特许，作为一种优待礼遇。其他唐人记载，则通称"担子"，或称"舁床"（见插图五八·4）。《列帝图》、《步辇图》及唐人写经故事插图，文图互证，可对于这类应用事物，得到一种多样化印象（见图一一五、插图七三）。

# 四〇　晋女史箴图临镜部分

图八七　［晋］簪金雀钗、上襦、长裙女婢和大袖长衣贵族妇女（传顾恺之《女史箴图》临镜化妆部分）

原画现藏英国大英博物馆。

画卷是据西晋张华《女史箴》一文作的插图，文载《昭明文选》。传称古代宫中也有女史官，经常在皇后左右，随事记载言行，并订定有关宫廷规章制度。《汉书·艺文志》诸子略小说家类传下来的一部《青史子》，谈胎教杂事，就属于古代这类女史官的记载。《女史箴》

1

2

3

插图五九・西汉奁具及镜台

1：九子奁（长沙马王堆一号汉墓出土）

2、3：沂南汉墓石刻戴花钗女婢及镜台

是用韵文拟女史官口气，针对贾后擅权，有所讽谏而写的宫廷箴规，每章有附图，本图原文是："人咸知修其容，莫知饰其性。性之不饰，或愆礼正。斧之藻之，克念作圣。"大意是，人都会打扮外貌，可不知注意品德。品德不重视，容易违犯礼法。时常琢磨锻炼，人格品性才能完美。

图中作二贵妇席地而坐，一握镜自照，一面对镜台，听宫女理发整容。镜台前置汉式银釦漆奁，敞口，内着脂粉梳篦小盒，一旁并有个放抿刷长条漆盒，总称"奁具"或"严具"。内装多件小盒则有"五子"、"七子"等名目。近年汉墓中有极完整实物出土（见插图五九）。朱漆彩画较常见。银釦的称"参带"式，因夹纻漆加银带饰才易巩固不走形。图中镜台还是汉代式样，和沂南石刻所见戴花钗婢女手中物大同小异。当时镜台用各种材料。曹操《上杂物疏》在退还皇帝贵重用物中，就有纯银参带镜台一、纯银七子贵人镜台四。

插图六〇・垂发式

1、2：洛阳西汉卜千秋墓壁画妇女

3：嘉峪关魏晋间墓彩绘画像砖妇女

晋张敞《东宫旧事》记太子纳妃器物中，有玳瑁细漏镜台一。还有铜作的、玉作的。画中漆奁和近年出土实物相似，惟画得相当草率，形制欠准确，显明是不明器物制度后人的重摹。本画产生时代，历来意见纷纭，难得定论。试从器物分析，时间应晚于顾恺之，或完成于陈、隋间，但内中人物衣着、发饰，则又多早于顾，部分或可早到西汉时，若仅从笔墨题识作分析判断，势不可能得到正确理解。

例如本图中梳头宫女发式，于云髻峨峨后下垂一髾，在西汉墓壁画即经常出现过（见插图六〇），传世宋摹《列女仁智图》中也反复出现。又如本图卷首中"女史司箴敢告庶姬"题下前后有三个宫女（或嫔妃），后垂长发，将近末端结成双环。这种发式，惟楚俑和西汉彩俑为常见，东汉画迹中即已消失。至于前两鬓卷曲呈蝎子尾状，也早见于西汉画迹，南北朝重复出现，则见于名画家谢赫仿古，所以当时人评谢画时，有"直眉曲鬓，与世竞新"语。试就两晋材料分析，则无此例可举。但北朝以来，敦煌壁画中妇女几乎无不双鬓卷曲作蝎子尾式，显明是受谢画影响才成一时风气。又妇女头上额间妆饰，从西汉马王堆帛画上反映，也相当明确，除步摇外，另有首饰妆点，应即曹植《美女篇》中提到"头上金爵钗，腰佩翠琅玕"和"金爵（即'雀'）钗"。这种钗在《女史箴图》上曾反复出现，此外画迹中从未发现，也可作为本图实仿古、拟古而成，非两晋制度所有的一个旁证（见插图五四）。

# 四一　南朝斲琴图部分

图八八　［晋］着巾子或小冠、褒衣博带、高齿屐隐士和大袖衣、袴褶、执羽扇、方褥、书卷、如意侍从（南朝人绘《斲琴图》部分）

采自《斲琴图》。原画藏故宫博物院，以为宋人摹顾恺之，说得十分笼统。前人著录中有题顾恺之绘的，也缺少具体分析。

画的是制造七弦琴施工过程。画意或用嵇康作琴故事，能反映人物气度性格，富于写实感。主人冠巾着顶上，照形制说，图中策杖高士所着小冠多玉石作成，中空，可纳椎髻，用白玉簪由后贯入把小冠子和发髻固定。巾子是魏晋之际才流行的帽，作波浪形，用缣帛作成。下部为一般幅巾，无一定式样。策杖高士穿的是由汉代双歧履进展而成的高齿屐，身边仆从也不例外。衣服宽博，大袖几及本人半身，未成年仆从也袖大过二尺。衣袖折纹整齐对称，和南北朝石刻造像处理技法相通。这类衣服式样，当时受魏晋清谈影响，求潇洒脱俗，有意仿古。联系史传叙述，加以比较分析，画的产生年代，必晚于顾恺之数十年或百年。和《竹林七贤图》产生时间相近或稍晚，应当是齐、梁之际画家作品。

《晋书·五行志》称："晋末皆冠小而衣裳博大，风流相放，舆台成俗。"《宋书·周朗传》也说到："凡一袖之大，足断为两，一裾之长，可分为二，……宫中朝制一衣，庶家晚已裁学。"可知衣袖宽博，上下成俗，风气始于东晋末年宋、齐之际，流行于梁、陈。顾在东晋初，实在来不及见到。北齐颜之推《颜氏家训》称："梁世士大夫皆尚褒衣博带，大冠高履。"又《勉学》篇嘲讽纨绔子虚矫处时还说及"梁朝全盛之时，贵游子弟多无学术，……无不熏衣剃面，傅粉施朱，驾长檐车，跟高齿屐，坐棋子方褥，凭斑丝隐囊。列器玩于左右，从容出入，望若神仙"，并说到变乱时这些人毫无能力，全是一些驽材。其实这个时期不仅南北好尚相同，即远到敦煌，也差别不大。真是万里同风！不仅男人这样，妇女也这样。不仅现实社会这样，即龙门石刻、敦煌画塑，几乎到处可以发现。不同处只是在人身上，近于有意模仿高雅，表示潇洒脱俗，在佛像身上，企图增加庄严感，骗人迷信而已。宗教性雕塑反映社会习俗，关系相当密切。

《颜氏家训》说起的四种齐、梁时髦事物，"长檐车"前人附会为长辕，以为行动轻便，实近猜谜，千多年来不得其解。事实在石刻、壁画、陶明器上都有大量形象反映，只是前后车檐极长，有的还在车上另加罩棚，把车棚和牲口一齐罩住。当时驾车照习惯以牛为主，间或用马，如敦煌北魏《九色鹿经》故事画中所见。南朝则因缺马才用牛，出土明器即多用牛。并且牛也极珍贵，有蹄角莹洁如玉，价重千金，称“金犊车”。车辆制作特别华美，小牛特别壮实，应数隋代。到其后隋唐官制中，妇女出行乘的“油碧车”还是用牛。

高齿屐宜如图中所示样子。指的应是履前上耸齿状物，从汉代双歧履发展而出，不是高底下加齿。在大量南北朝画刻上，还从未见有高度加齿的木屐出现。“斑丝隐囊”，隐和稳同义，隐囊即“靠枕”。从来叫“引枕”，不免大失原意。《北齐校书图》、龙门石刻及敦煌壁画《维摩图》和传世《高逸图》，都有形象可以发现，一般作鹅蛋形。《北齐校书图》中一女仆手中所抱隐囊最具体（见图九九）。清、明帝王宝座另有靠垫，扶手因而改为四方形或十二面灯笼状。“棊子方褥”是随身坐具，材料用的大致是西北生产的高级毛织物花罽，别名“氍毹”、“毾㲪”，细致柔软，五色兼备，西汉以来就是贵重用品。西汉初法令禁止商人衣罽。东汉班固文中有致班超信，说窦侍中托他购西域细罽十余张，费钱数十万。晋南北朝总还是锦、罽并称。《邺中记》曾提及“豹文罽”、“鹿文罽”、“花罽”。平时由身边侍从携带，对折成长方形，挟于胁下，遇需要时一打两开摊在地上或独坐小榻上。《洛神赋图》、邓县砖刻和本图，都可发现（见图九一·中）。一般宜为对折式，本图侍者所持画成一卷，若非误绘，可能原本系熊、鹿、豹等兽皮垫褥，因为图中其他部分，即尚有各种不同材料作成的茵褥。特别是高人隐士图像，用虎、豹、熊皮为常见。

# 四二　晋六朝男女俑

图八九　　左：[东晋] 小冠子男侍陶俑（南京石子冈出土）
　　　　中左：[东晋] 大髻、着上襦、复裙侍女陶俑（南京石子冈出土）
　　　　中右：[南朝] 大髻、着上襦、复裙侍女陶俑（南京幕府山出土）
　　　　　右：[南朝] 平巾帻男侍陶俑（南京小洪山出土）

取自南京博物院文物图录，原物藏南京博物院。

衣着明显特征为上小而下大，有交领上襦，而裙、裳合一，裙外露部分已上及腰部。束腰较紧。头部多加假发，比例因之加大加重。有的两角余发下垂及耳。或疑为发上加有巾子，近似孝服，非平时装束。事实上如和文献印证，却肯定是流行一时的盛装，且上行下效，社会各阶层都受过影响。头上近似孝巾部分，当时名“帕头”，是和络带、袴口同时流行，用毛织物作成的。

有关晋代妇女衣服问题，干宝《晋纪》中曾叙述到种种，相当重要："泰始初，衣服上俭下丰，着衣者皆厌腰。至元康（公元291—299年）末，妇女两当加乎交领之上。太康中，又以毡为帕头，及络带、袴口。"这种上短下长式样，《续汉书·五行志》以为在献帝时即已出现，"献帝时，女子好为长裙，而上甚短"。出土材料却难证实，只有《女史箴图》中一梳头宫女可以得其仿佛（见图八七）。如仅指长裙，则近年北京附近出土西汉初年的一雕玉舞女即已使用（见插图四六）。

有关发式，《晋中兴书》说："太元中，妇女缓鬓假髻，以为盛饰。有发丰多，不可恒（或作'行'）戴，乃先于笼上装之，名曰'假髻'。"记载和图中所见情形相近。《晋书·五行志》记载稍详："太元中，妇女必缓鬓倾髻以为盛饰，用髲既多，不可恒戴，乃先于木笼上装之，名曰'假髻'，或名'假头'。至于贫家不能自办，自号无头，就人借头。"《五行志》又说："吴妇人修容者，急束其发，而劀角过于耳"，"妇人束发其后弥甚，紒之坚不能自立，发被于额，目出而已。"这些形容，不仅从本图可以证实，洛阳出北朝墓俑乐伎部分，其实也还是晋代装束，或者成于西晋。因为流行假髻，所以晋陶侃母亲能剪发作双髢，卖给人换酒食待客（假发作髢，其实行之已久，《诗经》上就形容过："鬒发如云，不屑髢也"，即可证明。近年马王堆西汉初轪侯家属墓葬出土文物中也有假发发现）。

还有关于珮饰的，见干宝《晋纪》："元康中，妇人之饰有五兵珮。又以金、银、玳瑁之属，为斧、钺、戈、戟以当笄。"

图中妇女衣着都近于上俭下丰。头发且显然加有假发作成。被额过耳，都十分明确。至于"五兵珮"，指的应当是由汉代即流行"蚩尤弄五兵”的铜带钩。此外西汉即流行一种白玉盾形珮，大的到六七寸，小只两寸多，也是汉代传来，中作盾式孔，外缘高浮雕或透雕三五辟邪相追逐。或从汉代五行家习惯，用白虎代表西方，代表杀伐，因之这种虎形盾式佩称“辟邪珮”。“五兵珮”象征意义实相同，本于“蚩尤弄五兵”而来。蚩尤一般多作人熊形象，手足和头部各执兵器一种，常见的有二式：一为剑、戟、戈、盾、弩，一为刀、戟、戈、盾、弩。后式时代必较晚（沂南汉墓石刻也有作五蚩尤各弄一兵作蚩尤舞的）。至于把五兵之四的斧、钺、戈、戟，用金、银、玳瑁另作成簪钗，晋墓出土物中还无发现。但记载却影响及唐代，依据《唐六典》的叙述，用金、银作的却不少，有长达一市尺的。这种装饰品远法古代“六笄”，近受晋书记载影响，产生时代多在开元、天宝花钗礼服定制以后，一般多是银质镀金，上面钻刻细致花纹。中国历史博物馆有实物陈列，敦煌进香妇女壁画，唐、五代、宋均有大量图像可以印证。

关于脚下穿着的，“屐者，妇圆，男子头方。至太康初，妇人屐乃头方”，又“旧为屐者，齿皆达，彻上，名曰‘露卯’。太和（公元366—371年）中忽不彻，名曰‘阴卯’”。

图中陶俑不露屐齿，但其他材料有的反映比较具体。男女屐头初有方、圆之别，后即混同。《斲琴图》中男子和邓县砖刻妇女，尚可辨别两者差别处（见图八八、九一）。又说屐齿上扁而达（即向上翻起薄薄一片部分，有缝由上到下），像个“卯”字，所以叫“露卯”。后忽不彻（有缝不到底），所以叫“阴卯”。从形象印证，可以明白问题也比较具体。说的屐齿，即是谢安淝水之战胜利后喜极过门限而弄折、颜之推骂齐梁子弟喜着高齿屐的齿。历来学者难得具体认识，多以为指底部高起部分的。如从大量时代相近画迹比证，大致还是在鞋子前面如牙齿状东西为合理，因至今为止，画迹中还少见到当时有着高底木屐的，汉代即有歧头履，是晋六朝高齿屐前身。最近长沙马王堆西汉墓有两双实物出土，进一步证实“齿”、“卯”在鞋上的位置，都是形象的形容（见插图五六、六一）。惟履底有齿实物，近年在江西晋墓中有遗物出土。

又史称晋人喜戴小冠子，形象难于具体征信。如就南北朝材料分析，所谓小冠，多已无梁，只如汉式平巾帻，后部略高，缩小至于头顶，南北通行。北朝流行或在魏孝文帝改服制以后，直到隋代依旧不改。河南巩县石刻贵族行香人头上，且有缩小而加高，如顶个小筒子。和漆纱笼冠同时并行，惟筒子式冠（或帽）多限于地位特高的统治者身份使用。宋人刻二王帖，帖前有王羲之、王献之父子像，头上也戴同式筒冠，惟不甚高，或是北宋人由龙门石刻一类形象启示而以意为之，和东晋人南方小冠应有式样不可能完全一致。

照记载，这种高筒纱帽，贵族应当用白纱作成，卑级用黑纱，以示等级区别。敦煌画有北朝一进香贵族，画面极具体。惟颈下作一圆圈，显明是画师不明白系“曲领”而致误（见插图六九·7）。此外佛传故事画中贵族形象，一般也少戴高筒纱帽。《南史》中虽曾提及贵族异彩奇名纱帽十多种，如“山鹊归林”等等，画刻却少发现，真实性亦可疑。

# 四三　戴菱角巾披鹿皮裘的帝王和二宫女

图九〇　[南朝] 着菱角巾、披鹿皮裘、执如意、坐高榻帝王和双鬟髻、方心曲领大袖衫子、高齿屐宫女（传唐阎立本绘《列帝图》中陈文帝）

图九〇据《列帝图》摹绘。

本图原标题为陈文帝陈蒨。身着南朝流行隐逸高士之服，戴两晋高士习用的菱角巾，披鹿皮裘，手玩如意，独坐高榻，神情悠闲。背后二梳双环丫髻妙年宫女侍立，衣六朝齐、梁间通行大袖过二尺衫子，加曲领拥颈。足上均着东晋齐、梁时通行的高齿屐。

《列帝图》历代相传出于唐初著名画家阎立本兄弟之手。二阎兄弟同是唐初名画师，曾参预订定唐代车服制度。立本官至右相，举凡西京宫廷都城营建设计，无不参预其事。其父阎毗，在隋代就是著名画家，并与何稠等参定隋代礼仪车服制度。本图原不署作者姓名，就内容分析，诸王面貌神情都若各有所本，所于依据传世旧图而成，因此表现各人性情气度都不相同，和史传所载本人在位政绩得失都可相互印证。原画有可能实出于阎毗之手。

用这个画册和传世阎立本作《步辇图》及《职贡图》等比较，给人印象不大相同。《列帝图》中帝王面貌衣着，多下笔肯定而又十分准确，点画间毫无疑滞处。至于《步辇图》卷，围绕李世民腰舆近旁一簇宫女，面目用笔多缺少肯定感，也即缺少性格和生命，远不如本图二宫女神采自然。如同出一手，似不应差别如此显明。

# 四四　南北朝邓县画像砖妇女和部曲鼓吹

图九一　上：[南北朝] 双鬟髻、两当衫、笏头履贵族和双鬟髻侍女砖刻画像（河南邓县出土）
中：[南北朝] 着小冠、梳双丫角、袴褶、挟棋子方褥、执大型尘尾侍从砖刻画像（河南邓县出土）
下：[南北朝] 荷叶帽、袴褶、鼓吹部曲砖刻画像（河南邓县出土）

原物藏中国历史博物馆。

上图妇女装束是南朝齐、梁间有代表性的流行衣着。发顶抽鬟上耸式样，一说出于仿效飞天，即东晋以来的“飞天紒”。但从传世材料分析，飞天发髻相近的，时代实多晚于晋代。这种头顶作上耸双鬟髻式，以后显然得到多方面发展。从《洛神赋图》、唐代敦煌壁画作龙女、天女及少数伎乐壁画，到五代王建墓棺座伎乐石刻、宋人绘《朝元仙仗图》，有无数相似而不尽同的髻样流行。最早反映到活人头上，出现于画塑、石刻，就目下已知材料说来，还是在南北朝时代较可信，内中以邓县画像砖墓反映特别具体逼真。

当时还流行两当衫，实仿自两当铠。妇女也穿它，成为一时风气。本图反映也比较具体。脚下穿的鞋子，前部高高耸起，名“笏头履”。男女原有分别，男的头方，女的头圆，不久即混同无别。是从晋代高齿屐演进而来。到唐代，上耸一片的通名“高墙履”，上部再加重叠山状则叫“重台履”。永泰公主墓壁画中一组宫女，穿的全是“重台履”（见插图六一）。

中图是一般部曲侍从。其中二人戴晋式小冠子，二人头着二丫角，手中各有所执掌。后二人一执大型尘尾，一挟碁子方褥，衣虽短袖口仍极大，一望而知是齐、梁盛行式样。

下图是部曲鼓吹。魏晋以来，封建军事割据统治者，出行仪卫必多具鼓吹，由封建主颁发，赐者用示恩宠，笼络部下，得者可壮观瞻，夸耀同辈，威吓人民。正如曹植文说的“鸣笳开路”。《三国志·吴志·周瑜传》注引《江表传》：“策又给瑜鼓吹。”又《吕蒙传》注引同书：“乃增给步骑鼓吹。……拜毕还营，兵马导从，前后鼓吹，光耀于路。”又《周泰传》注引同书：“使泰以兵马导从出坞，鸣鼓角作鼓吹。”制度虽本于西汉黄门鼓吹而来，乐器已不相同。山东两

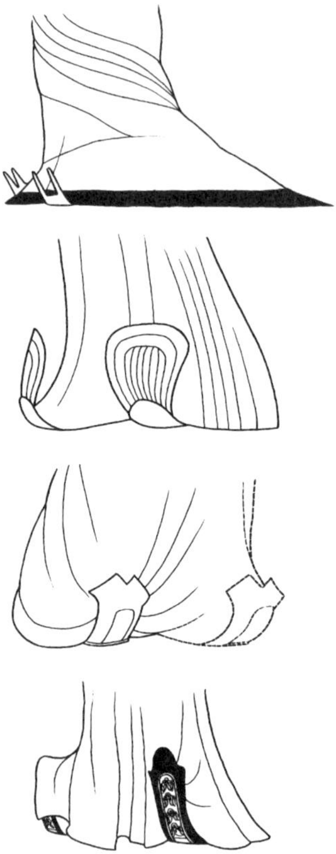

1

2

3

4

插图六一·履

1：歧头履（马王堆一号汉墓帛画）

2：笏头履（邓县南北朝墓模印彩绘砖）

3：高齿履（阎立本《列帝图》中隋文帝侍臣）

4：重台履（吐鲁番阿斯塔那出土唐仕女图）

城山汉石刻黄门鼓吹，据武帝《秋风辞》“箫鼓竞奏渡汾河”故事而成的一个画面，用四排箫及二人击建鼓共成一组。汉末军乐流行胡笳、胡角，胡笳应属短形箫管乐器，汉代胡角还无形象可证。本图所见，吹的是角，即胡角。和龙门石刻敦煌壁画所见相同，反映到画塑上多略呈弯曲，有的口端还悬挂彩绸作成的小幡或彩旒，有的没用。据《北史·蠕蠕传》记载，得知当时这种马上乐器，多漆得红红绿绿。唐人写边塞诗常提及的“画角”，就由之而得名。唐代在行军仪卫中使用鼓角数目，有明确等级，不许滥用，具载于《唐六典》。角分“长鸣”、“中鸣”，敦煌壁画《张议潮出行图》（见图一四〇）前骑从仪卫，有形象反映，相当具体（近年长沙出土西晋墓大量青釉骑从鼓吹俑，和诸传记载可以印证。骑从中犹具汉式梁冠，吹汉式排箫。得知殉葬明器，两晋时湘中还采用汉代制度。事实上中原西晋人在日常生活中是已不再使用这种汉式大型梁冠）。

这个画像砖上用步卒鼓吹，反映正是南朝马匹贵重难得时期情况，鼓角向例兼用胡角，顶部垂流苏，鼓已改为鞶鼓，挂佩腰间，一杖击打，一手舞䥫用成节奏，可见当时应用制度。《梁史·萧察传》：“察恶见人白发，担舆者冬裹头，夏加莲叶帽。”本图鼓吹部曲头上戴的，宜称“莲叶帽”，具一般性。至于撒口裤膝下扎缚，为北朝通例，南朝于某一时期某一地区也采用，唐、宋犹未尽废。有敦煌唐、宋壁画可证。

# 四五　南北朝着两当铠拥仪剑门官

图九二　［南北朝］小冠（平巾帻）、两当铠、袴褶、执仪剑门官（河南邓县画像砖墓墓门壁画）

河南邓县彩绘画像砖墓门壁画，据中国历史博物馆摹本。

人着紫衫，外罩革制两当铠，戴小冠（或平巾帻、介帻），拥斑剑（即仪剑）。

刘熙《释名》：“铠，……或谓之甲，似物有孚甲以自御也。”亦曰“介”，亦曰“函”。以字义言，介似应指麟片积累而成，函式甲宜为筒子式，铠则通名，《说文》将某部分甲专名某某铠可证。所以马甲也称“马铠”，曹植文即已提到。

古代特别重皮甲，犀兕（野牛）鲛（鲨鱼）通用，最贵为犀甲。《左传》和《诗经》均提到，坚而耐久，上绘彩色，分段连属，下加锦彩作边缘装饰。长沙楚墓出朱髹残甲可证。也有用铁片或编组丝带而成的。一般实用仍尚皮甲或铜片连缀作成。用绢帛加绵衲成则名“练甲”，也具一般性。如卫、霍远征西北，气候变化极大，二十多万兵卒，当时穿着极多必是绵甲，钢铁、皮革甲主要也只是保护胸背部分（近年新出大量秦汉彩俑，证实这个推测和事实相近）。汉末甲的种类加多，琐子和两当是两种新产品，曹植《上先帝赐铠表》称“先帝赐臣铠，黑光、明光各一领，两当铠一领。今代以升平，兵革无事，乞悉以付铠曹自理”，并有上琐子铠事。

晋南北朝仍重犀皮甲，晋庾翼《与慕容皝铠书》：“邓百山昔送此犀皮两当铠一领，虽不能精好，复是异物，故复致之。”这种犀皮两当甲大致多成于广东工人手中，刘宋《元嘉起居注》称刘桢弹广州刺史韦朗，于广州作官时，“曾作犀皮铠六领，请免官”，可以互证。也用铁作，见晋《建武故事》，记“王敦兵皆重铠浴铁”。特别讲究的也用金丝，见车频《秦书》，记“苻坚使熊邈造金银细铠，镂金为线以缧之”。说“缧之”，则近金银锁子甲矣。两当加金银装，则载于《隋书·礼仪志》。

南北朝武俑出土极多，因此明白两当铠制度，为前后两大片，上用皮襻联缀，腰部另用皮带束紧。外罩袍服，下面大口袴加缚，便成一时流行袴褶服。唐人因此称“临戎之服”。袍服一脱，即可作战。脱卸既极便利，是以南北流行，唐、宋还未尽废。也有将两当加于衣上的，本图和同墓砖刻骑马官吏情形相同。等级则从颜色和材料区分。图中人着紫红衣，身份必较高。《隋书·礼仪志》称：“侍从紫衫，大口袴褶，金玳瑁装两裆甲。”既说“紫衫”，则大口袴褶只指袴加缚而言。都在本图中反映得相当具体。

仪剑亦起于汉、魏间，周迁《舆服杂事》称“汉仪，诸臣带剑至殿阶解剑。晋世始代之以木，贵者犹用玉首，贱者用蚌、金、银、玳瑁为饰”，《晋书·舆服志》记载相同。虽用木作，还保留战国以来玉具剑制作制度。也称“仪刀”，从柄端作环状可知。因汉代以来用环多属刀类，“龙环”、“雀环”，多指环中接柄处突起一小龙首或乌首而言。实物亦有发现。

《晋书·五行志》称：“晋末皆冠小而衣裳博大，风流相仿，舆台成俗。”这两个门官可代表上层人物小冠一例。同墓砖刻中种种则反映下层效法。并由大量画塑得知，晋冠已无上耸之梁，应名为“平上帻”，即汉制平巾帻，而中央不凸起。《舆服志》：“平上帻，服武官也。”唐代则名“平巾帻”，又名“介帻”。介帻照形义言，应为后部较高起如甲壳状，隋唐画塑都常有反映，而且朝服、礼服应用广泛。照《隋书》说，则等级区别，在帻上横撇簪导。王公卿相用犀、玉，以下用骨、角。出土玉簪导，有长近一市尺的，则位置较下，横贯帻孔。本图原画有模糊交代不清处。脚下所着为笏头履，惟前部上翻，不如砖刻图像高。

# 四六　北朝景县封氏墓着袴褶俑

图九三　左：[北朝]穿两当铠、袴褶服官吏陶俑（河北景县封氏墓出土）
中：[北朝]甲胄、袴褶、执盾武士陶俑（河北景县封氏墓出土）
右：[北朝]袴褶服仆从陶俑（河北景县封氏墓出土）

有关裤褶，《晋书·舆服志》记载是："裤褶之制，未详所起。近世凡车驾亲戎，中外戒严服之。服无定色，冠黑帽，缀紫摽，摽以缯为之，长四寸，广一寸。腰有络带，以代鞶革。中官紫摽，外官绛摽。又有纂严戎服而不缀摽，行留文武悉同。其畋猎、巡幸，则惟从官戎服，带鞶革，文官不缨，武官脱冠。"《南齐书·舆服志》叙述大同小异。惟据说"长四寸，广一寸"的紫摽、绛摽，是放在帽上还是络带间，从画塑上探索，难于具体。

此外南北史传记部分均常有记载，《隋唐·礼仪志》并加以总结式解释。但裤褶形象特征，除膝下加缚，分大小口，此外终难明确。所以到后来有人以为褶就是裤的别名，只指膝下加缚带的大口裤而言。有的又以为应包括衫子类上衣及两当甲在内（宋、元人谈褶子，则多指大袖上服。如海青褶子，即明确限于袖口敞开上衣而言）。如就南北朝大量画塑为主，结合文献试作探索，有些千多年来不易明确问题，还是可望得到些文献所不具的新的知识。

一、裤褶基本式样，必包括大、小袖子长可齐膝的衫或袄，膝部加缚的大小口裤。而于上身衫子内（或外）加罩两当。晋式小冠子或北朝筒子帽、漆纱笼巾，在某种情形下，则在巾帽络带间另有不同彩色标记。

二、裤褶作为赐物，常成份配套，其中也可能包括两当铠在内，但不一定在内。因为除颜色、材料分别等级，加工方法则有"纳"的，有"绣"的，还有用狮子（或符拔）皮作成的，既相当结实，也相当美观，具有一定防御刀箭和畋猎时抵抗猛兽伤害的功能。所以临戎戒严、畋猎出巡，为文武通服。

有关第一点，从时代相近的代表北朝的河北景县封氏墓、山西北齐张肃俗墓及河南邓县画像砖墓所得材料，加上敦煌唐初贞观时

插图六二・丹阳南朝墓砖画具装马

壁画帝王行从部分图像综合看来，把图九三摹绘形象称大口袴褶服，是恰当的。

有关第二点，袴褶不仅指袴子，必然还有其他衣物成份配套，据《北史》记载可知。《蠕蠕传》载赐阿那瑰物品中有“细明光人马铠一具，铁人马铠六具”。据形象反映，这种人马铠，人铠有的是两当甲，有的是革制胸部加有铁制镀银护心镜；马铠有的是柳叶条子形，有的又如绵袄子形（也有用棕衣作的，则近于冒充，见《南史・东昏侯纪》）。袴褶则说“绯纳小口袴褶一具，内中宛具。紫纳大口袴褶一具，内中宛具”。由此得知，所赐袴褶除主要部分外，必然还有配合部分，所谓“内中宛具”，当指附件应有尽有而言。又《南史》称蠕蠕于“齐建元时献狮子皮裤褶”（旋经胡商证明，白色花纹如虎皮，是符拔皮，不是狮子皮。近年出土隋武士俑，有着裤褶的，两当部分即现虎纹），又可足浑长生和于提二人出使高车时，“各赐绣裤褶一具”。可知裤褶有衲成的，又有绣的。两当则讲究的必作金银装，见《隋书·礼仪志》记载。又有所谓“合裤袄子”，和裤褶的差别何在，一时还难明确。目下所见，则诸墓仆从俑穿着多相近。

《旧唐书·舆服志》称帝王导从必着“两当裤褶”，敦煌初唐画帝王行从前后诸官，服装和本图所见，即大同而小异。因此说，这是晋南北朝时的裤褶，大致是不错的。惟裤褶的应用，还是北方部族为便于骑乘作战而产生，南朝即使用，也依旧限于长江以北若干地区，江南出土绘塑图像上还少见。实物则至今未见有出土。至于具装马，惟近年镇江地区新出一附有《竹林七贤图》为主题的南朝墓中砖刻图像可证制度（见插图六二），此外即少见。

# 四七　北朝景县封氏墓出土男女俑

图九四　左：[北朝] 着披风、袴褶从官陶俑（河北景县封氏墓出土）
中：[北朝] 小冠子、袴褶文官陶俑（河北景县封氏墓出土）
右：[北朝] 戴漆纱笼冠女官陶俑（河北景县封氏墓出土）

图九四左一人所戴，和后世风帽相近，后垂披肩，穿当时流行小袖裤褶。虽加披风式罩衫，全身有障蔽，或许不算“接离”，因只有风帽与披风相连，笼罩全身，方称“接离”，且是妇女使用的。

本图中间一男子戴小冠子（或介帻、平巾帻），穿交领大袖裤褶服。干宝《晋纪》称汉末晋代流行小冠子，仅簪于顶上。从出土大量材料分析，主要变化却是东汉习见前高后卑高耸梁冠的梁已不再用，而余下帻部越缩越小，这缩小部分实属于略有变通的平巾帻或介帻。本图形象和河南邓县砖刻形象可证。袖口特别宽大，照史志以为起于东晋末年，则显明和小冠子同受南朝风气影响（参阅《斲琴图》说明）属文官侍从性质。

本图右边为一女官，戴北朝特有漆纱笼冠（也有叫“笼巾”的，直沿袭到唐初。后来宋、明两个时代的笼巾，还是从它发展而成）。衣交领大袖衫子，长裙外着，且提得极高，已启隋代裙式。

同类几种型式的男女俑，从北朝中期开始，还经常发现于隋墓中，有的又和其他时代较近的形象相混合。由此可知：一、由东魏、北齐、北周到隋代，男女官服衣着还多承定都洛阳改定服制以后习惯，虽有变化，并不太多。二、凡属墓俑，多系照习惯安排，朝代虽改，墓葬中为死人应用的器物衣着却不马上都改变，但在当时的现实社会中，也可能已经不再出现，甚至还有故意把前一代贵族衣着，加之于新朝仪卫侍从婢仆身上的。贯串整个封建制社会，各朝代均有相同情形。如新出土明初藩王诸陵（朱檀等）墓中大量仪卫俑，就有衣着实宋、元官吏，持仪仗作马夫形象。这点认识对于我们从墓俑研究古代衣服制度有极重要意义。应辩证地作分析，且必需作综合比较，特别是南北朝交错时，衣服制度的变化和政权转移经常有不一致处，这种种情形应当明白。

因此，多样化实是必然，而不是偶然。所有引例都不免有一定局限性，难于以一概全。

# 四八　北朝敦煌壁画甲骑和步卒

图九五　［西魏］两当铠、甲骑武士（敦煌二八五窟壁画）

图九五（续）　［西魏］巾子束发、圆领衣步卒（敦煌二八五窟壁画）

敦煌二百八十五窟西魏五百强盗故事画，图九五据敦煌壁画摹本。

军官着两当铠，骑具装马（人甲长齐膝，马甲下作波浪状，为其他塑绘少见）。步卒持步盾、环刀，结巾子。执戟的戟形和汉代一横一竖的卜字形已不同，有了进展。与《女史箴图》冯媛当熊部分二卫士手中所执戟形相近。更和宁懋孝子石室门卫武士手中戟式相近，适于搏斗。到唐代，如敦煌帛画渡海天王手中所持，便逐渐变成为后世的方天画戟矣。

南北朝两当铠有各式各样，图中甲式近于鳞片重叠而成，具装马情形也相同。北朝以来，常当成“一份”而作，所以赐物中常提“人马铠”。一般性铠甲加工，多为朱、绿、黑色漆，特别贵重精美的用金银装。两当且有狮子、符拔、虎豹犀牛皮的。步盾用木作成，或蒙厚皮，式样也有改进，比汉式加长，能障蔽全身。一般只涂成黑色，讲究一些则加朱漆。戟槊下部多附彩饰，用丝绸作成，名叫“幡”。到唐羽林军犹使用，名叫“纷”。北朝用白色牦牛尾作成称“白旄”，和大纛用材料相同，不过色有赤、白、黑不等。

《北史·蠕蠕传》记明帝赐阿那瑰一份礼物，内中兵器甲仗，有些名目很重要，可供比证：“诏赐阿那瑰细明光人马铠一具，铁人马铠六具，露丝银缠槊二张并白毦，赤漆槊十张并白毦，黑漆槊十张并幡，露丝弓二张并箭，硃漆柘弓六张并箭，黑漆弓十张并箭，赤漆楯六幡并刀，黑漆循六幡并刀，赤漆鼓角二十具，……”

《南史》叙西域诸部族人民衣着时，就经常说起“小袖长袍，小口袴”。例如叙武兴、高昌、滑、渴盘陀、末及蠕蠕装束，无不有相同形容。敦煌北朝诸壁画，虽然居多是宗教迷信主题，但是画中人各阶层衣着，还是和当时当地风俗习惯密切相关。虽不具部族名，衣服种类多大同小异。一般式样多是圆领封襟，袖小衣长不过膝，加沿。上层统治者则加罩披风式外衣。图中官兵为便于行动，除膝下加缚，还在踝部加缚，穿软底鞋，是北朝以来黄河以北人民或兵士常见装束。和齐、梁时南方一般仆从衣袖大将及二尺，足下履齿高昂，有明显区别。

# 四九　北朝着帔子伎乐俑

图九六据草厂坡北朝墓出土彩绘伎乐俑摹绘，原物现藏中国历史博物馆。洛阳北朝墓中也有相同彩绘伎乐出土。

妇女作十字形大髻，余发下垂过耳边，和干宝《晋纪》叙述晋代妇女时装情形相近，和近年南京附近出土东晋、南朝墓妇女俑发髻也多相同处。至于一般北朝彩绘石刻，尚未闻有同样材料发现。因此可知这类装束，应是西晋传来，比墓葬时代较早。东晋时妇女部分装饰，尚沿旧例而逐渐加大。又图中妇女彩绘肩领间加着花帔子，裙上也有花纹装饰，作成三角状，和唐代"十二破"、"六破"式舞裙大有差别。《二仪实录》称："晋永嘉中制绛晕帔子。开元中，王妃以下通服之。"除云冈前期佛像外，本图可以作晋代帔子形象重要例证。虽和唐代的奉圣巾、续寿巾少共同点，但和宋代妇女作两长条绣花固定于衣服肩领间的领抹，却有些相合。所作如限于绣领，则为汉代旧制。长沙出土帛画妇女及侍从均有明确形象。宋代妇女着对襟上衣称"旋袄"，由领直下两条窄花边则称"领抹"，在绣件中成为主要装饰。

裙上花纹装饰作正倒三角形拼合而成，在同时画迹、陶塑、石刻中，也为仅见重要材料。《东宫旧事》载太子纳妃有各种纱罗单裙、复裙，近年江西发现西晋墓葬木简牍和铅券中，也记载有各种裙子名目。可知这一时期裙的应用既普遍又多样化。本图裙子式样和使用情形，及上面装饰花纹，形象虽极其简单，但十分重要。有可能这原

图九六　上：［北魏］大十字髻、余发抱面、交领、花帔、上襦、长裙妇女彩绘俑（西安草场坡出土）

下：［北魏］十字髻、余发抱面、交领有条纹上襦、有花纹长襦乐伎彩绘俑（西安草场坡出土）

是西晋宫廷歌舞伎裙子剪裁方法之一种。东晋六朝有因袭，加以发展而成图八九所见式样。

照历史习惯，北朝统治者把前一朝代贵族妇女转为歌舞伎，是自然情形，不足为奇。

# 五〇　南北朝宁懋石棺线刻各阶层人物

图九七　［北魏］着巾子短衣农民和各式丫髻、大袖衣贵族及仆从石刻画（洛阳宁懋石室出土）

图九七据拓本摹绘，河南洛阳出土，原物在美国。

棺用青石作成，上面用细线刻兼赐刻法，分别作古代孝子故事，每一故事上角并留有空处，分别标明主要人物姓名。根据西汉末刘向编的《孝子传》故事加以发展而成。故事虽出于西汉，但本图背景的山石、屋宇、器用和人物衣着，却反映北朝中期社会习惯和现实生活，而且艺术处理十分巧妙。对前期山水画史和人物画史两方面都有重要参考价值。可和近年南京新出南朝砖刻《竹林七贤图》、传世《洛阳赋图》作比较研究，得知各个画刻产生相对年代。更重要处是画图中作的多是当时平民家常装束，并具有高度写生手段，为其他画塑少见。

图中有农民、平民、男女婢仆、部曲依附客户、贵族男女，……衣着各不相同，发式更富于多样化，但丱角髻在年纪较轻身份较低部分男女头上出现格外多。图中还有板舆、三轮车、帷帐、幄帐等等，和当时应用情形，在其他画刻中也少见。从本图和敦煌开元、天宝间壁画《剃度图》（见插图六三）、《宴乐图》中反映比较，进一步得

插图六三・敦煌壁画《剃度图》所见帷帐

插图六四・宁懋石室石刻所见帷帐

知古代人野外郊游生活，及这些应用工具形象和不同使用方法。从时间较后之《西岳降灵图》，及宋人绘《汉宫春晓图》所见各式步障形象，得知中古以来，所谓“步障”，实一重重用整幅丝绸作成，宽长约三五尺。应用方法，多是随同车乘行进，或在路旁交叉处阻挡行人。主要是遮隔路人窥视，或避风日沙尘，作用和掌扇差不太多。《世说新语》记西晋豪富贵族王恺、石崇斗富，一用紫丝步障，一用锦步障，数目到三四十里。历来不知步障形象，却少有人怀疑这个延长三四十里的手执障子得用多少人来掌握，平常时候又得用多大仓库来贮藏。如据画刻所见，则“里”字当是“连”或“重”字误写。在另外同时关于步障记载，和《唐六典》关于帷帐记载，也可知当时必是若干“连”或“重”。

这种根据西汉末刘向编的《孝子传》产生的故事画，和封建社会儒家提倡的教育学说密切相关。西汉时除作屏风画外，即已经使用到其他各方面。东汉墓葬砖石刻画中，也占有一定地位（见插图六四）。

南北朝时，分割成两个政权，两方面的政权又时有转移。新的君臣关系，已不能用“忠”字加以巩固。但统治者和依托于这种统治下的中上层知识分子，却依旧把孝道和礼制结合得极其紧密。一面抵抗外来佛教思想的迷信，另一面还力图维持儒家的思想正统，用来维持自汉末黄巾起义以来的封建传统权威。为争正统，不仅东晋六朝在南方提倡儒学，大臣名士的死后传记中，不问真伪，照例必留下一些经传注疏著述名目，即在羌、羯诸族先后残酷屠杀过程中，上层统治者方面情形也多相同。

图中农民巾裹衣着无一定格式。侍仆情况稍不同，由于日常接近统治者，在衣着上也有所反映。至于几个近似中等贵族男女，则除头上发髻处理还保留些北朝习惯特征，衣着方面从上到下显明已经接近汉式。

# 五一　南北朝宁懋石室石刻武卫和贵族

图九八　左：［北魏］鹖尾冠、鱼鳞甲、执戟盾武士石刻画（洛阳宁懋石室出土）

中、右：［北魏］漆纱笼冠、方心曲领袍服、笏头履贵族和双丫髻、大袖衣侍女石刻画（洛阳宁懋石室出土）

图九八据线刻拓片摹绘。

二武卫手执武器守卫墓门前，和汉代石刻墓门卒及河南邓县南朝画像砖墓门两侧彩绘门官地位相同，意义却不尽同。一般门卒门官多反映生活现实。左图武士相貌狞猛，已如佛教传说中之金刚力士，似有守护神含义，地位特别突出。应劭《风俗通义》说，汉人于门前画神荼、郁垒，以辟邪祟。此后宋、明、清千年来衙署门上必彩绘秦琼、尉迟恭，或庙宇山门前彩塑，则由风雨雷电四神发展而成的天龙八部，减缩而成四大天王，更减成哼哈二将，都具相同用意。武士衣甲细部刻画完整，头上着巾子插二鹖尾，是古代画刻中表现鹖尾应用特别具体的一例。一手持雕成云纹装饰步盾，盾下附有长柄，唐代墨绘磁器中曾一见，此外即少见。一手执长戟（另一人则执环刀），甲制刻画完整具体，护膊部分作三叠，甲身分二段，内衣仍具袴褶服制度，在这一历史阶段中为仅见完整材料。

图中、图右均为贵族或高级文官形象，衣大袖朝服，胸前曲领拥颈，腰部紧缠鞶革，脚下着笏头履，头着汉式平巾帻，外加北魏迁都洛阳以后力求汉化而特制定型的圆顶漆纱笼冠，且由脑后耸起一个钓竿式东西，由冠顶绕到前额，下垂一缨穗状装饰，似应名叫“垂笔”，本于汉代簪笔制度。虽本意仍在取法汉代细纱冠子和御史簪笔制度，实得不到本来面目，反而成为北朝特别标志。人身旁各有梳双丫髻年轻女侍扶持，也是依据汉旧仪而来。汉旧仪记载，凡入朝廷台省当值的高级大臣，必照规矩派两个长得端正的青衣照料生活，供应绫锦卧具。青衣持薰笼，焚香护衣。图中反映，虽并不合规格，总还像是遵循汉代制度。

# 五二　北齐校书图

图九九　［北齐］巾子、披纱、衫子文人和双螺髻、小袖衣、长裙、执器物侍女（《北齐校书图》）

据郑振铎影印《流传海外名画集》摹绘，原画现藏美国波士顿美术馆。

著录旧题阎立本《北齐校书图》（又故宫博物院藏有五代丘文播作《文会图》，只节取其主题部分，略加树木背景，曾刊印于《故宫周刊》，或依据另一传本而成）。画中作诸文人在一大榻上，执笔展卷，榻间并罗列琴尊、果品、笔砚等物。另一梳丱角髻文士则独坐胡床，也作展卷欣赏斟酌字句神情。女侍数人，都梳双螺髻，额前发式也作卷螺纹佛装。其中一人抱一个鹅蛋形晋南北朝时习用的隐囊。在同时期画刻中还可以看到它的使用情形，例如龙门宾阳洞北魏石刻有维摩变一铺，面貌清癯神情萧散的病维摩，即斜倚一同式隐囊（见插图六五）。敦煌石窟唐初壁画维摩说法图，也倚一相似隐囊。

画题作《北齐校书图》原因，宋人韩元吉跋称："齐文宣天保七年（公元556年），诏樊逊校定群书，供皇太子。逊与诸郡秀高乾和、马敬德、许散愁、韩同宝、傅怀德、古道子、李汉子、鲍长暄、景孙，及梁州主簿王九元、水曹参军周子深等十一人，借邢子才、魏收诸家本，共刊定秘府纰谬，于是五经诸史，殆无遗阙，此图之所以作也。……"因旧题唐阎立本作，黄山谷作画记叙述甚详，韩元吉以为可疑，所以跋中还说："至唐已隔陈、隋二代，不知何自得其容貌仿佛耶？"

画作盛夏时情形，人多衣着极薄，有的胸部袒露，其中一人在榻前，有一小僮正为脱短统靴。就主题部分诸人衣着形象处理而言，本来应当还是北朝时人作的《竹林七贤图》之一，画中表现，正和《世说新语》说的竹林诸人同作散发裸身之饮及肆意酣畅情景相合。画中器物，都是北朝时代式样（每一件都可在河北景县封氏墓中出土瓷器群中发现）。坐胡床的

插图六五·龙门宾阳洞北魏造像病维摩

梳双丫髻，坐大榻上的着纱帔衫子，内露出有襻带的“两当”、“袙腹”，都是当时南北通行衣着。南朝人王筠作《行路难》诗即曾有关于两当、袙腹的描写。后人不明画中用意，据旧稿略有增饰，题作“阎立本作北齐校书图”。又因图中人还具魏晋衣冠风致，传世别本更附会为顾恺之《文会图》或《勘书图》。五代丘文播摹本因之仍题《文会图》。内容实与汉、唐人说的校书制度毫无共同处。若据本图另一仆从巾子衣着及一马夫帽子看来，原稿虽出于晋南北朝，本图摹绘年代，或可晚到五代、宋、辽、金时，因为一背立仆人巾子衣着式样，和传世《卓歇图》或《十八拍图》中契丹或女真人巾裹有相近处。南北朝或唐人从未出现相同巾裹。

前人著录中题顾恺之作的《勘书图》、《高贤图》、《列仙图》，都有可能指的恰是这个画卷的复本另起名目，却很少有人认为它和“竹林七贤”有关。其实图中人物衣着及精神面貌，用来和传世《洛神赋图》、《斲琴图》比较，说它是时间稍后北方画家作的《竹林七贤图》，可靠性还较多些。

# 五三　北齐张肃俗墓出土男女陶俑

图一〇〇　左：［北齐］双髻、短衣、袴褶侍女彩绘陶俑（太原圹坡张肃俗墓出土）

中：［北齐］双髻、上襦、袄腰长裙侍女彩绘陶俑（太原圹坡张肃俗墓出土）

右：［北齐］戴巾子、袒臂、袴褶男侍彩绘陶俑（太原圹坡张肃俗墓出土）

原物藏中国历史博物馆，山西太原北齐张肃俗墓中出土。

右图男子衣小袖齐膝袄子，大口袴膝下加缚，头上巾裹系结发于顶，用帕头搭盖，另用小带子扎定，可说是唐代幞头的先驱。中图妇女衣小袖合领长袍，腰间垂裳如腰袱，头作双螺髻，已近隋式常服。左图妇女着大袖合领衣，大口袴，膝下加缚，这个式样和男子一样，在当时都应当名叫“袴褶服”，为便于骑乘而作。但到唐代后，女性却已改穿条子卷边波斯式长裤，不再使用这类衣制。

东晋以来，久住中国华北和西北的羌、羯、鲜卑诸部族，进入陕、晋、燕、豫，百十年中此兴彼起。一面是民族矛盾尖锐剧烈，中原生产力受长期战乱影响，破坏极大；另一面是各族人民文化，包括有关生活起居服用种种，相互截长补短，日趋融合。以衣服材料而言，毛织物即显著有了增加。汉、魏以来，主要还只把它作为毡褥使用的，这时已代替一部分锦绣地位。《晋书·五行志》称两晋时，人民即喜用毡罽作帕头、络带和袴口。袴褶服更多用毛织物作成。饮食方面又流行“羌煮貊炙”，吉凶筵会都少不了。据《东宫旧事》记载，太子纳妃器物中，即有专为吃羌煮貊炙的“朱漆貊炙槃”、“朱漆貊炙大函”等物。由此得知，当时社会生活时尚，已由民间影响到宫廷。北齐颜之推作《颜氏家训》，还提及炼胡桃油作画、习鲜卑语，为一时社会时髦，实和生活出路关系密切。《北史·祖珽传》也说到会熬胡桃油作画。宽衣博带本是中原旧俗。魏晋以来，诸军事领袖也多以幅巾为雅，临阵指麾，还不着甲胄，如裴启《语林》述孔明纶巾羽扇指麾军事，成为有名故实。到东晋六朝，士大夫更加提倡，但到临戎、戒严，求便于骑射行动，也就接受了北方游牧族通行的两当铠、袴褶服。大江以北则于苻坚、石虎时，已采用汉式舆服，早先或者还只能说是为少数统治者用壮观瞻炫惑人民。自魏孝文帝由武州塞迁都洛阳，用法令推行汉化后，服饰、语言、文字无不改易，姓名也由皇族帝室作起，照汉人习惯改称元氏。这样一来，社会、文化各方面的融合，更为显著。

史传喜说唐代胡服，一般特征男性多指浑脱帽、圆领（或翻领）小袖长仅过膝衣衫，女性则为条纹卷口长裤、透空软锦鞋。事实上在北朝后期这种种式样即已在画塑中常见，男性衣着更普遍。麦积山北朝塑相一小童，衣帽即已近唐式。至于来源，唐人史志记载多较简略，且有附会处。从《南、北史》或《隋唐》记载中，反而可明白得多些。

“武兴，本仇池，……着乌皂突骑帽，长身小袖袍，小口袴，皮靴。”“高昌，……着长身小袖袍，缦裆袴。”“滑国，……人皆善骑射，着小袖长身袍。”“渴盘陀国，于阗西小国也，风俗与于阗相类。衣吉贝布，着长身小袖袍，小口袴。”“末国，汉世且末国也。土人剪发着毡帽，小袖衣，为衫则开颈而缝前。”“蠕蠕，……辫发，衣锦小袖袍，小口袴，深雍靴。齐建元三年，……献狮子皮袴褶。”“匈奴宇文莫槐，出辽东塞外，……妇女被长襦及足，而无裳焉。”

入居中原西北方诸民族，此兴彼落，前后相继约两个世纪，衣食住行相互影响，极为显著。到隋代统一时，为团结诸部族统治上层，有以数万计（甚至于以十万、二十万计）的蕃客胡人，集中长安定居或转迁南方。所以谈唐代胡服，史志说始于开元、天宝间，实由《五行志》习惯附会政治而言。说而宫廷而影响一般社会，也不尽可信。事实上，如联系历史文物分析，说它和汉、魏晋、南北朝前后约三四个世纪的民族文化生活相互融合不可分，有个长时期的影响，才比较符合历史情况。

# 五四　隋青褐釉陶舞俑

图一〇一　［隋］小袖、长裙舞女青釉陶俑（故宫博物院藏）

原物藏故宫博物院。

俑多小袖长裙，系裙到胸部以上。发式也比较简单，上平而较阔，如戴帽子，或作三饼平云重叠。额部鬓发均剃齐，具北周以来"开额"旧制（事实上战国楚俑和小玉人中已有反映），陕、洛出土的陶俑和敦煌壁画反映均相同（见图一〇二、一〇三）。段成式《酉阳杂俎·鬟髻品》称“隋文宫有九贞髻”，宇文氏《妆台记》称　“炀帝令宫人梳迎唐八鬟髻”，马缟《中华古今注》亦有“隋大业中令宫人梳朝云近香髻、归秦髻、奉仙髻、节晕髻”。凡小说杂著叙妆饰部分，常多有意附会，巧立名目，难于征信。例如《古今注》、《博物志》、《西京杂记》、《拾遗录》、《杜阳杂编》、《清异录》、《炙毂子》、《事物纪原》、《元氏掖庭记》、《嫏嬛记》、《女红余志》等等，均有相同情形。本图所见式样，名目虽难具体，但据敦煌隋代壁画及近年李静训墓出土大量陶俑反映，可知同式发髻，在隋代实具一般性，贵贱差别不甚多。据近年新出唐初李寿墓石刻画中伎乐反映，则初唐还少变化，和隋代无显著区别。据传世唐人绘《步辇图》（见图一一五）得知，唐初宫女衣着，虽起始出现软锦靴，条纹卷边袴，近波斯式，惟发髻变化还不多，仍作隋代旧样。进一步明白《步辇图》即或出于唐代早期画师，惟作者未必是阎立本。

《北史·裴矩传》称，炀帝时，为了向蕃客胡商宣扬国家财富和文化，曾大作排场，“帝令都下大戏，征四方奇伎异艺陈于端门街，衣锦绮、珥金翠者以十万数”。《炀帝开河记》则称：“时舳舻相继，连接千里，……锦帆过处，香闻百里。”《大业杂记》也用：“龙舟行船人并名‘殿脚女’，一千八十人，并着杂锦绮妆袄子、行缠、鞋袜等。”《通典》卷一四六叙述得格外详尽：“自大业二年（公元606年）……于端门外建国门内，绵亘八里，列为戏场，百官起棚夹路，从昏达曙，以纵观之，至晦而罢。伎人皆衣锦绣绘彩。其歌者多为妇人服，鸣环佩饰以花髦者殆三万人。……两京绘锦为之中虚。”六年，又于天津街盛陈百戏，“盛饰衣服，皆用珠翠、金银、锦罽、絺绣，其营费巨亿万。……金石匏革之声闻数十里外，弹弦擫管以上万八千人。大列炬火，光烛天地，百戏之盛，振古无匹”。

史志记载隋代末年统治者的奢侈靡费，滥用人力、物力，为中古以来十分突出事件。惟多近于小说杂传记，不免有言过其实处。《通典》叙述，大致还比较可信。如从传世画塑遗物看来，却和记载不甚相称。即以妇女服饰而言，上不如南北朝式样之富于变化，下不及唐代初年及盛唐时之丰富多彩。历史时间较短是原因之一。其次，北周统一时，对于妇女妆饰，曾用严格法令加以限制。如《周书·宣帝纪》："禁天下妇人皆不得施粉黛之饰，惟宫人得乘有幅车，加粉黛焉。"隋文帝取得政权后，由于初步统一，怕农民和统治者的尖锐矛盾再度发生革命，因此在位二十四年中，虽十分佞佛，大兴庙塔之饰，极其靡费，但社会生活却比较简约。传世画塑，多属文帝一朝制度。至于炀帝奢侈靡费，既仅限于一时宫廷特殊生活，时间又极短，不可能影响到社会各方面。因此如本图所见妇女装束，还是比较具一般性，和隋代初年社会现实也相符合。

# 五五　隋敦煌壁画进香妇女

图一〇二　［隋］小袖衣、长裙、披帛伎乐供养人（敦煌三九〇窟壁画）

据敦煌壁画摹本重摹。

妇女衣服多如中原陶俑，小袖长裙。贵族妇女出行或进香则着大袖服，另于衣上加披风式小袖衣。同式衣着较早见于敦煌北魏以来佛传故事画迹中，惟多是男子衣着，且内衣袖小而外衣袖大，外衣只作披风式加于身上。隋代则相反，如图一〇三所见贵族妇女，内袖大而外袖小。据此可知，隋代上层妇女衣着形式，犹受齐、梁风气影响，一般多着无袖端的大袖衫子，男女官服大袖且有进一步发展。但一般便于身份地位较低的人物实用的小袖上襦，流行趋势日益普及。因此有的贵族妇女，另加小袖式披风，竟成一时风气。这种披风式小袖衣，多翻领，画迹上反映，多内外不同颜色，此外并无其他装饰。如外衣略加缩小，单独穿着，用钿镂带束腰，即已近似唐初流行胡服新装。彼此之间必有一定关系，惟南北未必同一。但如何由披风附件衍进成为主要衣着，这个发展过程，知识依旧不甚完备。也有可能形式虽相同，又同来自我国西北部当时文化较高的突厥、龟兹或高昌、回鹘，但彼此关系并不多。因为披风近似毛织物作成，衣着却是用锦绣丝绸加上杂彩条纹小口裤和软锦靴，式样或来自波斯，通过高昌进入中原。新疆近年新出土图画、彩塑，充实了我们许多知识，也肯定这些推测有一定现实性。

图一〇三 ［隋］平髻、着大袖衣、外加翻领小袖帔子贵族和丱角、披帛、执长柄扇女婢（敦煌三九〇窑壁画）

进香妇女乐部用方响，似为较早出现的乐器，到唐初即为云锣代替。

# 五六　隋李静训墓出土男女陶俑

图一〇四　[隋]男女文武侍从陶俑（西安西郊李静训墓出土）

图一〇四陶俑，现藏中国历史博物馆。

据出土墓志记载，墓主是贵族小女孩，隋大业四年（公元608年）九岁即死去入葬。男女群俑均围绕青石棺侍立，宜属当时内官仆从、婢女、武卫、文吏等。部分男女衣服犹如河北景县北朝墓出土俑，着披风或袴褶服（见图九三）。妇女发饰和敦煌壁画所见相同。大袖衣，长裙，垂带，发作三叠平云，上部略宽，仍近隋式一般样子。武卫着甲，持长及半身的步盾。另一年青文吏着袴褶服，顶晋式小冠子，是北朝所习见公服装饰。

除妇女外，其余均保存北齐以来习惯，无特殊变化。这一点相当重要。因为《隋书·礼仪志》重定服制，主要在社会上中层官服有个统一式样，实总结汉、晋、南北朝以来有关舆服叙述，加以概括，截长补短而成。由此得知，事实上两晋南北朝时流行衣着部分还在应用。彼此虽小有差异，基本上是相同的。唐代所谓“胡服”，实从北朝即已流行北方的通常衣着，加以发展而成。影响较大，当在隋唐之际。《步辇图》中执掌扇抬腰舆诸宫女，可看出过渡期式样（见图一一五）。这些数以万计从民间掠来的宫女，照史传记载，多属隋代原有宫人，所以衣着区别实不大。一般趋于瘦长，发式装饰较有明确变化，向偏高发展，唐初李寿墓壁画中贵族妇女开始有明确反映。

# 五七　隋灰陶缠须着袴褶两当武官俑

图一〇五　[隋]介帻、缠须、着袴褶、虎皮两当铠、执环刀武官青釉陶俑（武昌周家大湾出土）

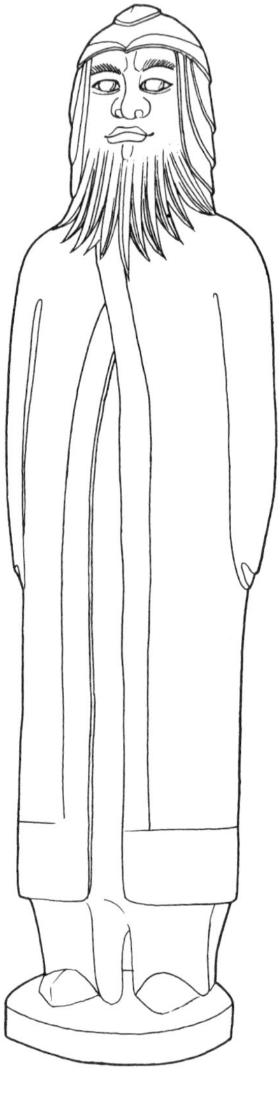

插图六六・隋黄釉陶俑

原物藏中国历史博物馆，图一〇五据俑摹绘。

晋南北朝以来，社会上即流行男子缠须风气，认为可增加美观。本来或因北方羌、羯诸游牧族长期战争行动，政权交替，出于实际需要，把胡须加以有计划处理，到后来才形成一般社会风气。《晋书》即称西晋著名文人，“张华多姿（髭），制好帛绳缠须”。又《南史》崔文伸，亦“尝献齐高帝以缠须绳一枚”。可见缠须还有专用器材，且相当讲究，是用特别材料作成的，且有专名。惟缠须式样，过去未闻反映于画塑石刻上。因此，使用的情形终难明白。南朝著名诗人谢灵运，因须长过腹，临死时还遗愿将它施舍于南海祇园寺，装饰维摩诘塑像。至于北方中原，则因这一历史阶段民族矛盾斗争剧烈，史志常有因胡须招致灾难的记载，给人以深刻印象。因此北魏王公大臣，在画刻上反映，不问老年、壮年，反而极少有留胡须的。

近年隋代大量青釉陶俑的出土，从比较得知，到北周后，胡须又有了新的地位，缠须有许多不同方法，处理胡须用心处比同时期年轻女子处理发髻竟有过之而无不及。“去眉开额”，“直眉曲鬓”，如前人称谢赫作画特长，也反映为南朝妇女一时时髦。“傅粉薰香，褒衣博带，着高齿屐，凭斑丝隐囊”，如颜之推所说，则为齐、梁浮夸贵族子弟一时时髦。也影响到北朝贵族日常生活式样，敦煌北魏壁画中即有明确反映。有胡须的文人、武将以及一般平民，在新的历史阶段中，则把胡须看得特别贵重，精心注意，加以保护安排，有编成辫子一股下垂，或分成两支分列两旁的，也有虽未特别缠裹，如另图（见图一〇六、一〇八及插图六六）文武官样子，却处理得整整齐齐，有条不紊，或下垂成一把，或两端作菱角式略微上翘，保留战国以来式样。直到唐代，或因李世民虬髯，传说须挂角弓，所以一部分贵族武将，还继续保留这个风气。而画塑中的天王神将，则用作威武象征。

至于本图两武官头上所戴，照《隋书》记载，合称“武冠”，事实上是由汉代梁冠去梁改进而成，晋代开始，缩小于头顶，称“小冠子”，惟在顶部横别一小小簪导，绾住发髻，且用不同材料区别等级。不及复转加大，到隋代重新定为制度，必用金、玉、犀角、象牙作成。朝服簪导则由扁平转成圆锥状，一端方头，位置也有了改变，由帻部圆孔横贯发髻，长约一市尺，因此两端常露出寸许。《列帝图》还有明确反映。

这两个武官身上穿着为晋南北朝常见的两当铠及袴褶。本为齐膝大袖衫子，上罩两当（也有两当在内，外罩大袖披衫的），膝部加带缚定，大口袴。袴管作成整齐襞折，比较少见。隋代按品级不同，披衫具各色，惟紫色必高级官僚才许穿。两当有加金银装的，有作虎皮纹的，详载《隋书·礼仪志》。

又据《隋书·礼仪志》称：“诸军各以帛为带，长尺五寸，阔二寸，题其军号为记，御营内者，合十二卫、三台、五省、九寺，并分隶内外。前后左右六军亦各题其军号，不得自言台省。三公已下至于兵丁厮隶，悉以帛为带，缀于衣领，名‘军记带’。”这种军中标志，史志记载虽极明确，实物至今尚无发现，传世画塑也难于取证。

# 五八　隋青釉陶甲士俑

图一〇六　[隋] 袴褶服甲士青釉陶俑（故宫博物院藏）

据故宫博物院藏陶俑摹绘。

甲近新式，是革制，有云肩式披膊，北朝少见。仍为大口袴膝部加缚带。胡须也如经过用心修理。本人身份地位或较高，或属武官性质,不是一般侍卫武官。唐甲十三种,除马甲一种外,人甲计十二种,大部分承袭旧制。本图和图一〇七在唐代画塑中都少见，可供比较研究。

# 五九　隋青瓷执步盾甲士俑

图一〇七　［隋］执步盾甲士青瓷俑（武昌隋墓出土）

武汉隋墓出土,原物现藏中国历史博物馆,图一〇七据原物摹绘。

甲作鱼鳞片,头盔也采用鳞片式,全身包裹严密,步盾制作精美,时代较前和以后都少见。步盾纹饰也极重要,反映到一般画塑都简单,有的且只具轮廓,难得本来面目。这个塑像中步盾周沿金钉圆泡,中作隋代常用小朵花，实物应当是木质上加皮革，用金属圆泡固定，再施彩绘镶嵌金银装饰。

另有执步盾甲士俑，步盾主要部分图纹作双狮子及二武士搏斗状。可知当时盾形虽相近，上面纹饰却各不相同。或因官品不同而形象各异，或因番号不同而有所识别。从传世彩塑瓷俑比较看来，甲胄装备精坚，隋代为首屈一指。后人称辽、金甲骑为“铁浮图”，据图像所见，实远不如本图甲制完备。《唐六典》武库令中弓、刀、甲种类均有记载，盾则改名“彭排”，计六种：一籐排，二团排，三漆排，四木排，五联木排，六皮排，并注明籐、团、漆、木、皮皆古制。画塑中却无形象可比证，实物亦少发现。本图所见，在唐人心目中，就已算是古制，过于繁重，不便使用而作废。因此在画塑上反映不多。

# 六〇 隋青釉陶袍服平巾帻文官俑

图一〇八 ［隋］小冠子（或介帻）袍服文官青釉陶俑（故宫博物院藏）

插图六七·麦积山牛儿堂隋塑天王

图一〇八原物藏故宫博物院。

俑着平巾帻袍服，髭须上作菱角翘，下作尖锥式，为隋代特有式样。武将也相差不多，如麦积山牛儿堂彩塑天王。唐初犹有少数人保留这个式样（见插图六七）太宗亦有虬髯挂角弓传说。但一般图像反映则上部多已下垂，形成三绺须早期形象。另一壁画太宗须即下垂。传世《文苑图》及唐懿德太子墓壁画文武侍从也多垂须，为宋代五绺须打下基础。

官服多大袖而长仅齐膝，唐初李寿墓壁画所见犹相近。到贞观，长孙无忌等重订舆服制度，才一律改为四带巾圆领衫子红鞓带、乌皮六缝靴。终唐沿用三个世纪，五代才在圆领内加一衬领，宋复继承约三个世纪。巾裹虽小有变动，此外则犹唐式。主要区别为唐代圆领服无衬领。

# 六一　隋文帝和二侍臣

图一〇九据《列帝图》摹绘。旧题唐阎立本（或阎立德）绘。

帝王着冕服，属于唐帝王六种冕服之一。侍臣着朝服，戴北朝以来通行的漆纱笼冠（这种笼冠唐初犹未废除，唐服制重定后才少出现）。全图穿冕服的共计七人，由汉昭帝、魏文帝至隋文帝，相去七百年，历朝七八代，全画人物面貌虽有异，服制却多相同，所反映的只是隋、唐人沿袭汉《舆服志》三礼六冕旧说及晋南北朝画塑中冕服而产生的帝王冕服和从臣朝服式样，和汉、魏本来情形并未符合。但是这种冕服式样及服饰纹样却影响到后来，在封建社会晚期还发生作用，宋（及辽、金）、元、明袭用约一千年。本于古代传说而来的十二章绣文和组绶佩玉等等配列繁琐制度，多依据它而成，直到清代，帝王朝服式样有了基本改变，十二章绣文布置也才因之改变并缩小，附于龙袍蟒服间，近于点缀故事而使用。

这种冕服，近年新出土文物中，有山东济南西汉彩绘伎乐俑一组，中有三人袍服戴平板冠，和史志说的樊哙冠相似。武氏祠、朱鲔墓等及沂南汉墓石刻中，留下些冕的形象还极简略，到南北朝才比较完备。近年山西大同北魏司马金龙墓出土了个彩绘漆屏风，上绘《列女仁智图》，其中楚武王形象也作冕服状（见插图六八）。《隋书·礼仪志》称："大业元年（公元605年），炀帝始诏吏部尚书牛弘、工部尚书宇文恺、兼内史侍郎虞世基、给事郎许善心、仪曹郎袁朗等，宪章古制，创造

图一〇九　［隋］冕服帝王和漆纱笼冠、朝服侍臣（阎立本《列帝图》中隋文帝）

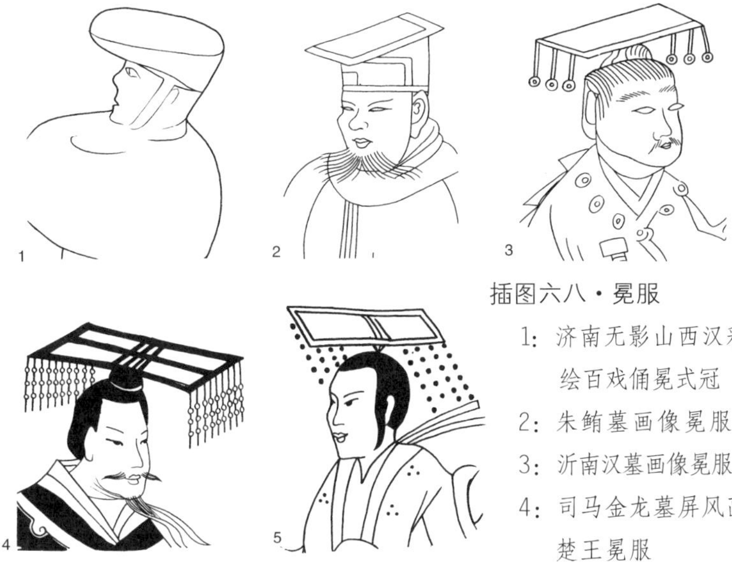

插图六八·冕服

1：济南无影山西汉彩绘百戏俑冕式冠

2：朱鲔墓画像冕服

3：沂南汉墓画像冕服

4：司马金龙墓屏风画楚王冕服

5：集安高句丽壁画仙人冕服

衣冠，自天子达于胥吏，服章皆有等差。若先所有者，则因循取用。弘等议定乘舆服合八等焉。"又因北周以来，衣上绣文十二章中日、月、星辰三事已改用于仪仗旗上，据虞世基议，才又把日、月回复到帝王冕服左右肩膊上，星宿则在后领下（即俗所谓天子肩挑日月，背负七星。至今云南丽江古宗族妇女犹使用作为衣上装饰）。从此以后，"山、龙九物各重行十二，织绣五色相错成文，九章而加日、月、星，足成古绣文十二章数"。用本画和敦煌二二〇窟唐初贞观十七年（公元643年）时，绘维摩变故事壁画下部听法帝王从臣部分冠服相印证，可知《列帝图》或据隋代旧稿而成，有可能即是隋代名画家阎毗的手笔。隋代车舆服制由牛弘、虞世基制定，当时著名艺术家如阎毗、何稠等都参预其事。阎立本、立德原是阎毗的儿子。由于家学渊源，唐代朝服制度因之多循旧例，改变不多。

又《隋书·礼仪志》“曲领”条，引刘熙《释名》称“在单衣内襟领上，横以拥颈”。七品以上有内单者则服之（从七品以上省服，及八品以下皆无）。对于曲领，历来难得其解。近人谈唐代服制，上引唐俑为例，实不相关。因《隋书》即明说七品以上官服才用，一般人不可能用。曲领正确形象，惟据《列帝图》上帝王和侍臣及南北朝时宁万寿孝子石室一石刻着笼冠珥貂大臣像（见图九八）和敦煌北朝绘壁画、巩县石刻唐人作《七贤图》等画塑，尚有较明确形象可证。后来宋人以意附会，把方心曲领作成个8项圈式下垂方锁状，附于衣外胸前，实致误于聂崇义《三礼图》自我作古。元《事林广记》、明《三才图会》仍沿袭而无所改正，以讹传讹，因此难得本来面目。从具体形象出发，才能明白《释名》对于曲领描写的正确。事实上是在内衣胸前项下，衬出一个半圆硬领，画刻形象交代得十分清楚。

侍臣头上在平巾帻或介帻上罩漆纱笼冠，依旧是隋代本于北朝旧制。《隋书·礼仪志》说：“武冠，一名武弁，一名大冠，一名繁冠，一名建冠，今人名笼冠，即古惠文冠也。……今左右侍臣及诸将军武官通服之，侍中、常侍则加金珰附蝉焉。插以貂尾，黄金为饰焉。”说笼冠即古惠文冠，实本于东汉《舆服志》及崔豹《古今注》旧说，似不可信。汉画刻中虽有相近纱帽出现，如沂南汉石刻“列士传”部分、秦汉空心砖执戟亭长都有反映，属于齐三服官所贡物。马王堆汉初墓葬一漆奁中出土实物，犹完整如新。裹在头上，即成纱帽状。至如本图冠式定型，实创始于北魏迁都洛阳以后，为前所未有。同式笼冠曾见于《洛神赋图》中侍臣头上，只能证明此画产生实晚于顾恺之，而且出于北方画家之手，非东晋画家所能作。约发巾帻不合制度，并

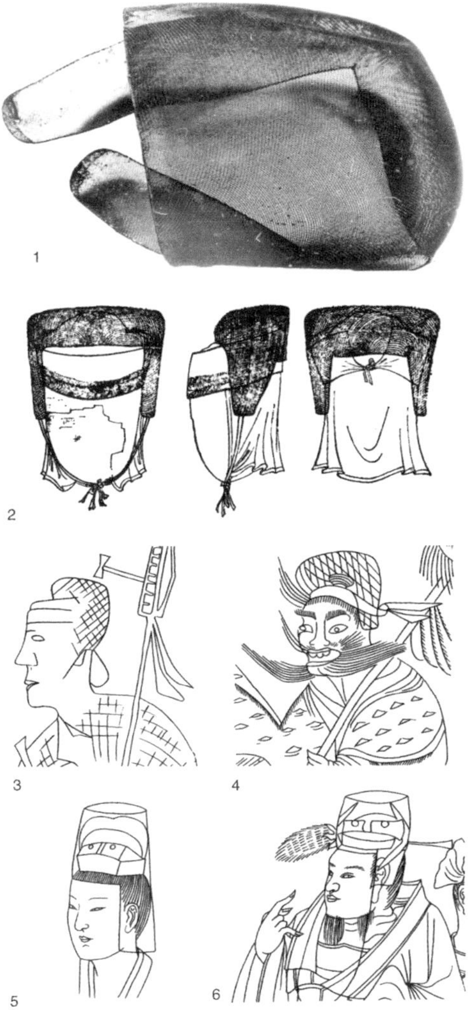


插图六九·纱冠

1：马王堆三号墓漆纱冠　2：武威磨咀子汉墓漆纱冠

3：西汉亭长砖刻纱冠　4：沂南汉墓石刻纱冠

5：《洛神赋图》侍从纱冠　6：宁懋石室北朝漆纱笼冠

7

8

9

10

11

插图六九·纱冠（续）

7：北朝汉化贵族白漆纱冠

8：《女史箴图》舆夫汉式纱冠

9：唐鸿胪寺官员乌纱帽（唐李贤墓壁画）

10：《十八学士图》纱冠

11：宋《名臣图》韩琦笼巾

12：明临淮侯李宗城笼巾

12

不能证明东晋以前即有这种冠式，只说明作者对于笼冠下的平巾帻应有式样已不明白，误解“崇其巾为屋”作正面屋形（赏鉴家多人云亦云，至今仍以为顾笔，或宋人临顾本。其实从各方面分析，产生时代绝不能早于北齐）。

宋、明两代虽恢复使用，改名“笼巾”，仍用漆纱作成，用金属作骨架，但顶部已变成方式，形象相似而不同。官品照等级于笼巾下附有不同卷梁装饰，耳侧或附一雉尾或貂尾，详细情形载于《宋史·舆服志》、《大明会典》和《事物绀珠》中（见插图六九）。式样发展及其同异，惟有形象比证才能明白，仅据文字记载，不易得到明确具体印象。

# 六二　隋李静训墓出土首饰

图一一〇　［隋］李静训墓出土首饰

图一一〇之首饰李静训墓出土，发掘简报载于《考古》1959 年第 9 期。据墓志，死者是个卒于大业四年（公元 608 年）仅九岁女孩。因为是隋代一个小贵族，所以死后除围绕棺旁使用大量陶俑外，顶部胸前还有制作特别工精艺巧的黄金作成闹蛾儿扑花首饰及黄金累成加嵌各种珍贵珠宝项链一串，充分反映出当时皇族的极端的奢侈靡费，同时也看出当时细金工艺水平之高。出土物虽只这么点点滴滴，却给人一种明确印象，即稍后唐代物质文化的成就中，金银工艺格外突出，

实有所继承，不是凭空而来。墓中殉葬物不仅是这些细金工艺品，更重要的尚有大量前期白瓷器的出土，可说是唐代具全国性的内丘白瓷的先驱。此外还有各种不同式样透明莹泽的碧琉璃器，笔杆形、卵形……特别重要是用吹管法作成的碧琉璃瓶，可进一步证明《隋书·何稠传》因绿瓷启发发明琉璃的事实。唐代释道世编的那部宣传佛教的书籍《法苑珠林》常称引王劭之《舍利子感应记》，隋仁寿中，天下大兴土木，建造五百佛塔，用琉璃瓶贮藏舍利子，外加金棺，再加银棺，埋于塔下。因为这个记载和《金刚经鸠异》记载常在一起，所以极少人注意到这份材料的现实意义。近三十年来，南北各省市均经常在唐、宋旧塔废基下，发掘出这一类埋藏物，外用石函刻字题署大隋仁寿某年贮藏舍利子若干粒，石函内且多有如王劭所叙有金银作成小棺或方盒，内有碧色或水青色琉璃瓶，瓶中贮藏些舍利子。有的琉璃瓶子，和李静训墓中殉葬琉璃瓶子质量、色泽完全相近，可证明《隋书·何稠传》记载造作可信，不可能全是传来物。用吹管法加工作成琉璃器物，上溯可到近年出土前燕冯素弗墓中的鸭形欹器水注。《隋书·经籍志》小说类即载有《欹器图说》，可以推想，今后还可能会出现这种器物于隋代墓葬中。至于瓶类器物，到唐代物质文化进一步发展时，似仍未得到相应进展，或由于受其他材料作成器物相制约，比如当时金银瓷漆器物，在技术方面各有高度成就，琉璃加工费力而不易见好，相比之，琉璃必然难于成为生产重点和有突出成就。加之唐代初年，佛教迷信上升，朝廷特别颁布了一项法令，在主持全国陶瓷生产的甄官署下设立了一个冶局，专门烧造五色琉璃珠子，供天下庙宇装饰佛像应用。又法令中还有民间婚娶不许用金银首饰，只能用琉璃作钗，因此民谣有“天下尽琉璃”语，也是直接或间接限制了琉璃器在唐代生产中得到进一步发展的原因。

# 六三　唐代农民

图一一一　[唐]笠子帽、雨中耕作农民（敦煌二二窟唐壁画）

画上反映农民生产劳动的形象。原画人物面目已模糊不清，只具轮廓，衣着却画得绿蓝鲜明。事实上在中古时代封建制度下，即在开元盛世，农民生活实依旧十分贫困。在初唐数十年间，千万农民艰辛努力，恢复了农业生产，都市手工业也迅速得到恢复发展，养蚕事业尤为发达，从《唐六典》关于诸道贡赋记载，就可知诸道织绫局，生产了千百种色彩华美花纹细致的绫罗锦縠、毛织物和百十种植物纤维加工精织的纺织品。但生产者农民自身，却受严格法律限制，不许穿红着绿，和平民一样只能穿本色麻布衣。式样也由法律限制，如衫子，两旁开衩较高，名叫“缺胯四褛衫”，以别于其他阶层。名分上，乌纱幞头圆领衣、红鞓带、乌皮六缝靴，为上下通服，事实上材料精粗差别显明，而一般下级差吏，平时必需将衣角提起，扎在腰带间，便于服役。至于农民，却因为贫困，麻布衣料也难得，衣服越来越趋短小。而皇亲国戚、官僚地主却分等级穿红着绿，衣着且有朝服、官服之别。其眷属妇女，也照丈夫官品地位，平时必穿绸绫锦绣，极尽奢华。中唐以后，衣服且由实用转而成为装饰，越来越趋长大宽博，直到走路也不方便，必须由奴婢把衣脚提起才能行动。后来用法令限制，改变还是不多，于是常有关于服饰逾制禁令，说明社会上层人物违法犯禁，积习难改，法令等于一纸空文。

《新唐书》称：“士人以棠（枲）苎（麻布）襕衫为上服，贵女功之始也。一命以黄，再命以黑，三命以纁，四命以绿，五命以紫。士服短褐，庶人以白。中书令马周上议：‘礼无服衫之文，三代之制有深衣。请加襕、袖、褾、襈，为士人上服。开骻者名曰“缺骻衫”，庶人服之。’”“开骻”即指衣旁下脚开衩至骻骨边而言。“庶人以白”，明令平民衣着不许染色，只能用麻布本色。

《新唐书》记载乍一看来，似极明确具体，其实从图像中则难取证。至于马周建议所指，明说的是衫子，应即与唐代普遍圆领服相近，加一襕道，式样应如《步辇图》（见图一一五）、《凌烟阁功臣图》（见图一一八）、韦项墓石刻等所反映种种及时间较后的《文苑图》中仆从所见情形。下脚虽加有一线道，示意而已。如指的是大袖缝掖深衣式加襕袖褾襈（指领边和下脚沿边），则初唐尚偶尔出现，此后或和退职卸官的遗老有意仿古的“缝掖大袖衣”相合，一般读书人少用。历来对于这一记载中的矛盾处，是未有能够结合图像加以明确的。

至于农民头戴笠子帽，则自汉代以来即成习惯。宋、明以后，为尊重农民，还立法令，特许戴笠帽入城。其实身心紧贴泥土的农民除缴纳租谷，是并无什么闲空时间入城的。李绅《悯农》诗，成为唐代抒写农民艰苦的绝唱：“锄禾日当午，汗滴禾下土。谁知盘中餐，粒粒皆辛苦。”恰像是对表面让农民戴笠子入城法令的辛辣讽喻。

# 六四　唐代船夫

图一一二　［唐］斗笠、小袖短衣、半臂、束腰带、长裤、草或麻鞋纤夫（敦煌三二三窟唐壁画）

图一一二据敦煌壁画摹本绘。

图中两个戴笠子着短衣纤夫，正在拉船上滩。在唐代，真正的短衣，是首先在这类不分寒暑长年从事繁重体力劳动的人民身上出现的。照唐代制度，各级文武官员的朝服，具有种种不同式样，颜色、花朵、材料区别显明。但官服、常服，一般总是裹乌纱幞头巾子，衣圆领衫子，系红鞓腰带，穿乌皮六合靴，由皇帝到公吏，在式样上几乎相同，主要差别，在使用材料和颜色及带头装饰上。老百姓及百工百业劳动人民，却限于穿高高开衩的缺胯衫子，并且不许用鲜明彩色。有的事实上且无衣可着，脚上也只能穿线鞋、蒲鞋或草鞋，以至于赤足。有钱的商人，在法律上地位并不高，生活却和一般农民、船夫大不相同，甚至于比低级官吏过的日子还好得多。正如诗人白居易在《盐商妇》一诗描写的情形："盐商妇，多金帛，不事田农与蚕绩，南北东西不失家，风水为乡船作宅。……绿鬟富者金钗多，皓腕肥来银钏窄，前呼苍头后叱婢。问尔因何得如此？婿作盐商十五年，不属州县属天子。每年盐利入官时，少入官家多入私。……"

这种"不事田农与蚕绩"的商人妇，寄生在封建社会里，总是穿戴得花花绿绿，保养得白白胖胖，丰衣美食，过着极其自在逍遥的剥削生活。船夫舟子和盐商妇虽同在一条船上，同是"风水为乡船作宅"，生活苦乐可相隔天远。他们不论严寒酷暑、风晴雨雪，长年累月和恶浪伏流搏斗。黄河、长江其所以成为中国文化的摇篮，就是由于全中国数以亿万计生命紧贴土地的农民，和水面上数以千百万计的像本图中衣着褴褛的船夫纤手，一代继一代奋勇劳动的成果。自从隋代修成贯通南北的大运河后，一年五六百万石南粮北运，和其他重要生产、生活物资南北对流，延长了约十二个世纪之久，也全是像本图所示劳动人民付出无限血汗的贡献。

近人研究唐代文化社会组织，多详及唐代官办水陆驿站制度的进步作用，却易忽略它给人民的痛苦与负担。诗人王建有一首咏水运驿站农民劳苦负担的诗，写得十分真切："苦哉生长当驿边，官家使我牵驿船。辛苦日多乐日少，水宿沙行如海鸟。逆风上行万斛重，

插图七〇·《巴船出峡图》局部

前驿迢迢后淼淼。半夜缘堤雪和雨，受他驱遣还复去。夜寒衣湿披短蓑，臆穿足裂忍痛何。到明辛苦无处说，齐声腾踏牵船歌。……”

至于黄河三门峡地区船夫沉重而危险的负担，据《新唐书·食货志》关于漕运部分记载，更远比一般水边驿运船夫惨剧。每天有成百上千船夫背纤上行，两旁崖石锋利如刀，每遇崖石割断竹缆，船夫必随同坠崖，断颈折臂，死亡相继。近年发现洛阳含嘉仓遗迹，也多只知赞赏当时储粮丰富，地下仓库制度组织严密，却少有人注意到年以数百万石计的粮食转运过程中，船夫的劳役是什么情形（见插图七〇）。

# 六五　唐代猎户

图一一三　[唐] 尖毡帽、圆领开衩齐膝衣、麻鞋猎人（敦煌八五窟唐壁画）

图一一四　［唐］裹顺风襆头、齐膝衣、麻练鞋、臂鹰、牵犬、带猎具猎人（宋人摹唐《西岳降灵图》）

图一一三、一一四取自敦煌唐代壁画和宋人摹绘唐五代传说《西岳降灵图》部分。

画中几个猎人，戴尖锥毡帽，穿圆领缺胯衫子，麻练鞋，和唐敦煌壁画《张议潮出行图》队伍中民间乐人衣着大体相同，西北地区的骑从部队和文吏，也多习惯戴同样毡帽（见插图七一）。执一鹰牵一猎犬，二者为当时猎户主要工具。鹰有各不相同种属名目，如“雕”、“角鹰”、“鹘”、“鸼”、“白兔鹰”、“散花白”、“白鸽”、“白唐”、“青斑唐”、“荆窠白”、“漠北白”、“房山白”、“渔阳白”、“黑皂鹂”、“白皂鹂”等等。或从产地得名，或从毛色得名。捕养驯练方法和使用对象都不相同，大的能捕獐、麂、狐、兔。《酉阳杂俎》“肉攫部”叙述得极其详细。东北长白山出的“海东青”白鹰，身体虽不大，却健翮凌云，能上飞高空，搏击比它大数倍的白天鹅，堕地后，由另两只鹰把天鹅擒住。据历史记载，契丹开衅于女真，契丹政权终为女真所倾覆，争端就是由于索取这种海东青和凌辱女真青年妇女有关。

五代时人本唐代流行传说，绘《西岳降灵图》，后人以为主题是秦蜀郡太守李冰之子“二郎神”出行狩猎故事。就题名看来，可能是唐代极迷信的华岳金天神庙里的壁画小样（另元人绘有《搜山图》，内容作神将降妖故事，十分生动紧张。世多以为原出吴道子手笔，可是女妖上身多作典型元和“时世妆”，原作产生时间晚于吴道子，必成于中唐画家之手。宋、元人均有摹本传世）。

此图主题部分作云中车骑杂沓，二金犊披唐团窠锦，驾唐代贵族妇女所乘装饰特别华美的油碧车，车旁导骑侍从用球仗护卫，兼用步障。一切都是唐代制度，宋代已少使用。图下部前后臂鹰猎户五六人，衣着唐式开胯衫子，麻练鞋，鹰大小形象多不同。有的猎户肩腰间缠一小网，罝兔捕鸟都不可少。有的手中腰带间还有些其他

插图七一・唐敦煌壁画戴毡帽民间乐人部分（音乐研究所藏摹本）

插图七二・臂鹰图（唐李重润墓壁画）

工具,不明白用途,或和《酉阳杂俎》提及的"网竿"、"都杙"、"吴公"等,属于当时狩猎放鹰不可少的附属工具,于放鹰猎取鸟兽后,用来处理目的物。《酉阳杂俎》又说:"磔竿二,一为鹑竿,一为鸽竿。鸽飞能远察见,鹰常在人前若竦身顾盼,则随其所视候之。"可知狩猎时,另外还有种目光锐利专作"瞭望哨"用的小鹰,名叫"鹑"、"鸽"。因为能察远见微,猎人即随其动向放鹰。图中猎户手中较小的鹰,或即属于这种助猎用禽鸟。

古代狩猎和军事、农业关系均极密切,因此设虞人专官主持其事。秦汉以后则已成为贵族游侠子弟户外娱乐之一。到唐代随同社会发展,更具普遍性,政府特设有养鹰坊,有专门驯养鹰犬的专职人员。贵族官僚亦无例外。插图中几个臂鹰牵犬的内监,即出自懿德太子墓葬甬道中的壁画(见插图七二)。

# 六六　步辇图

原画藏故宫博物院，旧题阎立本绘。传世本或是个摹本，因为有小篆题唐李德裕旧跋于画后，是宋人章伯益手笔。

画中绘吐蕃赞普于贞观十四年（公元640年）派其丞相禄东赞到长安，进见唐太宗，求婚文成公主事（见《唐会要》卷九十七），为汉藏民族团结和好著名历史故事画。画中太宗坐步辇，由二宫女扛抬，另二宫女手扶（步辇一般名称宜为"腰舆"，简单的称"舁床"。行时用襻索挂杠头，高只齐腰，不上肩，和晋代人的平肩舆不同（见插图五八、七三）。唐人作《列帝图》亦有一腰舆式样）。太宗像和传世诸图相近，惟须角不上翘，髯而不虬，与传记叙述小不合。戴折上巾（黑纱幞头），穿柘黄绫袍，腰红鞓带，着乌皮六合靴，与史志记载相合。本是隋制，唐代依旧使用，小有变通才定型。宫女头部发式如一般隋画常见样子，上部平起作云鬓，变化不多。衣小袖长裙，作"十二破"式，朱绿相间，和近年西安底张湾出土唐初壁画妇女下裙及旅大博物馆所存得自新疆实物均相同。上至胸部高处，也是隋代及唐初常见式样。加帔帛，用薄纱作成。穿小口条纹裤，透空软锦靴，为唐初新装。但和帔帛及隋式头髻同时出现，在其他画塑中未见过，敦煌初唐画迹也少见，是个比较特出的例子，可供研究。近年从新出土的新疆初唐壁画得到证明，得知这种条纹裤是五色相间丝织物。戴长蛇式绕腕多匝的金镯，近年西安有实物出土。宋砖刻尚有形象

图一一五 ［唐］圆领小袖花蕃客锦袍吐蕃使者，襆头、圆领衣、佩帛鱼、执笏赞礼官和襆头、圆领便服、坐腰舆帝王唐太宗（阎立本《步辇图》）

反映。后来明代万历七妃子墓还有实物出土，时人以为来自东南亚。若联系本图反映，作个比较，便明白还是唐代旧式，即唐诗中常提及的“金条脱”。

吐蕃使者衣长仅过膝，小袖花锦袍，应即《唐六典》提到的川蜀织造的“蕃客锦袍”，是唐代成都织锦工人每年织造二百件上贡的。又杜佑《通典》“赋税”条还说，扬州广陵也每年织造二百五十件。都是唐政府专为赠予远来长安使臣或作为特种礼物而织造的（有的还织有文字，称“羌样文字”锦缎。大历时曾有禁令，不准织造羌样文字锦缎）。当时成都、广陵还织造上贡“锦半臂”和“打球衣”，专供宫廷使用。据《古今图书集成》贡赋编，中晚唐川蜀有一次上贡打球衣五百件记载，可见使用的广泛。

唐韦端苻著《李卫公故物记》称，曾见有赠予李靖破高昌所得小袖织成锦袍，作鸟兽、骆驼等纹样，还附绦带系木笔等物。高昌灭于唐初，是时西北民族着锦袍、带鞊鞢七事早成习惯。鞊鞢带制似沿袭魏晋九环带而来，唐初曾定为武官服制，不久即废除。至于锦袍，

插图七三 • 传五代周文矩《宫中图》凤辇部分

若溯本求源，则汉代已常赠予匈奴君长以“锦绣袂衣”，《南史》已有“蕃客锦袍”记载。本图所见，或即锦袍中一种。传世阎立本绘《职贡图》，图中反映西域人物甚多，却并无一人着此式锦袍，骑马使者穿的是一般圆领服。近出唐章怀太子墓壁画《蕃客图》，也无着此式小袖锦袍的。仅贞观敦煌壁画《维摩变下部听经图》中绘西北各族君长有三五人着团窠锦衣，却不像特别织造物。

《唐会要》称吐蕃“衣毡罽，而用瑟瑟、绿松石、金、银、铜定五等章饰，以区别身份贵贱，官品尊卑。章饰着前膊，缀在三寸方圆褐上”。此或指较后官僧服制而言，本图中衣着，似难取证。图中所见，明属所谓“蕃客锦袍”，与近年新疆出土汉代衣式及传为五代时双灵鹫锦衣式样均相近。赞礼官与译员均如一般初唐侍从，前者穿红色圆领服，后者穿白圆领服，各秉小笏旁立。腰系帛鱼，和唐张鹭《朝野佥载》记唐初“结帛为鱼形”之帛鱼制度相合。禄东赞腰系帛囊外，并缀一算袋式物，惟未着当时流行的附有火镰、算袋、砺石等等“鞊鞢七事”的鞊鞢带。若照史志记载，按规制，这个时期的吐蕃使者应当用到。有人疑本图产生或较晚于开、天间，这是一些值得注意的物证。

插图七四·唐赞礼官（李贤墓墓道东壁壁画局部）

本图宋人著录即定为唐代名画家阎立本绘。或系北宋摹唐旧稿，人物衣着和唐初制度有合有不尽符合。但部分处理却有问题，例如宫女开相，即缺乏肯定感，和常见唐画大不相同。或以为唐代接见使者有一定规矩，必在朝会中引见，不可能如此草率。图中反映，若乍一出宫，迎面遭遇状。本图或从传世《炀帝夜游图》及《职贡图》截取一部分拼合而成。原作即便出于唐人，时代也必比阎立本晚些，而成于取消鞊鞢七事以后，甚至于开元、天宝以后，提法也可参考。据李贤墓壁画《蕃客图》，前面二赞礼官，犹穿着初唐朝服，头上还戴有北朝时创制的漆纱笼冠，一切都符合礼制。这个壁画的出现，也可增加上面所提疑问的说服力（见插图七四）。

# 六七　唐贞观敦煌壁画帝王和从臣

图一一六为敦煌第二二〇窟维摩变下部分。

壁画主题部分，是东晋以来依据《维摩诘经问疾品》著名的宗教宣传画。主题部分作文殊问疾，维摩说法，天雨诸花景象。维摩形象一反传统的病后清癯隐士高人风度，却成为英气勃勃雄杰不凡相貌（传世名画中有陈袁蒨作《石勒问道图》，必与之有一定联系。或后人据此画稿而成，或问道图系本画小样，宋人不明来源，题为《石勒问道图》的）。下部分听法群众，却反映出唐初部分历史社会现实，并能比较正确掌握人物精神面貌。结合史志记述，可以明白好些问题。例如封建统治者历来把舆服作为阶级的象征，即统治者内部也等级分明，不得混淆。因此每遇改朝换代，照例必重新安排一番。唐初由长孙无忌诸大臣及阎立本、立德弟兄诸专家，共同议定天子百官冕服制度，有的沿袭隋代，不加更改，有的近于创新。唐张彦远《历代名画记》卷九说阎立德与弟立本俱传家业，武德中为尚衣奉御，参加绘画设计，"造衮冕大裘等六服，腰舆伞扇，咸得妙制"。立本于显庆中代立德为工部尚书，官拜右相，封博陵县男。他在贞观年间画《秦府十八学士图》，又画《凌烟阁功臣图》，"时人咸称其妙"。本图产生，正是这个时代。所以画中的帝王冕服，不仅可供唐代帝王冕服研究参考，还可把画中朝服群臣，和传世《十八学士图》及《凌烟阁功臣图》（见图一一八）相比较，探索出初唐名臣长孙无忌、虞世南、

图一一六　[唐] 冕服帝王，朝服从官和介帻、两当袴褶服掌扇人（敦煌二二〇窟贞观时壁画维摩变下部）

房玄龄、魏征、褚遂良、许敬宗等人像貌位置，比反映于一般画迹上的形象更接近本来面目。

《唐六典》卷四、卷二十二都提到，唐代帝王冕服有六种，为“大裘冕、衮冕、鷩冕、毳冕、绨冕、玄冕”。本图所见，似乎应当叫作“衮冕”，因为十二章绣文具备。但冕前垂旒只六条，似不大合。或出于西北偏远地区壁画，不免比较草率。又《唐六典》卷二十二说，群臣头上所戴有冕、有冠、有弁、有帻，帻有三种：“一曰介帻，二曰平巾帻，三曰平巾绿帻。”本图中诸臣头上戴的，联系汉六朝（特别是隋代）以来巾帻样式，似应当叫作“介帻”。穿的袍服，照《旧唐书·舆服志》说，宜称“具服”，也就是当时高级官僚的朝服。五品以上陪祭、朝贺、大宴会等等大事才穿它，平时进见皇帝，君臣一律只穿圆领衫子。唐代服色通用绫，用不同颜色花纹作等级区分，照《唐会要》卷三十一“章服品第”条，“三品以上服紫，四品、五品服绯，六品、七品以绿，八品、九品以青。妇人从夫之色。”并且花纹也各不相同。似均指圆领衣而言，因金铜饰铊尾带，及帛鱼或鱼袋，均和圆领有联系，和图中朝服的鞶革大带却不相干。朝服惟郊天祭祀等大典或大朝会表示庄严慎重才偶尔使用，一般参见和平居生活不穿它。

下部分另一组听法群众，胡人服饰面貌，和近年唐初墓壁画所反映情形较相近。从比较上得知，传世北宋李公麟绘《番王礼佛图》实出于同一旧稿，却与传世唐初阎立本《职贡图》少共同处。传世《职贡图》或宋人拟作。

# 六八　唐人游骑图部分

图一一七　［唐］着幞头、圆领衫、乌皮六缝靴、骑马文人和随行仆从（《唐人游骑图》）

图一一七原画藏故宫博物院。

或题《宋人作唐人游骑图》。从幞头衣着和马匹装备等看来，是典型盛唐开元、天宝年间式样，因为唐式马匹定型及鞍制的确定，都是这个时候。马鞍后桥两侧，各有五个杏仁式小孔，系五个绦带，长及马腹作为装饰，称"五鞘孔绦带"制。本图处理无丝毫误差。幞头式样略向前倾，也反映是开元、天宝间常式。

照史志所说，唐代朝服，不论是皇帝、太子，还是文武大臣，以至中级官吏，总是繁琐惊人。但这千百种同名目，其实多“率由旧章”，贯穿过去文献而成，很多且并不实行。其中部分即制作出来，也只是到大朝会或其他郊天祭祀大典礼时才偶然使用。至于平居生活，公服、便服都比较简单，一律穿圆领服，除衣服颜色和腰带上镶嵌及带头“铊尾”（或叫“獭尾”）。应用的材料与装饰花纹有一定等级区别,衣着式样差别都不甚多,如本图游骑人所穿的圆领便服，袖小而较长的样子。

裹发用的幞头巾子，一般都是黑纱罗作成，早期软胎微向前倾为常见。某一时虽有桐木作胎记载，图像反映却较晚。但唐代幞头由于时间、地点以及宫廷习惯、个人爱好等种种原因，有各式各样的发展，特别是所谓“四带巾”后边那两条带子，大小、长短和上下位置常有变化。宋代沈括、朱熹、郭思、程大昌等都谈到它，由于各人认识深浅不一，只依据记载引申，并不从形象取证，因此谈的多只是各就所见而言，不易一致。

一般叙幞头巾子来源,多引唐人杂说或唐《舆服志》、《车服志》，认为创始于北周。其实结合壁画和墓俑图像分析，若指广义“包头巾子”或平顶帽而言，商代早已使用，还留下许多种不同形象可供比较印证。如狭义限于唐式幞头或“四带巾”几个特点而言，即材料用黑色纱罗，上部作小小突起，微向前倾，用二带结住，后垂或长或短二带。这种式样较早，实出于北齐到隋代。北齐张肃俗墓俑（见图一〇〇）和隋李静训墓俑各有所反映，材料有代表性。但到唐初才定型。元、明人说“唐巾”，也指的是这一式而言。至元代，主要不同处是后垂二脚如匙头，向左右略略分开。山西元人水陆画和永乐宫壁画反映，相当具体。其他传世元人画迹，也多可作证。唐人、宋人画迹中均未见此例。传世画迹《五王醉归图》，即或原作出于宋人，就衣着和幞头形象说来，必是元人摹本。明代人刻《三才图会》，谈幞头还附了些图像，文字则据唐、宋笔记及马缟《中华古今注》辗转抄袭。近人尚有依样葫芦，据之谈幞头的，难得是处，可想而知。

根据《新唐书·车服志》记载，幞头定型实出于初唐马周向李世民建议，以为“裹头者，左右各三襵（应指巾子上部襞折），以象三才，重系前脚，以象二仪”，诏从之。这种书生之见，虽十分迂腐可笑，但是李世民为显示博采群议的政治风度，还是照建议全国通行。且为宋、元二代沿用。惟不久就出现宫廷式样、个人式样和地区式样。如《唐语林》称：“开元中，燕公张说当朝，冠服以儒者自处。玄宗嫌其异己，赐内样巾、长脚罗幞头。”可知长脚式样原出于宫廷。而当时或较后涉及宫廷绘画，巾裹果然较多是长脚的。个人式样则见于唐记传载：“裴仆射遵庆，二十入仕，裹折上巾子，未尝随俗样。凡代之移者五六，而公年九十时，尚幼小所裹者。今巾子有‘仆射样’。”《旧唐书·裴冕传》则作：“冕性本侈靡，……自创巾子，其状新奇，市肆因而效之，呼为‘仆射样’。”又有本出于个人爱好，因人而影响一州一郡的，如唐小说称：“路侍中岩，风貌之美，为世所闻。镇成都，善巾裹，蜀人见必效之。”从这些记载可知唐代巾子实随时随地有不同变化，难拘一格。但一般倾向，还是可以看出区别何在。文献不具体处，绘画、雕塑反映作了部分补充。明白它的发展，有助于对唐代人物故事画的年代鉴定，作出相对正确的判断（见插图七五）。

本图若据幞头式样和小袖长衫看来，和敦煌画《得医图》医生衣着一致，实应同成于开元、天宝间。

插图七五·唐代幞头

1:[隋]敦煌壁画戴幞头进香人

2:[唐]永泰公主墓石刻人物所戴幞头

3:[唐]永泰公主墓壁画着顺风幞头马夫

4:[唐]韦洞墓壁画着顺风幞头侍从

5:[唐]鲜于庭诲墓西域人俑幞头

6:[唐]杨思勖墓壁画长脚幞头乐人

唐代幞头大致式样只三五种,区别相当显明。开元、天宝前,幞头上部突起处多比较前倾,来得自然松散。虽有“桐木作胎”记载,软裹还是占多数。所谓出自宫廷的长脚罗幞头,式样虽不止一种,大体还是相同,例如图中所见是常式,敦煌且有大量画迹可证。至于《虢国夫人游春图》所见,二长脚中作两折,前无所师,也有可能,

插图七五（续）·唐代幞头

7：［唐］敦煌壁画长脚幞头进香人

8：传唐张萱绘《唐后行从图》长脚幞头

9：宋人摹唐《醴泉清暑图》长脚幞头宫监

10：敦煌壁画折上巾农民

11：宋元人绘《望贤迎驾图》折上巾王公

着的人若非特选的“俊俏黄门”，即虢国夫人本人，所以式样十分别致，近于有意标新立异。传世画迹中，只有明代仇英作的《李白春夜宴桃李园序图》中，李白头上巾子有相同式样，左右分张而部分下折（此图从席上器物比证，原画似出于宋人）。此外即不再见于其他画塑。

唐人说“折上巾”，本意似应指额上那个二带上折的结子，并非背后交脚上耸。或另一种如李肇《国史补》称引柳玭不见子侄故事，因子侄趋时而幞头二脚上翘。上翘方式则宜如永泰公主墓石刻从官所见式样，或其他画塑式样，同是二脚并列，偏于一侧或上翘。又传世李公麟摹《韦偃牧放图》，有大群马夫幞头同样二脚作一侧上举。这种幞头专名宜称"顺风式"，起源可能还是出于劳动人民，而后（或五代时）才影响到社会上层部分人爱好。另有一种交脚折上，照敦煌画迹反映，在唐代，也还只是农民和其他社会下层人士所用。由于宋、元画家误解"折上"意义，把这个顺风式转移到唐代帝王头上去，宋《望贤迎驾图》、元《杨妃上马图》，均把唐代画塑中常见马夫、乐人惯用的顺风式幞头，作成帝王专用物。明代离唐更远，因此又把宋式比较流行的交脚幞头给封建皇帝戴上，成为帝王专用品，通以为即古代的"折上巾"。定陵出土那个用黄金丝编成的实物，犹和传世明代帝王图反映相同。事实上这种式样，从唐代敦煌画看来，也只见于乐舞伎和农民头上，也可说为平民所专用，有身份的贵族品官以至中级官吏从未着过，更不用说皇帝。

幞头式样由软式前倾，演为硬式略见方折，和原有软式并行，时代当较晚。传志称出自晚唐鱼朝恩，倒比较可信。虽传世有阎立本绘《萧翼赚兰亭图》，但据此图中萧翼和一烧茶火头幞头及茶具盏托形象联系看来，时代显然比较晚。和《文苑图》（内容和别卷《李德裕见客图》、《琉璃堂雅集图》大同小异）中圆翅幞头、《重屏会棋图》中圆翅幞头，都是宋、五代以来在戏剧人物头上的产物。从敦煌画反映，可知也正是在这一阶段，软翅变成硬翅，起始向两侧平展，到宋代方定型成展翅漆纱幞头（即一般纱帽）。传世韩滉《文苑图》当亦成于宋人，因为圆领内有衬衣，唐代画迹少见。旧传张萱绘《唐后行从图》，幞头虽长脚，圆领衣内仍加衬衣外露，原画最早也是宋而不是唐。武曌头上凤冠，更非唐代初年所应有。盗出国外传世本，时代且更晚。定为张萱名迹，实赏玩家以耳代目，人云亦云，殊不足信。

# 六九　唐凌烟阁功臣图部分

图一一八　左：[唐] 漆纱笼冠、方心曲领朝服大臣石刻线画（西安石刻《凌烟阁功臣图》）

中：[唐] 襆头、圆领、六缝靴、腰系帛鱼、官服大臣石刻线画（西安石刻《凌烟阁功臣图》）

右：[唐] 进德冠、圆领、六缝靴、腰系帛鱼、官服大臣石刻线画（西安石刻《凌烟阁功臣图》）

图一一八据西安石刻拓本。

张彦远《历代名画记》卷九称阎立本画凌烟阁功臣二十四人图，

"像生变故，天下取则"。原功臣图共计二十四人，为长孙无忌、杜如晦、魏征、房玄龄、尉迟敬德、李靖、萧瑀、侯君集、虞世南、李勣、秦叔宝等。传世石刻只余四人，为魏征、李勣、侯君集及王珪。阎画功臣图本无王，因为石刻是北宋元祐五年（公元1090年）游师雄刻于麟游，故将大中二年（公元848年）续功臣图中之王珪误加入，图赞则仍本于原来给萧瑀的那篇文字。本图中三人，一戴北朝漆纱笼冠，朝服佩剑，即王珪。一着幞头圆领衣，腰系帛鱼，照图赞为李勣。一戴进德冠，圆领衣，也腰系帛鱼，照图赞为侯君集。据金维诺教授证以吕温题赞，应当是秦叔宝，所说实有见地。

唐因马周建议，士人服襕衫，记载有混淆处。若指古深衣制，上衣下裳，再加襕襈而成袍服，则宜如本图王珪身上所穿的朝服。若指一般官服圆领衫子，则宜如其他二功臣所穿式样。所谓"襕襈"，只不过是在膝部加一界线略具形式而已。《赚兰亭图》中之萧翼，和《文苑图》中人物，襕道也极显明，所谓"士人通服"是也。但据记载上下必不同色，图画所见则同一颜色，殊不相合。

秦叔宝头上冠戴，如照杜甫诗，宜称"进贤冠"。杜甫《丹青引赠曹将军霸》诗，即有"良相头上进贤冠，猛将腰间大羽箭"语。但是若据唐史志记载，似应为"进德冠"。《新唐书·车服志》称："太宗制进德冠以赐贵臣。玉

插图七六·金博山（辽宁北票冯素弗墓出土）

瑾制如弁服，又金饰梁，花趺，三品以上加金络，五品以上附山云。”所说“玉瑾制如弁服”，即宋人作《三礼图》，本《诗经》“会弁如星”注解，加十二玉珠于鹿皮作成状如合掌的弁缝内，似应和宋式卷梁通天冠相近，与本图冠饰不尽符合。但“山云”如指金博山加如意云，现存唐画塑中，本图表现得却比较具体。这种式样在唐冠中虽近于孤立存在，然汉、晋墓中均有金质盾形出土物。考古学者只说是冠饰，不明白即汉、晋以来《舆服志》提到的“金博山”（见插图七六。西汉刘安意墓出土物即有一件，山东鱼台曹植墓也有一件。或以为此墓未必即曹植墓，其实只此一个金博山，就可证明必曹植墓无疑。何况墓中还有宝光闪烁的玛瑙小盏式佩件，又恰是曹植作《车渠椀赋》的实物。冯素弗墓中物则衬有佛像。隋代饰观音冠子尚有相近似的冠饰）。唐初一切草创，制定此冠，一度使用，后即废去不用，和鞊鞢带中七种佩件情形或相同。至于腰垂巾帨作帛鱼状，具载于张鷟《朝野佥载》：“上元中，令九品以上佩刀、砺、算袋。纷帨为鱼形，结帛为之，取鱼之像，鲤（叶李）之强之兆也。至天后朝乃绝。景云之后，又准前结帛皇为饰。”图中所见，二人腰间系物应是“帛鱼”，在其他早期唐画迹中经常出现，如永泰公主墓石刻、《步辇图》等（见图一一五）。是否即早期鱼袋，内中还贮有鱼符，以及和在腰带间作一波折式狭条用金银鱼作饰的鱼袋，彼此关系又如何，史志不详。唐、宋人作文谈鱼符、鱼袋衍变的甚多，并已肯定腰带间小桥梁式物为鱼袋，但似未闻有从形象比较上谈到帛鱼、鱼符和鱼袋相互之间的关系，和同时存在的矛盾处。这些画迹提出了些线索，可供进一步探讨。

又李勣两衣袖下各缀一饰件，如唐代初期常见连珠大团窠锦，名称、用处不悉。这种锦类据近年西北出土实物分析，有野猪、飞马、灵鹫、羊、板角鹿、骆驼、猎狮子等等兽物图案。唐《车服志》称：“诸卫大将军中郎以下,给袍者皆易其绣文,千牛卫以瑞牛,左右卫以瑞马,骁骑卫以虎,武卫以鹰,威卫以豹,领军卫以白泽,金吾卫以辟邪。”绣文装饰究竟放在衣上哪一部分,画塑上尚难确定。是否即指衣袖间这类附着物而言,均有待进一步探索研究。

李勣所着宜为射箭使用,专名或称“射韝”,即射箭时加的袖套,其他画迹还少见。在妇女衣袖头应名“锦臂韝”,杜甫诗有“真珠络臂韝”语。画中形象则惟见于高昌初唐壁画。但延长到五代,敦煌壁画贵族妇女犹常不断出现。可知这种衣式始终还保留于西北,成为当地贵族妇女习惯衣着之一种。在男子衣着上出现,本图还近于孤例。

# 七〇　唐画塑中所见戴帷帽妇女

图一一九采自唐人画《明皇幸蜀图》和唐俑。原画现在台湾。唐俑散见于各文物图录中（见插图七七）。

唐人照齐、隋习惯，妇女出门必用纱罩头及身，原名“羃䍦”，也有写作“羃帷”或“羃罗”的，后发展成帷帽。照唐俑看来，虽有全身罩裹骑马人，但所着未能肯定即羃䍦，因多系仆从身份。乘骑明确属于上层身份，多具帷帽特征，不问是上作硬笠或软兜，下垂物多只及肩而止，通名为“裙”，罩头而不盖身，十分明白。本图即是几种比较有代表性的帷帽妇女不同形象。有如软胎观音兜风帽的，或可叫作“羃䍦”，有属于硬胎笠帽下垂网帘的，应即帷帽。式样虽各有异同，和史志叙述大体相符合。《旧唐书·舆服志》曾叙述到它的流行时期和制度衍进情形：“武德、贞观之时，宫人骑马者，依齐、隋旧制，多着羃䍦，虽发自戎夷，而全身障蔽，不欲途路窥之。王公之家，亦同此制。永徽之后，皆用帷帽，拖裙到颈，渐为浅露。寻下敕禁断，初虽暂息，旋又仍旧。……则天之后，帷帽大行，羃䍦渐息。中宗即位，宫禁宽弛，公私妇人无复羃䍦之制。”《新唐书·车服志》，也有相同较简记载。羃䍦虽说传自齐、隋，就敦煌画迹和近年出土墓俑分析，有穿遮蔽全身近似加观音兜披风外衣的，脸部却少遮蔽，和不欲人窥视不尽符合。唐俑所见，骑马妇女较早着羃䍦，多如本图只笼罩到颈肩间。帷帽则近于在阔边笠子四周或前后或两侧施网（即所谓“裙”。

图一一九　上：[唐] 戴帷帽、骑马出行妇女（唐画《明皇幸蜀图》）
下：[唐] 戴帷帽、骑马出行妇女俑（取自《中国古代陶瓷艺术》）

照长沙马王堆新出竹简记载，凡器物下脚加有丝绸边沿的，通叫作“裙”），下垂颈肩间。有的陶俑只余上部笠子，难于确知垂沿长度，有的却保留相当完整。此外，反映于唐代绘画中，以《明皇幸蜀图》（实《蜀道图》或另一《唐人游春山图》）中一些骑马妇女头上戴的比较清楚具体。还有反映于敦煌画迹上的。又五代、宋初时绘《五台山图》，也有骑马进香人头戴帷帽的。惟骑马人如是男子，则属于后来五代、宋、明一般风帽，作用重在御寒、避风沙，和原来妇人用于避人窥视意义大不相同。五代赵干《江行初雪图》，骑驴旅行男女所戴，就全是御寒风帽。

唐张彦远《历代名画记》曾提到唐人阎立本画明妃，骑马用帷帽，以为不合古制。传世几种《明妃出塞图》多宋、明人笔，未见着唐式帷帽的。惟宋人绘《胡笳十八拍图》蔡文姬着帷帽，和唐人作《明皇幸蜀图》中所见还相近。《胡笳十八拍图》画服装不甚统一，这一部分可能是从旧传《明妃图》加以增饰发展而成，而原稿一部分或如所说出于唐人之手。

北宋张择端绘《清明上河图》，图中犹有妇女骑马戴同式帷帽的。上河图绘的是三月清明开封妇女照风俗上坟扫墓事。三月清明戴它，用处当然还是古典的，一般只当成一种装饰使用。至于唐代不同，则和开元、天宝间贵族妇女有意突破习惯有关。《旧唐书·舆服志》称：“开元初，从驾宫人骑马者，皆着胡帽，靓妆露面，无复障蔽，士庶之家又相仿效，帷帽之制绝不行用。俄又露面驰骋，或有着丈夫衣服靴衫，而尊卑内外斯一贯矣。”所说“胡帽”大致指浑脱帽（后又称“胡公帽”）。然而唐人绘《蜀道图》，人物衣冠和马匹装备，均近似开元、天宝间，只会早不可能晚。可知事实上大都市女子虽由于喜靓妆露面自炫，出行无复障蔽。及至长途远行，依旧施帷帽以防风尘，并

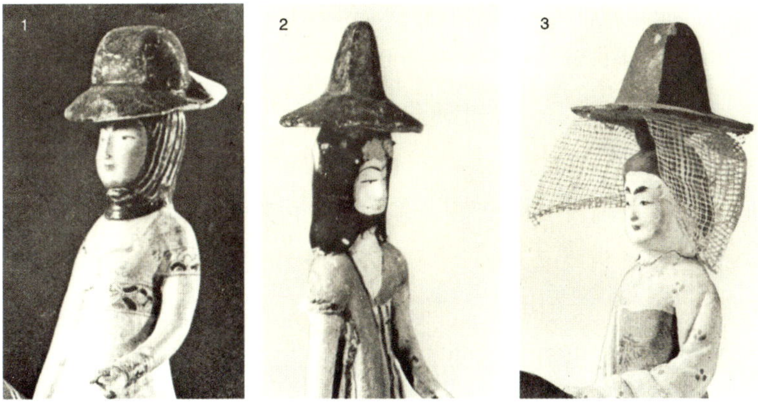

插图七七·帷帽

1：唐初戴帷帽骑马女俑（郑仁泰墓出土）

2、3：唐戴帷帽骑马泥女俑（吐鲁番阿斯塔那出土）

4：敦煌五代时绘《五台山图》中戴帷帽妇女

5：宋人绘《胡笳十八拍图》中戴帷帽的蔡文姬

6：元永乐宫壁画中戴帷帽的妇女

避人窥视（见插图七三）。

开元、天宝以后，帷帽制虽已废除，犹有部分残余痕迹保留于都市妇女一般装饰上，则为“透额罗”的使用。如敦煌壁画《乐廷瓌夫人行香图》中眷属部分，就有三个着透额罗的青年妇女典型样子（见插图八六），也即元稹赠杜采春诗中所咏“漫裹常州透额罗”的应有式样。后来演进为元人“渔婆勒子”，似限于社会下层平民使用。明代社会中上层爱俏妇女称“遮眉勒”，清代则雍正、乾隆皇妃便装、官僚贵族一品夫人便装无不使用，而农民蚕户亦常用，代替了帕头，作为御寒一般应用物。至于羃䍦，作为装饰品也尚保留于宋、元民间不废（见插图七七·6），惟名称已改为“盖头”、“紫罗盖头”。见于宋、元人画迹中的有南宋《耕织图》中农家妇女，李嵩《货郎图》中平民妇女，以及元人绘《农村嫁娶图》中几个农家妇女。世传王维作《捕鱼图》，船中有个渔婆子在舱中升火，头上也搭了个盖头。即此可知，画必出于宋人，决非王维所作。

# 七一　唐永泰公主墓壁画中妇女

图一二〇　［唐］高髻、披帛、着半臂、长裙、重台履贵族妇女和捧持生活用具侍女（陕西乾县永泰公主墓壁画）

图一二〇、插图七八采自唐永泰公主李仙蕙墓壁画。

画在前室东壁部分，共九人。一贵族，应当是死者亲属，或当时宫廷特别派遣致祭女官。八宫女（或宫廷女官），其中一个未摹绘。墓系补葬，当时并称“陵”。这一部分壁画，反映的是武则天政权末

插图七八·唐永泰公主墓前室壁画

期，唐宗室反对派已逐渐得势，所有因反对武则天而致死的男女皇族得到恢复应有地位时，宫中女官致祭情形，用为对死者安慰而作。画中人物不会是死者本人，因为近来同时出土章怀、懿德二太子墓壁画，都各有大同小异画面。可知在当时，这种画实具一般格式。

图中的人均穿长裙，上罩半臂或半袖上衣，披帛结绶，脚穿昂头重台履子。唐诗所咏“金薄重台履”，指的应当是这种式样，在履头上翻部分加饰金花。近年出土唐初李寿墓中石刻女乐部衣着（见插图八〇、八一、八二），尚保留隋代规制。本墓中所见，则惟裙上系较高，还近隋代，发式已各不相同（凡一高一低的或应名“回鹘髻”）。所有宫女，均无耳环、手镯及金翠首饰。这一点相当重要，反映唐代前期宫廷妇女装束还比较素朴。发式虽已有种种不同艺术加工，使用珠翠却并不多。直到开元初期，风气犹未大变，这和史志记载相符合。并可证明《唐六典》命妇花钗官服制度，在开元、天宝间才经确定。中唐以后还流行，影响到后来。在西北，则直延续到五代、宋初未大改变（至于面部装饰如贴脸的“茶油花子”，五代时且大有发展，弄得满脸大小花鸟，为中原所少见。据史志记载，这种装饰品的生产地

插图七九・唐李重润墓石椁线刻宫装妇女及复原图（王亚蓉敷色）

以广西郁林最著名。是用油脂作成，搁于小小钿镂银盒子内，取出呵气加热，就可照需要贴于脸上，参见插图一〇四）。

图中女侍手中各有掌持，均宫中日常用具，如烛、扇、如意、拂尘，又一敞口盘洗，必是金银器物。一方匣，是漆或金银化妆用奁具，和石刻上一盝顶奁具相似。一高脚杯子，下部如透明，应是玻璃作的。一腰圆扇子，为初唐纨扇式样，和时间略后敦煌壁画《乐廷瓌夫人行香图》中扇式还相近（见插图八六）。一长柄如意，也和《列帝图》中画的及日本正仓院收藏实物相差不多，较早出现于晋人作《七贤图》中。一拂尘，《朝元仙仗图》、《簪花仕女图》也有同式拂子

（见图一三四、插图八八）。由此得知，唐初到开元、天宝间，社会上层应用器物变化还不甚多。“轻罗小扇扑流萤”的小团扇（见插图八三），唐代前期多作腰圆形。至于满月式样，流行时间实晚些，具体反映到元和时人画的《宫乐图》中（见图一三五）。

披帛旧称“奉圣巾”、“续寿巾”。马缟《中华古今注》以为始于开元时：“开元中，诏令二十七世妇及宝林、御女、良人（均宫中女官名称）等寻常宴、参、侍，令披画帛，至今然矣。至端午日，宫人相传谓之‘奉圣巾’,亦曰‘续寿巾’、‘续圣巾’,盖非参从见之服。”《事林广记》引实录曰：“三代无帔。秦时有披帛,以缣帛为之,汉即以罗。晋永嘉中制绛晕帔子。开元中令王妃以下通服之。……”又《事物原始》：“唐制，士庶女子在室搭披帛，出嫁披帔子，以别出处之义。今士族亦有循用者。”

第一说起于开元，名目有称“续寿巾”的。如系事实，必与鸾衔长绶镜子类，同由于八月五日玄宗生日而作。第二说秦即有披帛，晋有帔子，开元中贵族通服。第三说明白披帛形制如围巾，帔子则近似云肩、背心或比甲，明是两样不同形象东西，因此说出嫁与未嫁应用有分别。宋犹循用不改。所谓“帔子”，宋人指的可能即盖头，为出嫁新娘不可少，嫁后仍留在头上，作为一种已成新妇象征。且可知原来只是平民使用，后来中上层妇女也循用，则纯属装饰性矣。

其实唐、宋以来读书人，谈日用器物历史起源，多喜附会，用矜博闻，照例是上自史前，下及秦汉，无所不及，而总是虚实参半。谈披帛应用，也难于征信。即有所称引，又容易把同物异名分为二，和同名异物合为一，相互混淆。这种混淆处，历代《舆服志》有关冠服记载也不可免，因此更难落实。如试从传世和出土大量画塑形象比证，所得知识多不相同。例如唐式披帛的应用，虽早见于北朝石刻

插图八〇・唐李寿墓线刻舞伎

插图八一·唐李寿墓线刻坐部乐伎

1

2

插图八二·唐李寿墓线刻立部乐伎

插图八二（续）·唐李寿墓线刻立部乐伎

插图八三·唐李爽墓壁画执小扇妇女

（如巩县石窟寺造像）伎乐天身上，但在普通生活中应用，实起于隋代，盛行于唐代，而下至五代、宋初犹有发现。一般应用长状巾子多披搭于肩上，旋绕于手臂间。材料通用薄质纱罗作成，上面或印花，或加泥金银绘画。唐诗多有形容描写。有把披帛一端打一结扣，固定于半臂缨带间的，惟这个墓中壁画有形象反映，其他画塑还少见。

宫女一律着半臂（或半袖上襦），这种新衣在唐初有普遍性，开元、天宝时犹继续使用，此后便只是个别出现。宫中制作或用锦，每年由成都、广陵两地上贡长安。《唐六典》、《通典》均提及成都和广陵织贡锦半臂事。中唐以后，如传世画卷《宫乐图》及较晚的《宫中图》半臂即不再发现。由于天宝十多年中，妇女衣服有了较大变化。晚唐诗中虽还有咏半臂的，可是从画塑看来，已难于发现如本图所见的式样。敦煌中唐以后画迹中也少见。

因反对武则天专政而致死的几个唐代王族，在武周后期改葬称“陵”。墓道中壁画，侍从部分多相类同，必和制度有一定关系。致祭部分主要壁画，更如同出一人手笔，惟手中掌持器物小有异同而已。石椁墓门多用线刻宫女便装或守宫门内监形象，近于写实。惟李重润石椁墓门作二宫中女官盛妆形象，高冠卷云，前后插金玉步摇，珮玉制度亦极严整，在唐代图像中为仅见材料（见插图七九）。

# 七二　唐着半臂妇女

图一二一　［唐］高髻、披帛、着半臂、长裙、重台履妇女石刻线画（陕西乾县永泰公主墓出土）

取自唐永泰公主墓石刻，原刻在石椁部分。

半臂又称“半袖”，是从魏、晋以来上襦发展而出的一种无领（或翻领）对襟（或套头）短外衣。它的特征是长袖齐肘，身长及腰，照记载男子也多穿它。但图像反映，男子身上除敦煌壁画中有船夫穿着，此外即少见。

魏晋以来妇女常服上衣日趋短小，衣袖日窄，因之裙子上升日高，形如外褂便于脱卸的上襦，亦只及腰为止。汉乐府诗形容采桑女子罗敷的衣着，有“缃绮为下裙，紫绮为上襦”为人熟习的诗句，指的应当就是这种短袄子式样的裙襦。干宝《晋纪》就说过：“泰始初，衣服上俭下丰。”即上短下宽。《晋书·五行志》也提起过——元帝太兴中，“为衣者又上短，带才至于掖”。都指的是这类汉、魏少见的变化。照《抱朴子》记载，则“时短时长，忽大忽小”。居多出自宫廷，影响民间，且不断有变化。晋末到齐、梁时，又走上另一极端，衣袖加阔到二三尺，男女相等，上行下效，南北同风。直到隋代统一，上层官服及部分舞服，还是重视大袖。但妇女常服，求便于活动，小袖却已占上风。且有把两种截然不同的式样统一起来的，例如敦煌壁画中所见隋代进香贵族妇女，即内衣作三四尺大袖，如后式所谓“海青褶”，却另披一件小袖翻领外衣，听小袖下垂作个式样，以为美观（见图一〇三说明）。这种小袖披衣显然是由北朝旧俗沿袭而来，并非新创。因为敦煌北朝佛教故事画中，贵族男子披小袖外衣的就不少。到唐初，小袖翻领外衣还在使用，另又出现了小袖翻领长袄，配合条纹小口裤、软锦靴，加上个高高上耸的回鹘髻，作成一份新装。本来隋式小袖长裙衣，加一由上襦发展而来的半臂，罩在上面，长齐腰部，把上升到胸部最高处的裙腰掩去一部分，也有着在衣下如硬衬衫的。这是两种主要式样。半臂和上襦不同处，即袖长一般只齐肘，对襟翻领（或无领），用小带子当胸结住，或作敞胸套头式。因脱换便利，宜于家常实用，所以直到盛唐末还流行不废。宋代妇女外衣“旋袄”，还近于由之演进而成，惟逐渐回复上襦原来面貌，袖子已加长齐腕，袖口部分有的微敛，身长也加至膝部，把裙罩住。男子衣着受唐半臂影响的，是宋、辽、金骑士穿的貉袖，式样和半臂大同小异，为宋、

图一二二　左：[唐]高髻、披帛、着半臂、长裙、重台履妇女（陕西乾县永泰公主墓石刻）
中：[唐]金锦浑脱帽、簪步摇、戴项链、着半臂、长裙、披帛妇女（陕西西安韦项墓出土石刻）
右：[唐]高髻、披帛、着半臂、长裙、重台履妇女（西安开元四年墓出土石刻墓门装饰画）

元、明骑马人所专用，即清代马褂前身。

盛唐宫廷妇女脚下穿的，大致有三种式样。第一种为官服的履，通称“高墙履”，前头高昂一片呈长方形，显明由南北朝的笏头履发展而成。如分段则宜称“重台履”，作法有一定制度。第二种显明受西域或波斯影响，多是软底透空锦鞠靴，必配上条纹小口裤，加个翻领小袖齐膝长袄子，成为一套胡服新装。一般说来，这种穿着多为宫中身份较低女侍，实即“女扮男装”。永泰公主墓、章怀懿德二太子墓壁画、韦顼墓、韦洞墓石刻女侍足上均有发现。史志记载虽说流行于中晚唐，事实上出现却早一些。中晚唐乐舞伎还使用，一般妇女已不常穿。第三种尖头而略作上弯样子，近于新型。较早出现于汉代，似从勾履而来，盛唐又复通行。又有软底鞋，或线靴和软底锦鞠靴。几种名称看来都指同一事物，区别或在使用材料上。《新唐书·车服志》称：“武德间，妇女曳履及线靴。开元中，初有线鞋，侍儿则着履。”说“初有”，则显然和线靴不是一物。一般履子使用的材料，有罗帛缦的，有草编织的。史称“唐大历中进五朵草履子，建中元年进百合草履子”。《新唐书·五行志》又称：“文宗时，吴越间织高头草履，加绫縠，前代所无。”《车服志》还说：“妇人衣青碧缬，平头小花草履，彩帛缦成履，……及吴越高头草履。”此外还有“重台履”、“金薄重台履”等等名目，多指装饰材料和式样而言。画塑上反映虽也多式多样，主要不过四五种。唐代履多用草编成，线鞋则用彩色线或麻线结成。旅顺博物馆藏有实物数种，保存完好。近年新疆又陆续有发现。编织技术实汉、晋以来旧法，式样却不相同。又出土物中有一双用织成法编成的彩鞋，因此才比较明确织成法不仅和彩锦织法大有区别，而且和后来刻丝法也少共同处。但宋代刻丝出于织成，则十分明确。至于宋、金《舆服志》中提及的诰封名目，如“云鹤”、“鱼戏藻”花纹织成锦，就所见实物而言，却是多层重锦，比一般服用锦加厚，明、清犹依旧，即所谓“官诰锦”是也。织造加工技术实显明不同。

# 七三　唐胡服妇女

史志中谈唐代妇女胡服，常以为盛行于开元、天宝间，似非事实。就近年大量出土材料比较分析，大致可以分作前后两期：前期实北齐以来男子所常穿，至于妇女穿它，或受当时西北民族（如高昌、回鹘）文化的影响，间接即波斯诸国影响。特征为高髻，戴尖锥形浑脱花帽，穿翻领小袖长袍，领袖间用锦绣缘饰，钿镂带，条纹毛织物小口裤，软锦透空靴，眉间有黄星靥子，面颊间加月牙儿点装。后一期则在元和以后，主要受吐蕃影响，重点在头部发式和面部化妆。特征为蛮鬟椎髻，乌膏注唇，脸涂黄粉，眉细细的作八字式低颦，即唐人所谓"囚妆"、"啼妆"、"泪妆"，和衣着无关。如白居易新乐府《时世妆》所咏，十分传神。传世的唐人绘《纨扇仕女图》、《宫乐图》中妇女形象，有代表性。又传世《搜山图》作降妖种种，女妖上身也多是这种元和"时世妆"，且有露出红绫抹胸的。下身则作各种野兽蹄足，实有所讽刺而作。但上身衣着却画得十分具体，色泽华美，为其他图画所不及。

图一二三妇女系新疆吐峪沟发现残绢画一部分，衣着属于前一时期。虽损毁极多，领袖拼合及手臂处理位置也未必是本来样子，但是头部犹相当完整，领和袖彩色鲜明。用的材料且显明是唐初流行出自川蜀的团窠瑞锦。至于同式发髻，反映于较早绘画中的，如麦积山北朝壁画伎乐天头部已有相似处理。时间相同，则有新疆出土唐初墓葬棺中绘的伏羲、女娲形象绸绫被，女娲头上也有作这种发髻，

图一二三　[唐] 高髻、团花锦翻领小袖胡服、额颊间贴靥子妇女残绢画（新疆吐峪沟出土）

面部作同样化妆的。中原和长江以南，唐以前似还无相似材料发现。惟南朝人诗既有“约黄能效月”语，则南朝南方也应当早就有了这种化妆法。其来源照史志记载，则以为出于寿阳公主梅花点额故事。传世《女史箴图》中妇女额间，即可发现相似装饰。至于胭脂在脸颊间的应用，则可早到战国，楚俑中即有发现。这一部分与其说是由西北传入中原，还不如说由中原影响西北更合实际。时间当在隋唐之际。

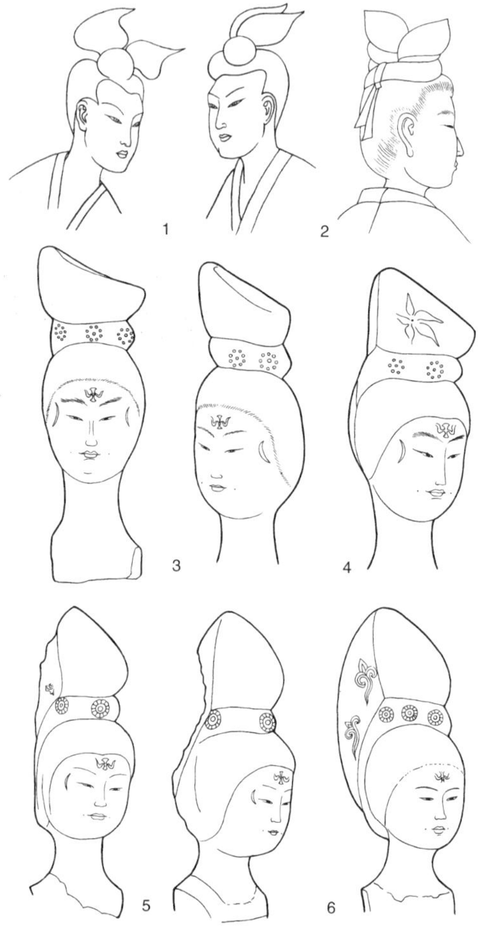

插图八四・回鹘髻

1：麦积山北魏壁画伎乐天头部

2：唐永泰公主墓线刻妇女头部

3、4、5、6：喀喇和卓高昌出土泥俑头部

唐代妇女发髻，初唐稍后，身份较高的贵族妇女已一变隋代的平云式单纯，向上高耸，作成种种不同发展，如李寿墓壁画中所见。《妆台记》称：“唐

武德中，宫中梳半翻髻，又梳反绾髻、乐游髻。”上行下效，成为风气。某大臣曾请唐太宗下令禁止，唐太宗虽也加以斥责，但后来又询及近臣令狐德棻，问妇女发髻加高是什么原因。令狐德棻以为，头在上部，地位重要，高大些也有理由。因此高髻不受任何法令限制，逐渐更加多样化。到开元、天宝年间，则因流行假发义髻，更显得蓬蓬松松。《妆台记》又称：“开元中，梳双鬟望仙髻及回鹘髻。”书中谈古事多附会，无可稽考，谈近事也虚实参半，实难于尽信。惟唐初髻式许多种中，本图一式，在永泰公主、章怀懿德二太子墓中壁画石刻和韦泂、韦顼墓石刻中出现得格外多，一般多作向上腾举势，因此文人形容或可称“离鸾惊鹄之髻”。事实上或即回鹘髻（史传称“回鹘”得名，即因象征此鸟勇猛而健翩凌云）。至少可知，它实在是唐初流行式样中比较主要的一种发髻，开元、天宝以后即少见（见插图八四）。一般传世中晚唐画迹中更少见。杜甫《即事》诗：“百宝装腰带，真珠络臂鞲。笑时花近眼，舞罢锦缠头。”即近似为这种秀发如云、健美活泼、长于舞蹈的年轻妇女而咏。到中晚唐时，妇女发髻又效法吐蕃，作“蛮鬟椎髻”式样，或上部如一棒椎，侧向一边，加上花钗梳子点缀其间。远不及初唐妇女发式利落美观，好尚的却赞美备至。白居易在新乐府《时世妆》一诗中，曾加以强烈讥讽。

图一二三绢画腰部以下已残毁无余，根据敦煌其他晚唐壁画和近年新疆出土绢画可知，凡是这种翻领小袖，袖头加锦臂褠的盛装女子衣样，直到五代，在西北地区还是贵族中的便服盛装，居多是腰系钿镂带，穿条纹小口卷边裤，和透空软锦靴配成一套。在中原画塑中反映，则和当时西域传来流行于中唐的柘枝舞、胡旋舞密切相关。

# 七四　唐胡服妇女

图一二四　左、中左：［唐］高髻、圆领小袖长衣、佩承露囊侍女石刻线画（西安南里王村韦泂墓出土）
中右：［唐］裹巾子、圆领小袖长衣、佩承露囊侍女石刻线画（西安南里王村韦泂墓出土）
右：［唐］高髻、翻领小袖长衣、佩承露囊侍女石刻线画（西安南里王村韦泂墓出土）

《新唐书·五行志》称："天宝初，贵族及士民好为胡服胡帽，妇人则簪步摇钗，衿袖窄小。杨贵妃常以假鬓为首饰，而好服黄裙。时人为之语曰：'义髻抛河里，黄裙逐水流。'"又唐小说称贵妃死后，

图一二五　左：[唐] 高髻、圆领小袖长衣侍女（西安开元四年墓出土石刻墓门装饰画）
中：[唐] 高髻、圆领小袖长衣、佩鞢躞带侍女石刻线画（陕西乾县永泰公主墓出土）
右：[唐] 高髻、翻领小袖长衣、佩鞢躞带侍女石刻线画（陕西乾县永泰公主墓出土）

“马嵬驿一老妪得一锦靿靴，观者给百钱，老妪因以致富。”

宋人作史多贯串唐人旧说，求文笔简练，记载虽概括，时间事件不免常有混乱，易失本来面目。关于“胡服”问题就是一例，叙述含糊，不符合实际。

所谓“胡服胡帽”，即衿袖窄小条纹卷口裤及软锦靴等等，在近年出土大量画塑上反映，时代多较早些。在开元、天宝以前，武则

图一二六　左［唐］浑脱金锦帽、翻领小袖长衣、着鞊韘带、胡服女侍石刻线画（西安韦项墓出土）
中［唐］浑脱金锦帽、翻领小袖长衣、着鞊韘带、条纹裤、锦靿靴、胡服女侍石刻线画（西安韦项墓出土）
右［唐］高髻、翻领小袖长衣、着鞊韘带、条纹裤、锦靿靴、胡服女侍石刻线画（西安韦项墓出土）

天时代，便已成为一时社会时髦。开元、天宝时，却已有了新的变化、新的爱好，且难于发现所谓“胡服”痕迹。比较典型服装，从画塑反映分析，发髻除两鬓因虚发相衬加大外，眉分二式：一细长，一较浓阔，即所谓“蛾翅眉”。和杜甫诗“狼藉画眉阔”，及后来张籍诗形容的“轻鬓丛梳阔扫眉”、元稹诗“凝翠晕蛾眉”倒还相合。也就是《簪花仕女图》（见图一三四）中妇女蛾翅形眉毛式样。都市妇女出行骑马，虽已不用帷帽垂网遮蔽，年轻妇女还使用一片纱网于额间作为装饰，名“透额罗”，也算新装一部分。这种薄质纱罗或以常州生产为佳，所以元稹诗有“漫裹常州透额罗”。在敦煌壁画《乐廷瓌夫人行香图》中，随从亲属妇女眉样显明是比本来浓阔。透额罗的应用，在画上也留下一些具体形象。画成于开元、天宝时，除额间东西还近于帷帽幂䍦残余，其他服饰都和胡服无关（见插图八六）。

唐代前期胡服和唐代流行来自西域的柘枝舞、胡旋舞不可分。唐诗人咏柘枝舞、胡旋舞的，形容多和画刻所见胡服相通。如白居易诗“绣帽珠稠缀，香衫袖窄裁”、“……紫罗衫动柘枝来。带垂钿胯花腰重，帽转金铃雪面回”，章孝标诗“柘枝初出鼓声招，花钿罗衫耸细腰。移步锦靴空绰约，迎风绣帽动飘飖”，刘禹锡诗“胡服何葳蕤，仙仙登绮墀。……垂带复纤腰，安钿当妩眉”，张祜诗“舞停歌罢鼓连催，软骨仙娥暂起来。红罨画衫缠腕出，碧排方胯背腰来。旁收拍拍金铃摆，却踏声声锦靿催”、“促叠蛮鼍引柘枝，卷檐虚帽带交垂。紫罗衫宛蹲身处，红锦靴柔踏节时”，许浑诗“红珠络绣帽，翠钿束罗襟”，还有刘言史咏胡腾舞诗“织成番帽虚顶尖，细氎胡衫双袖小。……翻身跳毂宝带鸣，弄脚缤纷锦靴软”。诗中有关衣饰形容，都显明和石刻表现有相通处（见图一二四、一二五、一二六）。

石刻多属唐代前期，诗多作于中晚唐。画刻中这种胡服女子，多如一般女侍，在执行普通生活任务，少有作舞姿的，而壁画中作舞姿的，却常穿中原汉式衣裙。这里不免有些矛盾，似可作两种解释：一即照唐代法律，品官家照等级多许可置音声部（即唱歌奏乐女奴）若干人，这种歌舞伎平时则侍巾栉，执行一般婢妾任务，酒筵间遇有需要时，方出席表演。二即柘枝舞、胡旋舞均于中晚唐始流行，因来自西北，即穿所习惯服装。后一种推测比较近理，因为《宋史·乐志》叙柘枝、胡旋舞，还提及鞊鞢带及软锦靴（见图一二五、一二六）。服装具西北区域地方性，十分明确显著。

# 七五　唐着半臂坐薰笼妇女及大髻小袖衣妇女

图一二七　左：[唐] 高髻、着锦半臂、小袖衣、柿蒂绫长裙、坐薰笼妇女三彩釉陶俑（西安王家坟村出土）

右：[唐] 高髻、着半臂、小袖衣、戴项链、披帛、穿十二破长锦裙妇女三彩釉陶坐俑（西安王家坟村出土）

唐三彩陶俑，现藏中国历史博物馆、陕西省博物馆。

初唐妇女装束，还接近隋代，平居一般多小袖长裙，裙上束至乳部以上，外着半臂。裙常用两色绫罗拼合，形成间道裥褶效果。诗文中常说及的“六破”、“十二破”、“裙拖六幅湘江水”，指的或应是这种裙式。歌舞用则多加刺绣或泥金银绘花鸟。发髻式样早期也比较简单，多如三饼平云重叠，例如传世《步辇图》（见图一一五）中宫女发髻及李寿墓出土伎乐线刻图，基本上还是隋式，和敦煌隋代壁画进香人相差不多。本节图时代已较晚，近天宝时家常式样。照唐太宗询问令狐德棻语，可知唐初即起始流行各式各样高髻。真正盛行必然和生产恢复有一定联系，当在稍后一点。和波斯式的小口袴及软锦靴翻领胡服，一同在长安流行，直延续到武则天和睿宗时。开元、天宝后，又才逐渐为新的"时世妆"所代替。或加倍复杂，或极端简化。这是近年大量出土材料和诗文形容结合互证得到的认识。文史记载，则概括以为种种均流行于贵妃时。本节所见应是天宝末年由繁而简的"时世妆"。元和诗人白居易有一首七言绝句，形容得相当准确："平头鞋履窄衣裳，青黛点眉眉细长。世人不见见应笑，天宝末年时世妆。"和本图相近。小袖衣虽还近似由胡服而来，其他已少共同处。元和以后变化较大，特征为衣袖加大，衣服加大加

图一二八 ［唐］大髻、小袖衣、披帛、长裙妇女三彩陶俑（西安鲜于庭诲墓出土）

长,成一时风气。所以世人见到图中这种装束,才会发笑。

传世名画中,《捣练图》、《虢国夫人游春图》及本节所反映形象,可看出它们的大同小异处,产生时间实相近。在唐俑中,鲜于庭诲墓中三彩陶妇女俑,更有代表性。和画迹小有不同是在发髻处理,因为衬有假发,加大加松,更富于开元、天宝以后时代特征。

1

插图八五・坐具

1: 筌台(薰笼)

《新唐书・五行志》称贵妇以假髻为首饰,曰“义髻”。又说唐末(应说盛唐末)妇人梳髻以两鬓抱面,为“抛家髻”。事实上说的正是开元、天宝间出现的那种反常现象(见图一二八、一二九)。

这一时期衣着特征是小袖(或大袖)长裙、密鬓拥面、蓬蓬松松。妇女身体特别丰腴,衣服比较宽大,腰裙系处下移。敦煌壁画《乐廷瓌夫人行香图》中几个盛装官服贵族妇女和三彩俑(后人称“胖姑姑”)常服妇女,基本形态相同。晚唐妇女头面化妆虽另仿效吐蕃新样,但衣着一般已日益趋于宽大,所以李德裕才请用法令限制。事实上,除面部化妆和蛮鬟椎髻,衣服却与前期胡服无关,比开元、天宝旧样只衣袖加大,衣身加长,是从唐代官服沿袭而来转成便服的。这种种,一直流行到五代、北宋初年。敦煌还留下大量妇女官服画迹可证。近年淮南出土一个北宋墓壁画,属于贵族家庭妇女常服,还有相似反映。

2

3

插图八五（续）·坐具

2：《唐人玩双陆图》中的月牙几子

3：成都王建墓石雕所见月牙几子

图一二七中坐具作腰鼓式，是战国以来妇女为薰香取暖专用坐具。大小不一，因为此外还用于薰衣被或巾帨。近年战国楚墓出的薰笼，还多如一般鸡笼，即《楚辞》所称“篝篝”。或如捕鱼罩笼，也即《庄子》中“得鱼忘筌”的“筌”。一般多用细竹篾编成，讲究些则朱黑髹漆上加金银绘饰。汉晋时通名“薰笼”，如曹操《上杂物疏》及《东宫旧事》即各有漆绘大小薰笼记载。南北朝时转为佛教中特别受抬举的维摩居士坐具。受佛教莲台影响，作仰莲覆莲形状，才进展而成腰鼓式。唐代妇女坐具，亦因此多作腰鼓式，名叫“筌台”或“筌蹄”（见插图八五·1）。宫廷用于年老大臣，上覆绣帕一方，改名“绣墩”，妇女使用仍为“薰笼”。转成腰圆状，则叫“月牙儿”（见插图八五·2、3）。另用曲几固定作靠背，即成“栲栳圈儿”。式样名称随时随地不断改变，直到明、清用瓷或石头作的，还照例在上面搭一片绣帕纹饰，下部雕几个可以透气的古碌钱，总或多或少还保留一些薰笼、绣墩痕迹。但明白它来源和进展的已不多。

# 七六　唐敦煌壁画乐廷瓌夫人行香图

本节中开元、天宝时任太原都督乐廷瓌夫人王氏及其家属（见插图八六）。主要人物作贵族命妇盛装，衣锦绣衣，穿重台履，发用当时特有的蓬松义髻，两鬓满着金翠花钿。其余年纪较轻的几个妇女均作家常装扮，有三人头着透额罗网巾，为目前所见惟一形象。刘肃《大唐新语》称："武德、贞观之代，宫人骑马者，依周礼旧仪，多着幂罗（䍦），虽发自戎夷（当时以为受西域影响），而全身障蔽。永徽之后，皆用帷帽，施裙到颈为浅露。"这种透额罗的应用，则是唐开元、天宝间帷帽制废后的遗留物。

主要盛装二妇女，所着为当时"钿钗礼衣"，在比较重要情形下方穿戴。《唐六典》称："钿钗礼衣，外命妇朝参、辞见及昏会则服之。""凡婚嫁花钗礼衣，六品以下妻及女嫁则服之。""其次花钗礼衣，庶人嫁女则服之。"

唐代这种等级不同礼服盛装，在传世画迹中所见实不多，而保留于敦煌壁画中却不少，有的时间虽属晚唐，地区比较偏僻，因之还依旧保留中原旧制，接近开元、天宝规模。唐代衣着丝绸加工大致有五六种：一为彩锦，五色具备织成花纹，最常见的是成都织小团窠锦，多用于衣领边沿装饰或半臂。二为特种宫锦，则如张彦远《历代名画记》卷十所称，在益州任行台官的窦师纶创意设计、川蜀织锦工人作的瑞锦宫绫，有对雉、斗羊、翔凰、游鳞之状，章彩奇丽。宜应

图一二九　[唐]乐廷瓌夫人太原王氏供养像（敦煌一〇三窟，范文藻摹）

用于屏风、舞茵、帷帐间。另为常用彩绫，或本色花，或两色花。照唐《车服志》，官服必使用，有“鸾衔长绶”、“鹤衔灵芝”、“鹊衔瑞草”、“雁衔威仪”、“俊鹘衔花”、“地黄交枝”等六种花色名目，为官服定制（记载虽明确，实物并不具备。惟六种不同花纹，在铜镜纹样上却反映得十分明确具体，带版上作浅浮雕也完整无缺。因此令人怀疑，在某一时有可能指的只是金铜带版上隐起刻镂花纹。详图中曹义金画相）。此外还有孔雀罗、樗蒲绫、镜花绫以及织造极精美的缭绫等。第三种是刺绣，有五色彩绣和金线绣。第四是泥金银绘，即是用金银粉画在衣裙材料上。大概舞女衣裙用绣画的比较多，因此唐诗人咏歌舞衣裙常有金银绘绣形容。第五种为印染，分彩色套染及单色染。简单花纹为“鱼子缬”，只作小圆点子，或梅花、柿蒂、方胜，多属撮晕纹缬类。大花头五彩则多属蜡缬、夹

插图八六 · 唐敦煌壁画乐廷瓌夫人行香图家属部分（范文藻摹）

插图八七・唐敦煌壁画乐廷瓌行香图（范文藻摹）

缬，亦称“撮晕锦”。另外还有堆绫贴绢法，把彩色绫绢照图案需要剪成，钉于料子上，即《周礼》所说“刻绘为雉翟”的作法。温飞卿词：“新贴绣罗襦，双双金鹧鸪。”用的或就是贴绢法作成。只是这种加工技术，唐代应用到其他帐帷、坐垫类或较多，衣裙上并不常见。由于提花、印花、泥金银加工技术的发展，堆绫贴绢法费工不易见好，受一定限制，终于逐渐淘汰。图一二九所见多近似一般刺绣，小簇折枝花为常见式样。不着花的或属于本色暗花绫罗，壁画受技术水平限制，无从使花纹显著。

透额罗的应用，在唐人画迹中仅一见，到后转化为勒子，则宋、元、明、清犹一脉相承不废，且由青年妇女装饰，进而成为中老年实用防风御寒工具。上至皇后妃子，下及渔婆平民，无不应用，普遍流行。至于同出于帷帽留在头上的盖头，则宋代犹盛行，讲究的用紫罗，通称“紫罗盖头”。明、清后尚保留于新嫁娘头上，在西南各兄弟民族间，则至今犹保留下许多不同处理方法，有的还用挑花绣作成，加工特别精美。江南一带农家妇女，至今出门也还使用，和胸前围裙一样，爱美的多自出心裁，作得令人爽心悦目。

# 七七　唐虢国夫人游春图

原画藏辽宁省博物馆，旧传唐张萱绘，宋徽宗赵佶重绘。

画作男女骑从八人行进状，衣着淡雅，人物状态从容，鞍马精丽，似为唐“虢国夫人承主恩，平明骑马入宫门。却嫌脂粉污颜色，淡扫蛾眉朝至尊”讽刺诗作的图解。《旧唐书·杨贵妃传》称：“……有姊三人，皆有才貌，玄宗并封夫人之号，长曰大姨封韩国，三姨封虢国，八姨封秦国，并承恩泽，出入宫掖，势倾天下。……三夫人岁给钱千贯，为脂粉之资。”又：“玄宗每年十月幸华清宫，国忠姊妹五家扈从，每家为一队，着一色衣，五家合队，照映如百花之焕发。而遗钿坠舄，瑟瑟珠翠，灿烂芳馥于路。”诗人杜甫于天宝十二年作《丽人行》一诗，和本图可以相互参证：“三月三日天气新，长安水边多丽人。态浓意远淑且真，肌理细腻骨肉匀。绣罗衣裳照暮春，蹙金孔雀银麒麟。头上何所有，翠微匐叶垂鬓唇。背后何所见？珠压腰衱稳称身。……炙手可热势绝伦，慎莫近前丞相嗔！”在当时就对于杨氏一门奢侈豪华、私生活的极端腐败作了有力的揭露。同一画稿，前人因此也有题作《丽人行》的（传世画图中另有题《丽人行》的，有宫殿背景，前一队男女随从乘骑通过，旁作一小簇行人观众。实近于中唐或宋人据此诗而作，反不如本图把握着重点）。用杨氏姐妹腐朽生活和李杜诗形容作主题画的，据《宣和画谱》，北宋时即有三种，内中同异，已不得而知。又有《贵

图一三〇　［唐］开元、天宝时期骑闹装鞍马贵族妇女和婢仆（传宋徽宗摹张萱绘《虢国夫人游春图》）

图一三一　［唐］开元、天宝时期骑闹装鞍马贵族妇女和婢仆（传宋徽宗摹张萱绘《虢国夫人游春图》）

妃夜游图》、《贵妃纳凉图》、《杨妃上马图》。传世周昉《簪花仕女图》，或宋人据《贵妃纳凉图》有所增饰而成。《上马图》也有后人传本，从衣着分析，产生时代必较晚（至于苏联所藏《杨妃出浴图》，则显然是明代无知画工伪托，笔极俗恶）。

本图中男装三人。有因马剪三鬃认为其中第一人是虢国夫人。又有据《唐书》记载，认为其中必有杨国忠。或史志提及“五家扈从，每家为一队，着一色衣，五家合队，照映如百花之焕发”，小说中有“各选用俊俏黄门引马”语，认为作男子装还多是年青俊俏黄门宫监。各有所见，难得定论。马缟《中华古今注》卷中“羃䍦”条叙发展说：“开元初，宫人马上着胡帽靓装露面，士庶咸效之。至天宝年中，士人之妻着丈夫靴衫鞭帽，内外一体也。”《古今注》叙远事多附会不可信，记近事却比较落实。女作男装，较早在宫廷中即流行，壁画反映明确而具体。到开元、天宝间，妇女喜作男装，社会上才比较普遍。图中虢国夫人姐妹均作男装，亦有可能。至于马剪三鬃、五鬃，只能证明当时制度，却并不代表骑者身份。图中诸人乘骑均矫健驯善，加有当时极其讲究贵重的金银闹装鞍、锦绣障泥、五鞘孔绦带，完整合乎制度。惟前一引马四绦带过短，在唐代已成定型，马具中为破格，如非当时一种特殊情形，或画师有意为之，便是后人摹绘疏忽失真（壁画中亦有不尽合制度的，如新出章怀太子墓壁画《击马球图》所见）。亦有时代虽合而不能照定制的，如昭陵六骏石刻与三彩陶马俑，因防止碰撞损毁，绦带有意缩短。但照唐时定例，鞍具后桥五鞘孔附着的绦带，前四条总是长短恰及马腹，较后一条稍长约二寸。辽鞍具制度犹未完全废除，有热河辽墓出土金银闹装鞍前后鞍桥实物及其他壁画可证。宋代鞍具分别等级极多，均定有不同价格，第一等特种金银闹装鞍，犹循唐制，值银八十两（亦有称一百八十两的），县令铁错银衔镫值银十二两。从比价上也可知前者必精美无匹。鞍具变化显著处，即五绦带的废除。所以旧传北宋宫素然作的《明妃出塞图》才误把马鞍上的五绦带附作明妃腰间鞢䩞带装饰。其实北宋人还不至于如此无知，而是由于完全不悉五鞘孔制的画家所作。元初画马名家赵子昂父子所绘诸马，鞍具还采用五鞘孔制。事实上元代早已废除，画中反映，恰好证明传世诸作均临摹唐人旧稿，并非写实。

# 七八　唐张萱捣练图部分

采自《捣练图》熨帛部分，原画传为唐张萱绘，宋徽宗赵佶临摹。现藏于美国波士顿美术馆。

图是个长卷，绘宫廷贵族妇女治理丝帛几种劳作过程，计有熨帛、捣练、缝纫等。无背景，妇女衣着均作细致描绘，或作细锦纹，或作大撮晕染花缬。

纺织工艺生产是封建社会经济的一个基本部门，所以早已作为主题画之一来表现。战国青铜器上即有采桑图像，似据《诗经》中"女执懿筐，爰求柔桑"诗意而作。机织图像到汉代则为常见，先后有石刻数种出现，如武氏祠石刻、孝堂山石刻、滕县石刻，四川则有桑林砖刻出土。时间较后传世的，还有南宋牟益作《捣练图》，也说原稿出自张萱，节目较多，衣着近中晚唐周昉笔。又淮南出土北宋时墓葬壁画，衣着纯为北宋式。又宋刘松年作《毛诗图》、《丝纶图》，无名氏作《宫蚕图》卷，楼璹作《耕织图》石刻，均有纺织生产反映。内中以楼璹石刻保存得最完整，对后来影响较大。

本图中人多着小袖衣长裙，裙上系及胸部，还具盛唐规模。人多长眉秀目，高髻插小梳三五不等，除发髻小异，其余均与白居易诗《上阳人》所咏开元、天宝间宫中便服相近，和后来元和"时世妆"有显明区别。本图衣着及发髻形象，似为开元时宫廷妃嫔常服式样，头部还未用假发衬托，旧题作张萱绘，比较可信。

图一三二　［唐］高髻、披帛、小袖上襦、长裙、熨帛宫廷妇女（传宋徽宗摹张萱绘《捣练图》）

画题来源或本于南北朝诗人所惯用主题，加以发展而成。例如北周诗人庾信诗即有“北堂细腰杵，南市女郎砧”、“并结连枝缕，双穿长命针”、“裙裾不耐长，衫袖偏宜短”等句子，均具体反映于本画中。衣着属盛唐式样，丝绸花纹中比较清楚的有几种大撮晕染缬，龟子绫，梭子式樗蒲绫，也属典型盛唐时代产物。但后人因图中人物形象近似曹植《洛神赋》“云髻峨峨”语意，画意又和庾子山诗相近，便误以为是南朝人装束。如明杨慎《丹铅总录》云：“古人捣衣，两女子执杵，如舂米然。尝见六朝人画捣衣图，其制如此。”传世古画惟此图捣练用竖杵，可知明代号称博学多闻的杨慎，当时所见必本图无疑。

唐代妇女喜于发髻上插几把小小梳子，当成装饰，讲究的用金、银、犀、玉或牙等材料，露出半月形梳背，有多到十来把的（经常有实物出土），所以唐人诗有“斜插犀梳云半吐”语。又元稹《恨妆成》诗有“满头行小梳，当面施圆靥”，王建《宫词》有“归来别赐一头梳”语。再温庭筠词中有“小山重叠金明灭”，即对于当时妇女发间金背小梳而咏。唐五代画迹中尚常有反映，亦可于本图及插图得到证实。用小梳作装饰始于盛唐，中晚唐犹流行。梳子数量不一，总的趋势为逐渐减少，而规格却在逐渐加大。早期梳式大小基本上还和汉代相近，汉代一般梳篦多作式，唐代一般作月牙形式，到北宋，敦煌画所见有方折成式大及一尺的。梳形益大而数目减少，盛装总还是四把或一两把，施于额前。中原总的趋势还是一把，且随同发髻增高而更加长大。宋代到仁宗时，宫中流行白角梳，大的已达一尺二寸。所以王林《燕冀贻谋录》称仁宗时禁令，髻高有至三尺，白角梳有大到一尺二寸的，用法令禁止，仍未能生效。以为是上行下效，无可奈何。北宋初人用五代发式衣着绘《夜宴图》，南宋时人绘《女孝经图》，因仿古，画中妇女头上犹多着小梳，且有放在头后部，显然是不明白“满头行小梳”语意，安排已不合实际情形。因为事实上，小梳子的应用，宋代初年中原即已不再流行。敦煌宋画妇女头上犹使用六梳、四梳，和衣制均属晚唐式样，由于边缘地区受前一时期制度影响，照例变化较晚些。但梳子加大，一望而知还是宋代时髦事物。

插图后二种，原画多以为出自唐人。若从梳子式样和大小及应用情形而言，则一望而知必出于宋人无疑。

# 七九　唐高髻盛装妇女

图一三三　［唐］高髻、盛装妇女彩绘陶俑（取自《世界陶瓷全集》）

取自日人编《世界美术全集》第九隋唐篇图版 109 页。

东邻学者原题“霓裳羽衣”，但图中女子服装和唐人诗歌形容霓裳羽衣舞情形有一定距离。产生时代，从发髻来看，可能略早一些。虽近于舞女，和霓裳羽衣却无关系。

霓裳羽衣舞和舞曲成于玄宗天宝时，来源有种种传说。舞曲后来以为即《婆罗门引》或《法曲献仙音》，和当时流行宗教音乐有一定联系，事极显明。唐人诗文中涉及这个有名歌舞服装的，如亲眼看见过霓裳羽衣舞的白居易，诗中即说过："案前舞者颜如玉，不着人间俗衣服。虹裳霞帔步摇冠，钿璎累累珮珊珊。"又郑嵎《津阳门诗》序也提及："……又令宫妓梳九骑仙髻，衣孔雀翠衣，佩七宝璎珞，为霓裳羽衣之类。曲终，珠翠可扫。"这个记载，可供比较参考。韦渠牟写《女冠步虚词》，则有"羽袖挥丹凤，霞巾曳彩虹。飘飖九霄外，下视望仙宫"。和这个舞的环境，也有一定关系。《唐语林》称："宣宗妙于韵律，每赐宴前，必制新曲，俾宫婢习之。至日，出数

插图八八·《朝元仙仗图》乐部

百人，衣以珠翠缇绣，分行列队，连袂而歌，其声清怨，殆不类人间。……有霓裳曲者，率皆执幡节、被羽服，飘然有翔云飞鹤之势。”这个记载更易和插图种种相联系，和本图则少共通处。

宣宗时代虽较后，还是本于原来霓裳舞而来。《唐语林》所说的“执幡节、被羽服”，如实有其事，前代画塑中足当这些形容，或和诗歌描写比较相近的，惟旧传北宋画家武宗元作的《朝元仙仗图》。图中人物衣着和手中所执种种乐器法器，共同点较多（见插图八八）。图旧传为北宋真宗时修建著名全国的景灵宫或玉清昭应宫壁画粉本。据《宋朝纪实》、《图画见闻志》等记载，当时集中天下名手作壁画，分组竞赛，日夜进行。武宗元为一壁领队画师。至于主题，则为诸天参礼玄天上帝的队伍。所谓“玄天上帝”，其实即老子。据《封氏闻见记》记载，当日有一妄人吉善行，伪托亲见老子传言，当今天子是他的后代，好好做皇帝，可在位百年。唐代为抬举道教，抵制外来佛教，故神其说，因奉老子李耳为玄元皇帝，天下修道观祀奉。当时骊山行宫即建有朝元阁，《唐语林》称：“朝元阁在北领之上，最为崭绝。次南即长生殿。”可知这个建筑当时实紧靠杨贵妃常住按乐的长生殿。朝元仙仗本来应为朝元阁的壁画，而原作当为吴道子辈名家手笔。当时天下上千道观，用这个壁画作范本的必不少，杜甫咏北邙老子庙壁画诗，即有“冠冕皆秀发，旌旆尽飞扬”语，赞美壁画。也因之留下一些粉本。宋初统治者又企图利用宗教迷信，内愚人民，外哄契丹，因与权臣丁谓、王旦辈合谋，伪作“天书”下降宫廷殿角，征集天下材料，全国名工，修玉清昭应宫祀奉假天书。除集中大量名画、法书作装点外，一千三百多间殿堂都有各种不同壁画。武宗元是北宋名家，作主要宗教宣传画，当有所本。因此，原稿必出于盛唐时期的道教画。画迹反映时代，不仅有个物质背景，还有个社会背景，绝非北宋画家凭想象虚构所能完成。

《唐会要》曾提起过，唐代因装饰神佛，于专主烧造陶瓷的甄官署下，特别设立了一个冶局，烧造彩色琉璃珠子，装饰天下佛像。因此唐代佛像无不璎珞被体，即龙门大型石刻二天王胸前也不例外。观音身上也必璎珞被体，并用珠玉结成宝盖幡幢，实物虽难保存，见于敦煌壁画却极显著。歌舞女乐头上及宝盖上更无不珠玉纷陈。晚唐李可及为同昌公主死后作“叹百年舞”，舞后珠玑满地，也就是国家特别设局生产的这种人造五色琉璃珠子。唐人绘天仙龙女，头上装饰加多，正是开元、天宝间事。画中反映和唐人诗歌印证，可知与当时宫廷流行的霓裳羽衣舞必有一定联系。至于羽衣舞和道教关系，《唐语林》卷七记载较重要：“政平坊安国观，明皇时玉真公主所建，门楼高九十尺，而柱端（正）无斜。殿南有精思院，琢玉为天尊老君之像，叶法善、罗公远、张果先生并图形于壁。院南池引御渠水注之。叠石像蓬莱、方丈、瀛洲三山。女冠多上阳宫人。……咸通中有书生云，尝闻山池内步虚笙磬之音。卢尚书有诗云：‘夕照纱窗起暗尘，青松绕殿不知春。闲看白首诵经者，半是宫中歌舞人。’”

玄宗二女金仙、玉真公主均出家入道，用公主府第改作道观，专供宫廷娱乐的宫女多被迫随同入道。所以说，这个画卷不仅反映盛唐艺术，同时还反映当时宫廷生活极端阴暗的一角。不仅是唐代一个壁画粉本，同时也是一群被强迫入道宫女，在经常日课中参谒玄元皇帝老子，唱步虚词，奏《法曲献仙音》，作霓裳舞一个场面。也就是“朝元仙仗”四个字的明确注释。

至于图一三三彩绘陶俑，虽然是舞伎，和霓裳羽衣关系似不多。

《仙仗图》发髻式样即唐初常见式样。敦煌画中作天仙龙女多头上双鬟上耸，上加累累珠钿，和《仙仗图》十分相近，也可作《仙仗图》原稿出于盛唐一个旁证。同属于霓裳羽衣"曲"或"舞"的，是成都五代前蜀王建墓棺座四周石刻浮雕那一组乐舞伎。用鼓特别多，更可证舞曲出于龟兹乐《婆罗门引》，而主题也就是霓裳羽衣舞乐。

# 八〇　簪花仕女图

图一三四　［唐］高髻、花冠、金步摇、蛾翅眉、披帛、薄纱衣、长裙贵族妇女（传周昉《簪花仕女图》部分）

原画藏辽宁省博物馆，旧题唐周昉画（图一三四），花冠散见于各文物图录（见插图八九）。

几个贵族妇女云髻高耸，博鬓蓬松，头戴各种不同折枝花朵，簪步摇钗，作浓晕蛾翅眉。衣着薄质鲛绡或轻容花纱外衣，披帛也用轻容纱加泥金绘，内衣有的作大撮晕缬团花。

郭若虚《图画见闻志》卷五称："昉善属文，穷丹青之妙。画章时寺壁，都人士庶观者万数。"还听人评点，能随时改正。又和韩干同为郭子仪女婿赵纵写真，韩得状貌，周兼得性情笑言之姿。平生画墙壁卷轴甚多，贞元间，新罗人以善价置数十卷持归本国。从叙述看来，当时周昉写生能力还优于韩干。但本画托名周昉，可疑处甚多。就服饰分析，近似根据"太真出浴"、"纳凉"一类流行主题画，由宋（或元、明）间人加以发展而成。

浓晕蛾翅眉和蓬松大髻，加步摇钗，成熟于开元、天宝间。图中妇女蓬松义髻，上加金翠步摇，已近于成份配套，完整无缺。头上再加花冠，不伦不类，在唐代画迹中绝无仅有。传世唐人画妇女戴花冠的相当多，必在盛行栽种姚黄、魏紫牡丹著名以后，也即是白居易诗"一丛深色花，十户中人赋"时，所以均属中晚唐时作品。如《会茗图》、《听筝图》、《纨扇士女图》及传为五代周文矩实属唐人旧稿的《宫中图》，多和周昉有关（如麦积山五代进香妇女头上所反映，还保留一定规格）。一般说来，画面特征写生气息均较浓厚，人物造型比例准确，衣着宽博见时代特征，花纹多唐代流行大团花染缬，且能随身段转折变化。花冠有一定式样，多为罗帛作成，满罩在头上，和发髻密切结合。北宋时，花冠式样大为发展，才流行戴真花，或仿真花，用罗帛、通草及其他材料作成（如鹿胎冠子即用小鹿皮作）。本画戴的近似真牡丹，和背景点缀的玉兰均为晚春开花，而

插图八九・花冠

1：麦积山五代壁画进香妇女花冠复原图
2：《宫乐图》中妇女花冠　　3：《女孝经图》中妇女花冠
4：宋人杂剧中妇女花冠　　5：宋砖刻杂剧人丁都赛所戴花冠
6：宋人绘戴重楼子《花石仕女》中花冠

衣着反映则盛夏炎暑景状。另一人虽戴莲花，但和背景花木仍不协调。发髻首饰已完整配套，头上另加花朵，近于画蛇添足，不大合实际情形。且本图中衣上花纹平铺，和人身姿势少呼应，有的内衣且作红地蓝花大团窠缬，种种都为现实生活不应有现象。衣着材料和背景花木时令矛盾更特别显明。其中妇女之一，金项圈附于衣外，式样在唐、宋为绝无仅有（敦煌画唐代妇女戴珠串多在衣里贴身部分，而不见扁式项圈着于衣上。只有清初贵族妇女朝服常用）。同式蛾翅眉及人物造型，在敦煌开元、天宝间唐画中虽有例可证（如现在国外的绢画《引路天王图》中妇女，及敦煌壁画《乐廷瓌夫人行香图》中眷属），但画中其他条件却不成熟。所以说，此画或是宋代或较晚些据唐人旧稿而作，头上花朵是后加的，项圈且有可能系清代画工增饰而成（清《皇朝礼器图》中有完全相同式样项圈）。

妇女头上戴真牡丹、芍药，或罗帛作生色花，在宋代特别流行。正如王观《芍药谱》序言说的，朱家花园种花“达五六万株。……扬之人与西洛无异，无贵贱皆喜戴花”。这个花谱用“冠子”、“楼子”名称的达十多种，显然都宜于搁在妇女头上，并和两宋南北妇女头上常用簪戴的假花有密切联系。

照史志记载，宋代不仅妇女喜戴花，男子也戴它，不仅逢良时佳节表示吉祥戴花，遇国有大事，照制度百千从臣和帝王还一同戴花，招摇过市。《东京梦华录》有不少文字记载。《齐东野语》十二和《词林纪事》还有记载当时豪门贵族张镃家中奢侈纵乐歌会戴花情形：“其园池、声伎、服玩之丽甲天下。……别有名姬十辈，皆衣白，凡首饰衣领皆牡丹。首戴照殿红一枝，执板奏歌侑觞。歌罢，乐作，乃退。别十姬易服与花而出。大抵簪白花则衣紫，紫花则衣鹅黄，黄花则衣红。如是十杯，衣与花凡十易。所讴者皆前辈牡丹名词。”这是南宋豪门贵族舞女歌伎头戴真花一例。

男子簪花故事则载《清波杂志》卷三：“红药而黄腰，号‘金带围’。初无种，有时而出，则城中当有宰相。韩魏公为守，一出四枝，公自当其一，选客具乐以赏之。时王歧公为倅，王荆公为属，皆在席。缺其一，莫有当之者。会报过客陈太博入门，亟召之，乃秀公也。酒半，折花歌以插之。四公后皆为宰相。”宰相传说当然不可信，戴花却是事实。有关百官簪花的，如《东京梦华录》：“正月十四日，车驾幸五岳观，……亲从官皆顶球头大帽，簪花。”“三月一日，……开金明池、琼林苑，……车驾临幸，……诸禁卫班直簪花。”“驾登宝津楼，……驾回则御裹小帽，簪花乘马。前后从驾臣僚、百司仪卫悉赐花。”入内上寿，“宴退，臣僚皆簪花归私第，呵引从人皆簪花。”

据此看来，由封建皇帝到喝道开路差吏，都有簪花规矩。《宋史》且记载簪花名“簪戴”，“大罗花以红、黄、银红三色，栾枝以杂色罗，大绢花以红、银红二色。罗花以赐百官，栾枝卿监以上有之，绢花以赐将校以下”。藉此得知礼仪上的簪花，当时用不同材料作成，颜色也各不相同，分别官阶使用。南宋《梦粱录》也有种种记载（清人绘刻年画“天官赐福”，还多穿宋式红袍玉带乌纱帽，上插花一簇，即本于宋代制度。此外杂剧百戏妇女也必簪花。具见宋代部分图像）。

由上材料比证，本图从最早估计，作为宋人用宋制度绘唐事，据唐旧稿有所增饰，可能性较大。人物面貌仍唐，衣服也为唐式，只是衣着花纹处理不合规格。这种簪花式样，在唐代出现是偶然，在宋代则为必然。

# 八一　宫乐图

图一三五　［唐］花冠、椎髻、披帛、元和时装贵族妇女（《宫乐图》，郭慕熙摹）

采自故宫藏画，曾刊于《故宫周刊》，近复印于《宋人名画集》中，原画在台湾。

旧题宋人绘，又作元人绘（题目或称《会茗图》）。其实妇女衣服发式、生活用具，一切是中晚唐制度。长案上的金银茶酒具和所坐月牙几子，以至案下伏卧的猧子狗，无例外均属中唐情形，因此本画即或出于宋人摹本，依旧还是唐人旧稿。

妇女衣着大撮晕缬（唐人或称“撮晕锦”），发式和面目化妆，为典型元和“时世妆”。白居易新乐府诗《时世妆》形容得十分具体：“时世妆，时世妆，出自城中传四方。时世流行无远近，腮不施朱面无粉。乌膏注唇唇似泥，双眉画作八字低。妍媸黑白失本态，妆成尽似含悲啼。圆鬟垂鬓椎髻样，斜红不晕赭面状。昔闻被发伊川中，辛有见之知有戎。元和妆梳君记取，髻椎面赭非华风。”又在《江南喜逢萧九彻因话长安旧游》诗中有：“时世高梳髻，风流澹作妆。戴花红石竹，帔晕紫槟榔。鬓动悬蝉翼，钗垂小凤行。拂胸轻粉絮，暖手小香囊。选胜移银烛，邀欢举玉觞。炉烟凝麝气，酒卮注鹅黄。急管停还奏，繁弦慢更张。”这首诗除叙述化妆外，后一部分兼叙酒筵弦歌娱乐情形，和这个画中的反映十分相近。又有传世《纨扇仕女图》（即《倦绣图》）产生时代也相近。惟画法用折芦描，一妇女所坐栲栳圈椅子，扶手部分形象有错误，显明是后人的摹本，唐代人是不会这么把握不住现实的。同时期诗人元稹《恨妆成》诗有：“柔鬟背额垂，丛鬓随钗敛。凝翠晕蛾眉，轻红拂花脸。满头行小梳，当面施圆靥。”

唐代社会善于吸收融合西北各民族文化及外来文化，妇女服装受的影响，就可以作两个时期。前期由唐初到开元间，主要特征是戴金锦浑脱帽，着翻领小袖或男子圆领衫子，系钿镂绦带，穿条纹间道锦卷边小口袴、透空软锦靴。部分发髻多上耸如俊鹘展翅，无例外作黄星点额，颊边作二新月牙样子（或更在嘴角酒窝间加二小点胭脂）。后期则在元和时，主要特征是蛮鬟椎髻，乌膏注唇、赭黄涂脸，眉作细细的八字式低颦。前期表现健康而活泼，后期则相反，完全近于一种病态。至于倒晕蛾翅眉，满头小梳和金钗多样化，实出于天宝十多年间，中晚唐宫廷及中上层社会除眉样已少见，其他犹流行，但和胡服无关，区别显明。当时于发髻间使用小梳有用至八件以上的，王建《宫词》即说过："玉蝉金掌三层插，翠髻高藂绿鬟虚。舞处春风吹落地，归来别赐一头梳 。"这种小小梳子是用金、银、犀、玉、牙等不同材料作成的，陕洛唐墓常有实物出土。温庭筠词"小山重叠金明灭"所形容的，也正是当时妇女头上金银牙玉小梳背在头发间重叠闪烁情形。

从天宝后，唐代寄食阶级贵族妇女衣着，官服既拖沓阔大，便服也多向长大发展，实由官服转为常服的结果，同样近于病态。后来衣袖竟大过四尺，衣长拖地四五寸。所以李德裕任淮南观察使时，曾奏请用法令加以限制"妇人衣袖四尺者，皆阔一尺五寸，裙曳地四五寸者，减三寸"。《新唐书·车服志》且提及对全国禁令："妇女裙不过五幅，曳地不过三寸。"本画反映正是这一时期的衣着，从服装史说来是最不美观时代的产物。

# 八二　文苑图

图一三六　[唐]圆翅幞头、圆领衣、红鞓玉带、丝鞋在职文人（传韩滉《文苑图》）

插图九〇・平翅幞头（敦煌石室发现宋初绢本《观世音菩萨图》供养人像）

原物藏故宫博物院，据照相摹绘。

历来传唐韩滉作。同样图卷有题作《李德裕见客图》的，有题作《琉璃堂雅集图》的，比本图卷均较长，另有室内搁置衣服床榻部分，煮酒烹茶搁置茶具部分。就衣着分析，本画产生时代必较韩滉晚些，宜为五代十国时人作品。因唐代圆领衫子据大量画迹反映，均内无衬领，也少本图中所见硬翅平举式幞头。敦煌壁画中所见供养人同式衣冠，多属于五代或北宋初年（见插图九〇）。至于图中其他三个文士作圆片式两翅，在唐人壁画中虽出现过，却在地位极低之乐人头上。直到明代，才平列两侧，正式成为文臣纱帽点缀物。另二图卷部分内容更能说明问题处，即茶具多朱漆台盏，重叠堆垛，和传世赵佶《文会图》中饮食具台盏及近年大量出土影青瓷台盏同一式样，和唐代茶具无共同处。披发童子与身前石头均属宋式。画题韩滉笔，只是人云亦云而未就衣着器物作具体分析的结果。

# 八三　唐代几种甲士

采自敦煌画塑、西安洛阳出土彩绘及三彩釉陶俑（图一三七、一三八）。

《唐六典》叙唐甲制名目，共计十三种：明光甲、光要甲、细鳞甲、山文甲、乌锤甲、白布甲、皂绢甲、布背甲、步兵甲、皮甲、木甲、锁子甲、马甲（原注：今明光、光要、细鳞、山文、乌锤、锁子，皆铁甲也。皮甲以犀兕为主，其余皆因所用物以名焉）。用来和刘熙《释名》、曹植文、《北史·蠕蠕传》、《隋书·礼仪志》等记载铠甲名目，并参校画塑形象互证，得知有些名目是魏、晋以来本有，有的却是新制。但是对于它们的具体情形，某种式样宜称某种名目，除步甲为步卒所穿，锁子甲有一定格式，此外我们知识是不够具体的。因为直接实物，除些钢铁盔胄外别无存余，而间接材料也只有画迹、雕塑两部分。壁画类多失之简略，能得大体轮廓，细部不够具体。雕塑小型明器有同样情形。大中型的塑像又多和宗教迷信有关，不是护法神将天王，即镇墓降魔食鬼明器，容易夸张失实。前者如敦煌壁画，后者如龙门石刻天王和敦煌彩塑天王，及西安、洛阳等地出土镇墓明器。简单的交代多不具体，复杂的又嫌装饰过多，失于琐碎华缛，不像实际所应有。不过这些材料，究竟和历史现实关系密切，与文献叙述相互印证，可望得到许多新知识。最显著的一点，如“两当”以形象言，西汉以来即已出现，名称则在魏、晋、南北朝时代才有，本

图一三七　上左：[唐] 甲士彩塑（敦煌三二二窟）
上右：[唐] 甲士陶俑（西安韩森寨段伯阳妻高氏墓出土）
下左：[唐] 甲士陶俑（西安羊头镇李爽墓出土）
下右：[唐] 甲士陶俑（西安红庆村独孤君妻元氏墓出土）

图一三八　上：［唐］甲士与骑士（敦煌一三〇窟唐壁画）
下左：［唐］着甲引弓射手（敦煌唐壁画）
下右：［唐］步骑甲士彩绘泥俑（喀喇和卓出土）

专指一种背心式简易甲制而言，和袴褶服有密切关系。到唐代，则有时兼指甲中两臂覆膊作兽头部分。从一般画迹上找寻，不易得到正确印象。敦煌彩塑天王，和墓葬隋唐彩塑甲士神将，却为我们提供了一系列重要材料。由此得知，在唐代，覆膊部分也是由简而繁逐渐臻于成熟的。本来和捍腰部分先后加在原有两当上，能够在作战中起加强保护作用。到后来使用到神将画塑方面，才变成一种纯粹装饰。锦塍蛇如系长及丈余锦带，更只合用于神将身上装饰，具有云气飘扬象征，一般作战甲士是无从应用的。又因唐设冶局，烧造五色琉璃珠子装饰佛像，由龙门二天王石刻开始，终于发展成后来四大天王与壁画中的观音，无不满身璎珞，虽日益堂皇美观，但越来越不切于实用。真正作战衣甲，不可能满缀同样璎珞的。

唐甲十三种中，还包括马甲一种，在过去画塑中少图像证据。最近西安唐懿德太子墓发现一组贴金银甲骑俑，马面当颅涂金，甲身涂银，才得到证明系金银具装甲骑，惟马头还无戴羽状马冠，和宋式甲马区别显明。可用来和《唐会要》等记载相印证。《唐会要》称："先天二年（公元713年）十月十三日，讲武于骊山之下，征兵二十万，戈铤金甲，耀照天地。"又《新唐书·太宗纪》载武德四年（公元621年），执窦建德，降王世充，"太宗被金甲，陈铁骑一万，……献俘太庙"。《音乐志》称作"秦王破阵乐"，舞者百二十人，也披银甲；"大定一戎衣"，舞者百四十人，则被五彩甲。可知马甲金银装，盛唐即已少用，只舞乐中还有着银甲或五彩甲的。又帝王仪卫于祭天、朝会时，也还有着金甲的，如《明皇杂录》称金吾四军兵士皆披黄金甲，又《剧谈录》叙含元殿条，也说禁军御仗着金甲。出土形象，至今为止，似乎还只有懿德太子墓中泥塑金银装甲骑俑可证制度（见插图九二），此外即无所见。

# 八四　唐代壁画分舍利图骑士

图一三九　[唐]着甲、挎箭囊骑士（高昌赫色勒摩耶洞壁画《分舍利图》）

取自高昌壁画《分舍利图》残余部分，据日人印《西哉画集成》重摹，原物存德国民俗博物馆。

《唐六典》称唐甲制十三种，内有马甲一种。从名称和绘画雕塑上反映，得知其中部分形制系晋南北朝以来流行式样，部分则为唐代所特有，如图一三七中两肩护膊部分加騰蛇吞口两当，即纯属唐制。但唐代吸收融合各种文化能力相当强，无论音乐、医药、服饰许多方面，不仅把西北诸部族人民文化，而且把波斯、叙利亚、印度文化也加以消化。从西北来的服饰、音乐、歌舞更具吸引力，所以国乐十部中有七部即来自西北，一部来自天竺（印度）。五胡十六国素来即以坚甲利兵相尚，《北史》有金银襦铠、绿沉甲等记载。隋称金银装两当，亦出北朝羌胡旧制。因此部分人甲本来或即系居住我国西部各族人民原有甲制，而在北朝早已习用，隋唐均有因袭并继续发展。

图中人物形象具我国西北部民族武士特征，轻健而活泼，甲式较紧薄。头盔上部和一般唐式也小有异同，应为当时当地一种甲式，即高昌甲式，或突厥回鹘甲式，因敦煌天王塑像也有相近式样。几个骑士马具中不见马踏镫，且不结尾，鞍制和唐代定型五鞘孔"闹装鞍"式亦不相同，也可作甲式鞍制非中原所固有一个旁证。据史传叙述，东西突厥和吐蕃甲骑兵器皆极精良。亦有可能，这个画稿实直接传自印度，因佛涅槃后，有八国王子分（或称"争"）舍利图故事画，是富有吸引力的宗教宣传画。画迹由印度流传到我国西北名城高昌，也极自然。早在隋代，就由这个分舍利故事影响，仁寿三年（公元603年），隋文帝于天下大造佛塔，分别用各色琉璃瓶贮藏舍利，外加金银棺，再用石函密封，埋在塔下。隋王劭著《舍利子感应记》即曾详述其事。侯白率兵到高昌实在隋代，高昌灭于唐初，此画迹的产生可能即在贞观以前。因此和反映于贞观以后敦煌壁画，少共同处。

# 八五　唐敦煌壁画甲骑鼓吹

图一四〇　［唐］甲士、团衫骑士和舞乐仪仗队（敦煌一五六窟晚唐壁画《张议潮出行图》部分）

唐《张议潮出行图》一部分（图一四〇、插图九一）。

全画构图壮伟，场面广阔。本图是在出行时仪仗中甲骑鼓吹部分。以鼓和大角为主，人着各式团窠锦袄子，甲骑执矟，旗纛间置，组成队伍作行进状。可和史志叙述相互印证。

《唐六典》卷十六叙："诸道行军皆给鼓角。三万人以上给大角十四具、大鼓二十面，二万人以上大角八具、大鼓十四面，万人以

插图九一·唐敦煌壁画《张议潮出行图》甲骑鼓吹部分（吴作人1943年摹）

插图九二·金银具装甲骑

上大角六具、大鼓十面，万人以下临事量给，其镇军则给三分之二。”六典产生于盛唐末期，虽未全部实行，内中仪卫部分必已付诸实施，本图犹可得其仿佛。张议潮于晚唐镇守敦煌，对于安定西北，团结西北诸民族，统一国土，恢复生产，作出一定贡献。壁画虽只能反映当时军容一小部分，已可见士气旺盛和人民欢乐情形。军中鼓角古代行军如何应用，甲骑旗帜如何分布，本图表现都比较具体。时间较后，尚有《曹义金山行图》，内容大致相同。

又《唐六典》叙马甲一种，如指骑士所着，则式样还多，不只一种；如系指北朝以来习用全身被甲的具装马，传世形象，除懿德太子墓一组金银装甲马俑（见插图九二）外，似只有旧题北宋李公麟《免胄图》绘唐郭子仪单骑见回纥故事，可以作为唐代马甲惟一例子（见插图九三）。惟画中甲马和其他所见宋式甲马无多区别（马额着“金鍐”六羽状马冠），马型也属宋式。但宋代甲马实有所本，不会凭空产生。且宋初绘《绣衣卤簿图》时，即提及作仪仗甲马不必用库藏实物，因此后来由多识旧仪的陶穀设计，用青绿绢彩绘，尾用油绸包裹，专供作卤簿骑从应用。可以推知宋甲马仍出于唐、五代原有式样。但传世唐代画迹中，另外似少见有装甲的。敦煌唐画也无甲马反映。图一四〇也无甲马发现。可能的解释是，唐代甲骑限于政府四军六军、羽林仪卫，一般边镇大将仪卫骑从无此装备制度。

插图九三·北宋李公麟《免胄图》甲骑部分

本节中诸骑从，尚可作唐羽林六军衣着排场研究参考。开元十三年四月二十一日敕：“四年，枪矟左飞骑用绿纷（纷和绶近似，这里似应如《北史》说的指附矟小幡），右飞骑绯纷，左万骑红纷，右万骑碧纷。”矟必附各色彩帜、彩穗。敦煌壁画“莲花太子经”故事作战图，可以互证，此外《习射图》、《七德舞图》也有执矟甲士形象。从本节中也可得到比较具体印象。唐代历史故事画中著名的有《金桥图》，一称《东封图》，绘玄宗东封泰山回至上党时，见从驾千乘万骑壮伟景象，因召名画师陈闳、吴道子、韦无忝同作《金桥图》。图成，称为三绝。这个著名画迹，可惜久已毁去，未闻有粉本流传。又宋人笔记谈唐六军多着打球衣，美观而不能作战。本图中张议潮本人恰骑一大白马，骑从大部分衣着团窠花锦袄子，即近似球衣。从本图中种种迹象看来，壁画有可能即依据当时《金桥图》等粉本剪裁删节而成。对于我们研究唐六军服制，和名画《金桥图》内容，显然都十分有用。

# 八六　唐白石雕像执弓刀武弁

图一四一　［唐］着软幞头、戴牛角簪、圆领开衩衣、乌皮六缝靴、执弓刀箭囊武弁加金彩白石立雕像（西安南郊杨思勖墓出土）

陕西西安唐杨思勖墓出土，原物现陈列于中国历史博物馆。

原件为白石立雕，高约一市尺许。衣着上本来加有金银彩绘花纹，出土后已剥落。人戴软幞头，后侧多一簪导突出，唐人称“牛角簪”，或即指这个东西。衣圆领衫子，穿乌皮六缝靴，肩手携带兵器数种，在敦煌唐画侍从武弁中曾有相似情形。兵器多近象征性而不宜于实用。《唐六典》载武库令：“弓之制有四：一曰长弓，以桑柘，步兵用之；二曰角弓，以筋角，骑兵用之；三曰稍弓，短弓也，利于近射；四曰格弓，彩饰之弓，羽仪所执。”本图和敦煌唐壁画所见宜属于彩饰之弓，为随身侍从拿着做样子的。弓放在一口袋内，叫作“韣”或“櫜”、“弢”、“韔”，同是收藏弓的用具。有用虎豹皮作的，有用鲨鱼皮，也有用木革上加彩漆花纹的。弓平时必用竹木工具缚住，免得走形或碰伤，专名为“檠”。本图中之弓，似即被弓檠缚住。又《唐六典》称：“箭之制有四：一曰竹箭，二曰木箭，三曰兵箭，四曰弩箭。”装箭的筒子叫“箙”，本来应用竹编的，又名叫“箠”，别名“步叉”或“胡卢”。注称用兽皮作成，马上用的名“䩮”，弓矢同放在内。古代名“冰”，也是箭筒。

刀也有四种：陌刀，军阵用之；阵彰刀，行从障卫用之；长刀，卤簿千牛将军执之；仪刀，武臣佩之，晋代以来用木作成，用金银装饰，以备威仪，所以又叫“仪刀”、“卫刀”。本图所见弯曲如一钩新月，近土耳其式，唐人称“吴钩”，南方叫“葛党刀”。《玉堂闲话》称：“唐诗多用吴钩者，刀名也。刀弯，故名。今南人名之曰葛党刀。”这种偃月形弯刀，唐以前少见，惟清代腰刀采用。

唐诗所谓“吴钩”，或系借用《吴越春秋》、《越绝书》等铸金钩故事而来，未必实有所指。若确有其物，在三国时宜与手戟拒镶（勾盾）相近，和刀不相关，不过是唐诗人辗转借用，作为一种英雄豪士身边物形容而已。至于唐代偃月刀，或系来自大食、波斯，通过西北传入中原。故宫博物院藏古兵器中，尚有一些实物保存，制作特别精美，刀柄一般多用青白玉雕成羊、鹿、马头形，上面或加金丝和红宝石镶嵌，保留有薄而柔韧皮条，上署某某回王进贡，并另附加有大清康熙、乾隆某年入库字样，保管登记即以为是清代产品。但据近人作《中国兵器史稿》就印度博物馆藏品记录，则通以为元蒙入侵印度时候的遗留物，事实上产生年代还有可能早到唐代。因为清初某某回王贡品，在当时即属于珍贵物品；而入库年月，自难作生产年月证据。唐代前期，突厥、吐蕃全盛时，即以精制刀剑著名，从传世画武士形象反映，似多属于由剑发展而成的直刃式。至于偃月式刀多指土耳其式，有利于骑兵。敦煌壁画中，唐、五代统治者进香人身后武卫侍从持弓刀者尚不少，从比较上或可得到些较客观知识。

# 八七　唐代行脚僧

图一四二　左：［唐］负笈、执拂子行脚僧石刻线画（西安慈恩寺大雁塔《玄奘法师像》）
右：［唐］笠子帽、负笈、执拂子行脚僧（敦煌唐代壁画《达摩多罗尊者》）

图一四二据西安慈恩寺大雁塔下部宋代石刻及敦煌唐代壁画摹。

左图旧题《玄奘法师像》，右图另一年纪较老的，为敦煌画《达摩多罗尊者》。又有题《修多罗尊者相》，衣着多相同。据《唐六典》卷四记载，僧尼衣服颜色当时有一定限制，“皆以木兰、青、碧、皂、荆黄、缁坏之色”，禁用其他。但大德高僧，为表示尊宠，则有赐紫制度，与一般行脚僧服色不同。

插图九四・敦煌画迹中所见行脚僧

唐代以来，一般行脚僧衣着打扮及负荷经卷行李，都大同小异，同样画迹见于敦煌还有许多种（见插图九四）。照宋、元人刻《事林广记》中《僧祇律》记行脚僧行李种类及上路时负荷方法，比图中反映还要繁琐，且每一种应用器物在身上都有一定位置，不得稍见紊乱。每一行动，更必遵守律例制度。传世唐画行脚僧行李大同小异，也可证明是照《僧祇律》所规定而来。

这种背负搁经卷的竹木架子，即是古代“负笈求学”的“笈”的本来式样。器物的形象制度，可补充历来文字注解不足处。和尚必手执蝇拂，唐代有用马尾或牦牛尾作的，有用棕丝作的。照规矩，大德高僧手中拿的应当是棕拂，表示素朴。达摩多罗尊者拿的叫“麈尾”或“麈尾扇”。起始流行于晋代，名士清谈常挥如意或麈尾。照

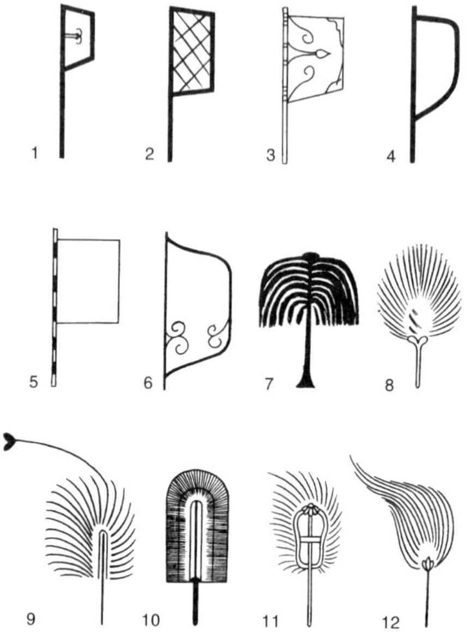


插图九五・便面和麈尾

1：马王堆一号汉墓便面
2：汉画像砖便面
3：沂南汉墓便面
4：西女王母铜镜便面
5：棒台子壁画便面
6：嘉峪关壁画便面
7：汉画像砖帐
8：冬寿墓麈尾
9：河南邓县彩色模印砖墓麈尾
10：敦煌维摩变壁画麈尾
11、12：敦煌壁画行脚僧拂子

传说，鹿群行动必有大鹿当先领队，截取麈尾用作手拂，有“领袖群伦”的意思。传世画迹中有种种不同式样留下。齐、梁以来，原本或直截大公麈尾而成，随即加工成扇子式样。上部分歧又叫作“麈尾扇”，梁简文帝还作文章赞美它，以为“既能清暑，又可拂尘”。《洛神赋图》中洛神、敦煌画北魏贵族、洛阳龙门北朝石刻病维摩和敦煌贞观时壁画《维摩说法图》（见图一一六）、传世孙位《高逸图》中一个高士，以及较后李公麟绘《维摩演教图》，手中都可发现形象大同小异的麈尾或麈尾扇。麈尾扇只敦煌贞观时维摩说法讲经台前一天女手中还一见，麈尾则继续应用于唐代。日本正仓院尚存有流传日本一件唐代实物，印于《东瀛珠光》大型图录中。虽半已残毁，还可见当时制度。

颜师古《匡谬正俗》与所注《汉书・张敞传》中解释“便面”

时，以为便面形象或和近世（指唐初）僧人所用“拂子”相近。近年长沙马王堆第一号墓出土大小两件西汉实物比较，并从东汉大量石刻比较，得知两汉便面一律作半翅状，与唐代和尚拂子毫无共同处（见插图九五）。以颜氏之博学多通，谈文物制度，如不从实物图像取证，亦难免附会曲解，不易得到本来面貌。惟提及唐初僧人用的拂子规格，则附图反映似较正确，在唐代有一般性（在发展中，宋、明人俗称扇子为“拂子”，即本于颜师古所说）。

# 八八　唐壁画中的古人衣着形象

图一四三　［唐］巾子、曲领逢掖大袖衣、高墙履隐士（西安南郊杨思勖墓壁画）

图一四三西安唐杨思勖墓壁画一部分。

壁画分两部分：一部分和一般唐、宋墓壁画相同，反映的是家庭现实生活中婢仆舞乐的形象（如内中的胡腾舞部分）；一部分则照汉代以来习惯，绘古代故事人物。《后汉书·赵岐传》称："先自为寿藏（指棺椁或坟墓），图季札、子产、晏婴、叔向四像居宾位，又自画其像居主位，皆为赞颂。"就传中文意，有"见贤思齐"意思。本图绘唐人所习知的《高士传》或《竹林七贤》、《六逸图》，作为死者平生所仰慕亲近对象。画中人物的宽博服装，唐代似乎只有少数慕古读书人或隐士高人还穿它，一般人已少穿，应即孔子所谓"逢掖大袖之衣"。大袖而衣身宽博，长仅过膝，用黄绢作成，下加白裳为常式。也即唐初马周建议读书人应着衣式。宋米芾称："唐初画举人，必鹿皮冠，逢掖大袖黄衣，至膝长，白裳也。萧御史（指赚兰亭故事的萧翼）至越见辩才，云着黄衣大袖，如山东举子（用证未软裹），白襕也。李白鹿皮冠，大袖黄袍服，亦其制。"

这种来自孔孟之乡读书人穿的逢掖大袖衣，究竟应作何种式样，一般唐画中殊少见。事实上必和唐代文官袍服大体相通，又别具一格，只是袍服由马周建议下加襕襈（即起裥褶边沿），已失去本来样子。至于传世阎立本绘《赚兰亭图》之萧翼，却明系着唐式软裹幞头，圆领衣袖大而不合一般制度，出于宋人之手，时代显明晚于阎立本三四世纪，并且还晚于米芾时代。若系指圆领衣，唐画中倒有的是，一般均作膝部横加一线，如《步辇图》（见图一一五）、韦顼墓石刻及较后《文苑图》（见图一三六）。虽有一襕道，上下实同色，可不叫"逢掖大袖之衣"。

衣名"逢掖"（或"冯翼"），实本于《礼记·儒行》篇而来。"鲁哀公问于孔子曰：'夫子之服，其儒服与？' 孔子对曰：'丘少居鲁，衣逢掖之衣。长居宋，冠章甫之冠。'"注称："逢，大也，大掖即大袂禅衣。"在汉代图像中反映，则近年山东济南汉墓所见百戏彩俑两列歌手或足当之。

宋郭若虚《图画见闻志》说："冯翼衣，大袖，周缘以皂，下加襕，前系二长带，隋唐朝野服之，谓之'冯翼之衣'，今呼为'直掇'。"虽说的是"隋唐朝野服之"，图画中却并不多见。又说即宋的直掇，亦似是而非。传世著名画册，有卢鸿《草堂图》，内中若干幅里都可发现一隐士高人，衣着和宋式道服相同，和李公麟作《九歌图》中人物形象相似，和本图不同。可证明《草堂图》还是宋人拟作而非唐，且属于宋式道服，而非宋式直掇。

本图所见是一例子，衣沿垂带均不甚具体。但上衣而下裳，比较明确。宜为记载中春秋以来山东鲁国读书人所穿，孔子因"在乡从俗"也穿过。米芾所说唐初举人和李白所穿衣，应即指这种式样才吻合。因为下加襕襈，自然即和唐代文官朝服相近。事实上，照汉石刻反映，除武梁祠大禹像上衣下裳，余多着袍无裳。宋人本南北朝旧稿绘七十二贤及孔子像，虽着裳而少古意。但头上部分冠巾，却有如合掌状具古皮弁制度的，宜为魏晋以来用缣巾作成的帢或帽。本图中人头上巾子多不具体，实由于对古代鹿皮冠子或帢、帽、弁缺少具体认识。惟宋、元、明读书人受文献记载影响，常喜以意复古，所以继续服用而略有变通。宋人绘《洛阳耆英会图》、《会昌九老图》，衣着均相差不多，即宋人拟想的古"逢掖大袖之衣"，事实即宋人的直掇。广西桂林有一石刻米芾像，衣着还相近。戏衣中如山西广胜寺元人绘演戏图（见图二〇六）中一丑角着花边直掇，也即由宋人所谓逢掖衣、宋直掇而成，因之在较后戏衣中还是叫直掇。

本图中另有值得注意处，即画中人项下胸前的“拥颈曲领”，还保存古意。除传世唐初绘《列帝国》（见图一〇九）处理还相当正确（属于半圆硬领衬衫式），一般唐画已无闻。由此可知，本图必系据旧稿而成。但头上冠巾交代模糊，因为唐代一般画师，已难明确古代冠巾制度，工人画师自然更难把握鹿皮冠的正确形象。

# 八九　唐代彩绘陶俑和三彩陶俑

图一四四　[唐] 介帻、两当铠、袍服、云头履侍从武官三彩陶俑（故宫博物院藏）

图一四五　左：［唐］巾帻、袍服、两歧履文吏陶俑（咸阳底张湾豆卢建墓出土）
右：［唐］巾帻、两当铠、袴褶武官陶俑（咸阳底张湾豆卢建墓出土）

唐代前期，文官衣着服式，多沿袭隋代旧制，改变不多。贵族墓葬壁画，虽已见显明特征，但大型彩绘文武官吏俑却多保留隋代规格形象，不易区别。冠子一般较小，变化不大，两当铠加于朝服外，面貌严肃端整。稍后到开元时，这类占主要地位的从官三彩陶俑，变化还不太多。但已出现同属衣两当袴褶服之武官，神气间不免松松散散，缺少职务上应有庄严感，如伎乐人物。文吏衣着虽表面上还无大变化，但由于模印成形，面目不免平板呆滞，见出庸碌状。不仅缺少初唐之端重庄严，也远不及同时出土三彩狩猎胡骑之生动活泼，个性鲜明。头着介帻则日益增高，这和社会厚葬风气以及殉葬明器之日益商品化，必有一定联系。照唐代法律，如《唐会要》卷三十八引例，死者殉葬所用明器都有一定限制，镇墓兽、仆从、音声人，大小尺寸数目，都必依照生前在官品级使用，不能逾越制度。至于这一类彩绘或三彩釉陶特别文武官吏俑，一般总比较高大，有高及二市尺的，或许这一类制作比较华美的明器和骆驼马匹原不在法令范围内，出于特别有势力的亲属赠予。或这类特殊陶俑，始终不受法令限制。

# 九〇 唐末、五代回鹘进香人

图一四六 ［唐末五代］金花冠、辫发、圆领、小袖花锦长袍、佩鞊鞢带回鹘贵族进香人（高昌壁画）

据高昌壁画，原画在国外。

画中系几个回鹘族进香贵族男子，穿细花小袖长锦袍（应即是辽、金文献记载中常提到的“番锦袍”），戴唐式由介帻衍进而成的有金花装饰的金冠，背后垂二或四辫发。腰系唐代初期官服制定的鞊鞢七事及帛鱼。时间也可较早，因高昌灭于初唐。衣着照西北诸兄弟民族习惯，居多前后相承，改变不多。

隋唐以来，突厥、吐蕃、回鹘及西北诸兄弟民族和波斯胡商，定居长安的常以十万、二十万计，因之中原妇女服饰及其他生活习惯，受其影响十分显著。开元以前，则由头到脚多受西北民族（主要或即高昌、回鹘）影响。元和以后，则发式和面部化妆复受吐蕃影响。至于中原人民在西北各地移居过百万人，文化生活如何影响到边缘地区各方面，都还少有人注意到利用具体形象材料试作些分析探讨。这里是些有关这方面的例子。反映在这个包容极广的边缘地区民族大家庭里，民族文化的相互融合，应当是从汉代即已开始，唐代

1 2

插图九六・唐人画塑中所见鞊韘带

1、2：永泰公主墓线刻宫女

3

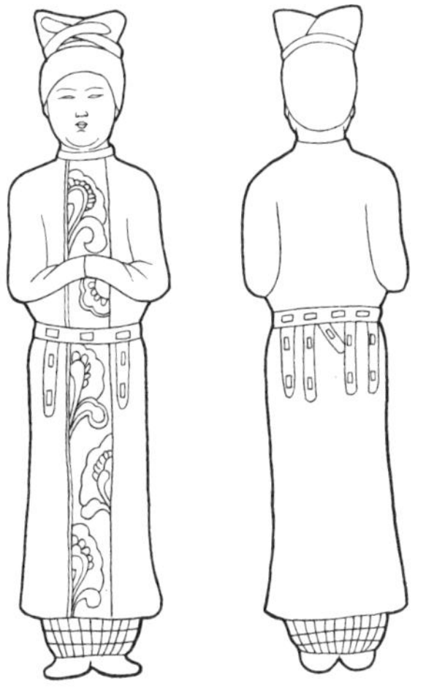

4

5

6

插图九六（续）·唐人画塑中所见鞊鞢带

3：戴于阗式花帽子唐俑

4：永泰公主墓彩绘陶俑

5：韦项墓线刻击帛鱼侍从

6：敦煌壁画具鞊鞢七事西夏进香贵族

则有进一步发展。因为仅从衣服而言，西汉即常有赠予锦绣衣记载，《南史》中也记载有“蕃客锦袍”名称，作为文化交流礼品。到唐代且成为一种制度，每年成都、广陵必定织番客锦袍入贡，专供西北，或作赠送大食、波斯、拂菻等礼物。

几个回鹘贵族男子，穿的衣服虽是本族固有式样，但衣料花式则近于西北流行的大食、波斯式回鹘小花锦，不像一般唐式大小团科蜀锦、串枝花或小簇花吴绫。头上戴的金冠，虽高耸如一莲花瓣，事实上却是唐代官服中介帻衍进产物，不同处只是唐代冠帻一般是用黑色纱罗作成，式样较向后倾，除当顶部分用玉或犀象簪导横贯绾发外，其余装饰不多。图中回鹘带的金冠，则向上高耸，顶部较尖，如一花苞，并加有金银文饰，显得格外堂皇华美。至于腰间佩带的一些生活应用小事物，还完全保留唐初官服制定的鞊鞢带七事。

《唐会要》卷三十一载景云二年（公元711年）制："令内外官依上元元年（公元674年）敕，文武官咸带七事。"即鞊鞢带中悬挂的算袋、刀子、砺石、契苾真、哕厥（二物中或有解锥，即古代之觿）、针筒、火石袋等，通称"鞊鞢七事"。腰带装饰也有品级区别，"一品至五品并用金，六品至七品并用银，八品、九品并用鍮石"。又开元二年（公元714年）七月敕："百官所带跨巾、算袋等，每朔望朝参日着，外官衙日着，余日停。"可知直到开元初，虽还有在朝参时佩带制度，平时是不使用的。次日又敕："禁珠玉锦绣。除带依官品，余悉禁除。"这类杂佩件，也即由此禁令而一律取销。所以在一般中原画塑中，除乾陵前有百十个石刻西北诸族君长武将像带制俱全，其他极少见有穿圆领袍服具鞊鞢七事的。但腰系帛鱼，似不在七事之内，唐初多应用，开元、天宝以后还继续使用（永泰公主墓等画刻中作男装的宫女具钿镂带的，本为悬佩七事物用，却只成一种装饰，未见有佩刀、砺石、针筒等，似名"鞊鞢带"（见插图九六）。如妇女头上加有皮毛沿边的浑脱帽，带上系小银铃，则显明为作柘枝舞的歌舞伎）。

这种腰带间为唐初百官所必带的种种，在唐人画迹中除帛鱼为比较常见，其余即少有。西北壁画中，则从回鹘到西夏，犹多沿用唐代旧制不废。东北契丹，据《辽志》记载也继续使用到北宋末契丹政权崩溃前。

# 九一　唐代丝绸

图一四七　［唐］红地花鸟纹锦（新疆吐鲁番阿斯塔那北区三八一号墓出土）

图一四八　上：[唐] 宝蓝地小花瑞锦（取自《中国丝绸图案》）
下：[唐] 花树对鹿纹绫（取自《中国丝绸图案》）

唐代纺织物以丝绸生产为主，西北细羊毛编织的毡罽，西南植物纤维织成的苎、葛、藤、竹子、蕉綀及西北部分地区的草棉（越诺），西南部分地区的木棉（吉贝），都得到相应重视。丝绸纺织手工业更发达迅速，全国各地无不各有特别名产，而以川蜀、江南及河南、河北三大产区成就格外著名。蜀中锦彩（部分指印花）、吴越异样纹绫纱罗、河南北纱绫，都为国内珍品，除每年入贡长安，还以商品方式在全国市场上大量行销，并由西北陆路及广州、明州、信州、扬州海路远输国外。而就本色彩织加工的撮晕法染缬，由于远比刺绣加工省便，艺术效果又较好，且可充分发挥创造性图案，更影响到薄质纱罗作成衣着披帛的花样翻新。

蜀锦本有个优秀传统，张彦远《历代名画记》卷十，记载唐初窦师纶在成都作行台官时，就出样设计，由蜀中织工生产瑞锦宫绫，章彩奇丽，世人叫作“陵阳公样”，计有对雉、斗羊、翔凤、游鳞等。到张彦远时已及百年，还流行不废。吴越异样纹绫，见于诗文禁令的有“缭绫”，特别精工著名，当时只封建帝王“孤家寡人”能穿，但一有需索，也即数达千匹。经李德裕奏请才减免部分，事见《会昌一品集》。白居易曾有一诗，专为缭绫而作，咏其花色艺术成就之高、织造之难，以及如何劳民费工，讽刺服用者的奢侈无度。此外还有见于禁令的，如唐开元二年（公元714年）七月敕令：“禁天下造作锦绣、珠绳、织成、帖绢、二色绮、绫、罗作龙凤禽兽奇异文字及竖栏锦纹”（见《唐大诏令集》卷一〇八）。又大历六年（公元771年）四月敕令：“其绫锦花纹所织盘龙、对凤、麒麟、狮子、天马、辟邪、孔雀、仙鹤、芝草、万字、双胜、透背及大裥锦、竭凿六破（或龟子纹复杂图案）已上，并宜禁断。”既有政府明令禁止织造，也可证明已经大量织造，且精美必超过一般丝织物。

1

2

插图九七・唐代丝绸纹样（吐鲁番阿斯塔那出土）
1：小团窠蜀锦
2：联珠鹿纹锦

唐代有品级官僚，必照等级穿不同花色绫罗花纱衣服，具详《旧唐书・舆服志》。其中部分虽常有变更，大体总还是如唐初武德中敕令："三品以上，大科绸绫及罗，其色紫，饰用玉。五品以上，小科绸绫及罗，其色朱，饰用金。六品以上，服丝布（丝麻混纺），杂小（花）绫，交梭，双紃，其色黄。"又记载提及官服花绫图案共计有六种，"鸾衔长绶、鹤衔瑞草、雁衔威仪、俊鹘衔花、地黄交枝"及"双距十花绫"，还有"镜花"、"樗蒲"等名目。《唐六典》诸道贡赋部分及《新唐书・地理志》、杜佑《通典》，都有关于唐代各地生产锦、绫、纱、罗、兔褐及毛、麻、蕉、葛等织物花色名目记载。《通典》还兼及每年纳贡数目。川蜀比较特别高级丝织物还有单丝罗、高杼衫段（衣料）、樗薄绫、双紃绫、重莲绫等。又有专为政府给予西北诸族或外国使者的"蕃客锦袍"、锦被，以及特别为宫廷织造并流行国内的"半臂锦"和宫廷打球用的"打球衣"等特种织造品。江

插图九七（续）·唐代丝绸纹样（吐鲁番阿斯塔那出土）

3：方胜格子纹缬

4：狩猎纹印花绢

5：狩猎纹脱胶印花纱

南则有方棋、水波、龟子、鱼口、绣叶、马眼、白编、双距、蛇皮、竹枝、柿蒂等绫。广陵、扬州也特贡“半臂锦”。河南、河北本来是古代丝绸产地，襄邑织成锦战国以来即著名，比川蜀历史还早。河间府由汉到北朝还是绫罗主要生产地。唐代则有方纹、鸂鶒、双纠、镜花、仙文、两窠等绫，罗有春罗、孔雀罗等，名目不下百种。据《新唐书·百官志》注，少府监所辖短番匠（来自全国的轮番工匠）五千二十九人中，“绫锦坊”巧儿即有三百六十五人，“内作使”绫匠八十三人，“掖庭”绫匠百五十人，“内作”巧儿四十二人（所谓“巧儿”，大抵多属于有特殊技巧纺织提花设计工人）。全国诸道有蚕桑处均设有织绫局，生产绫罗绸缎。

此外西北毛纺也有个优秀传统。唐代有驼褐、毛褐布、绯毡、氍毹等。西南则出细布，计有斑布、竹子布、蕉練、藤布、交梭弥牟布、紫纻等等。特种细薄纺织品有轻容、鲛绡、斗鸡诸纱。

先织后染花纹纺织物，名叫“染缬”。近年发现西汉即已有金银颜色三版套印花纱，长沙马王堆古墓出土物有代表性。新疆民丰古墓则出有蜡染印花棉布，南北朝才比较普遍流行。唐代加工技术大有进展，普通有绞缬，以青碧花色为主；有蜡缬，即蜡染，或起始于西南兄弟民族，花纹特别细致；有夹缬，能套染多种颜色，多作对幅屏风使用。缬有大撮晕、玛瑙、柿蒂、鱼子、斑缬等等名称。孙棨《北里志》称，长安有彩缬铺。生产有专业，可知社会需要供应量之大。近年新疆唐墓出土大量染缬，其制造工艺之精美、图案加工之多样化，已远过一般刺绣。由于加工可独出心裁，又比较容易处理，花纹品种必极多。特种丝织物还有宣州出的红线毯，专作舞茵，大及数丈，可以铺满殿堂。有用丝仿兔毛织成的兔褐，比真兔毛织的还轻软。

至于“堆绫贴绢”加工方法，正和现代补花相同。刺绣除彩绣外，加工技法也突破由西周到两汉延长约千百年的“琐丝”法，改进为擘丝成细绒进行“平绒绣”或“错针绣”，且已流行用金银线平金、盘金及蹙金法。或用金银粉末绘画，名“泥金”、“泥银”，因为加工容易效果又好，经常更多使用于歌舞衣裙上。总之，唐代纺织工人织出的丝绸，加上刺绣印染工人的出色技艺，不仅色泽益增华丽，花纹图案也越加活泼秀美。鸟中的鸾凤、孔雀、鹦鹉、绶带、鸳鸯、鸂鶒、鹡鸰、戴胜，经常反映到妇女衣裙织绣印染上，还间杂蜂、蝶、蛾子、蜻蜓等昆虫。兽物中则狮子、麒麟、犀兕、虎豹、板角鹿、骆驼以至野猪头、羱熊头，都应用作重色彩锦主题图案。一部分还反映到政治上、军容上，作为旗帜的绘绣织图案，一部分则作为衣着茵褥材料。绫锦染缬中羊、鹿图纹的组织应用更加多样化。花木中虽以宝相牡丹为主，缠枝、交枝、独窠、团窠、小簇草花，都富于变化，综合使用，横图敷彩，能把秀美与壮丽结合为一体。由雪花放射式作成的团花、十字形图案及方胜图案，在丝绸印染中也都得到充分应用。记录中所谓瑞锦、镜花绫，如本于瑞雪兆丰年用意，图案组织必与之相通，也多实物出土。小簇花草更是当时一般衣着绣绘习惯采用的普遍形式。图案虽已日趋写真，基调还是重对称艺术效果。直到北宋，才由“生色折枝花”代替。

本节限于篇幅，只略举数例（见图一四七、一四八，插图九七）。若从图画看这方面成就，敦煌唐代壁画和近年陕西诸唐墓壁画有代表性，出土实物则应数近年西北新疆、甘肃及陕、洛发掘品有代表性。由于中外文化交流，在国外也保存部分实物。内容既特别丰富，颜色也相当完整的，应数保存于日本正仓院那份十分重要的遗物。

# 九二　麦积山壁画中几个青年妇女

图一四九　［五代］麦积山壁画中几个青年妇女

图一四九采自《麦积山石窟》图版三,原题“唐或五代供养人”,现据壁画摹印本试作线图。

照图中发式衣着看来,原报告中估计壁画成于五代比较可信。发上耸而微向后倾,花冠的冠式比晚唐元和时较小,或只在发髻中部加小簇金银花钗点缀。衣着上襦袖口较大,下裙却长而瘦拔,和敦煌或安西榆林窟曹义金家属盛装壁画区别显明。因本图反映的是中层社会便服家常入庙敬香装束,而敦煌、安西壁画所见则反映当时统治西北一域,奉唐正朔的最上层家属妇女的官服派头。图画对象阶级地位不相同,时间虽相近,衣着要求却少共同处。

本图中几个年青妇女穿交领上襦。如改成半臂式样,一切和盛唐前期还是少共同处;如改成对襟而袖口略加缩小,则已和北宋前期中原妇女衣式无多区别了。这点细微差别,有时代原因,也有节令不同原因。画法既极近写实,或许尚有地域习惯、爱美标准以及画师艺术水平种种原因。本图从比较看来,说它成于五代,可能性较多。

五代以来艺术,在雕塑部分为下降期,远不及唐代。至于绘画反映现实生活,仍有一定成就。即以南唐一地区而言,如周文矩、王齐翰、阮部、顾闳中,都各有不同成就,并不下于晚唐。如用本图和麦积山、炳灵寺塑像比较,两处泥塑多具北宋中期典型宋式泥塑石刻脸型,呆板平凡,了无性格可言。而壁画卷轴尚留下些传世杰作。麦积山在五代十国时,从时间稍后新添建筑部分看来,香火似还相当旺盛,附近区域还算安定,中原画师避难来到风景奇美与世隔绝的地区,留下点滴墨迹,足传千载,实大有可能。

# 九三　五代南唐男女陶俑

图一五〇　上：[五代]高髻、披云肩、长袖上襦、长裙女舞伎陶俑（南京牛首山南唐李昪墓出土）

下：[五代]幞头、圆领长袖衣男舞伎陶俑（南京牛首山南唐李昪墓出土）

图一五〇采自南京南唐二陵发掘报告图版部分。

据发掘报告说明，这些陶俑大致有六种不同冠帽，四种不同衣服和鞋子。报告图例中说的“道冠”，或者应属唐代某种冠弁，当时称“平巾帻”、“介帻”。因为戴它的多大袖袍服，明明是从臣朝服官服，不可能加道冠。戴幞头的衣圆领四褛衫子，脚穿乌皮六缝靴，多如伶官穿戴，和陕、洛出土一般唐代画塑同等身份人穿戴相近。舞女高髻上着花朵，衣上罩云肩，袖子口宽大，齐肘部分即骤然缩小，并作水云纹襞褶，和成都王建墓石刻（见图一五四）所见乐舞伎衣着大致相同。西安、洛阳等地也常有同式舞俑出土，可知是晚唐、五代一般舞女服饰。惟头部高冠处理，有较鲜明地方风格。但基本式样，还似是由盛唐后期流行用假发相衬作成的“博鬓”、“义髻”发展而来。

《南唐书》卷十六提及由周后所创，人皆效法的“高髻纤裳”及“首翘鬓朵”，时间似在较后一些，因此必然和本图所见不尽相合，而与成于北宋初年画师手中的《夜宴图》（见图一五六至一五八）、《女孝经图》（见图一六〇）、《玉步摇图》、《半闲秋兴图》等画迹所反映情形反而相近。因为诸画产生时间虽较晚，都是有意仿效五代南唐流行服饰而作。

用本图和《重屏会棋图》（见图一五三）比较，《会棋图》产生时代可能必晚些。和《夜宴图》比较，则得知《夜宴图》实近于拼凑而成。男子衣着圆领衫子，腰系帛鱼，还多采用唐代中期制度。妇女衣着装饰，则地方性和时代性显明。但妇女面目均现出宋代定型平板状，无个性特征。图中三个闲着男子作扠手示敬，是宋代特定礼节，直流行到元代。内中一个和尚也采用宋代礼节扠手示敬。妇女衣着虽出于南唐，其他种种却近于北方情况。可知必成于宋初南唐投降以后，可能即成于降宋以后顾闳中笔，但不可能成于李煜未降以前。

# 九四　五代甲士

图一五一　［五代］着两当甲、系披肩、执盾武士陶俑（南京牛首山南唐李昇墓出土）

图一五二　左：［五代］着鱼鳞甲、系披肩、执剑武士（南京牛首山南唐李昇墓彩绘门卫）

左：［五代］甲士（成都有抚琴台前蜀王建墓出土朱漆哀册匣子上捶银镶嵌画）

南京南唐李昇墓墓门彩绘门卫石刻、陶俑，及四川成都前蜀王建墓出土朱漆哀册匣子上面捶银镶嵌甲士部分（图一五一、一五二）。

二执盾俑，一盾作圭式，为隋、唐一般步盾式样，只是盾形已缩小，和另一圆盾均具体而微，仅具象征意义。另二种形象也都近于宫门卫士，并非一般武人。唐甲十三种，从名目中得知，未把流行南北

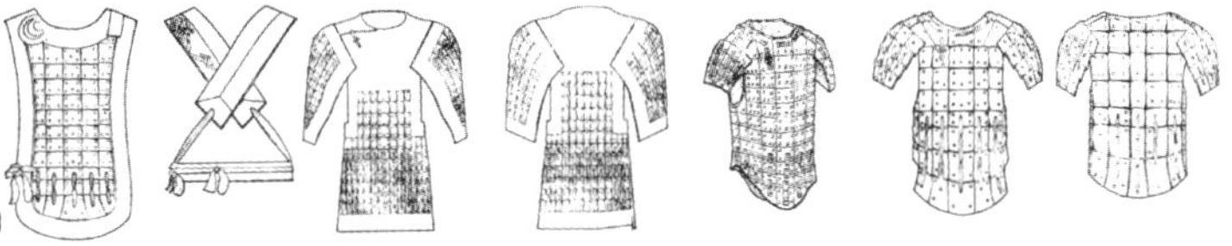

1

2

插图九八・甲胄分解图

1：秦始皇陵陶俑的铠甲（据杨泓《中国古代甲胄》）

2：宋刻本《武经总要》甲胄图

朝的两当甲立一专名，并非它已消失，只是若干种甲式基本上还出于两当，惟一般已增加防御效能，于肩部另加“披膊”（新出的秦和西汉甲士俑即已发现肩臂间加有这种保护性披肩搭膊附件），腰间另加“捍腰”，颈部另加“固项”或“护项”。至于遮掩胸前背后原来两当部分虽仍占主要位置，名目就多改变了。但《舆服志》上还是常沿用两当名目，而画塑形象反映也极具体。不仅在敦煌唐初贞观时壁画上专制帝王导从部分二执掌扇吏从身上一再出现，即宋初壁画帝王导从部分也有相近发现。南北朝式样的两当，和《宋史・舆服志》叙述相符合。敦煌唐、宋侍从画均可发现。寻源溯流，上可至秦、汉，下及明代武宗以后流行的长罩甲，基本上和两当铠大同而小异。

不同处是南北朝两当原在肩部用襻带，且主要多前后二整坡皮质作成，脱卸贮藏都比较简便，而罩甲是预告缝成长背心一样，对襟用结带加以固定的（见插图九八）。

执盾甲士所着还近似唐式战袍，实由北朝两当发展而出。图一五二两甲士一作柳条式、一作鱼鳞式，依旧是唐甲常见式样。惟宫廷门卫衣甲材料较讲究，许多部分当时必用金银装饰，头盔两侧具耳翅。李昪墓一式为唐代常见。王建墓一式，边沿通常为皮毛出锋装饰，宋、元均沿袭不改。

五代十国器甲最精坚华美的应数吴越。这两国投降赵宋时，据史志记载，金银装器甲达七十余万件，一律销毁势不可能。宋人笔记称，当时赵匡胤下令分别贮存于南方兵库中，一般大臣多不明白用意。到南宋渡江时取用，经百年还保存如新，大得其用。实物现虽无存，但间接反映于宋代画迹中，如传世《免胄图》、《三顾茅庐图》、《便桥会盟图》、《胡笳十八拍图》、《中兴祯应图》、《大驾卤簿图》（见图一八三）等等，还可以从比较上得到不少有用知识。特别是甲骑具装在应用时给人的印象，比《武经总要》将甲骑分解说明生动具体得多。

# 九五　五代南唐重屏会棋图

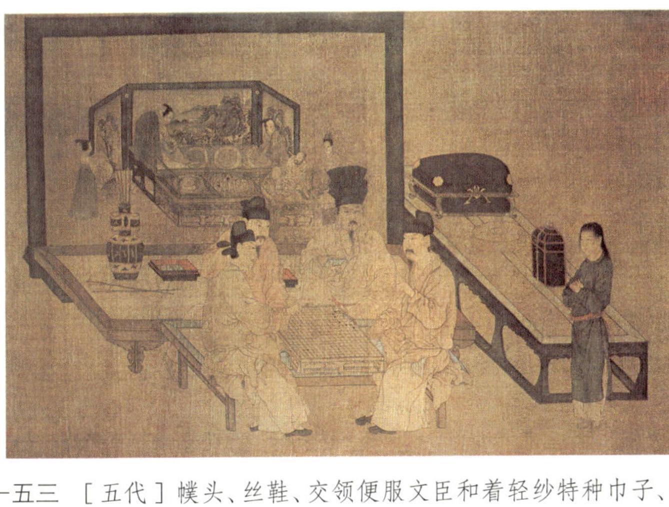

图一五三　［五代］幞头、丝鞋、交领便服文臣和着轻纱特种巾子、交领便服帝王南唐李璟（传南唐周文矩《重屏会棋图》）

原画藏故宫博物院。

卞永誉《式古堂书画汇考》题作《李后主与周待诏合作重屏图》。张丑《清河书画舫》则云："《重屏图》……中正座者，为南唐李中主也。此图与周文矩同作。"封建统治者绘本生父像，史传似少闻。《五代诗话》引《砚北杂志》，又称："周文矩画《重屏图》，江南李中主四人围棋，纸上着色，皆如生前。"由此得知，还有以为执笔者为周文矩，四人是李氏一家的。但叙录称"纸上着色"，和现存画轴不符。本图或许为后来有所增饰的摹本。中主头戴异样纱巾子，全图经营位置，相近式样有宋人绘《一行观弈图》（载于《天籁阁藏宋人画册》中，另外著录或称为《王维弈棋图》）。

陶谷《清异录》称："韩熙载在江南，造轻纱帽，匠者谓为韩君轻格。"《清异录》记载多不足信。轻纱帽除《夜宴图》中所见，这是另一式样。至于世传《夜宴图》中韩熙载头上的巾子，或宜称"东坡巾"，宋人即以为是"东坡样"。《孙公谈记》称："士大夫近年效东坡，桶高簷短，名帽子曰'子瞻样'。"又《朱子语录》则以为"桶顶帽乃隐士之服"，记称："伊川常服高帽，桶八寸，簷半寸，置绦，曰此野人之服也。"所以宋人绘《胡笳十八拍图》，蔡文姬头上也戴同样巾子，有表示敬重高士意思。然而高纱帽出于南唐，则极显明。南唐二陵出土男女舞乐伎俑头上，均有近似"韩君轻格"式纱帽出现。又画中人着幞头翅作二椭圆片，也是晚唐格式。与传世《文苑图》（见图一三六）中人着圆翅幞头相同。联系图中人着练鞋而不着乌皮六合靴看来，非晚唐南方习惯，两画反映时代似均偏晚。因为常服着鞋而不穿靴，实流行于宋代。宋史志叙南方鞋子种类甚多，有芒鞋、苏州鞋、袁州竹鞋等名目。可知制鞋原料也是多种多样的。但这种圆翅幞头，则早在开元间即已出现，惟多反映于伎乐人头上。咸阳底张湾壁画有一执拍板丛髯乐人头部可证。在较后始终用于乐人，到明代才定型分列于两侧，见于官服纱帽上。在五代宋却近于孤立存在。由此推测，此画产生时间必较晚。而主角头上巾子，且近明代士大夫好奇喜异流行一时的所谓"凌云巾"。所以原图布局格式虽早，但有可能为明代人的增饰复本。主要坐榻下脚，虽和传世王齐翰所绘《挑耳图》大画屏前榻式相近，但作为背景屏风上重绘仕女画，形象却少唐人气息，而近似元、明人作《洛神赋图》形象，南唐人似不应如此无知的。

# 九六　五代十国前蜀石棺座浮雕乐部

图一五四　［五代］着半臂或云肩、大袖衣、披帛、盛装坐部伎（成都抚琴台前蜀王建墓石棺座四周浮雕舞乐）

四川成都前蜀王建墓石棺棺座周围浮雕东部，据照相摹。

内容包括坐部伎和歌舞伎两部分。坐部伎人虽静止，衣袖犹多作飘扬飞举活动姿势，发髻亦作种种不同处理，和《朝元仙仗图》中所见有相通处。衣着比较简便，却更接近现实。袖口极大，用薄质纱罗作成，而臂间加束作成如意水云纹裥褶。有的还着四合如意式云肩（云肩形象较早见于敦煌隋画观音），和唐人诗歌咏霓裳羽衣有相通处。

唐代以来，舞俑和壁画中伎乐女子，作大袖双鬟的不少，衣着实多本于南北朝旧制加以发展而成。平时空着虽行动不便，歌舞伎却继续使用。正如李白诗歌所形容“翩翩舞广袖，似从海东来”，把这种歌舞伎衣服，比拟近似东北出产猎天鹅的矫健活泼高飞晴空小型鹞鹰“海东青”的样子。后来因此称为“海青褶子”，元、明戏衣还使用。但初唐盛唐歌舞伎，居多却是小袖翻领式胡服。大袖多属贵族官服应用。

这个石刻，虽完成于五代前蜀四川成都，但由于唐封建主玄宗和僖宗两次逃亡四川，中原艺术家先后避难入蜀的极多，蜀中历来特别富庶，手工业十分发达，并且是生产锦绣地区，受战事破坏较小，所以画面反映的和墓中其他出土文物花纹图案还多保留唐代中原格局。劳动人民工艺成就，健康饱满，活泼生动，不像稍后孟蜀文人流行《花间集》体词中表现的萎靡纤细，颓废病态。

伎乐中所执乐器及使用情形，也多和唐史志记载相合。内中有吹木叶伎，敦煌初唐壁画中曾出现过，在中原唐代画塑中则为仅见。这种演奏技术，至今犹在西南兄弟民族间流传。伎乐中鼓的种类较多，和唐《音乐志》叙龟兹乐部有相通处。羯鼓、细腰鼓、鸡鞻鼓、两杖鼓，均可于石刻中发现（见插图九九）。龟兹乐和“霓裳羽

插图九九·唐五代乐舞石刻

衣曲”有一定联系，因此这个石刻人物的衣着和乐器配列，对中国乐舞中的研究也有一定参考价值。

墓中尚有王建石雕坐像一具（见插图八五），坐具还是中晚唐始流行的月牙儿子，与唐人《宫乐图》（见图一三五）、《玩双陆图》中的反映，均大同小异，实由唐代妇女专用的坐具薰笼发展而成。

# 九七　五代宫中图的宫廷妇女

图一五五　[五代]高髻、大梳、披帛、上襦、长裙、坐栲栳圈椅宫廷妇女(传南唐周文矩《宫中图》)

采自《宫中图》，旧题五代周文矩。前人有题作《唐宫春晓图卷》的。原画在国外，郑振铎编于《域外所藏中国古画集》内。在国外，同一局部传本也有作重彩的。

原画有南宋绍兴时澹岩居士张澄题跋。内容还具概括性，分析判断却见解不高："周文矩《宫中图》，妇人小儿其数八十一。男子写神（即写影），而装具、乐器、盆盂、肩舆、椅席、鹦鹉、犬、蝶不与。文矩，句容人，为江南翰林待诏，作仕女近周昉而加纤丽。……《宫中图》……妇人高髻（实不算高），自唐以来如此。此卷丰肌长襦裙，周昉法也。李氏自谓南唐，故衣冠多用唐制，然风流实承六朝之余。画家言，辨古画当先问衣冠车服，盖谓此也。"题跋中说周文矩师法唐周昉，还有道理。说五代江南妇女衣冠用唐制，并说上承六朝余绪，若具体分析，可不是事实。

插图一〇〇·《宫中图》中妇女和小孩

这个图稿大致是个唐代粉本，比文矩时代可能还早百十年。因为图中衣着是一般中唐式样。内容比较重要部分，还是有关生活方面，从以下几点分析比较也可说明这个问题：一、中古以来人像写生的方法。二、晚唐起始流行的有靠背月牙几子式样（曲几固定于椅背，延及两端，则应称“栲栳圈儿”，即明代圈椅的前身）。三、唐代一般近于古典演奏的琴、阮合奏情形。四、唐代宫廷流行的腰舆、步辇发展而成的“檐子”式样（始终在宫廷中应用，所以南宋《中兴祯应图》还出现过）。五、妇女头上的花冠，作元和“时世妆”的和晚唐人《宫乐图》相近，但和《簪花仕女图》及宋人画迹中所见用罗帛仿生色折枝花的簪戴却少共同处。六、图卷中有几只小拂菻狗。这种狮子狗，即唐人小说中常提及的“猧子”。史传称贞观六年由高昌入贡，身长尺二寸，高六寸。中国自此始有“拂菻狗”。在《簪花仕女图》、《宫乐图》中均可发现。唐三彩俑也常见（这种小型叭儿狗，辛亥以后在北京大户人家还为一般点缀品，在世界上且极著名，通称“北京狗”。其实最早它是外来物，通过高昌来自古波斯）。

# 九八　五代夜宴图中几个乐伎

图一五六　［五代］高髻、上襦、小簇团花长裙、披帛盛装、坐绣墩乐伎（传南唐顾闳中《韩熙载夜宴图》乐伎部分）

插图一〇一・宋人绘《半闲秋兴图》妇女发饰

原画藏故宫博物院。旧题五代南唐顾闳（或"宏"）中绘《韩熙载夜宴图》，此为中段乐伎部分。

北宋沈括《梦溪笔谈》早谈及这个画的来由。虽历代传为五代顾闳中笔（也有题周文矩的），但从人物开脸出相方法和服饰器用分析，以成于北宋初年南唐投降以后为近理。妇女发髻衣着和传世《女孝经图》中人物十分相近，可说均出于五代当时风格。《南唐书》卷十六说周后"创为高髻纤裳及首翘鬓朵之状，人皆效之"，可知影响当时社会必相当大。传世画迹尚有旧题周文矩《玉步摇图》及一临镜化妆妇女（明人误题《半闲秋兴图》），衣着发饰均和《南唐书》记载大体相合（见插图一〇一），产生时代也和本图相近。衣裙花纹细碎，近于薄质小花锦，可补充这一段时期南方生产丝绸花纹知识。因为照画录记载，只知南唐装裱书画习用"墨鸾雀绫"。从李诚著《营造法式》彩绘部分还留下些鸾雀式样，和明代留下的墨色以鸾鹊穿花为主题的绫锦十分相近。而本图中衣着小花细绫锦，材料却少见。但往上探索，至盛唐传世张萱绘《捣练图》（见图一三二）中衣着材料，往下比较，到南宋《胡笳十八拍图》衣着花纹，以及近年南宋初年金坛周瑀墓及福建黄昇墓出土衣服丝绸宝物，和山东济南元墓出土数十件衣着，几乎全是细碎本色花纹。由此可知，前后五六个世纪，一般薄质衣着材料，花纹细碎，不是孤立事物，应具普遍性。

# 九九　五代夜宴图宴席部分

图一五七　［五代］着唐式幞头、圆领长衫、乌皮靴文人和侍从（传南唐顾闳中《韩熙载夜宴图》宴乐部分）

元泰定时赵昇跋这个画卷出处说："顾闳中，南唐人，事后主为待诏。善画，独见于人物。就时中书舍人韩熙载，以贵游世胄，多好声妓，专为夜饮。虽宾客杂糅，欢呼狂逸，不复拘制。李氏惜其才，置而不问。声传中外，颇闻其荒纵。然欲见樽俎间觥筹交错之态度不可得，乃命闳中夜至其第窃窥之，目识心记，图绘以上之。此图乃闳中之所作也。"

《南唐书拾遗》称："韩熙载在江南，造轻纱帽，谓为韩君轻格。"又称："江南晚祀，建阳进茶油花子，大小形制各别。宫嫔

图一五八 ［五代］戴高装巾子、练鞋、交领便服、袒腹挥扇的闲居官僚文人韩熙载和团花长衫、腰袱、执宫扇侍女及家中歌伎（传南唐顾闳中《韩熙载夜宴图》休息部分）

缕金于面，皆淡妆，以此花饼施额上，时号‘北苑妆’。”这种本于寿阳公主梅花着额传说而来的“北苑妆”，在传世画迹和南唐二陵出土俑中似均未发现。本图妇女部分亦无反映。惟时间相近，反映于敦煌千佛洞、安西榆林窟壁画中，五代贵族妇女脸部，却十分明确，有全仿故事传说作一朵梅花贴于额前的，也有满脸贴上大小不一、形制各别金彩眩目花子的（宋帝后像还有贴嵌真珠于眉额脸颊间以代替花子的）。

本画是《夜宴图》主题部分。右端榻上箕踞而坐的尚有韩熙载，头戴高纱帽，穿敞领白衣，同踞榻上的一人穿红圆领服。其余坐立男子都穿绿衣。这个画卷可能完成于宋初北方画家之手，因为席面用酒具注子和注碗成套使用，是典型宋式，不仅画中常见，宝物也为北方所常见。影青瓷生产实较晚，家具器皿也均近似宋代北方常见物，巨鹿有实物出土。《清明上河图》、宋人作《便桥会盟图》、《胡

1

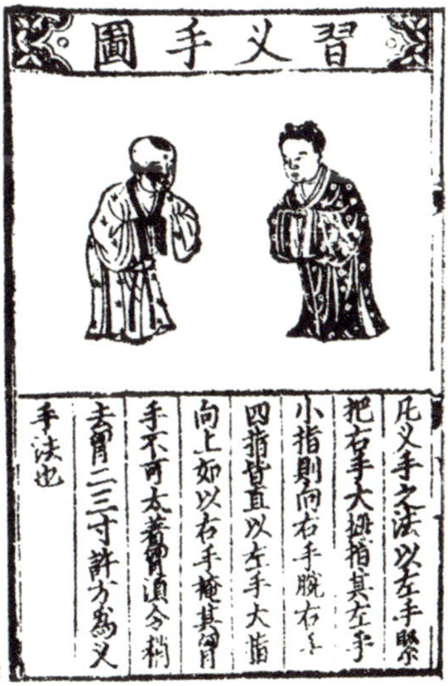


2

插图一〇二・抆手示敬

1：《韩熙载夜宴图》中僧人抆手示敬

2：《事林广记》“习叉手图”

笳十八拍图》及赵佶《文会图》等画中茶楼酒馆多使用同式桌椅。若从座中男子服色判断，更应当是宋初江南投降以后不久作品。宋王林《燕翼贻谋录》说，“江南初下，李后主朝京师，其群臣随才任使，公卿将相多为官。惟任州县官者仍旧。至于服色，例行服绿，不问官品高下”，以示与中原有别。太宗淳化元年（公元990年）正月戊寅敕文：“应诸路伪授官，先赐绯人，止令服绿。今并许仍旧。其先衣紫人，任常参官，亦许仍旧。遂得与王朝官齿矣。”由此得知，江南诸臣入宋，在淳化以前，照法令是一律只许服绿。到淳化元年大赦后，才许照官品穿红紫，和宋官相等。图中男子一例服绿，可作画成于南唐投降入宋以后一个有力旁证。如系南唐时画，不可能把宋禁令贯彻到图中。其次即“扠手示敬”是两宋制度（见插图一〇二），在所有宋墓壁画及辽金壁画中均有明确反映。宋、元人刻通俗读物《事林广记》，并有文图说明扠手示敬规矩。此画中凡是闲着的人（包括一和尚在内），均扠手示敬，可知不会是南唐时作品。

# 一〇〇　五代壁画曹义金像

图一五九　［五代］展翅幞头、圆领袍服、佩鱼袋、持香炉和牙笏文官（甘肃安西榆林窟壁画曹义金行香像，范文藻摹）

图一五九和插图一〇三均采自甘肃安西榆林窟壁画。

画的是五代时敦煌一带统治者曹义金行香像。衣圆领大袖红袍，和唐式圆领差别处，是内有衬领斜斜耸起。戴乌纱幞头，幞头脚已起始向两旁平举，惟比定型宋式稍短些。幞头改为硬胎，渐趋方整（契丹辽政权早期庆陵壁画，中有部分南官服制，幞头式样也相近，可知不是孤立事物，见日人编印《庆陵》东陵壁画图版 40 页），为宋式展翅幞头奠定基础，是后来纱帽最早式样。到宋代才成为定制，流行三百年。元、明以来间或还使用于仪卫队及殉葬土木俑中。有的由

插图一〇三・五代曹义金像白描

于习惯，有的具有对于前一朝政权否定含义。

西北河西诸地，自从晚唐张议潮率兵恢复唐政权以后，接着他的亲戚曹义金继续掌握政权。由于僻处一隅，未经战乱，取得几十年安定局面，部分恢复了农业、手工业及畜牧业生产。和当时战乱连年的中原比较，西北各部族人民生活就显得略好一些。当地封建统治者为巩固其政权，出于阶级本性，依旧利用宗教迷信，强征暴敛，集中大量人力、物力，从事敦煌石窟的增修及附近榆林峡石窟的开凿工作。千年前许多当地及外来的艺术家和万千劳动人民，在两处开凿了大量洞窟，遗留下大量精美壮丽艺术品。主题画部分，虽大都仍属于宗教宣传和宣扬统治者本人事功，但我们却依旧可从这份丰富遗产中，得到许多重要有用的历史知识。并认识到这一阶段人民艺术的成就，实上承唐代阎立本、吴道子、陈闳等高度写实传统，下启北宋武宗元、高文进等制作壁画规模，有助于对壁画艺术发展史的理解。其次，壁画中保存反映社会生活部分也具有承先启后作用，可以证明文献，并丰富充实文献所不足。例如唐《舆服志》叙述社会上层妇女冠服制度，衣裙锦绣的应用，及头上大量花钗、步摇的安排，在传世画迹中多不具体。墓葬壁画和陶俑，照习惯又多只是婢仆、乐舞伎，少见官服盛装全貌。即在敦煌，盛唐时期壁画也还限于习惯，一般供养人多画得比较简单，所得知识也就不够全面。而到中晚唐、五代时，却由于统治者的权威感，留下大量完整无缺的图像材料，既可窥盛唐官服面貌，也可明白宋代这民服来源。从图一五九中，就可对于如下三个问题，得到一些新的认识。

一、唐品官服制度，衣必用花绫。据记载，有“鹤衔瑞草”、“雁衔威仪”、“俊鹘衔花”、“鸾衔长绶”及“地黄交枝”等等名目。《旧唐书·德宗纪》诏：“顷来赐衣，文彩不常，非制也。……节度使宜

插图一〇四·榆林窟壁画五代女供养人（范文藻摹）

以鹘衔绶带，观察使宜以雁衔威仪。”当时或略后，又还留下些绫罗绸纱，亦具有近似花纹。但在大量传世画迹中，却始终难于证实。出土实物也不易见到全貌，不免令人感到，文献记载所说种种花纹，指的若是带版上金铜装饰，倒可和实物印证。特别从发展联系宋代带制二十八种花纹名目来看，更无疑是指带饰。榆林窟男女供养人画相，多大如真人，女子官服盛装，衣上花纹有的还可辨认出织、染、绣不同加工处理。衣领间刺绣不同花纹，也极明确（见插图一〇四）。男子官服则除一片红色外，却并无其他花纹，可进一步证明。唐《车服志》说的，或只限于特别赏赐衣服，且只限于局部地区施行，不久即禁止或废除。官服颜色等级区别显明，花纹实无迹象可求。近年大量出土丝绸中，也难一一取证。

二、即幞头后垂二带变成硬翅，向两侧平举，实由五代起始，到宋代才定型。从图中可以明白看出早期展翅幞头式样，插图且可看出当时还有各种不同上举式样，如平翅、曲翅、交脚等等。

三、鱼袋制度，唐代史志叙述常有矛盾。鱼符常有实物出土，鱼袋应用则难言。宋人沈括、朱熹、郭思、岳珂意见纷纭，难得定论。唐张鷟以为结帛为鱼，象征鲤（谐李）强。帛鱼制在唐代早期画迹中，有较多形象可证。后来到武周时就与鞊韘七事一同废去不用，惟于边缘地区则保留到宋、辽和西夏，以至元代还使用。鱼符兼具宫廷“出入证”及外州郡“委任状”意义，终唐一代始终使用。如何佩带，还是问题。如结合画迹看来，和帛鱼关系却较密切。因此外无物可以容鱼符，或足可当“鱼袋”称呼。但画迹中又有两者共存的。后来鱼袋，从画迹反映，却只是作波折式一狭条，垂红鞓带间，近于封建帝王给个人的恩宠凭证，上用金银鱼作饰，而和鱼符无关。宋代因袭不变。本图所示腰间波浪状物，如即唐鱼袋，也是宋鱼袋。则前人说的“唐以袋贮鱼，宋以鱼饰袋”，即或有一定正确性，也难给人明确印象。史称衣紫则金鱼，衣绯则银鱼，既成定例，至今不仅实物少出土材料，图像传世也还不多。这始终是一个问题（东邻学者曾有专文叙述，称引文献甚多）。史志叙述矛盾处，还有待从大量图像和新的出土实物作进一步比较探索，才能明白具体形象及演变情形。

# 一〇一　女孝经图

图一六〇　[宋或五代]高髻、满头插小梳、上襦、披帛、长裙、坐绣墩贵族妇女（宋人绘《女孝经图》部分）

吴升《大观录》题作阎立本画《女孝经图》，虞世南书《孝经卷》，似不足信。就题材看来，是宋而不是唐初。据传世本内容分析，可进一步明白，实是宋人作品。因图中作皇后像戴"等肩冠"为北宋制度。沈存中《梦溪笔谈》即已言及。定陵近年出土明万历皇后一凤冠，犹仿其制作。但上溯唐代，却并未有过。另一袍服帝王，胸前"方心曲领"更是典型宋式。实聂崇义作《三礼图》以意作古附会而成，和古代曲领毫无共同处。另一道服男子衣着神情

图一六一 ［宋或五代］戴等肩冠被服皇后，卷梁通天冠、宋式方心曲领帝王和裹幞头、圆领衣侍从（宋人绘《女孝经图》部分）

和传世赵佶《听琴图》正中一人极相似，即赵佶本人形象。妇女多属妃嫔类，和传世顾闳中绘《韩熙载夜宴图》中妇女开脸形象板滞无性格如出一手。坐具绣墩也完全相同。图一六〇、一六一原画藏故宫博物院，淡着色，共九章。

《夜宴图》虽传为五代人笔，家具中桌椅屏风、饮食器中注碗，无一不是北宋制度，画的年代不可能早过10世纪。惟妇女衣着发髻首饰和本图相似，或同参五代时式样，与史志称述南唐时之高髻险装相通。传世明人题宋画《半闲秋兴图》，发髻也作同一式样。麦积山壁画五代进香妇女群像，发式也较近，衣着虽加有大袖上襦，或者由于地域不同而有异，或因节令不同而稍有差别，太原晋祠水母殿侍女彩塑，成于北宋初年，衣着小袖而瘦长，也还多相同处。可知直到晚唐、五代间，政治上分裂割据数十年，也反映到服饰上，除西北敦煌壁画外，其他地区画塑多不再全受中原风气影响。但总的趋势，妇女便服还是逐渐回复偏于狭长，再瘦小些，加上小袖对襟旋袄，就成典型北宋式了。

另一幅有四宫嫔坐绣墩上，人物衣着风格和《夜宴图》中女乐伎相近。《夜宴图》从男子一律衣绿，推知必成于北宋太宗淳化元年以前。本画完成时间当更晚。因为图中罗列古器物部分，和《宣和博古图》流行有关，必在赵佶当权晚期。着道服的，并且极近赵佶本人样子，字体且如赵构（或杨妹子）笔迹。

# 一〇二　宋初敦煌壁画农民

图一六二　［宋］折上巾或笠子帽、圆领缺胯衫子农民和短襦、长裙农妇（敦煌六一窟壁画耕地、收割、扬场）

采自敦煌六一窟壁画。

男女衣着都是晚唐式样，妇女两鬓衬以假发，斜插花钗，男子幞头巾子二绦带上举，即所谓“折上巾”，宋又称“交脚幞头”。衣唐式缺胯衫子为便于劳作，衣角上提扎腰带间。这一切，通和敦煌唐代画迹反映差不多。可作两种解释：一、边疆地区由于社会习惯和经济限制，虽已改朝换代，平民衣着却不受什么影响，有影响也比较缓慢。

二、敦煌地区画工艺术多父子师徒世代相传，有的画稿且多依据前代旧传粉本，所以即或社会现实生活起居服用各方面，都已起了显著变化，一般性通俗宣传画，还是依旧不改，或改变较少。这就是过去一时有把本图断为唐代原因。因为画即或成于宋代，反映的还近似唐代社会面貌、风俗习惯。

南宋初，陆游《入蜀记》卷六，记在川江新滩见负水女子，“未嫁者率为同心髻，高二尺，插银钗至六只，后插大象牙梳，如手大”。可知这种由中唐起始流行宋代沿袭的金钗十二行的花钗处理及髻高二尺，大梳子应用，在中原大都市，前者宋初即已变化很大，不再采用，或仅限于盛装官服使用。后者北宋中期也已少用。但在边远地区，则直到南宋初年，民间还多相沿成俗，并没有改变多少。陆游入蜀所见，即是一例。敦煌壁画署明“大宋太平兴国”某年供养人贵族妇女群像，也还多作盛唐开元、天宝间满头花钗盛装。

# 一〇三　南宋耕织图中农民

图一六三 ［南宋］着盖头农妇和裹巾子、对襟短衣或背心农民（南宋《耕织图》）

据南宋《耕织图》，原画藏中国历史博物馆。

图中衣着较重要处，即妇女头上搭的薄纱，是由唐代帷帽发展而出至宋代普遍流行的头上应用物，一般用薄质纱罗作成，通称“盖头”。讲究些用紫罗作成，叫“紫罗盖头”（元代依旧。据山西右玉宝宁寺元人画幅，当时杂艺人男子头上也有着同式花盖头的）。由本图和李嵩《货郎图》（见图一六九）及元人《农村嫁娶图》得知，宋、元时，即或是田家农妇，下田劳动生产或平时，都不离头上。但到明、清后，除了新娘子还使用，其余平民头上已不多见。惟西南边远地区兄弟民族，则发展成种种不同式样，至今不废。至于同样出于唐代帷帽的改进、盛唐时一度流行裹在额前的“透额罗”，除敦煌壁画中有反映，晚唐画迹已少见。宋、元、明、清从实用出发，复改进为“遮眉勒子”，戏文道具则称“渔婆勒子”。18 世纪雍正、乾隆皇妃，也还继续使用（见图二四八）。直到 20 世纪，西南省市老年妇女为避风寒，冬天还继续戴用。青年妇女使用，则装饰作用重于御寒。

由于五代十国以来半个世纪的战争，华北陕洛生产破坏极大。宋代统一后，照赵普建议，采用“先南后北”的战略，统一了长江流域及华东南各地。稍后，对据有东北的契丹进行战争失利后，宋政府求妥协，于澶渊和盟，年纳巨额岁币礼物，包括丝绸、布匹、茶叶、金银、精加工粮食等物，各以二十万匹、端、斤、两、石计。而对内则加强对人民残酷剥削，税收名目增加之多为历史所少见。使得农民更加穷困，十分明显地影响到衣着。平民男子衣着日短，巾裹已无一定式样，且不以椎髻为嫌。其他画塑反映劳动人民情形多相同。如五代宋初《江行初雪图》、宋人绘《百马图》、《货郎图》、《村医图》、《清明上河图》、《双舟图》、《巴船出峡图》、《溪山清远图》、《长江万里图》等等，画迹虽繁简不一，都可从画中发现大同小异式样的短衣。官服中唐式圆领虽还流行，退职闲散官僚多仿古“缝掖衣”改成宽边直掇。但一般小市民用交领衣仍占较大比例。主要还是为了便于劳作，便于脱卸。传世《耕织图》比较多，而把全部生产过程分章绘出刻石流传的，数南宋楼璹《耕织图》最著名。明代人著刻关于农事书的《便民图纂》，插图尚根据它作成。清代康、雍、乾的《耕织图》、《棉花图》等的组织编排，也多由楼琦旧图参考取法加以发展而成。

此外涉及著名画家作的耕织历史故事画，宋人还有刘松年、李嵩作的《豳风图》、《无逸图》、《丝纶图》、《毛诗图》、《宫蚕图》、《尧民击壤图》、《踏歌图》等，主题部分也无不和农事生产有关。又如《纺车图》、《捣练图》、《水碓水磨图》、《耕获图》，就更近于直接从当时社会农业生产取材（唐代由韩滉起始，就有田家风俗画，自成一类和《牧放图》相近。传有李公麟《尧民击壤图》）。

五代十国时，后蜀统治者为维持其封建政权，笼络老百姓，作了个四言韵文官箴，宋代统一后，删节成四句："尔俸尔禄，民膏民脂，小民易虐，上天难欺。"刻石于各州县衙门前，并画《耕织图》挂于壁间。十六字官箴和这类《耕织图》，原本不外是封建统治者企图巩固政权，对农民带有一种欺骗性的手段。但对于宋初恢复生产，发展生产，无疑还是起过一定的影响。北宋在开封建都百多年间，每年耗费粮食六七百万石，草料二千七八百万束，就都取给于农村，由水陆运输而来，而且大半是由运河来自遥遥数千里的南方。可见统治阶级重视农业，是同巩固其统治权不可分的。

# 一〇四　清明上河图中劳动人民和市民

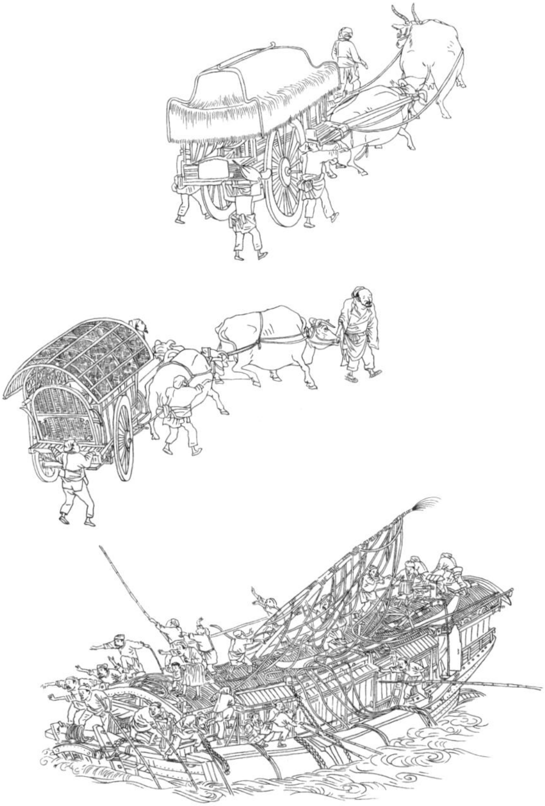

图一六四　[宋]裹巾子、交领或对襟短衣、束腰带、小口裤车夫和船夫（传张择端《清明上河图》部分）

图一六五 ［宋］裹巾子、小袖长衣市民，小冠子、大袖袍服道士，笠子帽短衣劳动人民和帷帽妇女（传张择端《清明上河图》部分）

本节图中人形采自《清明上河图》，原画藏故宫博物院。

图中绘北宋时首都汴梁（开封）城外沿河市廛、商店、百工、百业生产交易情况及河中船只往来水上景象。当时汴梁百十万人民，日常消费量巨大惊人，以民用米粮、牲畜饲料计，每年即需六七百万石，大部分是靠运河由江南一带用图中所见船只数千艘陆续运来。陆行搬运百货杂物，则靠图中所见车辆。宋幽兰居士《东京梦华录》卷一"河道"条说："穿城河道有四。……中曰汴河，自西京洛口分水入京城，东去至泗州入淮，运东南之粮。凡东南方物自此入京城，公私仰给焉。自东水门外七里至西水门外，河上有桥十三，从东水门外七里曰虹桥，其桥无柱，皆以巨木虚架，饰以丹艧，宛如飞虹。”“外诸司”条且说，附近有五十多所大仓库，日有军士卸货，仓前即热闹成市。另称：“近新城有草场二十余所，每遇冬月诸乡纳粟秆草，牛车阗塞道路，车尾相衔，数千万量（辆）不绝，场内堆积如山。”《水浒传》中叙述的火烧草料场，就指这类官府聚草囤粮地方。

关于运货车辆，具载“般载杂卖”条：“东京般载车，大者曰太平，上有箱无盖，箱如构（勾）栏而平，板壁前出两木，长二三尺许，驾车人在中间，两手扶捉，鞭绥驾之。前列骡或驴二十余，前后作两行，或牛五七头拽之。车两轮与箱齐，后有两斜木脚拖。夜，中间悬一铁铃，行即有声，使远来者车相避。仍于车后系驴骡二头，遇下峻险桥路，以鞭唬之，使倒坐缍车，令缓行也。可载数十石。官中车惟用驴差小耳。其次有平头车，亦如太平车而小，两输前出长木作辕木，梢横一木，以独牛在辕内，项负横木，人在一边，以手牵牛鼻绳驾之，酒正店多以此载酒梢桶矣。……又有宅眷坐车子，与平头车大抵相似，但棕作盖，及前后有构（勾）栏门，垂帘。……”

书中还曾提及许多行业小市民衣着均不相同，各有本色，不敢越外，令人一望而知。如裹香人即“顶帽披背”，质库掌事即“著皂衫、角带、不顶帽之类”。如为酒客斟汤换酒的妇人，必“腰系青花布手巾，绾危髻”。官媒婆分数等，“上等戴盖头，著紫背子。中等戴冠子，黄包髻，背子，或只系裙。手把青凉伞儿，皆两人同行”。又《宣和遗事》一书中，也有关于北宋时汴梁各阶层人民的衣着叙述。如专过剥削寄食生活的膏粱子弟服装为“丫顶背，带头巾，窄地长背子，宽口裤，侧面丝鞋，吴绫袜，销金裹肚”，秀才儒生为“把一领皂褙穿着，上面着一领紫道服，系一领红丝紫吕公条，头戴唐巾，脚下穿一双乌靴”，道士装为“以胶青刷鬓，美衣玉食者几二万人。至于贫下之人，也买青布幅巾赴斋”，寺僧行童为“墨色布衣”，妇女“戴觯肩冠儿，插禁苑瑶花”，女真官员则“金紫贵人，或绿或褐，或伞或笠，或骑或车”，汴梁巡兵装束，“脚系着粗布行缠，身穿着鸦青纳袄。轻弓短箭，手执着闷棍，腰挂着环刀”。由于职业身份不同，各自特征鲜明。部分人物装束，多可在《清明上河图》中发现。永乐宫元代壁画中有近似绛霄宫赵佶款待道士大场面，或即据宋代旧稿而成。因为大官衣着全是宋制。

车夫、船夫衣着少述及，主要原因大致是定居落户，则区别分明，来自四方，自然少共同处。但图中体力劳动人民，和其他图中所见仍有个共通处，即衣已短不及膝或仅及膝。部分交领衣，用绦带束腰，巾裹少一定规格，部分已习惯椎髻露顶。脚下一般多着麻鞋或草鞋。且因为多来自东南农村，和传世《耕织图》、《村医图》中农民衣着极相近。图中一般平民衣着色彩虽难确定，但在《宋史·舆服志》“士庶服禁”上，可知不外黑、白二色。太平兴国七年（公元982年）诏令：“旧制，庶人服白。今请……庶人通许服皂。”可知宋初平民穿黑衣还得特许，一般只穿粗白麻布衣。端拱二年（公元989年）诏令，又提到“县镇场务诸色公人并庶人、商贾、伎术、不系官伶人，只许服皂白衣……”。职位低下的小公务员、平民、商人、杂技艺人，宋初平时都一例只许穿黑、白二色，不能随便着杂彩丝绸。这种情形在北宋一代似未大变。图中有不少人手中均拿有一把扇子，但一般多用绸或布裹着，或系清明前后当时令，还用不上。但照习惯，却可用来遮蔽尘土。记载中似乎还少提到这件事。

# 一〇五　南宋中兴祯应图中吏卒和市民

图一六六　［南宋］戴曲翅幞头、着圆领缺胯衫子、缠行縢差吏，裹巾子、短衣市民、商贩和弄傀儡艺人（萧照《中兴祯应图》部分）

图一六六采自谢稚柳编《唐五代宋元名迹》画册。

旧作南宋萧照画，内容是宋、金民族矛盾加剧，金军入侵北宋，汴梁陷落，北宋政权崩溃时，赵佶儿子赵构和部分从臣，匆促逃亡江南建立南宋政权前后经过情形。即通俗演义小说“泥马渡康王”故事连环画。

故事本身主题重在宣传赵构得到神天保佑才能偏安江南，用来欺骗人民，巩固其封建统治。但人物形象、甲骑兵仗、宫廷面貌、社会背景、城郭庐屋、市廛村居，都具有高度严肃写实性。特别是市民吏卒衣着，相当具体。

本图摘取计两部分。上图为一般公差吏卒，幞头分两种：一曲翅幞头，多为宋式纱帽型，惟两翅上曲，照宋史志记载，为公差吏卒等低级公务员服用。除《大驾卤簿图》（见图一八三）外，《望贤迎驾图》、《春游晚归图》及白沙宋墓壁画都有相同反映。另一式则似由唐式四带巾及宋式巾子发展而成，惟当额部分破开，也是宋代文吏所常用。衣仍作唐式圆领缺胯衫子。衣角一端多提起扎腰带间，腿部或加行縢（绑腿），或不用。

下图着巾子的为普通市民和小商贩杂艺人。内中还有一玩布袋傀儡子的。南宋人著《梦粱录》、《武林旧事》、《都城纪胜》等等叙南宋临安都市生活极其详尽。由于都市发展，当时杂手艺人各有专门行业，区别极细。专为安抚当时集中临安军士或供市民娱乐的，有四城分设的大娱乐场瓦舍，所谓“中瓦子”、“南瓦子”等不下十处，大的能容观众千人，不论寒暑雨雪，总是日日满座。市民聚居的街市坊巷，有各种手艺人小商贩叫卖推销，便利居民。即专为小孩子而准备的商品玩具，和娱乐项目，也有许多种（详见图一六九南宋李嵩《货郎图》说明）。傀儡子和影戏都是儿童所欢迎的。当时傀儡有许多种，如提线傀儡、药发傀儡等。影戏则在街头为儿童玩弄取乐。《天籁阁藏宋人画册》中及苏汉臣作百子闹元宵扇面，均有影戏形象画。传世苏汉臣、李嵩及元人王振鹏等绘货郎担子上，都无不可以发现这种专供儿童娱乐的布袋傀儡和提线傀儡形象。本图中所见，似应为出售布袋傀儡的小商人叫卖的情形。照宋代制度，差吏和小商人都只许穿黑白衣的。

# 一〇六　宋百马图中马夫

图一六七　［宋］幞头、圆领短衣、皮扎𩋙、戴“襻膊儿”、铡草料的马夫
（宋人绘《百马图》）

图一六七（续）　［宋］幞头、圆领短衣、皮扎鞴、戴“襻膊儿”、铡草料的马夫（宋人绘《百马图》）

原画藏故宫博物院。卷末有题为唐人作品，又或以为北宋李公麟作。就马匹装备及马尾处理形象看来，宜为女真金代画家作品。马鞍鞯向前较大，为辽、金习惯。

画中用马群活动为主体，作奔驰、休息、饮食、浴水诸形状。牧马人物穿插其间，忙于饲养、备料，用笔虽粗率，表现得极详细且生动准确。人物衣着如一般宋代劳动人民，结束草率，巾裹幞头无定式。二铡草人衣袖都用绳索缚定挂于颈项间，把袖子高高搂起，实宋代发明，专名宜为“襻膊儿”。宋人记厨娘事，就提及当时见过大场面的厨娘，用“银索襻膊”进行烹调，可知它是宋代劳动人民为便于操作而发明的通用工具。特种的才用银练索，一般大致不外丝麻作成。《武林旧事》卷六记南宋杭州小经纪约百八十种，包括各种小商贩和杂手艺工人，内中即有“襻膊儿”一种，指沿街专卖这种用具并兼修理的手艺人而言。从社会上有出卖或修理这种工具的专业手艺人，可知襻膊的应用必已相当普遍。

# 一〇七　宋四川大足石刻老幼平民

图一六八　［宋］梳髻、交领衣、长裙养鸡妇女和裹巾子、大袖长衣平民（大足宋代石刻）

大足县在四川省东南，距重庆四百四十余里，县城四围是丘陵地，山崖起伏，绵延数里，唐代以来即有石刻摩崖。宋代石刻内容格外丰富。主题部分虽和全国其他地区摩崖相似，不少属于封建忠孝思想和宗教迷信的宣传，但同时却反映出不少当时当地人民生产劳动和社会风俗习惯情形。在艺术成就以外，还可供其他各方面研究参考。

图一六八是大足石刻第二十号摩崖上层第三段开笼放鸡和第四段老夫妇与幼儿。放鸡妇女衣着具一般性，惟发式似略有地方性，是宋代中等人家妇女家常穿着打扮，妇女椎髻为常见。照史志记载，两宋妇女发式和衣服丝绸花纹变化极大，如陆游笔记所说的，把四季杂花图案同织绣于衣料上，通称"一年景"，再看《东京梦华录》、《武林旧事》等记载，真可说是变化万千。从大量宋代墓葬中画塑反映，一般社会通常衣着式样，贯串两宋约三个世纪，乡村平民衣着变化却不太多。而且下及元、明，如永乐宫壁画和山西右玉宝宁寺水陆画平民衣着，还有和本图十分近似的。特别是男子交领衣的应用，上起商、周，下及元、明，延长应用时间极长久（惟唐代例外，圆领衫子有独占情形）。宋、元除少数上中层官吏衣着还常服圆领，有意仿古的缝掖大袖直裰及有意趋时表示退隐的"道服"为士大夫经常采用外，一般城乡便服交领，已不分南北，为大多数人所习用。

从汉代以来，巴蜀人民艺术即有一个显著特征，造形风格活泼而健康。民间艺术家在写实基础上，掌握了高度艺术技巧，画塑都线条利落肯定，而概括性又强。最早的山水画，内容丰富技法不同的浮雕技术，都可从川蜀汉代砖石刻塑中发现。在生产劳动或风俗画方面，四川汉代画塑成就也格外高。大型陶塑人像富于表情而个性鲜明。宋代石刻犹保持着这个工艺优秀传统，比国内同时画塑更独具风格，而写实性特别强。

# 一〇八　南宋李嵩货郎图

图一六九　［南宋］裹巾子、短衣、麻鞋货郎，戴盖头、长裙村妇和留鹁角儿发式儿童（南宋李嵩《货郎图》）

图一六九原画现藏故宫博物院，据照片摹绘。

画中作南宋流行的货郎担，装满儿童所喜爱的各种小玩具。货郎本人头上腰间也插挂满了这些小事物。六顽童围绕笑闹，欣喜若狂。一母亲头戴盖头，携带一较小孩子，近到货郎担边。二小孩各拈小钱一枚，争先购买。老货郎手摇博浪鼓，表示欢迎。且防范过分兴奋的小孩，不让其随便动手。另传宋苏汉臣绘《货郎图》，应是元人所作，或即王振朋等笔（见插图一〇五），因小孩着靴子即不是宋代习惯，且图右下角孩子头上所戴笠帽，也是元人常用物。图中货架还挂四笠子帽，货郎本人也着靴，均可证明实属元人作品。下可到明初，上不可能到南宋。

插图一〇五・传宋苏汉臣《货郎图》

宋代以来，都市生活有了进一步发展，日用百货都由大小不同作坊生产，分发小贩转销。商品来自四方，不仅集中于一定市场。为推销计，零商小贩且在城市大街小巷到处兜售，乡村中也可发现这种百货商人，手摇博浪鼓，招邀主顾。所谓“关扑”，就是用抽签、摸骨牌、争标一类不同方法，争取主顾，推销商品。这种方式具有引诱性，为当时社会所认可，到处可以发现，不受法律禁止。

# 一〇九　宋村童闹学图

图一七〇　［宋］椎发、东坡巾、长衫子、伏案打盹的村学先生，披发或鹁角儿、对襟或交领短衣小顽童（宋人绘《村童闹学图》）

图一七〇采自《天籁阁藏宋人画册》。

画作村学老先生教书倦困伏案小睡时，顽童群放肆打闹取乐情形。书案家具和《清明上河图》、《胡笳十八拍图》中茶坊桌椅及《夜宴图》中桌椅极相近。河北巨鹿出土北宋桌椅实物也差不多，可知是两宋一般通行式样。衣着和前图小有同异，近似小城市中儿童情形。

陆放翁诗："儿童冬学闹比邻，据案愚儒却自珍。授罢村书闭门睡，终年不着面看人。"自注："农家十月乃遣子入学，谓之'冬学书'。所读杂子、《百家姓》之类，谓之'村书'。"本画正如把陆放翁诗加以形象化一种尝试或解释。

又曹宠题《村学堂图》云："此老方扪虱，众趋争拊火。常想训诲间，都都平丈我。"写的正是冬天景象。末句系《论语》"郁郁乎文哉"读的别字。可知同类用村塾师生活作的主题社会风俗画，

插图一〇六・永乐宫壁画所见村学图

必相当流行。在宋代民间艺术家笔下，均极感兴趣，曾当成一个主题作种种不同反映。《天籁阁藏宋人画册》中就有两种村塾形象（另一为《孟母三迁图》）。永乐宫元人壁画中一亦有村学图（见插图一〇六）。

宋代绘画重就社会现实题材写生，在各方面都取得显著成就，留下许多反映社会现实的优秀艺术品。过去人多以为花鸟山水画方面成就特别高，人物故事画则不如唐代，正如郭若虚《图画见闻志》说的，因为不悉古代衣冠制度，难得本来面目。其实当时绘画艺术重点，虽已转到花鸟山水方面，人物故事画则多因袭唐代粉本，当然不易突破前人纪录。至于描写当前社会风俗人事，用平民生活作为对象的作品，还是比唐代更广泛接触到各方面，依旧取得极多成就，留下许多优秀作品。如有关儿童生活的题材，传世的即有《百子图》、《春庭戏婴图》、《扑枣图》、《斗蟋蟀图》、《影戏图》、《拍球图》、《货郎图》等，都作得十分生动活泼，富于生活气息。衣着由头到足，也提供了许多不同式样，可补文献所不足。此外，有反映北宋汴梁社会市廛百业景况和劳动人民、小市民生活活动的张择端《清明上河图》，反映农业生产过程的楼璹《耕织图》，反映川中舟子在三峡惊涛骇浪中和自然搏斗的传为范宽作的《长江万里图》和李嵩《巴船出峡图》，反映村医在乡下为农民治病的李唐《灸艾图》（或《村医图》），反映船夫渔民寒苦生活的王诜《渔村小雪图》、夏圭的《溪山清远图》，表现当时杂剧演出的《杂剧人图》，表现都市、乡村串街小商贩的《货郎图》，以及表现宋统治者为壮观瞻，组织了约二万人的庞大仪仗队的《大驾卤簿图》等等。末一种系统治者安排大场面，近于有意炫耀武力，威胁人民，反映的是封建上层组织制度。其他作品，不仅在艺术上各有不同高度成就，特别重要的还是较客观地描绘了社会各方面栩栩动人的生活形象。尤其是对于劳动人民和小市民生活面貌，无一不充满了感情，衣着式样也都能持谨严的现实态度，保留下大量丰富有用资料。部分历史故事画，如《便桥会盟图》、《免胄图》、《胡笳十八拍图》、《文会图》（写唐十八学士）、《香山九老图》、《西园雅集图》、《中兴祯应图》，写过去虽难得历史本来面貌，写当时却还具有较高表现能力，且较细致客观，于背景或附件中，反映出宋代社会生活情况。衣着更极具体。多样化的内容，为后来元、明小说戏曲插图版画，打下了扎实的基础。

# 一一〇　宋杂剧图

图一七一　［宋］高冠子、大袖长袍、卖眼药郎中，诨裹、圆领小袖长衣、束腰带、练鞋、手臂"点青"市民（宋人绘《杂剧人物图》）

插图一〇七・山西右玉宝宁寺水陆画第五十七（上部）

原画现藏故宫博物院，曾印于《两宋名画册》中，共计两幅，不著名目。一幅中有二男角色，其中一人帽子上、衣服上、口袋上满着眼睛。中国戏剧学院周贻白教授以为当是南宋官本杂剧中的“眼药酸”。所见甚是。这种趣剧，北宋时已出现，元代更为发展。

画作宋、金时杂剧人演出形象，“眼药酸”为当时诸杂大小院本名目之一，见于《东京梦华录》。陶宗仪《辍耕录》卷二十五“院本名目”条下，于“诸杂大小院本”名目中，还载有“合房酸”、“麻皮酸”、“花酒酸”、“狗皮酸”、“还魂酸”、“别离酸”、“三缠酸”、“谒食酸”、“三楪酸”、“哭贫酸”、“插拨酸”、“是耶酸”、“怕水酸”十三种，又有“四酸擂”、“四酸提猴”、“四酸讳偌”、“酸卖徕”等等。杂剧题目中加“酸”字，向例多是用穷知识分子作嘲弄对象的，“眼药酸”也不在例外。

图一七二 ［宋］诨裹、对襟旋袄、"钓墪"袜袴、弯头短统靴戏装妇女和花冠、对襟旋袄、加腰袱戏装妇女（宋人画《杂剧人物图》）

另有"眼药孤"。照习惯，"孤"多指做官的，"酸"则属于落魄穷秀才一类角色，可知以卖眼药为名的还有好些种。总之，正如前人所说，"使优人效之以为戏，博观者一笑"，近于趣剧则极显明。近人胡忌《金元杂剧考》263页，推测搬演面貌应为"散说兼滑稽诙谐动作的戏剧"，和画面情形相合。《文物精华》作本画题解时，则说图中多有小斑鼓，可知这种演出必兼说唱。谈的都有道理。也可说是后来大鼓书演出的最早模样。更早千年左右，则为川蜀型说唱陶俑（事实上应是《后汉书》中所说的"蜀中鼓员"）。

称"酸"的来源，或本于唐人呼秀才为"措大"，宋、元戏曲中则通作"酸丁"。《西厢记》中的张生，也免不了"酸丁"绰号。图中所扮演的或即当时飘乡卖眼药郎中本来样子。《清明上河图》卷中，就有一些在汴河街上卖膏药的走方郎中，手中拿个长长的招子，绘上一串膏药形象，以便引人注目，和这个画情形十分相似。又近年在山西右玉宝宁寺发现的元人绘大量水陆道场画，画中作古代九流百家人物，也有眼科医生，衣着具眼睛形象的，十分近于写实（见插图一〇七）。不同处，只是一则以此糊口为专门职业，一则在杂剧中摹拟它，或加以适当夸张，在瓦舍里演出，娱乐小市民而已。又宋人李嵩绘《货郎图》，玩具担上也可发现这种面具似的眼睛，可知“眼药酸”的扮演，不仅是当时社会中小市民所熟习，小孩子也常用来作为游戏的。

图中另一人腰间插一把扇子写了个“诨”字，显然即插科打诨故意装傻卖呆的角色。臂肘间加有绣文，即唐、宋市井流行的“点青”。所谓“锦体绣文”，为当时一般社会习见，上层社会因之也有有意仿效取乐一时的。《大宋宣和遗事》记赵佶弄臣李邦彦行为，即是一例：“人呼李邦彦为浪子宰相。一日，侍宴，先将生绡画成龙文贴体，将呈伎艺，则裸其衣，宣示文身。”点青又名“劄青”，最流行应数唐代，段成式《酉阳杂俎》卷八“黥”部有较详细记载，反映出普通社会一时流行的风气。如说当时长安有个张干，即于左右膊刺字“生不怕京兆尹，死不畏阎罗王”。又有个王力奴，用五千钱请人刺胸腹作山亭院池花树草木鸟兽，工细如设色画。还有一身刺遍白居易诗意的。当时四川人最擅长，有刺毗沙门天王的。统治者认为是市井流氓和无赖军卒藉此招摇撞骗，禁不胜禁，京兆尹竟捉来即杖杀，前后死去约三千人。到宋代，这部门技艺仍在民间广泛流行，常见于记载中，但内容多样化的程度已远不及唐代。

宋代军队中也有把“点青”当成一种制度来运用。《宋会要辑稿》中“方域二之二八”，即载有绍兴十三年（公元1143年）二月四日“臣寮言，乞仿范仲淹措置陕西民刺手之法，凡铺兵并与刺臂，稍大其字，明著某州某县斥候某兵某人。凡逃在他州他县者，并不得招收。遇支衣粮，……其当请者验臂支给。冒请逃窜之弊，可以革除”。至于其他兵卒，在手足上刺花、刺字作为标志的，还常见于记载。刺的只是花纹图案，还是兼有番号名目，详细内容已难明白。《水浒传》里说及黥配，系于脸上加金印。另一种记载，则说及奴婢逃亡，系在眼眶四圈刺成记号。女真掠宋人民则刺耳部作记号。追源溯流，实出于两种不同用处：吴越民族断发文身，以避水中虫蛇为害，具保护性；中原则为自古以来的黥刑，为对奴隶处分的标志。杂剧人用于臂肘间，图一七一反映相当具体。

图一七二作二女角，两手各用宋代特有的“扠手示敬”礼，头戴生色折枝花，上身各着对襟旋袄，领抹加有一两条绣花边，一人身穿小裤，膝以下若着网状长袜，小小弯弓短统靴，应即宋代禁令中常提起的“钓墪”、“袜袴”，来自契丹、女真风俗。上层妇女平时不许服用，有正式法令禁止。戏剧扮演，不算违法犯禁。

# 一一一　宋砖刻杂剧人丁都赛

图一七三　左上：［宋］花冠、圆领、小袖开衩衫子、束腰带、短统靴妇女丁都赛（偃师酒流沟宋墓出土杂剧人砖刻）

右上：［宋］诨裹巾、袒胸、束腰裹腿和花冠杂剧人（偃师酒流沟宋墓出土杂剧人砖刻）

左下：［宋］花冠、圆领袍服、束腰带杂剧人（偃师酒流沟宋墓出土杂剧人砖刻）

右下：［宋］展翅乌纱帽、圆领袍服、持笏戏装官僚和幞头、掌印戏装小官吏（偃师酒流沟宋墓出土杂剧人砖刻）

采自河南偃师酒流沟宋墓出土砖刻，原物现藏中国历史博物馆。

其中一件旁有“丁都赛”三字，原件高约一米。据《东京梦华录》记载，原是北宋开封六个著名年青杂剧人之一。宋代用社会上有群众的歌舞伎图像殉葬，代替了唐代用家中音声人歌舞伎作明器，是一种发展。过去文献上还少记载过。

《东京梦华录》“诸军呈百戏”条称：“驾登宝津楼，……继而露台弟子杂剧一段，是时弟子萧住儿、丁都赛、薛子大、……后来者不足数。”“女童皆妙龄翘楚，结束如男子，短顶头巾，各着杂色锦绣捻金丝番缎窄袍，红绿吊敦，束带。”

后面提的衣着相当重要，虽不一定和丁都赛衣着相似，但砖刻反映和另一传世杂剧人绘画二角色衣着，却大致相合。衣下着的便是所谓“吊敦”服。“吊敦”一作“钓墪”，在宋代为奇装异服，受法律禁止的。北宋政和二年（公元1112年）正月五日止杂服禁令，令文说：“衣服冠冕，取法象数，尊卑有别，贵贱有等，各有其制，罔得僭逾。……习尚既久，人不知耻，……自今应敢杂服，若毡笠、钓墪之类者，以违御笔论。”宋人说“违御笔”意思，即反抗圣旨，是犯大不敬罪的。吊敦或吊墪显然是一种东西。究竟是什么？政和七年（公元1117年）诏令极重要，“敢为契丹服若毡笠、钓墪之类者，以违御笔论”。史志加以说明：“钓墪，今亦谓之袜袴，妇人之服也。”“钓”通作“钩”，和《东京梦华录》记载比证，大致以“钓”为是。吊敦就是钓墪。袜袴也即是本图丁都赛所穿的样子，和杂剧图一红衣女子所穿，与后来解马装有一定联系，是契丹风俗。后来明、清“踹软索”的绳伎女子，始终作这种装扮。照宋代社会一般习惯说来，当时是认为近于奇装异服，不伦不类，即厨娘婢侍也不宜穿的。但据一再禁令看来，却可推想当时至少在中下层社会必已相当流行，习为风气，还影响到社会中上层，正如同北宋男子流行文身，称“锦体绣文”一样（或以为“吊敦”即“冒顿”，即匈奴、鲜卑服制，时代相去太远，似难征信）。

砖刻中所见几个杂剧女子，多依旧着吊敦演出，原因大致是历代关于服制禁令，含义本有阶级区别，对于伎乐人则重在分别贵贱，不许穿金戴玉，冒充大家闺秀；对于一般社会则以为非中原传统，即近奇装异服，迹近招摇。吊敦用法律限制，实属于第二种原因，怕当时上层社会普遍受影响，事实上已受一定影响，所以一再禁止。至于演剧艺人，即在皇帝面前演出时，这么穿着，却令人开心写意，不算违法犯禁的。宋、元、明法律都明白提出，“妓乐承应公事，诸凡穿着不受法令限制”。

又文中称“各着杂色锦绣捻金丝番缎窄袍”。所谓“捻金丝番缎”，应即是当时入居秦川或关外回鹘工人织造高级锦缎之一，《大金集礼》一书中一再提及这类加金丝织名目。洪皓《松漠纪闻》卷上，在回鹘条内曾有较详细记载。此外，还有出自西北的高级毛织物，名目尚有“褐里丝”、“褐黑丝”、“门得丝”、“帕里呵”，皆用细毛织成，以二丈为匹。多为当时高昌、于阗、龟兹、甘州、沙州生产，由西夏入贡契丹，转至中原。曾敏行《独醒杂志》则述及流行情形和原因。由此得知当时民族矛盾虽日趋尖锐激烈，民族文化交流影响却在不断增加。官府虽一再用法令禁止，收效却极微小。除衣着式样、材料以外，还有艺术中的音乐、绘画等等。《独醒杂志》卷五说：“宣和间，客京师时，街巷鄙人多歌番曲，名曰‘异国朝’、‘六国朝’、‘蛮牌序’、‘蓬蓬花’等。其言至俚，一时士大夫亦皆歌之。又相国寺杂物处，凡物稍异者皆以番名之。……市井间多以绢画番国士马以博塞（即关扑，有赌彩意）。先君以为不至京师才三四年，而习气一旦顿觉改变。当时招致降人，杂处都城，初与女真使命往来所致耳。”根据这个记载，也可明白《宣和画谱》收录署名胡瓌父子和房从真画的《番部图》竟达百十余种的原因所在。同时还可明白宋代北方民族文化的交流与融合，特别显著实在北宋宣和、靖康间，且和契丹辽政权的崩溃，女真兴起，与宋使节往来密切相关。过去谈艺术史、文化史的，均少具体提及这些民族文化融合的问题和影响，因此解释这类艺术题材时，不免多附会猜想，或十分笼统，难得要领。

另外一组杂剧人砖刻，《文物》1960 年第 5 期、1961 年第 10 期均有专文介绍，可供参考。

# 一一二　宋砖刻厨娘

图一七四　左：[宋] 高冠髻、小袖对襟旋袄、长裙温酒厨娘（河南偃师酒流沟宋墓出土厨娘砖）

中：[宋] 高冠髻、小袖对襟旋袄、围腰、长裙妇女（河南偃师酒流沟宋墓出土厨娘砖）

右：[宋] 高冠髻、交领衣、围腰、长裙、戴钏镯厨娘（河南偃师酒流沟宋墓出土厨娘砖）

采自中国历史博物馆藏品，分别作煮酒斫鲙、烹调杂事。

本为应当是家族厨娘形象，但是和《东京梦华录》“饮食果子”条记北宋汴梁（开封）卖酒妇女服饰有相通处：“更有街坊妇人，腰系青花布手巾，绾危髻，为酒客换汤斟酒，俗谓之‘焌糟’。”可见当时市面上的卖酒娘子装束也极相近。有可能反映的恰正是北宋社会上层一般情形，出现于墓葬中，和用“丁都赛”作主题用意相同。又宋人洪巽《旸谷漫录》记厨娘事，“京都中下之户，……每生女，则爱护如捧璧擎珠。甫长成，则随其资质，教以艺业，名目不一。有所谓身边人、本事人、供过人、针线人、堂前人、杂剧人、拆洗人、琴童、棋童、厨娘，等级截乎不紊。就中厨娘最为下色，然非极富贵家不可用。”下面接叙某县官把一厨娘请来时，即下厨上灶表演手艺，“厨娘更换围袄围裙，银索襻膊……”，作几样极普通的菜，就耗费了大量原料。后来到赏钱时，又提出一个例单，说到某某家中赏过多少银两。这个知县官，终于因为花销太大，难以为继，只好趁早打发走路（见《说郛》卷七十三）。

宋代文官如县令或级位更低些的，薪给居多相当微薄，加之法令也较严厉，且升级转任，考核制度要求也较苛刻，作官者多出身科举，以清廉相尚，因此大贪污较少出现。至于知府以上及官僚地主，一面尊孔孟、讲性理，空谈致知格物尊孔孟之道，一面却居多善于聚敛剥削。有的还经营商业，增加收入。或利用职权，假公济私（如《朱熹文集》中弹唐仲友用县府印花缬板染印彩帛出售营私事）。官位较大，生活方面自然也极其奢侈。北宋的寇准、南宋的张俊，都是显著的例子。李格非《洛阳名园记》叙述退隐大官僚的许多有名园林，除一个司马光的独乐园，建筑简陋，其他通是花木亭榭，富丽堂皇，全建筑在对人民的剥削的基础上。《旸谷漫录》记载，正说明这个事实。变相奴婢之多是为这个社会上层准备的。从墓葬中也有

插图一〇八·遵义宋赵王坟石室墓雕刻宴会婢仆

插图一〇九·遵义宋赵王坟石室墓雕刻女乐

相应反映。一面是经常还把二十四孝故事作成浮雕砖，作为封建社会传统孝道的点缀，一面却更多出现《旸谷漫录》中提起过的种种，如侍奉死者生活娱乐的婢仆厨娘形象。白沙宋墓婢女奉茶佃户送礼壁画、遵义宋墓宴乐歌舞浮雕（见插图一〇八、一〇九）、山西宋墓的杂剧演出雕砖，和北宋著名杂剧人丁都赛画像砖在墓葬中出现，及本图中几种砖刻在墓葬中出现，内容虽不一样，反映的社会情况却完全相同。

又说厨娘下灶时用"银索襻膊"，图中虽无所见，宋人绘《百马图》中的马夫，在铡草时却使用到（见图一六七）。得知劳动人民为便于操作，经常把一条绳索搭在颈项间，两头系定，袖口搂上，是一般习惯。说厨娘用"银索襻膊"，表示与众不同而已。《武林旧事》卷六叙南宋临安（杭州）市上小经纪百余种，手艺人中即有"襻膊儿"，应指经售、修理这种小用具的专业者而言。元代人记载里也提到，可知还继续使用。

# 一一三　宋瑶台步月图

图一七五　［宋］高冠髻、小袖对襟旋袄、长裙妇女（宋人绘《瑶台步月图》）

采自宋人画册，原画藏故宫博物院。

宋代公私建筑多于庭园中或屋后空处筑一台，可供赏月饮酒，登高望远。图像中所见，合是上中层人家的露台。《清明上河图》中还可发现茶馆里也有于屋后设露台，供人喝茶、饮酒、赏月的。

装束和厨娘砖大体相同，偏于瘦长，惟画中身份显明是属于贵族阶层，夏夜衣着薄质纱罗登露台玩月情形。发髻如玉兰花苞，如非宋代通行的“鱼骨冠”，即罗帛丝质加蜡成形仿象真花的冠子。外衣衫子对襟，有二长条花边由领而下，多属戳纱绣法，近年宋墓常有大量实物出土，也有织成、画成的。宋人凡提“领抹”，必兼画绣而言。衣式如近代短大衣，叫作“旋袄”，是由唐代上襦发展而成。两宋通行约三个世纪，到南宋则日益加长。元代南方妇女犹因袭不大变，惟本身益长而已。

唐代公私衣服多用绫，绫的品种名目格外繁多。《唐六典》诸道贡赋叙述到的，还只是其中特别著名部分。宋代公私衣服改用罗，诸路州多设织罗务，监督生产，罗的生产因之得到突出进展。宋代江宁府润州有织罗务，湖州有织绫务，生产量都极大。仅以北宋熙宁七年两浙一路上贡岁帛而言，就达九十八万匹（见《宋史·食货志》）。内中部分指一般绢帛，部分即指特种花纹精美绫罗花纱。

夏季则用纱，宋代相州的暗花牡丹花纱、绍兴的轻庸纱、谯郡的绉纱，都极著名。特种花纱中还有“茸背”、“透背”种种名色。因过分劳民费工，某一时曾用法令禁止过。可知精美已超过一般应用需要。

杂植物纤维，这一时期作夏服也得到广泛利用。例如庄季裕《鸡肋编》卷上：“单州成武县织薄缣，修广合于官度，而重才百铢，望之如雾。著故浣之，亦不纰疏。”“苏州以黄草心织布，色白而细，几若罗縠。越州尼皆善织，谓之‘寺绫’者，乃北方隔织耳，名著天下。”陆游《老学庵笔记》卷六：“亳州出轻纱，举之若无，裁以为衣，真若烟雾。”丝麻混纺织物，晋、唐以来南方即有丝布，南朝则有花練，宋代生产也有发展。陶谷《清异录》称：“临川上饶之民，以新智创作醒骨纱，用纯丝蕉骨，相兼捻织。”花練宋代且制作益精，价值益高，如杨彦龄《杨公笔谭》称：“南方有練布，如蕉練、束蕉練、蒲練之类，其精者号‘百易練’，言百匹鹿練易此一匹耳。”此外西北毛织物也有极薄可作春秋服用的，如《鸡肋编》卷上说：“泾州虽小儿皆能捻茸毛为线，织方胜花，一匹重只十四两者。宣和间，一匹铁钱至四百千。”宋时一匹照例长及二丈，重只十四两，可知必十分细薄精致。

宋代木棉已于闽广有较大面积种植，方勺《泊宅编》即有记载：“闽广多种木棉，树高七八尺。树如柞，结实如大麦而色青。秋深即开，露白绵茸然。土人摘取去壳，以铁杖杆尽黑子，徐以小弓弹令纷起，然后纺织为布，名曰‘吉贝’。今所货木棉，特其细紧者尔。当以花多为胜，横数之得一百二十花，此最上品。海南蛮人织为巾，上出细字、杂花卉，尤工巧，即古所谓‘白叠巾’。”所说花多为贵，以满幅能织百二十花为上品。所谓“白叠巾”，似指《后汉书·西南夷传》说的白叠布及魏晋乐府诗中提及的白叠巾而言。《岭外代答》和《诸蕃志》均有关于西南蜡染印花布记载，及丝棉交织彩锦记载。

宋代都市妇女，不论贫富多用冠梳，因此叙南宁事如《梦粱录》卷十三“诸色杂货”条记载，街上小手艺人中就有“修幞头帽子、补修魫冠、接梳儿、染红绿牙梳、穿结珠子、修洗鹿胎冠子、修磨刀剪、磨镜，时时有盘街者，便可唤之”。又有挑担卖木梳、篦子、冠梳、领抹，“四时有扑带朵花”，“更有罗帛脱蜡像生四时小枝花朵，沿街市吟叫扑卖”。“团行”条还说：“最是官巷花作，所聚奇异飞鸾走凤、七宝珠翠首饰、花朵冠梳，及锦绣罗帛，销金衣裙，描画领抹，极其工巧，前所罕有者悉皆有之。”彩帛生意经营，也动以银两巨万。

谈北宋事的《东京梦华录》中“相国寺内万姓交易”条则说：“占定两廊，皆诸寺师姑卖绣作、领抹、花朵、珠翠头面、生色销金花样、幞头帽子、特髻冠子、绦线之类。”宋人有意尊崇道教，大兴土木。以北宋汴梁一地而言，有玉清昭应宫、绛霄宫等，集中天下名工巧匠和木石颜料，耗费无数人力物资，来迎奉骗子道士如林灵素、王老志之徒，听其诪张为幻，愚惑人民。每一道观落成，还必君臣互相祝贺，款待天下道士以酒食，到万人以上。但一般出家入道妇女，经济上却已不可能如唐代那样过着富裕寄食生活，有的必需自食其力。因此，绣作、领抹、花冠、首饰等，成了她们的专业，而艺术上以“天下十绝”著名北宋的大相国寺两廊，竟全被女道士、尼姑卖妇女首饰服用摊子所占。

# 一一四　宋太原晋祠彩塑

图一七六　［宋］高髻、金花钿饰、上襦、长裙、披帛、结玉环绶宫女（太原晋祠彩塑）

采自山西太原晋祠彩塑，原塑在山西太原市西南五十里悬甕山麓晋水源所在的圣母殿内。

照记载，是为祀奉古代邑姜而建筑，成于北宋天圣间。塑像是两旁女侍，共计四十多件，部分经过后来装修，涂彩加工，已失去本来精神，惟基本还是五代十国衣着形象。肩领间还用唐式披帛，事实上宋代这个时期，宫廷或普通社会多已不再使用。主要原因应是，当作宫廷女官神像供奉，照习惯，多依据较早些制度而作。惟《宋史·舆服志》常提及宫廷女官按照等级佩服的“玉环绶”，在塑像中却有比较具体反映。借此得知，宋代结绶实有种种不同式样，玉环形象也各不相同，特别是玉环和绶的关系及位置多在腰下正中，可以补充史志叙述形容不足处和解释不明白处。从塑像处理一望而知。

宋代艺术重写实，影响到塑像的取材，诚如近人论著说及的，塑像虽作为侍奉神而产生，面貌身形或据当时宫廷嫔妃妇女而成，所以弱骨丰肌，秾纤得中，符合宋初当时社会审美标准。脸形清秀圆润，并于神情间看得出不同年龄、性格和感情。发髻式样也富于特征，有作花冠特髻的，有结双丫髻的，和成都王建墓石刻伎乐发式、传世《朝元仙仗图》卷中天乐伎发式，各有不同，又极其显明，实同出于唐代现实社会，和当时宫廷乐舞且有密切关系。但晋祠塑发饰和衣着却比较家常。这些衣着是否就是按照宋初宫廷女官宫嫔而作，或系依据五代十国时有区域性式样，还有待把它和其他画塑及传世《女孝经图》、《宫蚕图》、《中兴祯应图》等所反映形象进行分析比较，并结合《武林旧事》、《宋史·舆服志》等叙述相互印证，才会得出落实的知识。

北宋大都市妇女，除爱好大髻大梳，还特别重视花冠，和当时社会养花、戴花风气有不可分割联系。除应时令戴真花外，一般经常使用的花冠，多用各色罗绢或通草作成，讲究的加金、玉、玳瑁、珠子。这种花冠兴于唐代，盛行于两宋。北宋时，汴梁市面即有许多专卖花冠的铺子，南宋临安且有魫冠及鹿胎冠子行市，百业中有专修花冠的手艺人，详细情形见于《东京梦华录》、《武林旧事》、《梦粱录》、《都城纪胜》等著述中。

这种花冠大多仿效著名的牡丹、芍药而成，从《洛阳花木记》及《牡丹谱》、《芍药谱》列举的特别品种名目，得知许多名花都有机会被仿效作为妇女头上装饰品。许多花当时也就用冠子作为名称。例如王观《芍药谱》说："冠群芳"是大旋心冠子，深红色，分四五旋，广及半尺，高及五六寸。"赛群芳"为小旋心冠子。"宝妆成"称"髻子"，色微紫，高八九寸，广半尺余，每一小叶上络以金线，缀以玉珠。"尽天工"是柳蒲青心

插图一一〇·北宋戴重楼子花冠妇女（见于《中国历代名画集》）

插图一一一 · 北宋戴花冠妇女（柿庄四号墓门上平台及陶俑）

红冠子，于大叶中小叶密直。“晓妆新”属白缬子，叶端点小殷红色，每朵三四五点，像衣中点缬。“点妆红”是红缬子，色红而小。“叠香英”是紫楼子，广五寸，高盈尺，大叶中细叶二三十重，上又耸大叶如楼阁状。“积娇红”是红楼子，色淡红。“醉西施”为大软条冠子。“道妆成”是黄楼子。“掬香琼”是青心玉板冠子。“素妆残”是退红茅山冠子，初粉红即渐退白，青心而素淡。“试梅妆”是白冠子，白缬中无点者。“残妆匀”是粉红冠子，红缬中无点者。“醉娇红”是深红楚州冠子，有一重金线。“拟香英”是紫宝相冠子。“妬娇红”是红宝相冠子。“缕金囊”是金线冠子，于大叶中细叶下抽金线，细细相杂。“怨春红”是硬条冠子，色绝淡。

此外还有“宿妆残”、“取次妆”、“效殷妆”、“袁黄冠子”、“峡石黄冠子”、“鲍黄冠子”、“杨花冠子”等等名目，无不和当时真正花冠有关联（见插图一一〇、一一一）。又有许多种花作某种斑点，和某种染缬花纹相合，却可根据它知道宋代妇女衣着印染丝绸花纹，和封建统治者大耗民财物力而作成的仪仗绣衣卤簿中穿的团花缬衫有甚么同异处。当时许多种印花绸子，就显然多直接模仿这些花上斑点而作成。从海舶而来的有犀象香药、真珠、苏木、蔷薇露、猛火油等物。外销除瓷、铁、漆及其他日用器物外，丝织物中经常还有"荷池缬绢"，大致指的是罨画开光花式的印染绸子，近人注《诸蕃志》等书，多点定作二物，实不得其解。

# 一一五　宋墓壁画乐舞

图一七七　［宋］高花冠（孝冠）、对襟旋袄、长裙女伎乐和曲翅幞头、圆领大袖长衣男女伎乐（河南禹县白沙北宋元符三年赵大翁墓壁画）

采自河南禹县白沙宋墓壁画，据中国历史博物馆摹本。

画中作男女乐部各一列，中一舞者顿足举手作舞容。女乐人大髻高冠，男乐人戴曲脚幞头，穿大袖宽衫，束带。面貌极像妇女，或为临时雇用女子伎乐人的扮演。宋代高年老人袁褧，生于北宋，死于南宋，活了将近百岁，还及见画中汴梁妇女装束种种变化，所著《枫窗小牍》即有记载："汴京闺阁妆抹凡数变：崇宁间，少尝记忆作大髻方额（宜如敦煌宋画额前着六梳发髻插六笄妇女情形）。政、宣之际，又尚急把、垂肩（冠则名'等肩'，近年定陵出皇后冠子即仿之而成）。宣和以后，多梳云尖巧额，鬓撑金凤。小家至为剪纸衬发。"本图中壁画，照墓葬题字为元符三年（公元1100年），发髻既具"急把、垂肩"式样，也见"云尖巧额"规格，可印证记载，并补充作者记忆不及处。墓主赵大翁是个宗室地主，家中妇女装束发髻部分和伎乐相同。或以为实当时孝冠，提法亦可参考。

又《东京梦华录》"执宰亲王宗室百官入内上寿"条："诸杂剧色皆诨裹，各服本色紫、绯、绿宽衫，义襕，镀金带。……每遇舞者入场，则排立者叉手，举左右肩，动足应拍，一齐群舞，谓之'挼曲子'。"画中所见，只一人作舞容，虽不如《东京梦华录》记载封建帝王上寿大排场百一，但是杂剧人服色和举肩动足挼曲子作舞容情形，却和《东京梦华录》记载相通。墓主宗室赵大翁家乐或临时雇来办丧事凑热闹的杂伎乐，学仿宫廷上寿作乐，有共通处，不是不可能的（弔客临门时，即奏乐举哀，这种风气还一直保留于数十年前旧社会中）。宋人所谓"诨裹"，多指巾子结束草草，不拘定例，即用于大驾卤簿中，也有非正常定型官服应有意思。乐部由女子乔装、穿戴种种，或近似诨裹。近人有以为即唐之浑脱帽，似可商讨。

宋服制中常提及曲脚幞头，一般公差承应人所常戴，本画中形象反映比较具体。可和宋人《春游晚归图》、《中兴祯应图》中吏卒形象同参。《春游晚归图》按制度，一骑马官僚有十个吏卒在前后随行，应当是知县到任描写，题目显明是后人妄加。因为惟有县官

插图一一二·《春游晚归图》部分

插图一一三·散乐图（河北宣化辽天庆六年墓壁画）

赴任，方会有十来个衣着相同差吏扛交椅、担行李，随从马匹前后同行（见插图一一二）。

又近年宣化出土一辽墓壁画乐部有类似反映，惟乐人多着宋代红绿正规圆领官服。除幞头卷曲，此外纱帽式样及脚下穿的唐式乌皮六缝靴也不是差吏所能穿，也非伶官所能备。应是有意用宋代被俘虏或投降宋官充当。正如《大宋宣和遗事》记载，汴梁失陷后，金人虏掠赵宋宗室男女亲属三千余人。到燕京后，住在一个庙宇中，平时这些后妃宫女多围坐地下向火，刺绣、缝纫，到金军饮酒作乐时，就叫她们唱曲子侑酒。宋王室宗亲家属的遭遇，还这样受虐待，因此在辽墓中发现用宋代陷敌官员奏乐图像，也就不足为奇了（见插图一一三、一一四）。

插图一一四・宣化辽墓壁画所见汉人仆从

# 一一六　宋墓壁画梳妆和宴饮

图一七八　[宋]高花冠（孝冠）、对襟旋袄、梳妆宗室地主家属妇女
（河南禹县白沙北宋元符三年赵大翁墓壁画）

图一七八中国历史博物馆藏摹本绘。

画中有一粮食袋子，上署“宋元符三年赵大翁”字样，得知时代当属北宋，为一宗室地主墓葬。本图左部是他家中亲眷在丧事中日

图一七八（续）　［宋］幞头、圆领衣和高髻、交领衣宗室地主夫妇和孝子或家属（河南禹县白沙北宋元符三年赵大翁墓壁画）

常生活情况，右部二主人，中间搁一长桌案，上面照例放了些饮食具，包括温酒注碗和台盏，全部系浮雕加彩绘而成，男的应即赵大翁本人生前样子。后面侍奉是孝子亲属。画中反映出本人生前过着剥削寄食生活，死后还妄想继续下去，其贪心至死不改。尚有另一图反映佃户送丧礼财帛情形。可知地主利用亲属死丧聚敛剥削佃户事，也是自古有之。贯串于整个封建社会制度中，惟汉代石刻刻划得更明确具体。

宋史志和私人笔记，涉及宋人发髻向高大发展，致一再见于政府法令禁止，记载特别多。除《舆服志》外，《宋朝事实》、《燕翼贻谋录》都道及，且相当具体，有的还提出尺寸。画幅所见虽多，但时代难于肯定。这个壁画的发现，让我们得到进一步明确的印象。得知是元符时式样。白沙距汴梁近，死者且是宗室，无疑和当时宫式“大梳裹”必有一定联系。据敦煌进香人壁画，则宋初太平兴国时画迹即已启其端。

周煇《清波杂志》卷八说：“皇祐初，诏妇人所服冠，高毋得过七寸，广毋得逾一尺。梳毋得逾尺，以角为之。先是，宫中尚白角冠，号‘内样冠’，名‘垂肩’、‘等肩’，至有长三尺者，登车檐（肩舆）皆侧首而入。梳长亦逾尺。议者以为服妖，乃禁止之。煇自孩提见妇女装束，数岁即一变，况乎数十百年前样制，自应不同。如高冠长梳，犹及见之，当时名‘大梳裹’，非盛礼不用，若施于今日，未必不夸为新奇。但非时所尚而不售。大抵前辈治器物、盖屋宇，皆务为高大，后渐从狭小，首饰亦然。”（这也只是就事论事。总的说来，元、明又复有一时期向高发展，一金银花冠作“王母队”，上加诸天乐伎，达百余人，总重量达二十八两金银。）

据周煇记载，可知南宋早年遇大喜庆还重“大梳裹”，一般已日趋狭小。不过所说狭小，仍只是和“大梳裹”相对而言，比元、明常见发髻还是高大得多，为历史上所少见。

# 一一七　宋会昌九老图

图一七九　[宋]高装巾子、交领襕衫退职文人(宋人绘《会昌九老图》)

原画藏故宫博物院,或题《香山九老图》,内容相同。画唐诗人白居易等于唐代会昌年间在洛阳宅中集会赋诗故事。衣着则全属宋式退隐闲居官僚常服式样。

明中书舍人马刍跋,摘引白居易记载:"会昌五年(公元845年)三月二十四日,胡、吉、刘、郑、卢、张等六贤,皆多年寿,予亦次焉,于东都敝居履道场,合尚齿之会。七老相顾,既醉且欢。静而思之,此会希有,因各赋诗一章以纪之,或传诸好事者。其年夏,又有二老,年貌绝伦，同归故乡，亦来斯会，续命书姓名年齿，写其形貌，附于图左。……”年长的为李元爽，一百三十六岁。当时白年最小，也有了七十四岁。原为七人，所以白诗有“七人五百八十四”语。后加入李元爽和僧如满，共九人，世称“香山九老”。原本有图，久已遗失。九人为李元爽、僧如满、胡杲、吉顼、刘爽、郑璩、卢真、张浑、白居易。图为南宋刘松年补作，因作宋人野老闲居装束。和北宋人作《洛阳耆英会图》并传于世（惟《耆英会图》是立轴，就中司马光等人，多作宋式重戴衣帽，着巾子上加风帽，与本图小有不同）。

巾子式样即宋人所谓“高装巾子”。因北宋人绘东坡像，就戴同

1

2

插图一一五·高士巾、东坡巾

1：《韩熙载夜宴图》所见巾子

2：故宫旧藏无款苏轼像所见巾子

样高装巾子，后人也叫它为“东坡巾”。宋代还有所谓“程子巾”、“山谷巾”，多因人而传，详细情形及彼此差别虽有图像可证，但还不易完全明白。如据元刻宋人画像，则分别不大。米芾《画史》：“士子国初皆顶鹿皮冠，弁遗制也，更无头巾。……其后方见用紫罗为无顶头巾，谓之‘额子’，犹不敢习庶人头巾。其后举人始以紫纱罗为长顶头巾，垂至背，以别庶人黔首，今则士人皆戴。庶人花顶头巾，稍作幅巾、逍遥巾。”所说鹿皮冠若如古弁，起于汉末，流行于晋南北朝。如合掌式宜称为“帢”，若作波浪式则名叫“帽”。南朝人作的《斲琴图》、《列女仁智图》等均有反映。其他种种传世画迹，如《七十二贤图》中人头上所戴式样，可证原稿或上本于南北朝时旧图而成。至于《清明上河图》、《西园雅集图》、《十八学士图》、《洛阳耆英会图》，及近年出土大量壁画，虽还保留百十种宋人巾裹不同式样，但某某式样应作某某名称，却还难于明确具体。至于本图所见，当时亦名“逍遥巾”。辽、金制，妇女年高也戴逍遥巾。照传世《卓歇图》、《胡笳十八拍图》中蔡文姬等妇女头上巾裹看来，即和东坡巾相近。同式巾子最早出现于五代《韩熙载夜宴图》（见图一五八说明）。又或即朱熹所谓“高士巾”，为野老之服，如故宫旧藏元赵孟頫画苏轼像册中巾子衣着形象十分写实，可互为参证（见插图一一五）。若衣服宽博而加襕，宋人名直掇，系宋人拟仿古代深衣及相传“逢掖之衣”制度而成，为野人遗老常服。和宋人画中如《听琴图》、《女孝经图》中人所着道服相似而不尽同。

# 一一八　赵匡胤蹋球图

图一八〇　[宋] 赵匡胤蹋球图

据宋人纨扇上绘蹋球图摹绘，原作已散失国外。

另有元代名画家钱舜举摹本立轴，行笔虽较细致，实不如纨扇上所见笔墨朴质，衣着更接近真实。

蹋球古称“蹴鞠”，原为娱乐百戏性质，归属小说类。《汉书·艺文志》以为和军事有关，才改属兵家。又因起源不明，即照当时通例加上“黄帝”二字，著录称“黄帝蹴鞠说”。一入兵家，即成禁书，不易流传。惟《淮南万毕术》，还提到过“鞣皮而成，内实以鸿毛”。出土千百种汉石刻，亦只有一二简单图像反映，或称“蹋球”，远不如汉石刻壁画百戏表现弄丸一类图像之多种多样。正和打马球情形相同，曹植诗中有“连翩击鞠壤，巧捷惟万端”语，前人多用作例证。其实诗中随即还提到“我归宴平乐，美酒斗十千”，实近于《平乐观赋》五陵年少豪华子弟任侠纵酒情形加以引申。在当时或此后两晋南北朝三个世纪中，始终还无打马球画刻出现过。直到唐贞观时，才有吐

插图一一六·《事林广记》中蹋球图

蕃在宫殿附近打马球旋被禁止记载。直到近年，才于李重光墓中壁画发现骑士群在郊外打马球图像。还无一定平整球场，更不见球门。可知近年在长安发现的球场石刻，时代比壁画还晚几十年。至于在军营中，用油涂地作球场，举行分朋激烈竞赛，则属晚唐藩镇割据时期事矣。但至今为止，亦少图像可证。

用手足击球，唐人通称"步打"、"白打"，记载虽多，也少图像传世。到宋代，大都市商业发展，唐代里坊居住制度被打破，新兴的市民阶层出现了各种各样娱乐方式。由记载北宋汴梁社会琐事的《东京梦华录》和南宋记载临安社会《梦粱录》二书中，可以知道当时从市民到宫廷，多已把蹋球当成公共娱乐，但图像并不多见。特别是进行竞技的种种规则专门名称，还只能在成于宋、元间一部通俗性杂书《事林广记》中得到点滴知识。书中绘有球门，并附有不同人数必用不同蹋法，身段也有一定姿势（见插图一一六）。其间有涉及具体行动的，兼用图表解释。但时间相隔既久，特别是一些属于专门术语的叙述，还是不易明确理解。球会组织称"圆社"，在宋代有"天下圆"称呼，反映一时风气具全国性。

# 一一九　宋太祖赵匡胤像

图一八一　[宋] 展翅幞头、圆领黄袍、玉装红束带、皂靴帝王（宋太祖像，南薰殿旧藏）

封建统治者为夸大他“受命于天”的尊严，照例把衣服车马等级区别严明，表示惟我独尊。《宋史·舆服志》称，天子之服六种：一大裘冕，二衮冕，三通天冠绛纱袍，四履袍，五衫袍，六窄袍。实本于《唐六典》的天子六服而来，小有改易，本图宜为第五的“衫袍”。“唐因隋制，天子常服赤黄、浅黄袍衫，折上巾，九环带，六合靴。宋因之，有赭黄、淡黄袍衫，玉装红束带，皂纹靴，大宴则服之。又有赭黄、淡黄褛袍、红衫袍，常朝则服之。……皆皂纹折上巾，……或御乌纱帽。”（“折上巾”指唐式幞头，“乌纱帽”指本图所见。戴于一般官僚大臣头上则通称“平翅幞头”。）

本图衣着近似常朝服，头上为乌纱帽，衣为淡黄袍，腰为玉装红束带，脚穿皂纹靴。一切本于唐制而有发展，即头上由软翅幞头改成方型硬胎展翅乌纱帽，圆领小袖衫改为大袖。衣身也较圆大，因此史志称这种衣为“大袖宽衫”。大官僚必衣红紫，武将则每年秋季特赐锦袍，分七等。花色名目照官品不同，每份必两件料子。文官束身衣带分等级更多，以特别赐予的“紫云镂金带”最贵重，上刻“醉拂菻弄狮子”。据宋人笔记称，透空雕三层花纹人狮均能活动。北宋时，曾赠送群臣三四条，后均收回（一般金带版上刻通称“师蛮”，内容即“醉拂菻弄狮子”）。其次为犀角带，内中又以通天犀带为最上品而难得。内中贯一白线，分“正透”、“倒秀”等名目。至于一般犀角，或指竹犀类，作带版镶嵌，等第在玉金银之下。普通公吏称“角带”，则为牛角作成。

乌纱帽硬翅向两侧平伸极长，用铁作成。据宋人记载，以为系因百官入朝站班时喜交头接耳谈私事，所以加长展翅，使彼此有一定距离，殿上司仪值班镇殿将军易于发现，便于纠正弹劾。但五代时，南方偏霸，已有将幞头硬翅向两旁延伸数尺以像龙角的记载。远至敦煌五代壁画《曹义金进香图》及辽庆陵壁画中后晋降辽官僚，也就有较短平翅幞头出现，宋代统一后，只是使它加长，定型成为官服制度之一而已。

“幞头，一名折上巾，起自北周，然止以软帛垂脚，隋始以桐木为之，唐始以罗代缯。惟帝服则脚上曲，人臣下垂（事实有恰恰相反情形），五代渐变平直。国朝之制，君臣通服平脚。乘舆或服上曲焉（帝王骑马也使用）。其初以藤织，草巾子为裹，纱为表，而涂以漆。后惟以漆为坚，去其藤里，前为一折，平施两脚，以铁为之。”宋史志叙舆服沿革，常据引唐或宋初人小说，多相互抵触，不尽信实。如言帝服巾子脚上曲，事实上根据唐代图像所见，巾脚上举，多属普通身份或剧艺中人物，宋代沿例不变。但谈宋代官用纱帽制作，原用藤织内胎，外蒙纱涂漆成型，后因纱经漆后坚而轻便，即去藤里不用，又“平施两脚，以铁为之”。近年金檀南宋周瑀墓有一实物出土，圆顶硬脚，脚用竹条为骨，表里两层纱，表纱涂黑漆以使坚硬，后缘开口系带。曲阜孔子后代家有传世漆纱帽，还是宋式，作法也和记载相同。另外还有一个依照纱帽式样藤织成的朱漆帽盒，也近似宋代物，可补史志记载不足处。并且由帽盒得知，当时二平翅是固定于帽上，不能随便卸脱的，因此帽盒式样也相同。帽型较小，或宋代孔子后人未成年袭封时所用。又宋人绘《宫乐图》，亦有二幼女作官服戴这种小型平翅纱帽形象。

# 一二〇　宋皇后和宫女

图一八二　［宋］　“一年景”花钗冠、圆领小簇花锦衣、白玉装腰带、弯头鞋宫女和龙凤花钗冠、交领大袖花锦袍服皇后（宋仁宗后像，南薰殿旧藏）

图一八二（续）　［宋］龙凤花钗等肩冠、交领大袖花锦袍服皇后（宋神宗后像，南薰殿旧藏）

原画在台湾，曾刊载于解放前《故宫周刊》中，另集印于历代帝后相册中。

《宋史·舆服志》记，后妃之服四种：一袆衣，二朱衣，三礼衣，四鞠衣。实本三《礼》旧说周代制度发展而成。《三礼图》叙述内容较详。《宋史·舆服志》记载有混乱，不甚具体。照制度各衣随礼节需要穿着不同，颜色绣纹也因之而异。衣上花纹多织绣两雉，并列成行，称“摇翟”。头上龙凤花钗冠饰，多用金银镶嵌珠宝，以多少定尊卑。皇后大小花朵多至二十四株，和帝王通天冠梁相等。皇太后用的也相同。至于皇妃，则大小花减至十八株，和皇太子冠上的梁相等。这都指宋代朝服礼制中定下的式样，平时穿着可并不这样繁琐。李廌《谈记》即说到宫中御宴情形：“皇后、皇太后皆白角团冠，前后惟白玉龙簪而已。衣黄背子衣，无华彩。太妃及中宫皆缕金云月冠，前后亦白玉龙簪，而饰以北珠，衣红背子，皆以珠为饰。”中等官僚妇女，也多施珠绣，头着金银珠翠钗。《东京梦华录》和《梦粱录》等，都记载有当时汴梁、临安二地珠子行铺，可见社会上层对于珍珠需要之广、应用之多。宋代于南海设采珠专官，又置海舶司官，从海外贸易中大买香药珍珠和其他奢侈品。使用不完，还转卖给契丹和女真。《宋会要辑稿》“食货五二”记载，熙宁元年（公元1068年）十月，宋廷入内侍省有言，“奉宸库珠子已钻串绪裹，都二十五等样，计二千三百四十万六千五百六十九颗”，神宗诏令入内侍省，附带与河北沿边安抚都监王临，就彼估价，分擘与四榷场出卖，以所得银两准备买马。从聚敛之多，可知统治者之愚蠢贪得，奢侈无餍，竟到何等程度。

图中所见似应名“龙凤花钗冠”，别有一般花冠名“垂肩”、“等肩”的，见于《梦溪笔谈》和《文献通考》。《通考》中记述：“皇祐元年诏，妇人所服冠，高毋得逾四寸，广毋得逾一尺，梳长毋得逾四寸，毋以角为之。先时宫中尚白角冠梳，人争效之，谓之‘内样’。其冠名曰‘垂肩’、‘等肩’，至有长三尺者。梳长亦逾尺。议者以为服妖，故禁止焉。”大梳子的应用，在传世宋人画迹中较少见，惟保留于敦煌画中还具体。梳子一般约四五寸，相对配搭，多时用到六把。河南白沙宋赵大翁墓壁画也有反映。墓有“元符三年”字样，可知这种发髻梳裹北宋末年还在汴梁附近应用。

本图皇后身旁二宫女，穿小簇花锦袍，白玉装腰带，捧金唾盂和巾帨，头上花钗多像生杂花朵。《东京梦华录》“公主出降”条说：“又有宫嫔数十，皆真珠钗插，吊朵玲珑簇罗头面，红罗销金袍帔。”所说的衣着，大致和本图宫嫔相似，是当时宫嫔盛装，普通时衣着必较简单。另有个北宋时宫廷乐部画卷可供参考。

陆游《老学庵笔记》称："靖康初，京师织帛及妇人首饰衣服皆备四时，如节物则春幡、灯球、竞渡、艾虎、云月之类，花则桃杏花、荷花、菊花、梅花，皆并为一景，谓之'一年景'。"本图宫女头上花钗和杂剧人丁都赛等头上所戴，即多为杂花。而且这种"一年景"的杂花应用，即在南宋男子簪戴中，也还保留不废。《武林旧事》卷一引杨诚斋诗就提到过，"牡丹芍药蔷薇朵，都向千官帽上开"。应用于官服朝服上，还影响到明代宫廷，详刘若愚《酌中志》。

至于椅披和踏脚垫子，当时宫廷中也有用真珠络绣作成的。本图所见，可以和文献印证（定瓷中有"绣花"一格，多指满地密花边沿作纡曲回纹，其实即从当时绣花图样取法，边沿回云纹则为盘金绣。若在团花边沿作连续小圈点，显然出于真珠绣，镜纹反映有共同处）。

# 一二一　宋大驾卤簿图中甲骑与鼓吹

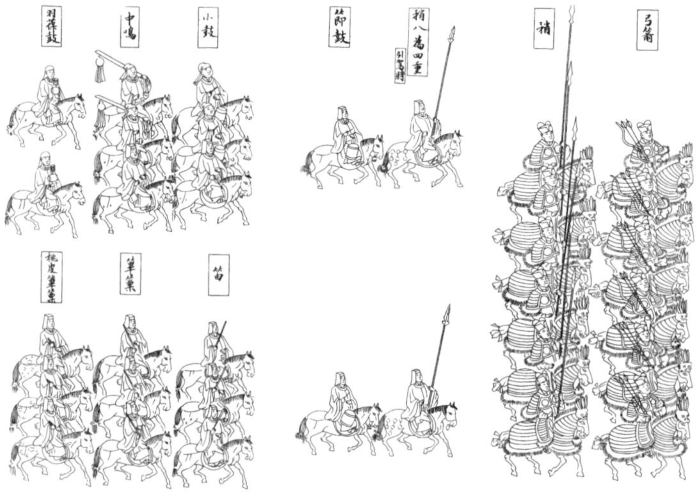


图一八三　［宋］裹巾子或漆纱笼巾、圆领长袍、大口袴袍服乐部和平巾帻、甲骑具装武卫（元人绘宋《大驾卤簿图》中道段部分）

采自《大驾卤簿图》中道段部分，原画藏中国历史博物馆。

原题元人曾巽初纂进。卷子并序跋长逾七丈，全部彩画，并于每一部分上角，照《唐六典》方法附引史志记载作沿革说明。内中除车乘、旗仗、乐器、兵器不计，仅人数即达四千八百余人。元虞集《道园学古录》卷十九，文中称曾为江西庐陵人，著《卤簿图》五卷，至大时，上之江西行省丞相。二年上闻，太常礼部议，以其书为然。因得召见于玉德殿，并为大乐署丞。延祐元年为史馆编修官。因充广《郊祀卤簿圆》（应指《北宋郊天卤簿图》或《绣衣卤簿图》）旧说，绘中道、外仗等图，备极精瞻。……图藏秘府。死于天历三年闰七月二十九日，年四十九岁。又称曾讳申，爱古器物、名书画，购之不计其资。

画中衣甲旗仗部署，和宋周必大《绣衣卤簿图》记载及宋史志记载多相符合。周文中提到队伍中有两个身体长大甲士（即史志称宫廷朝会时在殿前纠仪的“殿前将军”），本图中也同样画出。并且文官着展翅幞头，武将甲骑均标准宋代制度，元代并未穿戴。袍服花纹也是宋代重莲锦一类团花。虞文中并提及曾“充广旧说”而成，且自题“纂进”，种种迹象，都表明这个图卷是依据宋代旧说（或旧图）而成。元人曾有诗咏所见《宋绣衣卤簿图》，可知当时旧图还存在流传。本图且有可能即是原来宋人绘制《绣衣卤簿图》残余部分，曾收购后加以装裱上进。虞集当时明白来源，在文中即有微词。所以这个卷子，对于我们研究宋初根据陶谷、宋亿等建议而定下的初由二万人后发展到二万八千人数的庞大仪仗队衣甲、旗章、车乘、兵器、乐器等等制度，是个十分难得的重要参考材料。宋《绣衣卤簿图》又系依据唐开元礼制而成，我们还可从比较中得知唐代六军组织、旗仗音乐配备大略情形。

图中文武官衣着材料，照《宋史·舆服志》记载，大致可分为四种：即锦、绣、印染、彩绘。北宋时，法令禁止民间使用染缬，并不许印花板片流行，即因为印染丝绸专限于这个皇家仪仗队军官服用，免得军民混淆。至南宋初年才开禁。出于经济原因，这个仪仗队衣着，且全用染缬。至于甲马装备，周身各有专名，详载于曾公亮著《武经总要》一书图说中。明刻《武备志》及《三才图会》还沿袭旧说，亦有说明。事实上，元、明战马已少装甲。《马可波罗游记》内有不少篇章，叙述元统治者内部矛盾几回大战役，共用骑兵达七十万人大场面，均不及甲马，其他图像也不具甲马。

本图是从乐部甲马摘取一部分，计有执弓箭长稍甲骑二列，节鼓、小鼓、中鸣、羽葆鼓、笛、筚篥、桃皮筚篥各一列。人着袍服，或戴漆纱笼巾，或裹幞头。马被铠甲，即南北朝以来所谓具装马，从图卷中可以看出这种具装有的近似作战用真甲，和北宋李公麟绘《免胄图》所见甲骑相合（见插图一一七·4）。有的只是布绢作成，仅堪供仪仗使用，虽华美壮观，实不能作战。本图大部分似属于第二种。《宋史·仪卫志》曾有说明："甲骑具装。甲，人铠也；具装，马铠也。甲以布为里，黄绝（粗绢）表之，青绿画为甲文，红锦褖，青绝为下裙，绛韦（皮）为络，金、铜、铁，长短至膝。前膺为人面二，自背连膺，缠以锦螣蛇。具装，如常马甲，加珂拂于前膺及后秋。""锦螣蛇"一般多指人上身缠裹而言，记载却有把人马甲和真伪甲混淆处。《玉壶清话》称："乾德三年再郊，范鲁公为大礼使，以卤簿中青油队甲尽取于武库，铲摩坚厚，精明可畏，于礼容有所未顺。陶谷为礼仪使，出意以青绿画黄绝为甲纹，青布囊之，（尾部加囊）绿青为下裙，绛皮为络，长短至膝，铜铃绕前膺及后秋，至今用之。"显明指具装马而言，人的衣甲并不在内。因为本图中有的人即只穿袍袄而并未着甲，可以证明。各种图像中甲马除"绕身铜铃"未发现，其他和文献叙述均相合。

作战应用甲马，不仅为两宋军队所专有，契丹、女真军队均各有大规模装备。契丹有"探子马"，皆"全幅衣甲，人马皆然"。有时多至万骑。日暮即环绕御营，不另设营帐壕堑。女真则如史称，宋高宗

插图一一七·甲骑

1：邓县南北朝墓模印彩绘画像砖具装甲马和马夫

2：北朝景县封氏墓甲骑俑

3：敦煌北魏壁画甲马

4：宋人绘《免胄图》甲马和骑士

5：《胡笳十八拍图》宋式甲马

绍兴十年（即金天眷三年，公元1140年）五月，金将兀术，被白袍，乘甲马，三千牙兵皆重铠甲，号“铁浮图”。戴铁兜牟，周巾缀长簷，三人为伍，贯以韦索，每进一步，即以拒马拥之。又有铁骑军，号“拐子马”，女真为其号长，所向无前。这种甲骑编组的马队，宋代图像虽无可征，明代人绘刻《水浒传图》还留下了些形象可供参考。但散装甲骑则传世《胡笳十八拍图》（见插图一一七·5）、《中兴祯应图》、《三顾茅庐图》反映得均极具体。

装甲既相当完备，彼此防御力也相应增强，兵器中因而发展了打击武器，占后来十八般武艺使用兵器一部分。契丹女真有骨朵、锥、锤等都利于打击。宋兵的蒺藜、钃锥、铁链夹棒、杵棒、狼牙棒等等，均属打击兵器。详图见《武经总要》。元代重骑兵，照《马可波罗游记》叙述，数十万骑兵对阵于平原，先是弹二弦乐器歌唱，随后吹角或擂鼓为号，即进行互射，每人六十支箭用尽后，即冲锋陷阵，用刀砍杀，用骨朵对打。可见即不用甲马，打击兵器骨朵还是当时主要兵器之一。

乐器史中有很多古乐器形象，如仅从文字叙述，和不甚可靠的宋人《三礼图》反映，实不容易得到正确知识。如联系当时画塑来理解，情形就不同得多，且可补陈旸《乐书》所不及。例如筚篥和桃皮筚篥，前者较长大，而后者系用樱桃皮缠裹的管子，和小胡笳相近。中鸣即唐代之大角，有长鸣，有中鸣。但宋代形象已和唐制不同。羽葆鼓，汉石刻即有之，本图反映则近于由古代的播鼗发展而成。这种种，都是过去不大明确，因本图而得到落实的。即具装马的问题，如仅从《武经总要》图例，虽知道某部分形象和名称，各部分被分解后（马冠当颅、马面部分且被横置），整体处理及应用情况却难明悉。也只有从本图才能明白当时披在马身上情形，并从比较上得知，它和北朝时具装马的同异处（见插图一一七）。

# 一二二　宋中兴四将图中岳飞、韩世忠及随从武将

图一八四　［南宋］裹四带巾、圆领衣、长靿靴武将岳飞、韩世忠和两旁加捍腰、佩剑与弓箭武官（南宋人绘《中兴四将图》之二）

原画藏中国历史博物馆，图一八四是中兴四将图，明汪珂玉著《珊瑚网》卷五有记载。

画作小卷子，绘岳飞、韩世忠、刘光世、张俊四人，身旁各有一家将随从。家将头裹巾子，便装外加彩绣捍腰（或称“腰袱”，辽、金通称“捍腰”），为一般宋、元画契丹、女真胡骑常见，而在中原武将常

插图一一八・宋岳飞像（南薰殿历代名臣像之一）

服中则少见。因一般军官必甲裳方加捍腰。巾裹衣式和传世《胡笳十八拍图》、《中兴祯应图》十分近似，宜为当时南宋忠义军装束，所以和平民衣着差别不大。辽、金、西夏常服也居多使用。北宋时，文武官服巾帽阶级制度犹有鲜明差别，到南宋，因政治影响才有混同情形。赵彦卫《云麓漫钞》卷四曾说起过："宣、政之间，人君始巾。在元祐间，独司马温公、伊川先生以孱弱恶风，始裁帛绸包首。当时只谓之'温公帽'、'伊川帽'，亦未有巾之名。至渡江方着紫衫（原衣白），号为穿衫尽巾，公卿皂隶下至闾阎贱夫皆一律矣。巾之制有圆顶、方顶、砖顶、琴顶。秦伯阳又以砖顶去顶内之重纱，谓之'四边净'。外又有面袋等，则近于怪矣。魏道弼参政欲复衫帽，竟不能行。"可知巾帽失一定制度，无等级差别，实南宋渡江以后事情。岳飞眼细小，和史传中称有眼疾情形相合。相貌不如传世《南薰殿名臣图像》及官本名臣名将图中岳飞英武豪俊，但是本图像平易近人，打扮家常，更近本来面目。宋、金对峙百余年，当时榷场交易，常有大量法书名画流传，《宣和画谱》中百十种契丹生活画迹，即多从大相国寺中画廊收集而来。此画或榷场民间画师手笔，所以笔墨比较草率，绢素材料也并不精，惟主题人物形象朴素逼真。产生时间，也可能比传世所见一般岳飞图像还较早一些，明代人摹绘传世《南薰殿帝王名臣图像》中的岳飞，可能还是依据本图而成（见插图一一八）。

# 一二三　辽庆陵壁画契丹人

图一八五　［辽］髡顶披发、圆领小袖长袍、执骨朵契丹仪卫（辽庆陵壁画）

采自辽庆陵壁画，载日人印《辽文化》一书中。

人多穿圆领小袖衣，执骨朵，近卫从身份。有裹巾子的，有髡发露顶的，据辽史志记载，得知和当时人身份地位有关（见插图一一九）。耶律氏在东北建立辽政权后，社会组织还是由游牧族帐制部分进入氏族奴隶农耕制的一种过渡。契丹族人和其他从属部落人民，除了有一定官职身份可戴巾子，此外即身为豪富也只能髡发露

插图一一九・庆陵壁画局部（南宫局部）

顶，不许随便使用巾子。有钱豪富想取得戴巾子资格，需要向政府缴纳大量财富。统治者利用这个法令，向部下勒索财物牛羊。

衣着色深，正和《辽史・仪卫志》“国服”条下记载“蕃汉诸司使以上并戎装，衣皆左衽，黑绿色”相合。《宋史・舆服志》庆历八年（公元 1048 年）诏：“禁士庶效契丹服，及乘骑鞍辔、妇人衣铜绿兔褐之类。”天圣三年（公元 1025 年）诏令则详及花色，“在京士庶不得衣黑褐地白花衣服，并蓝、黄、紫地撮晕花样。妇女不得将白色、褐色毛段并淡褐色匹帛制造衣服，令开封府限十日断绝”。其所以禁止，则因为服装的形式颜色，多和契丹有关。材料所谓“白色、褐色毛段”，且多出于西北回鹘工人之手（当时多属于西夏）。洪皓《松漠纪闻》曾有较详细记载。

《松漠纪闻补遗》并提到“耀段褐色，泾段白色，生丝为经，羊毛为纬，好而不耐。丰段有白、有褐，最佳。驼毛段出河西，有褐有白，秋毛最佳，不蛀；冬间毛落，去毛上之粗者，取其茸毛。皆关西羊为之，蕃语谓之‘毪𣰐’。”这类毛织品，当时曾有大量由西夏贡献或和买到了契丹。毛织物中有“褐黑丝、褐里丝、门得丝、帕里呵”

1

2

3

插图一二〇・库伦辽墓壁画

1、2：一号墓壁画局部　　3：二号墓壁画局部等等名目，具体材料还不清楚。若加上宋禁吊敦（袜袴）法令，一面可知当时限制之严，另一面也可以由此更多一些明白契丹人衣着除丝绸皮毛外，还有部分西来毛织品。据《独醒杂志》卷五记载，则知到宣和时女真倾覆辽政权后，汴梁地区契丹降人日多，女真使节来往频繁，过去约束禁令才一切失效。

由于这些壁画的发现，结合文献记载，不仅使我们对于契丹服制从正面和侧面都得到一些新认识（见插图一二〇），而且对于传世名画《卓歇图》产生的年代，从比较中，也可以得到些相对知识。此外，以唐太宗单骑见突厥故事的《便桥会盟图》，和传世李公麟绘的郭子仪单骑见回纥故事的《免胄图》，产生情形必相差不多，实同出于宋代画家手笔，是在北宋澶渊会盟

插图一二一・契丹人男子发式
1、2、3、4：库伦一号辽墓壁画人物
5：库伦二号辽墓壁画男子

之后。绘的虽是唐事，却近于在间接赞颂北宋向契丹政权的妥协投降。而《胡笳十八拍图》成于南宋，则和投降派苟安于江南，金人一再宣传将送宋后南归有一定联系。

照《辽史》叙述，契丹人髡顶垂发于耳畔为定型，图像反映亦较明确具体。若据近年出土墓葬壁画反映看来，额部余发处理，尚有种种不同式样，似可补充记载所不及（见插图一二一）。

边疆兄弟民族，则不仅成年妇女辫发后垂，成年男子也常有辫发，且分成许多条。东北的契丹和女真，西北的回鹘和吐蕃，即多作不同处理。契丹男子髡顶而两旁垂散发，女真男子两旁垂辫发，形式各异均成制度。从辽庆陵壁画，及近年东北库伦、河北宣化张家口等辽墓新出契丹人壁画，和传世《卓歇图》、《胡笳十八拍图》，均可得到较明确印象。回鹘、吐蕃辫发，敦煌壁画还留下种种不同式样。元代蒙族男子多结发作环垂耳后，有连作三四环的，贵族和平民妇女反而椎髻。这部分的历史发展，过去似乎还少有人排比清理过。目前说的也只是概括约略而言，事实上是难于全面的。更新的材料日益增多，例如过去只知契丹习惯顶发髡去，新的发现则前额余发还分成种种不同式样，到元代才加以简化，只留桃子式一小撮。也因此得知《净发须知》称《大元新话》一书中引《大元新例》提及蒙古人理发则例的一些口诀，实上有所承，并非凭空而来。前额某一式必和耳后下垂环式相应，有可能实因袭于时间早过一二世纪的契丹旧制。因为就元代图像反映，额间垂发简化成为桃子式，具普遍性，前额并没有那么多式多样的。男子耳多着一耳环，亦为过去所未知。

# 一二四　卓歇图

图一八六　［辽］裹巾子、圆领长袍或高冠、交领长袍、佩豹皮弓弢契丹贵族与官吏和髡发契丹或女真乐舞侍从（胡瓌《卓歇图》）

原画藏故宫博物院，旧题五代契丹画家胡瓌绘。

卓歇故事据前人记载，为契丹主按季节出行狩猎，君臣依次放海东青击白天鹅，后又在海泺子射牛头鱼。归来宿营，侍从武卫执哥舒棒卓立帐外守护，故名“卓歇”（见插图一二二、一二三、一二四）。又《说郛》卷三引《使辽录》亦称：“北人打围，一岁各有所处，二月三日放鹘，号海东青，打雁。”

传世《卓歇图》是一长卷，一部分骑从刚下马休息，鞍具间还搁置有白天鹅和獐鹿。另一部分则作契丹主在帐中宴乐，男女侍从旁立，且具乐舞，二髡头露顶垂辫发侍从奏竖箜篌，一起舞，一用金银注碗进酒。与记载部分相合，又不尽相合。

《宣和画谱》曾著录有胡瓌及其子胡虔和房从真画迹甚多，涉及卓歇主题的，计有：胡瓌“卓歇图”二、“番部卓歇图”三、“卓歇番族图”一、“毳幕卓歇图”一、“平远番部卓歇图”二（共九种）；胡虔“番部卓歇图”五、“番族卓歇图”四、“族帐番部图”一（共十种）；房从真“番部卓歇图”一、“卓歇图”二（共三种），总计二十二种。诸图内容除传世《卓歇图》一卷，及另外所见辽、金时代不题名游牧

插图一二二・契丹人《狩猎图》部分

民族人马生活数种，此外内容已难详悉。本图如真出胡瓌手笔，反映的宜为当时契丹族衣着形象。可疑处为部分人物多剃去顶发，将四围余发编成二辫垂于肩部，髡顶制度虽为契丹和女真所同用，惟辫发明系女真制度。且帐中妇女头戴高巾，及男女宴饮情形，都和传世陈居中绘《文姬归汉图》文姬辞别一场相同（见插图一二五）。《胡笳十八拍图》另有迎接蔡文姬的使节，除戴帷帽的蔡文姬，有可能实根据《历代名画记》说的传世阎立本绘《明妃出塞图》。但传世本男子使节袍服上有典型宋式方心曲领，侍从荷校儿，从骑装甲，一切都是宋代制度，不会再早。社会市廛背景茶坊种种，且和张择端《清明上河图》部分雷同。所以《卓歇图》产生时代，似有问题，比较合理解释为：

插图一二三·《卓歇图》鞍后悬天鹅部分

一、本图衣着既反映契丹，也反映女真。因契丹强大时即奴役女真及东北渤海、奚诸游牧族人民。契丹本部身边部从，有品级的才许使用巾裹，一般仆从及本族豪富也必露头。正如《辽志》所说："契丹国内富豪民要裹头巾者，纳牛驼十头、马百匹，并给契丹名目，谓之'舍利'。"据记载可知，契丹巾裹代表阶级身份，即或身

插图一二四·契丹或女真《臂鹰出猎图》

插图一二五·陈居中《文姬归汉图》辞行部分

为富豪，不向契丹主献纳大量牲口，当时是不能随便上头的。又契丹族本来髡头，吴兢《宣和奉使高丽图经》就提及在高丽见契丹降卒即髡顶。且《胡笳十八拍图》原本或即出于五代契丹画家（在东北还曾有石刻出土，见于东邻学人报告中。惟拓本已相当模糊，仅具轮廓，究竟是契丹时还是女真时，未见原件，难于判断）。陈居中的“十八拍图”，系后来加以发展丰富而成（传世《胡笳十八拍图》得失，参看本人著《龙凤艺术》）。

二、本画实成

于宣和间，为北宋末汴梁市上流行题材，从著名的大相国寺货摊上收入宣和内府，载入著录的。本图作者时代也可能比胡瓌略晚，而比陈居中又稍早。虽题名“卓歇”，实在是“十八拍”离别时一个场面，有五六种本题相近画面可以对照。《独醒杂志》曾提到这种画题流行情形原因极详悉。这类图画一律题名胡瓌，实由来已久。因为胡瓌是契丹著名画家。有关契丹服制形象，应数《辽文化》一书中壁画特别重要。此外最有比较参考价值的，即《卓歇图》中诸男女。又故宫还藏有辽后期清宁年间蓟门人程汲之戏作的《便桥会盟图》，内中表现，以一系列突厥骑士，十分欢乐兴奋，前后相继奔驰而前，表演各种马上伎乐歌舞情况，最为突出。有于马上舞槊，上端一小儿作竖蜻蜓绝伎的。宋代北方磁州窑生产的民间用墨绘瓷枕，也有同样马上杂伎表演图像。

# 一二五　便桥会盟图

图一八七　［宋］髡发、圆领或皮领小袖袍、长鞠靴契丹将士（南宋人绘《便桥会盟图》部分）

原画藏中国历史博物馆。

旧题南宋刘松年《便桥见虏图》，似南宋人旧稿，元人重摹本，题则明代人后加。另有题辽程汲之戏作《便桥会盟图》，藏故宫博物院，主题相同，同是用唐太宗轻装简从往见突厥君长团结和好会盟故事（见插图一二六、一二七、一二八），内容较多，这类故事画和《免胄图》的创作用意相似，宋代人画来多近于对当时受武力侵掠压迫，妥协投降，具有解嘲及粉饰太平作用。因北宋前期，对于契丹入侵，真宗澶渊之役，和契丹定盟言和后，每年用二十万丝、绸、银、粮、茶叶等作为岁币礼物送给辽政权，取得苟安。后来到女真灭契丹，陷汴梁，在华北建立金政权，宋政府在临安建立南宋政权时，无能力过江收复失地，妥协投降派文臣如秦桧等，又用同样条件和金政权谋妥协，换取南宋偏安。力主收复失地的岳飞，竟以“莫须有”罪入狱死去。倡言主战的大臣，前后也多被谋害贬谪。爱国人民以为是屈辱投降，苟安自保。而以秦桧为

插图一二六・程汲之绘《便桥会盟图》马技部分

插图一二七·程汲之绘《便桥会盟图》马技部分

插图一二八・程汲之绘《便桥会盟图》马技部分

首的投降派，却以为能避免战争，保全了东南一隅安定，是政策上的胜利。这类故事画因之应时产生。每年且加倍给以和好币帛礼物。

图中突厥衣着如契丹、女真，均披发二绺于耳侧，因此可知粉本产生最早或者也是北宋末年政和宣和间“番”画流行时作品，晚则南宋刘松年笔。人物面貌服饰并不能正确反映唐代突厥形象，却间接为契丹、女真服饰提供了些比较研究资料。人物面貌、巾裹形象而言，则更接近南宋末年摹本。

# 一二六　胡笳十八拍图

图一八八　［宋］具装甲骑，辫发或裹巾子、圆领窄袖长袍、乌皮靴女真贵族和仆从（明人摹宋绘《胡笳十八拍图》）

采自明人摹宋陈居中《胡笳十八拍图》。

画中一部分内容，和传世胡瓌绘《卓歇图》相合，即宴饮乐舞部分。本图似为宋金对峙时用历史故事间接反映的时事画。人物服饰是女真制度，且近于灭辽以后，入占黄河以北的后期，而非政权拘于东北一隅的初期。

《大金国志》叙述女真男女冠服称："金俗好衣白。栎发（一作'辫发'）垂肩，与契丹异。〔耳〕垂金环，留颅后发，系以色丝，富人用金珠饰。妇人辫发盘髻，亦无冠。自灭辽侵宋，渐有文饰。妇人或裹逍遥巾，或裹头巾，随其所好。至于衣服，尚如旧俗。土产无蚕桑，惟多织布，贵贱以布之粗细为别。又以化外不毛之地，非皮不可御寒，所以无贫富皆服之。富人春夏多以纻丝、锦绸为衫裳，亦间用细布。秋冬以貂鼠、青鼠、狐貉皮或羔皮为裘。或作纻丝绸绢。贫者春夏并用布为衫裳，秋冬亦衣牛、马、猪、羊、猫、犬、鱼、蛇之皮，或獐鹿麋皮为衫。裤袜皆以皮。至妇人衣曰大袄子，不领，如男子道服。裳曰锦裙，裙去左右各阙二尺许，以铁条为圈，裹以绣帛，上以单裙袭之。"

《金史·舆服志》所载则小有不同，部分显然是承袭辽制而来。"金人之常服四：带、巾、盘领衣、乌皮靴。其束带曰吐鹘。巾之制，以皂罗若纱为之，上结方顶，折垂于后。顶之下际两角各缀方罗径二寸许，方罗之下各附带，长六七寸。当横额之上，或为一缩襞积。贵显者于方顶，循十字缝饰以珠，其中必贯以大者，谓之'顶珠'。带旁各络珠结绶，长半带，垂之，海陵阳大兴国者是也。"

"其衣色多白，三品以皂，窄袖，盘领，缝掖，下为襞积，而不缺袴。其胸臆肩袖，或饰以金绣，其从春水之服则多鹘捕鹅，杂花卉之饰；其从秋山之服则以熊鹿山林为文，其长中骭，取便于骑也。

吐鹘，玉为上，金次之，犀象骨角又次之。銙周鞓，小者间置于前，大者施于后，左右有双铊尾，纳方束中，其刻琢多如春水、秋山之饰。左佩牌，右佩刀。刀贵镔，柄尚鸡舌木，黄、黑相半，有黑双距者为上，或三事五事。室（刀鞘）饰以酱瓣桦，镲口（刀鞘口）饰以鲛（鲨鱼皮），或屑金鍮和漆，涂鲛隙而礲平之。”

“妇人服襜裙，多以黑紫，上遍绣全枝花，周身六襞积。上衣谓之‘团衫’，用黑紫或皂及绀，直领，左衽，掖缝，两旁复为双襞积，前拂地，后曳地尺余。带色用红黄，前双垂至下齐。年老者以皂纱笼髻如巾状，散缀玉钿于上，谓之‘玉逍遥’。此皆辽服也，金亦袭之。许嫁之女则服绰子，制如妇人服，以红或银褐明金为之，对襟彩领，前齐拂地，后曳五寸余。”

从画中反映，可知男女衣着显然是较后一时的。照《大金国志》卷三十二记载，灭辽后侵宋占汴梁时，得到宋政府库藏绫绢就达七千万匹，和南宋对峙百多年，每年又得宋政府赠予大量绸缎（先由年二十万匹、端，后加倍）。所以品官衣服能用丝绸花朵大小定职位尊卑，官大花朵大，小官只许穿芝麻罗。此外领缘和带靴也有等级区别。又为防止公吏舞弊，还定下书袋制度，分别用紫缎子、黑斜皮、黄皮作成，长七寸，宽厚均二寸，经常挂于腰带边。虽原有法律禁止学南人服装，违者杖八十，但《大金集礼》叙政府一切礼制时，上层统治者车乘服装已全仿宋代。生活起居方式，也逐渐与汉人同一。虽一度用法令强迫汉人剃发变装，而北方金墓壁画中的妇女衣服改变实在并不多。

女真政权早期对易服事看得十分严格认真，用法律制定，男人必用女真制，垂双发辫于耳侧，甚至于普遍反映到佛像上。华北各省佛像中，菩萨垂双辫的，一般赏鉴家多定为宋，结合史传记载，即明

插图一二九・明人摹宋《文姬归汉图》归家部分

白是金代特征，而且有政治意义的产物，影响且直到明代。照洪皓《松漠纪闻》记载，则易服事，较早只限于男子，妇女还照旧不改。

女真使者到临安参见南宋帝王时，也必外着宋式大袖宽衫袍服，而内则仍穿女真式小袖齐膝短衫，所以宋人笔记说，赵构称其舞蹈可观，以为宋官拜舞不好看，问大臣原因，回答说，宋官服里外同是大袖，扬手必露肘，所以不美观。至于金章宗定都燕京，采用南宋官服制度后，则在北方的女真官僚也改成了宋式袍服。至少男官朝服已和南方无多分别。所以《大金集礼》记载帝王及皇后出行仪仗，居多采用宋制，区别不多。

另有明人摹宋《文姬归汉图》，蔡文姬戴帷帽，汉族妇女衣着可能为宋人刻意绘古人装束，或本于宋以前的旧稿（见插图一二九）。

# 一二七　宋免胄图中甲骑

图一八九　［宋］回鹘甲骑和弓手（宋李公麟《免胄图》部分）

宋李公麟绘，原画在台湾，曾印于《故宫周刊》，解放后重印于《文物精华》。

画的是唐代名将郭子仪，为团结回纥族君长，在两军对峙中轻装简从，便服步行到回纥军前，回纥将士受到感动，连忙下马迎接的

图一九〇　［宋］回鹘人武将甲骑和鼓吹（宋李公麟《免胄图》部分）

情形。和用唐太宗与突厥君长会盟故事作的《便桥会盟图》，同是中古时代以民族团结为主题的著名历史故事画。

《唐六典》称唐甲十三种，中有人甲十二种、马甲一种。人甲反映于唐代画塑中比较具体，马甲情形难详悉。除近年发掘的初唐懿德太子墓中出土金银装甲马俑，此外即无所闻。本图虽有甲骑具装，多是典型宋式，和近年出土唐金银装甲骑少共同处。兵器中惟三尖两刃长矛，《唐六典》曾提及，属于唐式。至于长矟作箭头形和戈戟式样，亦少实用意义。因此画虽极生动活泼，只能供宋代甲骑比较参考，难于作唐代甲骑材料应用。

回纥在宋代犹为一大部族，住甘、凉、瓜、沙诸地的，从属西夏。入居关中的，部分且久住燕京，人数也不少。此外还有部落散居西北各地自为君长的。在政治方面虽已分崩离析，无特殊势力，在工艺生产方面却还有高度水平，且和中原通商贸易。因此人物衣着面貌，宜为宋人所熟习。本图在这方面表现上，必然还有一定程度准确性。

关于宋代回纥在工艺上的成就，特别是有关衣着中纺织物方面的成就，南宋初年熟习北事久留朔方的洪皓作的《松漠纪闻》曾有过较详细记载："回鹘（即回纥，因鹘之俊健善于搏击，故改名回鹘），自唐末浸微，本朝（指北宋）盛时，有入居秦川为熟户者。女真破陕，悉徙之燕山。甘、凉、瓜、沙，旧皆有族帐，后悉羁縻于西夏。唯居四郡外地者，颇自为国，有君长。其人卷发深目，眉修而浓，自眼睫而下多虬髯。土多瑟瑟珠玉。帛有兜罗绵、注丝、熟绫、斜褐。……善造镔铁刀剑、乌金银器。多为商贾于燕，载以槖它（骆驼），过夏地，夏人率十而指一，必得最上品者。贾人苦之，后以物美恶杂贮毛连中（原注：毛连以羊毛缉之，单其中，两头为袋以毛绳或线封之。有甚粗者，有间以杂色毛者则轻细）。然所征亦不赀。……尤能别珍宝，蕃汉为市者，非其人为侩，则不能售价。……妇人类男子，白皙，着青衣，如中国道服然。以薄纱幕首而见其面。……其在燕者，皆久居业成，能以金相（镶）瑟瑟为首饰，如钗头形而曲一二寸，如古之笄状。又善结金线，相（镶）瑟瑟为珥及巾环。织熟锦、熟绫、注丝、线罗等物。又以五色线织成袍，名曰'尅丝'，甚华丽。又善捻金线别作一等背织，花树用粉缴，径岁则不佳，唯以打换达（鞑）靼。……今亦有目深而髯不虬者。"

又《松漠补遗》（或作《松漠续闻》）曾谈及耀段、泾段、丰段、褐毛段等各色细丝毛织物，也出于回鹘织工之手。金人于衣着中常提"捻金番缎"，"番缎"，当即指成于回鹘工人手中高级生产品。

# 一二八　射猎图

图一九一　［宋］戴皮帽、着貉袖、佩豹皮箭囊北方民族骑士（宋人绘《射猎图》）

原画藏中国历史博物馆，据照片摹绘。

图作出猎逐兽引弓射箭姿势，生动活泼。旧题元人作。但从服装式样和马具种种看来，都是辽、金时相近制度，作者时代也必较早。人不像蒙古人发垂双环于耳后，马也不是元代装备，或系回鹘族于五代十国或北宋入关后有官职的人物形象。

二人衣短袖及肘上褂，是由汉代女子的上襦、唐代的半臂发展

插图一三〇・元釉陶骑马俑

而出，宋代叫“貉袖”，可知原本必出于羌胡族。曾三异《因话录》称：“近岁衣制，有一种如旋袄，长不过腰，两袖仅掩肘，以最厚之帛为之，仍用夹里，或其中用绵者，以紫帛缘之，名曰‘貉袖’。闻之起于御马苑圉人。短前后襟者，坐鞍上不妨脱着。短袖者，以其便于控驭耳。”这个记载虽简单，但相当重要，叙述制作材料及式样均具体有用。既可知道和宋代旋袄相似，又明白制作方法和应用情形。

元、明、清始使用于骑士，显然是后来马褂的前身。元代一骑士俑及一元代打马球圆球衣还相同（见插图一三〇）。这种貉袖到明代名叫“对襟衣”。洪武二十六年（公元 1393 年）令：“骑士服对襟衣，便于乘马也。不应服而服者，罪之。”由此得知，明初还为武将骑士专用，平民不许随便穿着。只是现存明代中晚期大量武骑版刻绘画，却少形象反映，墓俑中亦少出土物。

画中二人佩豹皮弓弢箭囊是辽、金制度，且象征等级。马鞯障泥较大而向前膊延伸，作缠枝花绣纹，也近辽、金式样，和传世《卓歇图》、《胡笳十八拍图》中的乘骑装备均相近。

绘画中表示边疆游牧民族活动的，在《宣和画谱》中特别立一部门，主要原因是北宋末年政府所在地汴梁，由于契丹降卒和女真使节来往的日多，过去百多年一切隔离禁忌法令已失去约束力。社会且流行种种来自契丹新的歌曲音乐，不仅为中下层士民爱好，封建统治上层社会人士也受一定影响。据《独醒杂志》所叙述，这些新声新事物名目上当时都加上一个“番”字。至于用边疆游牧民族生活作主题的绘画，甚至罗列于当时以壁画建筑著名的大相国寺两廊货摊上，用博塞方式推销兜售 。这是宋人习惯的一种推销日用手工艺货物方法，即“关扑”。一般方式或用抓子抽签，付出较少钱数，即可随时进行。照《东京梦华录》记载，当时妇女用的花冠、绣领、钗环等，也有小商贩用同类方法上街沿门推销。正月和其他节日，即中上层社会人家妇女，参加这种近乎赌博的消遣，不为违礼犯禁，这反映了大都市经济过于集中，利用廉价劳动力，用不同作法生产千百种手工业品，有供过于求现象，才利用这种方式推销，即美术品中的绘画也不例外。

当时流行的反映契丹女真或其他游牧民族生活的绘画，也有用这类方式推销的，事详《东京梦华录》。

# 一二九　西夏敦煌壁画男女进香人

图一九二　左：［西夏］有后披冠子、圆领小袖锦绣衣、佩鞊鞢带西夏贵族供养人（敦煌四一八窟壁画）
中：［西夏］领长袍、鞊鞢带、加腰袱西夏贵族供养人（安西榆林窟壁画）
右：［西夏］金花冠、金步摇、交领长衣、百褶裙、佩绶西夏贵族妇女供养人（安西榆林窟壁画）

采自敦煌壁画和安西榆林窟西夏进香人壁画摹本。

男女衣着均和唐、宋两代中原衣着有相通处。男子戴巾子，远法古代皮弁，近受晚唐流行毡帽影响，和宋代东坡巾也有相似处，只是易平顶为尖顶。这种尖锥形毡帽，唐代实来自西北地区。俑中作“波斯胡”商人形象的，也多着同式毡帽。初唐即在长安流行，妇女也喜戴它，常反映于画刻和陶塑，即所谓“浑脱帽”（或胡公帽）。男子戴它，或始于唐初名臣长孙无忌，传称其喜戴毡帽，世称“赵公浑脱”，为世仿效取法。物以人传，式样虽难得其详，但和当时长安流行反映于各种画塑上馄饨形帽子，必相差不多。史称中唐宰相裴度入朝，跋扈藩镇派人行刺，因毡帽簷厚，保护了头部，得免于难，同式毡帽又因之流行。这种毡帽式样，应即和敦煌壁画《张议潮出行图》所见甲骑和杂伎乐部人头上戴的相差不多。和初唐毡帽不同处，为卷边加厚。本图中加垂二带，则已近于宋式巾子。图中人还腰系带有环绦，是唐鞊韘带遗制。惟本图所见，未悬火石、算袋诸物。唐代通称“蹀躞带”。在西北，五代宋时尚沿袭使用，有的性质和唐代“蕃客锦袍”意义相近，多由王朝赠予，作为一种宠任表示的赠品。直到元代，蒙古贵族行香人腰间犹可发现。可见流行之久而爱好之深。

右衽交领长袍，也参宋式，惟袖口较小。腰部另加捍腰，和契丹衣着相同，一般用丝绸作成，讲究的或亦有如契丹制度用鸭鹅貂鼠作成的。宋人又名“腰袱”。《中兴四将图》中几个武弁，即着同式捍腰。可知宋代通行西北。妇女戴金步摇，由汉、唐步摇而来，式样各有不同。宋人又称“禁步”，本来和古玉珮制相似，成为封建社会约束妇女行动礼制一部门，重在使行动有节奏，从容不迫。因行动一匆促，玉佩声音和步摇悬挂珠串，必不免乱成一团。衣交领长褙子，下露细裥百褶裙（明、清时名“凤尾裙”），也是宋式。鞋尖上弯如弓，近似中原唐代影响。左侧结绶是宋人通制，惟式样变化多端。本图近于下垂一大束丝穗，和宋代妇女于胸前或左侧结绶法不相同。

有关西夏时人民衣着特征，我们知识还不够多。尚有待从出土文物和敦煌安西榆林峡壁画中取得更多的画刻材料，才能综合分析明白它的有区域性的和当时契丹、女真的差别处，及它和回鹘、中原衣着的共同处。据《辽史外记》记载，未免简略，仅解得其大略：“其俗衣白，窄衫，毡冠，后垂红结绶。设官分文武，其冠用金缕贴，间起云银纸贴。绯衣，金涂银带，佩鞊鞢、解锥、短刀、弓矢。穿靴，髡发，耳重环，紫旋襕六袭（内中显明文武间杂，而部分衣着却是宋代礼品）。出入骑马张青盖，以二骑前行，从者百余骑，民庶衣青绿。”

如从敦煌及安西榆林峡壁画供养人衣着图像反映，部分和记载相符合，部分则见出多样化，因为时间不同，情况不同。部分统治者衣着，有接近宋人服制的，大致由于和宋王室有甥舅关系。逢年过节，宋王朝必循例派出使节，携带大量礼品，包括些绵绣、缎匹、衣服、金银、饮食器物作为赠予。还有因团结和好，约定每年必用各种彩帛、茶叶及其他中原特产相赠。加之和买通商，还有不少西夏地区所需要产品，为换取所属特产细毛纺织物、名马、药材而进入内地。无疑也必对于西夏所属部族人民生活衣着起一定影响。所以反映到壁画上时，也远比记载复杂多样化。

# 一三〇　煮盐图

图一九三　［宋］裹巾子、圆领或交领齐膝短衣制盐工人（《重修政和证类备用本草》插图）

图一九三取自金代翻刻《重修政和证类备用本草》插图。图中上角题有“海盐”字样，插图一三一、一三二则作山西“解盐”生产情况。

因为是一部公开医药卫生书籍，附图重点在动、植、矿药物图像解释，特别是植物性药品画刻得相当具体。据宋代画录记载，《本草》原有彩图，久已失传。本节图近于示意性质，但依然可得到当时灶户

插图一三一 · 解盐图之一（据《重修政和证类备用本草》）

插图一三二 · 解盐图之二（据《重修政和证类备用本草》）

熬盐生产劳动过程大略印象。特别是解盐部分图像，且有一穿着宋式平翅幞头大袖宽衫、坐交椅上监督生产官吏当面看着产品成包过秤转运情形，另一监督则着一普通巾子，坐交椅上。前者证明金代南官制度实行后，契丹女真中级官吏服制多未更动。

照《宋史》记载，医药方术是公开的，普遍刻石于全国各州县衙前，任人抄录学习。即太医院秘方也不例外。这种政策，无疑促进中国中古时代医药教育的提高。而这类图像，也必然产生一定的教育作用。所以本书或出于女真在北中国建立的金政权时期，制盐工人衣着，仍和《清明上河图》中所见劳动人民衣着相近，无多差别，可说是一切照原样重刊的。

据《宋会要辑稿》关于盐矾茶走私问题，宋、金均用严格法律加以限制，保留了大量文件。特别是宋金对峙百余年中，政治矛盾虽用和约方式，由南方年纳大量丝绸币帛茶叶等数十万斤、两、匹、端，作为维持和约条件。但影响民生的盐矾走私，属于民生经济问题，仍用严酷法律加以控制。铜器的流通也极严格，如像镜子、乐器，在金政权统辖范围内，无不一一登记，并加刻检验文字。惟有关民生的医药，则无分南北，在榷运贸易上流通。北宋的药方公开政策，在金政权范围内依然得到推广。《证类本草》的翻刻，恰是一个好例。在有关图像中，看不出一般劳动人民被强迫改服剃发情形。可知长江以北，金政权稳固后，即早已解禁。

# 一三一　宋代丝绸

图一九四　上：[宋] 盘绦绵
　　　　　下：[宋] 紫地鸾鹊穿花缂丝（辽宁省博物馆藏）

宋初统一了五代十国割据局面，平定西蜀、南唐、吴越时，都得到以百千万匹、端计的大量丝绸、彩锦、异绫，收入政府库藏，动用较少。川蜀、吴越农业生产本来破坏不大，迅速恢复，因此丝绸生产也取得极大进展。例如宋代官服以罗为主，仅江浙地区每年上供花素罗即达数十万匹。在全国大生产地，除部分还保留唐代所设织绫局监督生产外，又加设织罗务。凡尺度不合标准，轻重厚薄不一，或加粉料作伪充数的，检查出必受处罚。加盖印章使材料污损的，也不能入库。新品种名色日益增多，特种高级丝织物名目，据文献记载，有紧丝、绣背、隔织、绫、锦、罗、缬绢、绮、縠等等。这些丝织物名目常载于每年赠予辽、金和西夏礼品单中，数量多以万千计。可知高级特种丝织物，同时也必流行于东北、西北各地。加金的织物也常见于文献，以文彦博守成都献金线莲花灯笼锦开端，应用到各方面。照王栐《燕翼贻谋录》记载，加金技术就已达十八种之多。印染织物北宋民间虽受法令禁止，限于军用，但照周必大《绣衣卤簿图》记载，人数达二万余的一个庞大仪仗队，约有四分之一即着各种印染花纹衣帽。其余用锦、绣、绘。但是织锦还是以四川成都占首位，花纹也有了较大变化。主要是提花技术的进展，生色折枝花的好尚，开始突破了唐代对称图案的呆板。“满地锦”、“锦上添花”的织法，产生了许多新品种，如传世大小天花锦（宋称大小宝照），如拼合各式不同图案而为一的“八答晕锦”，配色复杂、组织华美，都远过唐代。即连续规矩图案如青绿簟纹、连线、球路、琐子、龟贝、樗蒲，也各式各样。用动植物作图案更扩大了丝绸花纹内容。即以成都每年织造官锦而言，名目也有数十种。照元人费著的《蜀锦谱》记载，北宋元丰六年（公元1083年）设锦院，即专募有军匠五百人织造，年用丝十二万五千两，染料二十一万一千斤，织特种锦即达六百三十二匹，其他不计。南宋茶马司为西南、西北换茶、换马使用，又大量织造被面衣料锦。上供锦名目为八答晕，官诰锦有盘球、簇四金雕、葵花、八答晕、六答晕、翠池（或作“翠毛”）狮子、天下乐、云雁等共四百匹。臣僚袄子锦（指专送在朝大臣诸官的）有簇四金雕、八答晕、天下乐等计七种（《宋会要辑稿》另有翠毛狮子、大宝照、中宝照等名目）共八十七匹。广西红绿锦有大窠狮子、大窠马大球、双窠云雁、宜男百花等真红锦，又宜男百花、青绿云雁等簟绿锦，共二百匹。茶马司锦院，则看需要生产，用折马价，多少不定。锦名，黎州有皂大被、绯大被、皂中被、绯中被、四色中被、七八行玛瑙，叙州有真红大被褥、真红双连椅背、真红单椅背，南平有真红大被褥、真红双窠、皂大被褥、赤大被褥，文州有犒设红锦。又细色锦名，有青绿瑞草云鹤、青绿如意牡丹、真红宜男百花、真红穿花凤、真红雪花球路、真红樱桃、真红水林檎、秦州细法真红、鹅黄水林檎、秦州中法真红、真红天马、秦州粗法真红、紫皂缎子、真红湖州大百花孔雀、真红聚八仙、真红金鱼、四色湖州百花孔雀、二色湖州大百花孔雀、真红六金鱼等等名目。

《齐东野语》卷六叙南宋绍兴内府装裱书画用绫锦，锦有克丝作楼台锦、青绿簟文锦、红霞云锦、紫鸾鹊锦、青楼台锦、球路锦、衲锦、柿红龟背锦、紫百花龙锦、皂木锦、曲水紫锦、樗蒲锦等名目。绫有大姜牙云鸾白绫、白鸾绫、碧鸾绫、皂鸾绫、紫驰尼、皂大花绫、碧花绫、黄白绫等名目。

当时官诰则多用各色金凤罗或绫纸。送金礼物中丝绸名目有锦、茸背、紧丝、捻金线、青丝绫、樗蒲绫、线子罗等名目。南宋绍兴初年，张俊献宋高宗礼物中，有捻金锦、素绿锦、木绵、生花番罗、暗花婺罗、杂色缬罗等名目。诸州贡赋中有仙文绫、综丝绝、白縠、紫茸、隔织、茜绯花纱、轻容纱、红花蕉布，都是比较特殊产品。

元戚辅之《佩楚轩客谈》蜀中十样锦名目，为“长安竹、天下乐、雕团、宜男、宝界地、方胜、狮团、象眼、八答韵、铁梗蘘荷”等。事实上这些图样多是宋代旧有，一部分在明代材料中还可大量发现。

明末谷应泰著《博物要览》记宋锦、宋绫名目各三十余种，和《武林旧事》相同。其实若把宋、辽、金《舆服志》记载应用绫锦及宋人其他记载绫锦名目，元《蜀锦谱》记载成都官锦坊及茶马司锦坊产品名目，加以罗列，特种锦缎计不下二百种之多。

锦上添花新织法，当时还不限于彩锦，其他薄质纱罗也有应用这种织法的。见于禁令中，如景祐元年即有禁“锦背”、“绣背”、“遍地绣背”等诏令。

还有介于织绣之间通经断纬用小梭织成的刻丝，据庄季裕《鸡肋编》卷三记载，以河北定州织造最著名，能随心所欲作花鸟禽兽状。南宋后则南方出了几个刻丝名家，用宋人名画作底本，如沈子蕃、朱克柔都有作品传世，精美无比。据洪皓《松漠纪闻》记载，则住居西北的回鹘也长于作刻丝，又能捻金线织缎子，具有较高艺术价值，且能织毛缎子。这种回鹘族织工迁居关中后，手艺世代相传。所以《鸡肋编》也说及：“泾州虽小儿皆能捻茸毛为线，织方胜花毛缎一匹重只十四两者，宣和间，一匹值钱至四百千。”

北宋每年给予契丹辽政权二十万匹端丝绸，给西夏政权数目也相等。北宋末汴梁陷落时，女真统治者于汴梁库藏中得到丝绸绫罗达七千万匹。到南宋，则给在燕京建都的金政权，依照契丹旧例，以同样丝绸作为岁币。此外，在其他情形下赠送礼物中，也必有特种丝绸。因此，前后约三个世纪中，《辽史》、《金史》记载宫廷衣着、百官服用，也多是江南织工生产。《金史》记官服，多按官职尊卑定花朵大小，例如三品以上花大五寸，六品以上三寸，小官则穿芝麻罗。元、明令文中还有同样规定。由此得知宋代大小串枝花的流行，和同时衣着法令实不可分。宋代绫锦传世已不多，从元、明丝绸花样和宋代及以后反映于陶瓷上大量串枝、折枝花样看来，却可明白它和唐代绫锦花纹基本的同异处，并得知传世元、明千百种绫锦花样，实多从宋代继承发展而来。

宋代在边界地区设立和买榷场，作民间商品交易，丝绸印染织绣照例和茶叶、磁器同占较大分量。宋代南海海外通商有较大发展，政府特设市舶司经营进出商品贸易及税收等事。在著录中经常提及“荷池缬绢”名称，注者难得其解，常以为两种事物。从实物出发，应当是罨画开光式不同色彩纹样印花绸绢。此外用植物纤维织成的细布，在原料丰富的东南各省也得到较高度发展。如“黄草心布”、“綀子”、“鸡鸣布”即见于著录，为植物纤维所成的高级特别精致产品。木棉（实草棉）开始在东南有较多生产。“皂木锦”名目见于记载，宋人笔记即以为丝棉间织的“墨锦”（明代的“云布”，则为大红色丝棉交织产物，流行一时，价值高到纹银百两一匹）。

# 一三二　元代农民工人和官兵

图一九五　[元]椎髻或戴斗笠、短衣或披蓑衣、赤足或裹腿劳动人民
（元至治刻本《全相平话五种》插图）

图一九六 ［元］甲士、军官和侍卫（元至治刻本《全相平话五种》插图）

摹自元刻《全相平话五种》（1955年文学古籍刊行社影印本）插图。

内中包括《武王伐纣平话》到《三国志平话》五种，是两宋以来瓦舍讲史艺人口传底本，作为通俗小说分别刊行的一部分。到元、明文人加以扩大，就发展成《封神演义》、《三国志演义》的祖本。这类讲史小说，元、明以来已成流行通俗读物，有广大市场，所以简体字特别多，部分又多作为改编戏剧依据。多附插图，增加读者兴趣。书中内容着重在引起听众惊奇效果，并不拘于是否符合史实。而插图则照读者所能接受习惯，多采用宋、元社会习见制度。若用这些插图证史，未免相差太远；若用它们来参考宋、元社会生活，倒和当时情形相差不会太多。比如说帝王官僚衣着及统治者爪牙甲骑装备，便多据宋代制度；至于普通人民生活起居服用一切，即多取用当时人民习见眼熟的现实情况，这样反而容易得到读者认可。所以这个书中不仅工农形象近于元代的工农，就是一般战士的衣甲、军营布置、军乐处理，也多不出元代范围。

图一九五中工人农民和元代书迹中工农衣着无多区别。戴笠子帽及椎髻结巾的均近汉族，图中左下角两个木工，从头发处理方式看，应当是蒙古族人。图一九六中军官和兵卒，衣甲也是元代式样。中部四人衣着均为辫线袄子，一般是蒙古官吏所穿，书中多用作“番邦”人物式样。直影响明代人作元人戏剧插图，除盔式帽外，一般必在帽上插一雉尾，表示异族人特征。

# 一三三　元代百工百业

图一九七　[元]长衣的儒流医卜星相和短衣的百工百业人(山西右玉宝宁寺水陆画)

图一九七取自山西右玉宝宁寺藏元代画。

主题内容虽然多和当时的佛教迷信有关，但因为人物表现有高度写实艺术水平，所以保留下大量社会史料。画中作元代百工百业各种人物表象，如短衣的土木工匠，也有儒巾长袍的郎中医生，琴、棋、书、画、艺术杂流，和其他服务性从业人士。衣服及应用工具，都十分具体，且多属于元代社会地位极低被压迫各阶层人民。

据元、明之际通俗读物《碎金》艺业篇第二十七“工匠”部门曾记载，元代有如下各种行业：都料、大木、小木、锯匠、泥水、杵手、体夫、杂工、起塔、造殿、凿石、打银、楞作、砌街、修井、淘井、挽鼓、铸钟、锻磨、箍桶、掌鞋、磨镜、磨刀、锢镑（漏）、整漏、雕佛、布銮、明金、使漆、碾玉、打绦、穿结、绣草、像生、销金、描金、累珠、铺翠、镞镂、锃剑、钉铰、装背、裱背、裁缝、打弓、造箭、打帘、油作、油伞、做伞、梳篦、剃面、镦耳、净发、割脚、整足、传神、貌真、碾药、圆药、修香、浇烛、刷马、做笔、烧墨、凿纸、打席、打荐、修箸、竹匠、雕印、修伞、画领、藤作、打帆、刺旗、造船、写牌、钉秤、镟器、络丝、打铁、揩灶、捏塑、旋作、灯作、穿交椅、修冠子、打香印、打炭堑、赤白作、糊黏作、妆銮、发错、折经、褶裙、打绳、打线、使绵、絥扇等等，可知这些不同行业，元代人是一律当成工匠看待的。

有关这些城市各行手艺人记载，这是本通俗读物，由于要求不同，比《武林旧事》“小经纪”条，和《西湖老人繁胜录》“诸行市”条叙述南宋临安市中手工艺人种类都较简略。但是仍可看出宋、元以来，由于都市生活的发展，随同产生了许多种各有专业分工的劳动者。都市的繁荣，文化的发展，这些劳动人民都各有不可缺少的贡献。

元初人记宋事，如北宋的汴梁、南宋的临安等大都市服务行业的人，衣着多各有区别（参宋代部分说明），但记载实不够详尽。因此本图中人衣着虽有不同，有的并且还携带了些不同工具，但还是无从由衣着判断这些人从事的职业。惟照标题得知是属于元代百工百业手艺人，并且一切近于写实。这些手工艺人有一部分是专作衣服首饰的。照《碎金》记载，当时衣饰繁多，名目各不相同，且分南北。

如男服有深衣、袄子、褡护、貂鼠皮裘、毯衫、罗衫、布衫、汗衫、绵袄、披袄、团袄、夹袄、毡衫、油衣、遭褶、袴褶、板褶、腰线、辫线、开褛、出袖、曳撒、衲夹、合钵。围腰的有玉带、犀带、金带、角带、系腰、栾带、绒绦。头上戴的有帽子、笠儿、凉巾、暖巾、暖帽。佩服的有昭文袋、钞袋、镜袋、手帕、汗巾、手巾……鞴脚下穿的有朝靴、花靴、旱靴、钉靴、蜡靴、球头直尖靴、鞴靴、靿靴，綦（菊）拄根搨嘴毡袜、皮袜、布袜、水袜、……丝鞋、棕鞋、颣鞋、扎鞴、麻鞋、搭膊、缠带、护膝、腿绷、缴脚等等。

妇女衣服还分南北，南有霞帔、坠子、大衣、长裙、背子、袄子、衫子、背心、裰子、膊儿、裙子、裹肚、衬衣，北有项牌、香串、团衫、大系腰、长袄儿、鹤袖袄儿、胸带、裥裙、带系、直抹、吊袴、里衣。首饰也分南北，南为凤冠、花髻、特髻、鱿冠、包冠、瑞云贴额、牙梳、披梳、帘梳、玳瑁梳、龟筒梳、鹤顶梳、顶钗、边钗、顶针、挑针、花筒、掉钍、桥梁鬓钗、叠胜落索、橙梅天笳、七星梭环、镯头、锺子（戒指），北有包髻、掩根凤钗、面花、螭虎钗、竹节钗、倒插鬓、凤裹金台钑、犀玉坫头梳、云月、荔枝、如意、苽头、钍牌环、秋蝉菊花琵琶圈珠胡芦、三装五装镮锺儿、连珠镯等等。

这些不同名目，在当时虽为一般人民所熟习，七百年后的现在，有许多种因无实物比证，画图也不具备，究竟是什么式样，已难于具体明确。从各种图像及近年新出土实物中去探索，也只能得其大略。

# 一三四　元代几个儒流贤士

图一九八　［元］着唐宋式巾裹、袍服的文人儒流（山西右玉宝宁寺水陆画）

据山西右玉宝宁寺水陆画照相影印摹绘。

七人中有六人衣宋式圆领服、元式唐巾，其中一人衣宋式交领儒服儒巾。宋式圆领和唐式区别，在圆领内加有衬领。元式唐巾不同于唐、宋，区别在后垂二带，形如匙头而向外分张（明刻《三才图会》曾明确提及，并附图证明），其中一人儒服，则一般宋代读书人衣着均有反映。内中四人背上各有所负。正中一人应是剑客，另三人为琴客，其余诸人不是棋客就是作诗绘画的。他们在元代多属于有才艺而无缘得到应有出路的、无一定职业的读书人，过着飘流不定的日子，社会地位极其卑微。

照宋代习惯，为官方服务多名为“待诏”。照明代习惯，为私人服务则为“清客”、“帮闲”。称呼上多有些区别，前者必有一定才气，后者作用或只吃喝嫖赌内行。虽间或有机会陪酒待宴，或应景凑趣作作诗文，表面上还保留点斯文地位，事实上还是在半奴才情况下混日子，无一定薪给，生活过得极紧张，总是飞黄腾达无可望，郁郁终生为必然的。所以在画中出现，原画附有标题，即明白指出有怀才不遇的惋惜追悼寓意。内中人物也必然包括些受元代法律限制和被歧视压迫，只能在瓦舍百戏娱乐场所为说书讲史艺人编点材料，以至于自己粉墨登场终其一生的。

插图一三三・山西右玉宝宁寺水陆画第五十八往古顾典婢奴弃离妻子孤魂众（下部）

这些识字读书人，在新的

1　　2

插图一三四・山西右玉宝宁寺水陆画

1：第五十一兵戈盗贼诸孤魂众（下部）

2：第五十七往古九流百家诸土艺术众（下部）

职业中，社会影响虽然极大，照封建传统说来，依然算是斯文扫地，十分倒霉的。因此在这份多达二百余轴的画轴及二插图中，与反映被官吏财主重利盘剥不得不卖儿卖女妻离子散的贫苦平民，和经兵荒马乱被抢劫屠杀以致家破人亡的平民一律看待，成为追悼超度的对象。

必须从这个观点来理解这份水陆画，才会明白内中虽包括有浓厚封建迷信色彩，另一方面也包含有对于当时统治者强烈悲愤控诉内容。从插图反映来看，坐在交椅上指挥行动的，和另外正在抢劫屠杀的，衣甲装备都十分完整鲜明，全像元代正规官兵，决不会是什么普通盗贼！

# 一三五　元代几个奏乐道童

图一九九　［元］裹各式巾子、交领衣、奏乐道童（永乐宫壁画）

取自永乐宫纯阳殿元代壁画。

五道童衣着近似一般宋、明道童式样，青绿绢衣，长才过膝，用丝绦系腰。衣式衽交领加沿，和宋代道服小有同异，惟穿着的并不限于宗教徒。头发作五式不同巾裹，有的比较别致少见。例如吹笛一个头上所见还是魏晋以来高士头上帽的式样。吹笙的则近于莲花冠子。击云锣的头上除细碎花冠外，额间还横勒一道抹额。击鼓的则近宋、明常见的桥梁式小道冠。案前站的是专供使唤的小道童，所以头上作双丫髻。照《净发须知》引《大元新话》记载，得知当时理发师曾定出一二十种名目。小部分可以知道，大部分还难明白。图中作双丫髻的，显然即元代的"绾角儿"式。最早在晋人《竹林七贤图》、《北齐校书图》中，都在成年人头上出现过。北朝式样略有变化，宫廷中内侍小黄门头上多有之。唐代未成年舞女较多使用。击云锣的道童，额前裹一条带子式东西，应即元人称的"渔婆勒子"，成为元曲演出道具之一。明刻《金瓶梅》插图"西门庆观戏动深悲"一场中，戏中人作远行装扮即使用过。明代惟爱俏的妇女才使用，名叫"遮眉勒"，正中部分有时还钉一粒珠子。清代依旧叫"勒子"或"勒条"。清初官僚贵族妇女写影中作家常装束，也总少不了它。宫廷嫔妃也有戴它的，如雍正四妃子图中所见。较早却反映于康熙时绘《耕织图》中，南方蚕农青年妇女普遍使用。一直到近代，还流行西南边远地区。老年妇女用青缎倭绒，或沿两道牙子边，正中钉颗珠子或一颗玉珠，两旁近耳处钉两个瓜子形玉蝙蝠薄片。这种装饰实均由唐代透额罗发展而来。但在男性道童头上出现，似乎还少见。

元代阶级压迫极残酷，统治者早期由于恐惧知识分子反抗，有意把读书人贬得极低，特别是对于南方读书人。因此许多知识分子都依附道教逃入道门，取得法律保护，并得到生活保障。道教因之在仪式上、经典上和艺术上都有较大发展。人数多，来源不一，头上巾裹也因之多式多样。据元、明间通俗读物《碎金》记载，道服中即有星冠、交泰冠、三山帽、华阳帽、漉酒巾、接䍦巾等等名目，必然具备不同式样。又元、明读书人戴的纯阳巾，也和道家传说吕洞宾有关系。有一种下加网巾的，还影响到明代巾裹制度。《绿云亭杂言》称："太祖初有天下，一夕微行至神乐观，见一道士于灯下结网巾。问曰：'此何物也？'对曰：'网巾也，用以裹之头上，万发皆齐矣。'太祖去。明日朝罢，有旨召神乐观昨夕结网巾道士来，至则命为道士。仍命取其网巾，至今遂为定制。盖自元以前无此也。"

明代"四方平定巾"、"六合一统帽"，和巾帽下拢发的"网巾"，三件事都和朱元璋传说有关。不一定全是真有其事，但时间一久，也就成为故事，载于史志流传下来了。

# 一三六　元代衣唐巾圆领服男子和齐膝短衣卖鱼人

图二〇〇　[元]唐巾、圆领衣贵族、仆从和齐膝衣卖鱼人(山西洪赵县广胜寺壁画)

据《永乐宫壁画》摹绘。

除卖鱼人外，五人穿戴元式唐巾及有衫领的宋式圆领服。靴子后跟附有一方不着色皮革，剪裁方法和唐代乌皮六缝靴略有不同，却和画迹中契丹女真常见靴式相通。五人衣着，从表面上看近于品级较低汉族文官，事实上或只是供使唤的奴仆，因为罗列了果酒器皿的大案旁，有一人端着个盘子，上叠酒杯数件，似正在执行任务。另一人则正用秤称鱼，画面反映得相当真实具体。卖鱼人巾裹草率零乱，和前面几人对比，面貌憔悴，神情枯萎，显明是善良纯厚的平民。五人虽衣冠整齐，面貌丰腴，神情间却见出一种家奴相。或是金、宋降官由于政权转移，地位下降，而在官府或新的蒙古贵族家中当差执役的。这从近年在库伦、宣化出土的辽墓大量壁画中的反映，也可得到进一步理解。因为内容相近画面，经常可以发现。如库伦辽墓出土壁画，在旗鼓前有五个穿宋式衣着的人物，品貌多如贵族端整，头上戴的典翅幞头，却在鼓吏地位上。旁一髡头契丹人，则手执一杖作监督状。另一轿旁，前后也有同样四个轿夫。曲翅幞头在宋代本为差吏装束。但这种差吏衣着显然和宋代无共同处。一般差吏例不留须，画中人则各有微须。宣化一辽墓壁画，且有一幅作案上罗列饮食器具，相当零乱，案旁有一组衣红紫各色汉人男女，站立作进食状。简报中以为反映的是民族融合情况，值得研究。若说是北宋降臣俘虏及其亲属，社会地位下降，转化为契丹、女真新兴贵族的家奴，在筵席散后收拾杯盘，或分吃残羹冷炙情况，倒比较合理。因为男女庞杂站立案边，不像正规赴宴。宣化辽墓出土壁画有一组乐部奏乐，前一人举手作舞容，和白沙宋墓壁画乐组大致相同。不同处只是白沙壁画乐部，分男女两部，显然近于职业性乐户，男性部分也由妇女扮演。宣化辽墓壁画乐组则均为男子，而衣红紫宋式高级官服，头上幞头虽为曲翅，但帽型则依旧是宋品官式样，非一般差吏乐人所能具。乐人面容端正，各有微须，靴式为乌皮六缝，也和衣着相称。幞头曲翅，却近似由铁制平直式临时扭曲而成。从各方面分析，所得结论都可以说是赵宋品官俘虏贬谪为临时乐部或职业性乐户结果。若以为反映了民族融合，似说不过去。

元蒙统一中国初期，政治上有意把人分为四种：一为蒙古人，二为色目人，三为汉人，四为南人。原因是南方曾坚持抵抗。不多久，又从职业安排上，把人分为九等，对读书人有意加以折辱压迫，放在乞丐、娼妓之间。随后明白这不是办法，才又假借尊崇孔孟，提倡礼乐，收买读书人，利用它来收拾民心，巩固其军事封建独裁统治。一方面却极端迷信，崇拜在佛教中也属于密宗的喇嘛教，奉之为法王，称为活佛。其次又迷信道教，称丘处机为活神仙，派人口传大量圣旨，保护道观及其一切财产，道教庙宇中多立碑刻石，任何人不得侵犯。道教因之能聚敛大量财富，建立了无数宏伟的道观，装金布彩，修饰得无比华美，永乐宫就是千万庙宇之一。壁画重点，主要在用极端荒唐夸张的方式，炫耀天宫的庄严与华丽。壁画中之一小角，恰恰反映到人间的点滴现实。

# 一三七　元裹巾子短衣草鞋渔民

图二〇一　[元]裹巾子、短衣裤、草履渔民(元唐棣《秋浦归渔图》)

据元人唐棣作《秋浦归渔图轴》影印本摹绘，原画现在台湾（图二〇一）。

唐棣在元代以山水画知名。作品经营布置，不落元四家俗套，还近宋人二赵院本画作风，设意十分周到谨严，用笔亦精。其中人物村舍、水竹林木，毫不苟且。本图中三渔人在画中原只占极小部分，也显得非常逼真，面貌性情、衣着器用，交代得都十分清楚。渔人衣着和常见元代劳动人民也完全相同。

图中主要渔具作三角形，俗称“撮网”，细竹篾编成，专用于溪河浅水中。渔人一面走动一面举网贴水底爬撮小鱼吓或田螺。所得商品价值不高，但积少成多，容易满足家庭食用需要。因此南方依山傍水人家，几乎每家必有这种轻便结实的渔具，挂于墙壁一角，随时可以使用。

# 一三八　元斗浆图

图二〇二　[元]裹巾子、齐膝短衣、卖茶汤小商贩(元赵孟頫《斗浆图》)

图二〇二采自赵孟頫绘《斗浆图》。

同画别卷有题元钱舜举作的。明丁云鹏、清姚文瀚都有覆本，内容大同小异。从衣着头巾及使用器物款式分析，可知原画必成于宋、元之际，不会再早也不可能更晚。近于《武林旧事》等记载南宋以来民间娱乐场所瓦舍前零售茶汤小商人样子。茶笼类多竹篾编成，宜为南方江浙情形。衣着巾裹则和近年山西出土元墓壁画几个厨师多相同。其显著特征，为巾子上耸而无一定规格。这也是元代一般特征。用于杂剧人，即所谓“诨裹”，以别于正式巾裹。近人有以为即“浑脱”，形状无共同处。

据《古杭梦游录》、《武林旧事》等叙南宋杭州茶坊种种，得知当时有“大茶坊”，张挂名人字画。在京师原只熟食店挂画，所以消遣久待也。今茶坊皆然。有“人情茶坊”，本非大茶坊为正，但将此为由，多下茶钱也。……可知当时南方大都市茶坊有各种各样。不仅有为富豪地主上层士大夫开设、内悬名人字画的雅座式大茶馆，也有为小行商贩和手工业者市民阶层聚会商谈生意的平民茶馆。图中的反映，无疑只是当时街头市集或瓦舍附近专为普通市民和小手工业者准备的。《梦粱录》称南宋杭州瓦舍共十七处。这种瓦舍大的能容千人，不论风晴雨雪，日日演出各种杂剧百艺。卷十六“茶肆”条、“酒肆”条、“分茶酒店”条、“面食店”条、“荤素从食店”条等关于吃食名目，种类繁多，难于计数。又“夜市”条称：“冬月虽大雨雪，亦有夜市盘卖。至三更后，方有提瓶卖茶。冬间，担架子卖茶。……盖都人公私营干，深夜方归故也。”“诸色杂货”条则提及早上有“卖煎二陈汤”，饭了有“提瓶点茶”的。这种为大都市底层人民服务卖茶汤的小商贩，由早上到半夜深更，都可以在街头巷尾发现。

但都市生活的发展实起于北宋，街头卖茶，日夜供应。《东京梦华录》卷五“民俗”条也就说到：“凡百所卖饮食之人，装鲜净盘合器皿，车檐动使，奇巧可爱。食味和羹，不敢草略。”“天晓诸人入市”条并说到：“每日交五更，诸寺院行者打铁牌子或木鱼，循门报晓，……诸趁朝入市之人，闻此而起。……亦间或有卖洗面水、煎点汤茶药者，直至天明。”

元代还把杭州称做“销金锅”，可知社会风气必然还未大变。赵氏生当宋元之际，久住杭州，对当时社会十分熟习，这种画正反映南方都市社会部分现实。衣着也和近年山西元墓壁画中厨师相近。由此得知，图中衣着形式在元代也具普遍性。

# 一三九　一组蒙古人乐舞俑

图二〇三　左、中：［元］头上尖顶笠子帽、身穿小袖短袍二奏乐蒙古族青年（河南焦作金墓出土）
右：［元］衣着似汉人唐式幞头、圆领服蒙古族男子（河南焦作金墓出土）

据河南元墓出土乐舞俑照（据最近报告，实金墓中物）。

这是一组蒙古人和汉人混合组成的乐舞俑。二奏乐青年衣着均为当时蒙族式样，头上尖顶笠子帽，身穿小袖短袍。其中之一的衣着，还近似元人特别重视流行的辫线袄子。这种腰部襞折加工方式，到明代前期帝王便服还经常使用。主要是伸缩性大，便于草原中驰骋。另外一个男子口吹唿哨，衣着近似汉人唐式幞头和圆领服。这人可能是汉人也可能是蒙古族，显然在表演宋代即已流行的杂剧百戏中“学禽鸟”艺人的姿态（宋墓陶俑早有出土）。如系蒙古族艺人表演，所学的还可能恰是蒙古族最熟习爱好的“白翎雀”清脆欢快的鸣声，而表演的也必然同是群众特别熟习的“白翎雀舞”曲——这自然只是一种假定，待更多地发现比较，才能进一步证实。

这一组元代陶俑，从出土文物角度说来，是一种新发现。若试用山西洪洞明应灵王殿元代壁画帐额题署“大行散乐忠都秀在此作场”字样壁画作比较，即可发现实无独有偶。那个壁画演出前列五人，虽符合元代杂剧演出制度，后排却还有两个戴盔、戴帽子人物。这一类帽子，蒙古族人经常使用，汉族人却少见。即或不属于正在演出的一剧中角色，从脸部化妆情形看来，却可肯定他们的演员身份。由此可知，这种“大行散乐”到处流动的戏剧班子，可能是一种汉蒙混合组织（见图二〇六）。在元代早期法律上，把蒙古族列为第一等，把读书人的位置放在乞丐、娼优之间。但时间稍久，由宋、金以来在瓦舍百戏杂剧可容纳千人观众的戏场，凡群众所喜爱的乐舞都得到热烈广泛欢迎。因此吹打弹唱各方面都出了许多高手名家。这些著名脚色，且经常进入宫廷演出。到金代诸宫调唱词盛行时，作者中即有女真人。元曲作者中，蒙古族人已更多。可见杂剧演出有蒙古艺人参加，实不足为奇。

# 一四〇　元男女俑

图二〇四　上:［元］笠子帽、交领小袖长袍蒙古族男仆陶俑（西安湖广义园出土）
下:［元］蒙古族男仆和结发、左衽上衣、长裙女仆陶俑（西安湖广义园出土）

西安湖广义园出土，现藏中国历史博物馆。

图中男女均穿宽大长袍，用带子束腰。女子衣左衽。男子两耳旁用发辫各结一环，额前垂发一小绺作成小桃子式，是元代蒙古族男子通常装束式样。统治者和仆从，区别不多。若和近年新出辽墓壁画额前复杂发式比较，则元代这一部分处理已极简化。

元代社会等级制度极严，反映到穿戴方面也用法律规定，区别限制格外苛细，不许随便。《元典章》卷五十八工部卷之一，就留下当时许多帝王口传圣旨，都是关于织造绸缎花纹禁令的。龙织五爪算犯罪。王公贵族，平时衣着多金彩辉煌，红紫照眼。照法律，五品以上官都穿紫花罗。一般下级官吏和当差办事人，却只许穿着棕檀色或其他暗色衣服，一般平民奴婢自然就更加无从穿红着绿了。至于特殊情形下的婢仆，事在例外，但身份还是极低。

妇女衣服在严格的等级制度下，尊卑贵贱也区别显明，惟式样却差别不大。合领左衽为定格，通名为袍。正如陶宗仪《南村辍耕录》卷十一说的："国朝妇人礼服，鞑靼曰袍，汉人（指居住北方的汉族）曰团衫，南人曰大衣，无贵贱皆如之。服章但有金素之别耳。惟处子则不得衣焉。今万户有姓者而亦曰袍，其母岂鞑靼与？然俗谓男子布衫曰布袍，则凡上盖之服或可概曰袍。"

男子公服俱右衽，戴舒脚幞头，下垂两带如匙头，向两旁分张，名"唐巾"。衣着花样名不相同，官大花朵大，官小只杂花、暗花。因袭金制大官衣红紫，典史等小官即只许穿檀色罗，平民相同。但平民究竟是个多数，既受法律限制，凡是鲜明彩色概不许用，因之染工特别发展了褐色，由银灰到黝紫，不下数十种，一直影响到明代。《南村辍耕录》卷十一"写像秘诀"中叙调和服饰颜色部分，罗列褐色名目就达二十种，有砖褐、荆褐、艾褐、鹰背褐、银褐、珠子褐、藕丝褐、露褐、茶褐、麝香褐、檀褐、山谷褐、枯竹褐、湖水褐、葱白褐、棠梨褐、秋茶褐、鼠毛褐、葡萄褐、丁香褐等不同名色。其他尚有毯子、杏子绒、毯绫、番皮、水獭毡等，也近褐色。照当时制度，图中男女衣着必然多是深暗色不加染的粗毛或布料子，一看即显明属于奴仆身份。

# 一四一　元墓壁画

图二〇五　［元］圆领长袍和高髻、短衣、长裙对坐地主夫妇及家属或仆从（平定东回村元墓壁画）

据山西平定东回村元墓壁画摹绘（图二〇五）。

图中反映墓主夫妇平居生活情况，一切还保留宋代制度，和白

图二〇五（续）［元］圆领衣、花围腰、用襻膊厨师（平定东回村元墓壁画）

沙北宋元符三年宗室地主赵大翁墓中浮雕加彩绘主题部分相同。惟男主人头上巾子作元式，各坐有靠背加靠垫椅子。案桌已加桌围，上置台盏及点心果盘。后立三男子，如非侍仆，即应是亲属子侄辈，各作宋式扠手示敬状，置手胸前。二妇女各捧化妆奁具及镜子，所衣旋袄较短，亦近宋式。一童子结发裹巾，余发向后散披，表示尚未成年，亦扠手示敬。上部悬挂绣花帷帐。这类写影，有可能系依据宋代旧本，所以除桌围外，形象与宋代墓中壁画大体相同。

图中的厨房部分为新发现。二厨师均衣染缬围裙，作撮晕格子花样。其中一操刀厨师，两臂间系有襻膊儿。在宋、元记载都市百工百艺条中，均提到修襻膊儿专业手艺人。宋人洪巽《旸谷漫录》中，且有厨娘使用银襻膊儿叙述。宋人绘《百马图》中铡草马夫劳动时也使用。这种保护衣袖辅助劳动的工具，既为宋、元劳动人民普遍使用，于是就有专业修理手艺人出现。

# 一四二　元人演戏壁画

图二〇六　［元］杂剧人和奏乐人戏装（赵县广胜寺壁画“大行散乐忠都秀在此作场”）

原画在山西赵城县广胜寺明应灵王殿内，曾影印于《山西文物介绍》一书。

前列演员五人，和陶宗仪《南村辍耕录》卷二十五叙院本演出用五角色制度相合，五人“一曰副净，古谓之参军。一曰副末，古谓之苍鹘，鹘能击禽鸟，末可打副净，故云。一曰引戏，一曰末泥，一曰孤装。又谓之五花爨弄”。但本图画中前列五人，却未必即指应有五角色。因院本发展名目至多，分“和曲院本”、“上皇院本”、“题目院本”、“霸王院本”、“诸杂大小院本”、“院幺”、“诸杂院爨”、“冲撞引首”、“拴搐艳段”、“打略拴搐”、“诸杂砌”等等。子目且不下数百。有人以为此画所表现的必系演出某则戏文，这种意见似可商量。角色衣着，正中主角近女扮男装，穿宋式圆领大袖红色宽衫官服。另二角色则穿宋式直掇，其他时代早晚不一。《元典章》卷二十九“贵贱服色等第”条下记载：“诸乐艺人等服用，与庶人同。庶人不得服赭黄，惟许服暗花纻丝、丝绸、绫罗、毛毳。帽笠不许饰用金、玉。靴不得裁治花样。首饰许用翠毛，并金钗、钍各一事。惟耳环用金珠、碧甸，余并用银。”这指的多是平时服用最大限度。多数平民，是不可能穿戴得这么讲究的。但“乐艺人”条目下，却又注明“凡承应妆扮之人，不拘上例”，穿红着绿，不算犯禁。这也是历史习惯沿用宋代法令而来。

至于画中后排几个戴笠帽的乐师，如照身份，只能穿各种檀褐色。画作黄绿，应当是壁画匠师受颜料限制，求画得美观一些，否则便算是违法犯禁。因照元代法律，不入流官吏也只许穿檀褐色。后面帐子所绘，周贻白先生以为是“英雄武士与龙搏斗”，私意应是周处斩蛟“除三害”故事，也即宋、元剧目之一，是当时人所熟习题材。

画上横悬一帐额，题名书作“大行散乐忠都秀在此作场”，表明系当时一种制度。著名京师班子名演员进行演出，必甩出主要人物名色，吸引来自四方的观众。“忠都秀”当为一著名女艺人，即宋代所谓“行首”，应即正中扮官员装孤的一位。元代女乐伎多喜用“秀”字自称，有出人头地意。见于元人著《青楼集》中，即有“珠帘秀”、“赛帘秀”、“顺时秀”、“梁园秀”、“曹娥秀”、“小娥秀”、“天锡秀”、“李芝秀”、“翠荷秀”等等。在戏文中为主角，在同伙中是领袖，在群众心目中则为名演员。正如北宋时汴梁的“丁都赛”，是由宫廷到民间的知名人物，在《东京梦华录》里列在为当时著名六歌女之一。所以河南偃师酒流沟宋墓出土大型刻印砖上就还有个年事极轻戴花歌女，右边印有楷书“丁都赛”名姓（见图一七三）。

# 一四三　元代帝后像

图二〇七　左：［元］戴暖帽、垂辫环、着一色服（只孙服）皇帝（元世祖忽必烈像，南薰殿旧藏）

右：［元］戴真珠饰罟罟冠、纳失石金锦衣缘皇后（元世祖后彻伯尔像，南薰殿旧藏）

元世祖忽必烈像，原画藏中国历史博物馆。

忽必烈穿白衣，戴银鼠暖帽。照元代制度，这种皮暖帽是应当配合银鼠袍、银鼠比肩同穿，属于帝王大朝会只孙（或作“质孙”）冬服十一种之一，且是最重要的一种。照《马可波罗游记》所述，元统治者每年必举行大朝会十三次，统治者和身边有爵位的亲信大官贵族约一万三千人，参加集会时必分节令穿同一颜色金锦质孙服。并且满身珠宝，均由政府给予。按时集中大殿前，用金杯按爵位或亲疏辈分进行酒宴，金紫照耀。最高统治者身上珠玉装饰，特别华美。

元代衣服式样，在北方男女上下区别并不大，通名为袍，但是用的材料精粗贵贱，却差别悬殊。高级大官服多用红彩鲜明织金锦，且沿袭金代制度，从花朵大小定品级高低，下级办事人只许用檀褐色罗绢。平民一般禁止用龙凤纹样，禁止用金，禁止用彩。正规法令且说只许用暗色纻丝。另外至元二十二年（公元 1285 年）禁令中，曾提到“凡乐人、娼妓、卖酒的、当差的，不许穿好颜色衣”（指平时）。又元贞元年（公元 1295 年）禁令中，则指明柳芒绿、红白闪色、迎霜合、鸡冠紫、栀子红、胭脂红六种颜色不许使用，不许织造。至于其他倒像比宋代有关颜色禁令忌讳还稍少些。事实上犯禁的和历代情形相同，还多是贵族官僚特权阶级，和依附政权统治势力下的各种爪牙。大多数平民，不是奴隶也多属于半奴隶状况，生活无不十分贫困，只能穿本色或深暗色麻棉葛布或粗绢绵绸，其他即许可穿也穿不起的。

至于贵族官僚，必满身红紫细软。帝王且更加穷奢极欲，除彩色鲜明组织华丽的纳石失、绿贴可波斯式金锦外，还有外来细毛织物速夫（即琐伏）及特别贵重难得的紫貂、银鼠、白狐、玄狐皮毛等。并在衣帽上加金嵌宝，更讲究的且全用大粒珍珠结成。对于平民或其他人，另外却用种种苛刻禁止法令，穿戴一出范围必受重罚。《元典章》中，就有许多十分荒谬记载。例如一个工人为皇帝做了顶新帽子，就不许给任何人再做，做了即犯杀头重罪。大德元年（公元 1297 年）利用监司官承直传说：“成上位新样黑羔细花儿斜皮帽子一个，进献上位看过。钦奉圣旨，今后这皮帽子休做与人者。与人呵，你死也！”又大德十一年（公元1307年）：“道与马家奴，……金翅雕样皮帽顶儿，今后休教做，休交诸人带者。做的人，根底要罪过者。带着的人，根底夺了，要罪过者！”至大元年（公元1308年）：“这个缝皮帽的人刁不剩，驸马根前，我的皮帽样子，为什么缝与来么？道，今后我带的皮帽样子，街下休交缝者。这缝皮帽的人，分付与留守司官人每，好生街下号令了呵，要罪过者！”由后一条可知，若不得许可，即近亲如驸马，也不许随便戴它。缝帽子的也算犯罪，一个大皇帝对帽子这样重视，真是历史上少有的事。

照史志记载，皇帝本人却有各种各样的帽子，一律用精美珍贵材料作成，上加贵重珠宝装饰，和衣服相配，应节令随时更换。遇他高兴时，也随时会赏给亲信宠臣。如天子只孙冬服十一等，即有金锦暖帽、七宝重顶冠、红金答子暖帽、白金答子暖帽、银鼠暖帽。夏服十五等，有宝顶金凤钹笠、珠子卷云冠、珠缘边钹笠、白藤宝贝帽、金凤顶笠、金凤顶漆纱冠、黄雅库特宝贝带后檐帽、七宝漆纱带后檐帽。帽上多镶珠嵌宝。宝石则分许多种，红的计四种，绿的计三种，各色鸦鹘（即鸦库特）七种，猫睛二种，甸子三种，各有不同名称出处。赏赐亲信宠臣的，照虞集《道园学古录》卷二十三记载，即有金貂裘帽、珠衣珠帽、盘珠金衣、玉顶笠、大宝珠衣、盘珠衣、和尚服七宝笠，又七宝笠、珠帽各一（因为既迷信佛，又迷信道）。另外一个道士，也送了个七宝金冠，配织金文锦衣服，供作法事用。并送了三百个黑貂做衣，缕金锦作衣边。奢侈靡费，在历史上也是少有的。

元世祖后彻伯尔像，南薰殿旧藏，原画在台湾。本图妇女戴的是高高上耸帽子，名“罟罟”、“顾姑”、“姑姑”，或其他音同字异

插图一三五·敦煌壁画元代戴罟罟冠供养人

名称，都指的是这种式样特别的帽子。在当时，是有爵位的蒙族贵妇才能戴它的。叶子奇《草木子》记载："元朝后妃及大臣之正室。皆戴姑姑,衣大袍见（见插图一三五）。其次即戴皮帽。姑姑高圆二尺许。用红色罗，盖唐金步摇冠之遗制也（事实上唐代金步摇和这种罟罟冠无丝毫相同处）。"

孟珙《蒙鞑备录》说妇女"往往以黄粉涂额，亦汉旧妆"，"所衣如中国道服之类。凡诸酋之妻则有顾姑冠，用铁丝结成,形如竹夫人,长三尺许。用红青锦绣或金珠饰之。其上又有杖一枝，用红青绒饰之。又有大袖衣如中国鹤氅,宽长曳地，行则两女奴拽之"。李志常《长春真人西游记》也说及："妇人冠以桦皮，高二尺许，往往以皂褐笼之，富者以红绢。其末如鹅鸭，故名'故故'。大忌人触，出入庐帐须低徊。"

从元人图画中反映，还有于姑姑上插一锦鸡尾的。彭大雅《黑鞑事略》更有较详细的记载："故姑之制，用画（桦）木为骨，包以红绢，金帛顶之。上用四五尺长柳枝或铁打成枝，包以青毡。其向上人（指高级贵族）则用我朝翠花或五彩帛饰之，令其飞动。以下人则用野鸡毛。”杨允孚《滦京杂咏》自注：“凡车中戴固姑，其上羽毛又尺许，拔付女侍手持对坐。虽后妃驭象亦然。”据记载中不同形容，得知制作这种形制特种的妇女冠子，或用东北产的桦木，或用铁，外糊绒锦，饰以珠玉。越富有，装饰也越讲究。上边的翠花羽毛，在车中且得拔下，由女婢手持。至于有资格使用，但是经济较困难的人，也有只用粗毛织物糊成的。

# 一四四　元代行猎贵族

图二〇八　［元］着紫貂缘领银鼠裘皇帝和引弓、臂鹰、执矟行猎随从
（《元世祖出猎图》）

或题作《元世祖出猎图》，原画在台湾。

画中作雪后冬晴，一衣着银鼠裘贵族和几个亲信骑从，臂鹰控弦，在山野间猎取天空飞过雁群情形。

元代贵族在南方作官的，前后约一世纪中多逐渐习于南方官僚地主文化生活，附庸风雅，饮酒赋诗，弹琴习画（衣着形象当如《饮膳正要》图中所见）。在北方的，还不完全废弃游牧生活习惯，和辽、金时期情形相似，特别是帝王贵族，秋冬之际，照传统方式，必外出射猎。既具有节令性的游乐活动，兼有锻炼体力熟习骑射的用意。官府也加以提倡，十分重视。《元史·兵志》“鹰房捕猎”条说，打捕鹰房人户，共有四千四百二十三户，分配于益都等四处（且有远在云南的）。所以《马可波罗游记》中说，相距四十天路程。叶子奇《草木子》叙及仅官府养鹰，“打捕鹰坊万户府，岁用餧养肉三十余万斤”。其他装备种种以及路上来回，费用之大，可想而知。

《马可波罗游记》八十九、九十两章，都涉及当时政府按节令出行大猎的种种情形，提到管理大猎犬一万只。计二万人，分成两队，一队红衣，一队蓝衣。又有打捕鹰人一万，携带有雄猛贵重的海东青鹰五百只，还有驯服过的狮豹参加狩猎活动。另用一万人守卫。皇帝坐于特制大木楼上，内用织金锦及貂皮、银鼠皮等装饰，外覆狮子皮。四大象抬木楼前行。场面壮观，未亲眼看到，决不信世界上有这种事。至于这种大猎浪费人力物力，正如《蒙鞑备录》所说：“生长鞍马间，人自习战，自春徂冬，旦旦逐猎，乃其生涯。”其大行猎格外铺张。《黑鞑事略》说：“凡其主打围，必大会众，挑土以为坑，插木以为表，维以毳索，系以毡羽，犹汉兔罝之制，绵亘一二百里间。风飏羽飞，则兽皆惊骇而不敢奔逸，然后蹩围攫击焉。”材料一部分则取自人民，致当时民间所有乘马都不得不剪去鬃毛上缴供大猎用。真是一人取乐，万民遭殃，也是历史上少有奢侈靡费事情。

本图系王族平常一般个别外出狩猎时情形，穿的似为银鼠裘

（或称“罽子裘”），领袖用紫貂或玄狐缘边。其余随从，应分是毛布类棕暗色料子。元代政府对于中下层官僚及平民衣着使用材料颜色都有严格法令规定，俱载于《元典章》。而高级统治者，穿着却特别奢侈华丽，不受任何拘束。除在全国范围内有条件地区设置“染织提举司”，集中织工，大量织造纳石失金锦，作衣服和日常生活中的帷幕、茵褥、椅垫、炕垫外，至于军营中帐棚，照《马可波罗游记》所说，当时也是用这种织金锦缎作成，延长到数里的。皮毛中则尚银狐、猞猁、银鼠、紫貂。不仅男子帽子和妇女的罟罟冠上加有大量珠玉宝石，衣服也必用珠玉装饰。讲究的皮毛衣服价值千金，珠宝衣就难于计价。这样特制衣服，帝王在大朝会、只孙宴或有事出行时必穿上。《元史·舆服志》对只孙宴特用衣服有较详叙述。虞集《道园学古录》记载，有可补《元史·舆服志》不足处：“只孙者，贵臣见飨于天子则服之，今所赐绛衣也。贯大珠以饰其肩背膺间。首服亦如之。副以纳赤思（即纳石失）衣等七袭。纳赤思者，缕皮传金为织文者也。”末语说“缕皮传金”，照理应当是羊皮金的作法，但不一定可靠。因据较后羊皮金作法，多系于三四寸大方片薄羊皮上贴金箔，只宜于剪取作衣帽沿边应用。且皮质极韧，不可能切成延长二尺许头发般细丝。不过由此可以得知“纳石失”译意虽为波斯金锦，本来似应为捻金。惟元代织造这种金锦却必是缕金，而不是捻金，是宋代以来的旧有明金、缕金作法。这点认识十分重要，因为有助于我们对大量生产约一世纪特种金锦“纳石失”的用料和花纹发展的研究。现存元代金锦宝物虽不多（近年新出实物似只北京一佛像腹中一织金云肩），而明代附于正统刻《大藏经》金锦封面常以万计，绝大部分却是缕金，以纹样奇异织金锦而言，不下千百种，花样都有可能本来出于元代织工，或部分即成于元代织工之手，到明代加以处理改作经面的。

漠北苦寒，元本辽、金旧俗，利用皮毛时间较多。应用情形也和锦缎相似，除衣服外许多用具上都使用到。大毛类重银狐、猞猁、小毛类重银鼠、紫貂，其余不下数十种。住居北方部落每年纳贡，因此也常用貂皮作为一种计数折价单位。《元典章》卷三十八兵部五“皮货则例”上面就提及各种兽皮和貂皮折算比例。且分原来旧例和“利用监新例”。其中以虎皮折例最高，能折貂皮五十张。其次是金钱豹皮，折貂皮四十张。狐皮最低，只折合貂皮两张。“利用监新例”中，则花猫、香獐、青獭、竹狸、獾子、水獭等二十二种中小兽皮，均只能折合貂皮一张。可知貂皮比价已日趋贵重。而当时行军大帐幕，能容千人，里面多用貂鼠银狐铺垫，外面还用织金锦缎覆盖，堂皇壮观，稀有少见。

奢侈靡费的贵族衣着，应用华美金锦和珍贵皮毛尚不满足，还必加些金珠宝石。宝石应用于元代贵族头上身上既日益广泛，因之种类也极多。贵重难得的价值格外高。有许多还是海外各国来的。如《南村辍耕录》卷七“回回石头”条即叙述到，大德间，一块嵌于帽顶重一两三钱的红宝石，估价就值中统钞一十四万锭。当时叫宝石名“剌子”，红色计四种，有“剌”、“避者达”、“昔剌泥”、“苦木兰”等名称。绿色的有“助把避”、“助木剌”、“撒卜泥”三种。又有名“鸦鹘”的，计有“红亚姑”、“马思艮底”、“青亚姑”、“你蓝”、“屋扑你蓝”、“黄亚姑”、“白亚姑”等。猫睛（即猫儿眼）也分“猫睛”、“走水石”两种。甸子（松绿石）则分地区，回回甸子名“你舍卜的”，河西的名“乞里马泥”，襄阳变色的叫“荆州石”。其中部分宝石，显明是海外产品，来源不外三种：掠夺、收购和贡献。

明、清两代统治者还特别重视“祖母绿”和“猫儿眼”及红蓝宝

插图一三六 ·《事林广记》中元人《马射图》和《步射图》

石，大量应用到衣帽、带板以至于鞍具上。部分是接收下的，部分是外来进口的（最贵重的祖母绿宝石，照明代记载折价“四百换”，即一两重宝石换四百两黄金。所以直到南明时，还有一皇后的镶珠嵌宝金冠需二万两银子的记载）。

插图一三六为元人练习马射步射情形。图中人戴笠子帽，衣元蒙族所习穿的辫线袄子，近于一个专业武术教师。宋、金以来，照史志记载，攻城溃敌已大规模利用火炮作主要武器。即元蒙追击女真军队，在开封最后一次歼灭战，也是利用强烈火力致胜的。但野战驰逐，蒙古军队在世界各国大规模进行军事活动，总还是依旧以骑射为主力。因此人习骑射，作将帅的更不能不精通射诀。本图载于当时通俗读物《事林广记》中，附以简要说明，作为示范引例，有一定重要性。因直到清军入关，虽火器已发展到无坚不摧，西北边缘地区许多有名战役，射骑还起决定作用。直到 19 世纪，凡应武考，步射、骑射还是必修科目，锻炼勤苦并不下于读四子书作八股文的秀才。

# 一四五　元敦煌壁画行香人

图二〇九　左：［元］垂辫环、交领小袖长袍行香蒙古贵族（安西榆林窟壁画）
中：［元］罟罟冠、交领长袍行香蒙古贵族妇女（安西榆林窟壁画）
右：［元］笠子帽、云肩、交领长袍二行香蒙古贵族（敦煌三三二窟壁画）

男戴宽檐笠子帽，红袍服，有的上加帔子，还如西夏人装扮。女戴罟罟冠，长袍垂绶。壁画一般只着红色，无花朵。特种衣服衣缘必加金，壁画中表现不明显。这只是当地中小贵族进香人一般衣着。

元代丝绸特征是缕金织物的大量应用，纱、罗、绫、縠无不加金。元代人叫织金锦为“纳石失”（或“纳赤思”），意即波斯金锦。若据《何稠传》记载，则隋代织工已能织造，还比波斯织的更好（唐代因印绘金银技术流行，丝绸加工织金技术并无进展）。因此技术传授，自宋代以来即早已为川蜀工人所掌握，缕金、捻金织物便有许多种。技术似仍以北方回鹘织工成就为重点。据洪皓《松漠纪闻》述叙，捻金技术是“入居秦川为熟户”的回鹘和汉人通婚子弟世传织工所熟练。所以到金代兼并淮河以北土地百多年中，缕金，捻金织物均大量发展。元代照金朝制度，衣着材料用花朵大小定官品尊卑，三品以上大官绸缎花朵五寸大，以次递减。西北各处设有染织提举司监督生产，需要量益多，帷幔、帐篷也照例。明代织金串枝花缎式样特别多，即大多由元代旧样发展而出。

当时四川成都还是彩锦的生产区，据元人戚辅之作《佩楚轩客谈》有十样名锦流行，名目为“长安竹、天下乐、雕团、宜男、宝界地、方胜、狮团、象眼、八答韵、铁梗蘘荷”，通称“十样锦”。这些高级丝织物，大多还是宋锦旧有名目，而且于明代实物中还可发现继续生产的。

元代印花丝绸也流行，单色染和多色染计有九种，备载于《碎金》“彩色”篇中，名目有“檀缬、蜀缬、撮缬、锦缬、蛮儿缬、浆水缬、三套缬、哲缬、鹿胎斑”。具体内容明人就已不明白。明代杨慎《丹铅总录》称：“元时染工有夹缬之名。别有檀缬、蜀缬、浆水缬、三套缬、绿丝斑缬诸名，问之今时机坊，亦不可知也。”杨慎在明代以多闻博识见称，机坊则掌握生产技术，且保有大量花板。据此，可知到明代中期以后，这九种印染丝绸加工技术或已失传。失传原因：一、装花彩缎提花工艺有了改进，二、棉布加工已扩大范围，药斑布、浇花布（即浆印蓝花布）的兴起于松江、苏州，加工技术简单，且蓝色最容易在棉布上加工，不久就影响及全国，有一定关系。但部分技术其实尚保存于边远地区，如藏族氆氇，除提花作不固定的五彩斑斓图案，呈霞纹样，还采用唐代以来绞缬染法，以红、紫、黄各色作撮晕花样或十字形图案为主调。苗族印花布还保存唐代以来蜡染法，以蓝地白花为主调，也还在继续应用，却换了新名目的，如清初的"弹墨"，《红楼梦》中就常提起过，且有实物保存于故宫，是用喷花加彩法作成的。如出于元代九种染缬法中，则原名或应为"三套缬"。

元代法律制定，小官吏和平民只许穿棕褐等暗色，正由于禁令限制，反而促使广大劳动人民就地取材，创造了种种不同褐色。当时高级丝绸是红色，名目不过九种，有的还只限于妇女和儿童使用。褐色却达二十余种之多。《碎金》中即载有"金茶褐、秋茶褐、酱茶褐、沉香褐、鹰背褐、砖褐、豆青褐、葱白褐、枯竹褐、珠子褐、迎霜褐、藕丝褐、茶绿褐、葡萄褐、油栗褐、檀褐、荆褐、艾褐、银褐、驼褐"。陶宗仪《南村辍耕录》则记载有二十种褐彩配色法。元人叙绘事和明人著《多能鄙事》，并留下当时染这些不同褐色的原料和加工过程，都十分重要。褐色品种增多后，元代帝王衣着，也不能不破例，有不少是用褐色的。

元代纺织物名目，缎匹中（包括衣料）有纳石失、青赤间丝、浑金搭子、通袖膝襕、六花四花缠项金段子、暗花细发斜纹、衲夹、串素、苎丝、毯子（即毛段子）、紫茸、兜罗锦、斜褐、剪绒段子、绒锦、草锦、克丝作、縠子、隔织、克丝。罗有御罗、嵌花罗、番罗、素罗、三梭罗。纱有密娥纱、夹渠纱、观音纱、银丝纱、鱼水纱、三法纱、金纱、花纱、绒纱、挑纱、土纱。绫有大绫、小绫。绸有攒丝绸、乱丝绸、绵绸、水绸。绢有南绢、北绢。布有毽丝布、铁力布、葛布、蕉布、竹丝布、生苎布、熟苎布、木棉布、番绵布、土麻布、綦布、草布。布类许多品种多出于边远地区诸兄弟民族工农妇女手中，精美的货币价值并不下于高级锦绣。

毛织物中也有加金的。毛织衣料或帐褥料子，如洒海拉、速夫（即明代琐服），有来自西藏、新疆一带地区生产，也有的来自海外波斯及阿剌伯诸国。为上层社会所熟习爱好。有的还指明天子某种衣服，必用这种特别贵重精美材料。可以推想工艺水平必相当高，且十分珍贵。这些外来物多属于毛纺剪绒类，《格古要论》和其他明人记载多有说明。

元代因统治者生活还保留部分游牧民族习惯，出行避暑、狩猎、作战、会盟，还必设营帐露宿，毛纺毡毯利用率还极高。宫廷中用毡毯类即有数十种，它的名目、作法、使用染料，都有一定制度。元《经世大典》中有个《大元毡罽工物记》，内容就记载得极其详细。据《马可波罗游记》，元代帝王出行远征或狩猎，宿营大毡帐有能容纳千人的。

# 一四六　元代玩双陆图中官僚和仆从

图二一〇　[元] 露顶、垂发辫、圆领或交领长袍、玩双陆蒙古族官吏和戴笠子帽仆从（元至顺刻本《事林广记》插图）

取自元刻《事林广记》续集卷六插图。

两个元官正玩双陆。这种博具唐代即流行民间和宫廷。在日本正仓院还藏有极其完整用象牙染红细雕龙凤装饰图案的博具，和制作精美镶嵌花纹素木作成的博局。唐人画迹中则尚有玩双陆图。到元、明且有种种不同玩法（如大食双陆则就地作局），至今还留下些用象牙或硬木作的博具。宋代龙泉青瓷有如棒槌式花瓶，形如双陆博具的，即名“双陆尊”。叶子流行后，玩法才逐渐失传。但故宫还保存了些清初实物和棋局，可知在宫廷中还曾流行，和围棋并存。本图一官僚跷腿坐式也属典型元式。三个仆从奏乐，种种布置，都近似一个中级官僚日常生活情况。元代习惯上下平时衣着式样，区别并不大，等级区别在衣着材料颜色和花纹，沿袭金代制度小有变通，详载《元史·舆服志》及《元典章》。大官着纱罗，红紫为上，青绿居中，檀褐属下级，差役、百姓只许暗花杂色。随便用金或龙犯大禁。官大衣料花朵也大，除衣用还包括幄帐茵褥。官小花小，或无纹罗或芝麻罗。因此上街出门，对于迎面来人，即不另具代表官阶的仪仗队伍，身份地位还是可一望而知。但自然也有例外，即歌伎乐人在应公差演出时，衣着不受限制，法律中早有明白规定。

元代中小官僚平居宴会也必奏乐曲，常用曲牌名目，详陶宗仪《南村辍耕录》。朝廷特别宴会，则《马可波罗游记》有记载可参。宫廷大宴会，有集中六千到一万二千男女贵族大官进行的，此外不能参预的贵族和各国朝贡的使者，在附近齐集且达数万人。

本图中官员一戴四方瓦楞帽，用细藤和牛马尾作成，这种帽子南北近年均有实物出土，保存得还相当完整。发式为一般蒙古式，两旁结辫垂环，额前垂一小绺短发作成桃子式，前后约流行百年不变。另一结发，一辫后垂比较少见，但郑所南《心史》也已经提起过，原为女真式一种，即后来清入关前后金所依据。元代巾帽除笠子帽属元官，其余南人平居，唐巾、宋巾杂用限制不严，名目甚多，事详载叶子奇《草木子》一书中。至于蒙古贵族，则对于发式特感兴趣。《蒙鞑备录》说：“上至成吉思汗，下及国人，皆剃婆焦（即跋蕉，亦即《心史》所说‘不浪儿’），如中国小儿留三搭头，在囟门者

1

2

3

插图一三七·元代帝王像发式

1：元太宗像

2：元成宋像

3：元仁宗像

稍长则剪之，在两旁者摠小角垂于肩上。”《长春真人西游记》亦说：“男子结发垂两耳。”其实当时头上一般多结环垂耳旁，多少不等。发式花样还相当多，详载于《净发须知》一书中称引《大元新话》的叙述：“……按大元体例，世图改变，别有数名。还有一答头、二答头、三答头、一字额、大开门、花鉢蕉、大圆额、小圆额、银锭、打索绾角儿，打辮绾角儿、三川鉢浪、七川鉢浪、川着练槌儿。还那个打头，那个打底；花鉢蕉打头，七川鉢浪打底；大开门打头，三川鉢浪打底；小圆额打头，打索绾角儿打底；银锭样儿打头，打辮儿打底；一字额打头，练槌儿打底。”（由清代吴铎辑《净发须知》下卷摘引）

记载中很多都是当时理发业专门行话，时代相隔过六七百年，已不容易具体明白。但若结合当时画塑印证，部分式样还是可以弄清楚。例如“鉢蕉”当即宋人“博焦”，即“鹁角儿”。如宋人《婴戏图》中“一把抓”式样。“绾角儿”应即“丱角儿”，晋代《女史箴图》、《竹林七贤图》、《北齐校书图》，都可发现，大人便装也应用。龙门石刻《帝王行香图》黄门内侍有些发展，作成各式各样，唐、宋已简化，元代成为道童习用。“鉢浪”当即“博浪”，近代货郎摇的冬冬鼓槌子式，或三或七指数目而言。小孩子一二三为常见。郑所南《心史·大义略叙》：“三搭者，环剃去顶上一弯头发，留当前发，剪短散垂，却折两旁发，绾两髫，悬加左右肩衩上，曰‘不浪儿’（即博浪儿）。言左右垂髫，碍于回顾，不能狼顾。或合辮为一，直拖垂衣背。”如三川、七川系波浪发式形容，也有出土元俑可证。“银锭”当即晚唐以来侍女常用式样，梳于两侧，系双环中间束紧而成。“打辮儿”，即《心史》所说合辮为一。亦即本图中官员长垂背后一式，和后来清代式样已相近。“大圆额”、“小圆额”明指额前部分，在元代画塑中由帝王到平民，都可发现那么一绺短发，具种种不同式样，显然在当时是各有专名的（见插图一三七）。由此可知，这个记载叙述实包括社会各阶层男女老幼发式。只概括成几句口诀，事实上真正流行式样还不止这些的。

# 一四七　元饮宴图中官僚和仆从

图二一一　［元］四方瓦楞帽、披肩、交领长袍、坐栲栳圈交椅蒙古族官吏和敬酒、奏乐仆人（元至顺刻本《事林广记》插图）

取自元刻《事林广记》前集卷十一。

官吏衣着和前图多相同。图后原文附有当时待客敬酒仪式三种，一、大菜饭仪，二、把官员盏，三、平交把盏。据此可以明白本图反映元代中层阶级生活背影。本图中似包括有几种不同内容，主要近于第二种。

“凡大筵席茶饭，则用出桌，每桌上以小果盆列果子数盘于前，列菜碟数品于后。长筋一双。厅前用大香炉花瓶居于中央，祗应乐人分列左右。若众官毕集，主人则进前把盏。客有居小者，亦随意出席把盏，凡数十巡，方可献食。初巡则用粉羹，各位一大满碗。主人以两手高捧至面前，安在桌上，再又把盏。次巡或鱼羹，或鸡鹅羊等羹（随主人意），复如前仪。三巡或灌浆馒头，或稍卖，用酸羹或群仙羹同上。末巡大茶饭用牛、马，常茶饭用牛、猪、鸡、鹅等，并完煮熟，以大桌盛之，两人抬于厅中。有梯己人则出剜肉。凡头牲，各分面前头、尾、胸、肤献于长者，腿翼净肉献于中者，以剩者并散与只应等人。厅上再行劝酒令熟醉，结席且用解粥讫。客辞退，主人送出门外。”

把官员盏则为一人持酒瓶居左，一人持果盘居右，并立主人之后。主人劝酒必先尝看冷暖，再斟满跪献。还得说：“小人没甚孝顺官人，根底拏一盏淡酒，望官人休怪。”由于主人身份较低，恭敬无所不至。

关于菜名配料作法及农产品名目，记载较详细的，有元人作《饮膳正要》，还留下不少可供研究材料。书中衣着部分，反映的却近于平居士大夫所常用。如圆领比较宽博，而交领敞开。和本图所见少共同处。又《事林广记》图中，尚有元人踢球图，作三人交互用脚踢球，另有仆从手执黏竿捕鸟，衣着与本图大同而小异（见插图一一六）。元人喜踢球，妇女也有玩的。元人辑《太平乐府》有元人咏女校尉踢球曲子，形容尽致。妇女打马球实本于北宋，《东京梦华录》中就有叙述。至于传世故宫旧藏《唐明皇击球图》，且有杨贵妃出场。或传为北宋李公麟笔，或以为实元人作。又另一打马球图，有乾隆题作“唐明皇击球”，产生时代必更晚。人的衣着、马的装备均失制度。行笔极细，近于明、清人手笔。

# 一四八　明代农民牧童和工人

图二一二　［明］斗笠、短衣、短裤农民和披蓑衣牧童（明刻版画《孔子圣迹图》）

图二一二、二一三据明万历刻《孔子圣迹图》摹绘。

图中农民大人、小孩多戴斗笠。大人穿交领短衣，裤只齐膝。牧童披蓑衣。关于农民衣帽使用材料，明初就有规定，洪武十四年（公元1381年）令："农衣绸、纱、绢、布。商贾止衣绢、布。农家有一人为商贾者，亦不得衣绸、纱。"这种政治上的重农抑商，还是遵循汉以来政策。就法令表面看来，明代农民政治地位，是较高于商贾的。事实上农民能穿绸、纱、绢的可并不多，绝大多数农民只能着麻棉布衣。商人寄食于大都会和州县镇集上，实际生活比较高，远比农民富裕，有条件穿得好些。农民在棉布大量生产以前，主要是穿麻葛植物纤维织物，染色也限于黑、蓝或褐色的。

关于头上戴的，明初虽已规定四方平定巾和六合一统帽为一般

图二一三 ［明］裹巾子或束发、短衣、短裤挑土、打井、伐木工人和猎户（明刻版画《孔子圣迹图》）

庶民通用，农民却不在内。大量图像反映，农民除椎髻露顶，结束还多近元式，有的虽使用巾子，也只束发而不裹头。笠子式样倒不少。本图中四种就各有不同。原来农民戴笠子，洪武二十二年（公元1389年）也有过法令规令："农夫戴斗笠、蒲笠，出入市井不禁。不亲农业者不许。"就本图和其他图像中农民头上斗笠看来，形式还和明代帝王便装头上物相近，但材料区别显明极大。由法令得知，笠子在明代初年远近于为农民专有物，上城市不受限制。但非参加农业生产的却不许可随意戴它。表面对农民表示尊重，事实上却是一种限制。

法令不久就失去作用，因为不仅退职官僚和在野的知识分子（从图像反映）戴笠子的已不少，还有退职闲居官僚的行乐图，也以扮成农夫、渔民为乐。事实上这些人多系财主员外，闲居纳福，并不亲事农耕的。真正的农民却长年在田中日晒雨淋，永远不会得到这种闲适。到明末清初，不作官的知识分子、学者诗人，又或以剃发为耻，或以野老自居，游山玩水，冬则戴大风帽或裹幅巾，如宋人所谓"重戴"。其余时节多戴尖顶阔边笠子帽，如传世赵佶作《雪渔图》中渔翁及图画中严子陵神气。在当时同样有政治上"不臣于清"的涵意。即帝王中康熙、乾隆行乐图，也常戴尖顶笠子帽，穿大袖子道服，着草鞋、蒲鞋，扮成野老采药看田的。图中挑土和打井工人部分衣领和襟袖还加边沿，元代以来常见。结巾无一定式样。下井工人即椎髻，为便于劳动，上身且不穿衣。

本图中工人和农民衣着上的差别，并不能表明身份，甚至于不能完全表明时代。主要原因是这类历史故事画多有所本，有的或依据宋、元旧本翻刻，有的新增，时间非一时，画手非一人，所以内容常不统一。例如明代弘治刻本的李孝美《墨谱》中，制墨工人由上山伐木，到烧烟、蒸料、……一系列生产过程，全部都作元代中下层官吏装束，载方楞细藤帽，着合领长衣，下角提起扎于腰际，一切都属于元式。明刻《便民图纂》诸图，却取自南宋楼琦《耕织图》，而《天工开物》诸工人，因成于晚明，又全部裹明式网巾。这些不同形象，事实上在明代社会也共同存在，惟不一定是同一时候、同一地区或同一行业。因此谈衣着种种，特别是平民或劳动人民的衣着发展，只能就大体相同而言，不宜以一概全。以墓葬中土木俑为例，往往时代交错重叠，或由于社会习惯，或加有政治原因，在出土物中，常有前一王朝或更早一代的材料并存。时代的可靠性，无例外只是相对的。

# 一四九　明皇都积胜图所见各阶层人物

图二一四　［明］裹巾子或束发或戴斗笠的劳动人民和骑马背负圣旨的官吏（明人绘《皇都积胜图》）

据明人绘《皇都积胜图》摹，原画藏中国历史博物馆。

图卷用明代北京宫城前沿及前门大街一条中轴线大道作主题，彩绘市容和各阶层人物形形色色。背影有相对现实性。处理方法上承《清明上河图》故事风俗画，下启清初《康熙万寿盛典图》、《乾隆南巡图》构图设计。画用色较重浊，近万历间民间画工手笔。

由前门五牌楼到天安门一带，小摊贩林立。商人一律戴六合一统帽，小市民则巾裹、衣着，各随身份而异。骑马大官僚出行，还戴元式遮檐笠子帽，是明代通例。中国历史博物馆藏明李贞家《岐阳王世家文物》及另一绘明代大官僚的《王琼政绩图》均有相同例子。传"圣旨"、"上论"或外省上奏本的，骑马出入，照习惯，多把文件用黄绫油绸裹好，负在背上，表示敬重。外地进贡的，或用车马，或用人肩抬来京，贡物上多插有两枝小旗，旗上写有某某纲运文字，还和唐、宋图画中所反映纲运情形相同（明代宫中库藏在北海西边一点，现在"西什库"即是。关于收藏纺织物和原料的，一为甲字库，专收染料布匹。二为丙字库，收江浙办纳丝料、棉花。百官冬衣，军士布衣，多从这库领取。三为承运库，收浙江、四川、湖广等黄白生绢。内官冬衣、乐舞戏衣及赏赐外国使者用。四为广盈库，收各色罗绢杭纱等等。当时典库官吏收纳一切及库藏情况，从明代大官僚《王琼政绩图》中，作典库监督官时部分还反映出库中一点情况）。

官商庶民便服衣帽，虽还见出多式多样，总的说来，或由于皇都所在地，比较保守，部分和明初法定制度不相违背。这些衣服制度，照史志记述，是和四方平定巾、六合一统帽及网巾一起于明初制定的。《七修类稿》称："洪武二十三年三月，上见朝臣衣服多取便易，日至短窄，有乖古制。命礼部尚书李源名等，参酌时宜，俾有古义。议：凡官员衣服宽窄随身。文官自领至裔去地一寸，袖长过手复回至肘，袖桩广一尺，袖口九寸。公侯驸马与文职同。耆民、生员亦同，惟袖长过手复回不及肘三寸。庶民衣长去地五寸。武职官去地五寸，袖长过手七寸，袖桩广一尺，袖口仅出拳。军人去地七寸，袖长过手五寸，袖桩广七寸，袖口仅出拳。颁示中外。”命令重点在对官僚的限制，和平民有区别，以示等级体制。但到明代中期以后，即以京城而言，官服变化虽不大，平民衣着却已不易一律。此画成于晚明，距这个法令已二百多年，市区中心外来人又多，自然不易完全符合记载。由此得知，明代服制，朝服、官服衣料颜色、补子花纹用来区别等级外，一般常服则凭衣身长短和袖子大小长短区别身份。袖长代表上层，袖小仅可出拳属于军人（似宜包括一般差吏），为前代所未闻，后来清代也未完全采用。

从现存大量木刻反映得知，头上六合帽、四方巾虽属定制，商贩、差吏、小市民戴六合帽为多，知识分子、中小地主和官僚退职闲居之人则方巾为多。本图中商贩，几乎全戴六合帽。士民阶层人物头上巾子，已多式多样。北方政府所在地，还不免如此，南方就必然更加日新月异多样化了。

图中由正阳门到天安门一带，小商贩摊子有各种日用器物和文玩罗列出售，近似后来庙会中情形。和明人笔记多相合。小摊子且有专卖巾帽靴鞋的。

明代虽有官定的巾帽制度，颁式样于全国，但是事实上殊难定于一尊，不久即失效。特别是明代中叶以后，江南丝绸生产区，中层社会的衣着更难限制。范叔子《云间据目钞》记郡中风俗，可见大略：余始为诸生时，见朋辈戴“桥梁绒线巾”，春元戴“金线巾”，缙绅戴“忠靖巾”。自后以为烦俗，易“高士巾”、“素方巾”，复变为“唐巾”、“晋巾”、“汉巾”、“褊巾”。丙午（公元1546年）以来皆用“不唐不晋之巾”，两边玉屏花貌对，而少年貌美者加犀玉奇簪贯发。“综巾”始于丁卯（公元 1567 年）以后，其制渐高。今又尚“蓝纱巾”（为松江土产，志所载者）。又有“马尾罗巾”、“高淳罗巾”，而马尾罗者与综巾似乱真矣。童生用“方包巾”。自陈继儒出，用两飘带束顶，近年并去之。“瓦楞综帽”在嘉靖初年惟生员始戴，至二十年外则富民用之，然亦仅见一二，仅甚腾贵。皆尚“罗帽”、“纻丝帽”，故人称丝罗必曰“帽段”。更有头发织成板而做“六板帽”，甚大行，不三四年而止。万历以来不论贫富皆用综，价亦甚贱，有四五钱、七八钱者，又有“朗素”、“密结”等名。

六合一统帽俗称“瓜皮帽”，《枣林杂俎》中记嘉善丁清在隆庆时作句容令，父戒之曰：“汝此行纱帽人（指作官的）说好，我不信，吏中说好，我益不信。即青衿（指读书人）说好，亦不信。惟瓜皮帽子说好，我乃信耳。”也说明瓜皮帽即六合帽，在隆庆时南方主要还只是平常老百姓戴的，因之变化也较少，是清代一般市民戴的小帽子前身。不同处，明代用罗帛，清代用纱，或缎子、倭绒、羽绫，上层社会便服也戴它。至于清代帽顶除官服外，便服讲究的用玉或珊瑚或金银线，一般用丝综线织成，和明代已不同。明代只许用水晶、香木，似指明初还多沿袭元代中层社会习惯使用种种贵重材料，故加以限制。图像中所见则多不用帽顶。

# 一五〇　水浒图部分

图二一五　［明］裹巾子的农民、市民和差吏（明万历刻本《水浒全传》插图）

取自明人绘《水浒图》卷中部分人物形象。原画藏中国历史博物馆。淡着色。

《水浒》这部著名通俗小说，多出于宋、元说书人口中及元代杂剧，由片断加以贯串，完成于元、明之际。在明代中晚期才在国内特别受重视，突出于其他作品之上，并对于明、清戏曲发生极大影响。至今鲁智深、李逵、林冲、武松、时迁等人，在中国广大人民群众心目中，还是最熟习喜爱、性格爽朗明快、具强烈正义感的民间英雄人物。

因为这部小说风靡一时，为它作插图的画家极多，且有绘成卷轴供人欣赏的，又还有把一百单八将作为当时新流行的叶子纸牌上使用，或在行酒令时作酒筹使用。画师各有爱憎，有的画得极端夸张，有的笔下又相当素朴，各有长处。本图选取的属于比较素朴部分。杨定见木刻以场面生动见长，本图以描写个人生动活泼取胜。小说既盛行于明代，照习惯，图中英雄面貌、衣着打扮，也必然和明代现实社会有一定联系，同时又难免发生一定距离，主要是和画家知识才艺有关。

原书在说书人口中，介绍人物时，照例把衣着形象描写得相当清楚（可不一定真实，也难免有意加以夸张处），反映于画刻中，更不能一一从图中取证。正相反，所有来自民间的英雄，始终难摆脱明代人习见熟知的装扮。且现实社会宋、元、明三四个世纪中，小市民和平民劳动者，衣着差别本来就并不大，宋、元间虽即有龚开绘图流传，本图说是取法于明代衣式还是比较合适。

# 一五一　明代巾帽

图二一六　［明］戴六合一统帽或四方平定巾的各阶层人物（明万历刻《御世仁风》等插图）

据明刻《三才图会》和明刻《御世仁风》插图。

明代一般人民头上戴的巾帽种类极多，唐、宋、元以来旧样都依然流行。主要两种却由政府规定式样，颁发全国通行。巾子方整，名“四方平定巾”，帽用六片材料并成，名“六合一统帽”，取意“四方平定，六合一统”。在政治上有象征意义，为新的封建王朝取吉兆。据朗瑛《七修类稿》说，则由杨维桢阿谀朱元璋而来。

《明会要》卷二十四引《集礼》："洪武三年，士庶戴四带巾，改四方平定巾，杂色盘领衣，不许用黄。"沈文《初政记》有同样记载："洪武三年二月，命制四方平定巾式，颁行天下。以四民所服四带巾未尽善，复制此，令士人吏民服之。"朗瑛《七修类稿》且叙述及来源传说："今里老所戴黑漆（纱）方巾，乃杨维桢入见太祖时所戴。上问曰：'此巾何名？'对曰：'此四方平定巾也。'遂颁式天下。"又《明会要》卷二十四引《昭代典则》："二十四年十月丁巳，定生员巾服之制。帝以学校为国储材，而士子巾服无异吏胥，宜更易之。命秦逵制式以进。凡三易，其制始定。命用玉色绢为之，宽袖，皂缘，帛绦，软巾垂带，命曰'襕衫'。上又亲服试之，始颁行天下。"

部分巾帽本元旧制，《事物绀珠》称："小帽六瓣金缝，上圆平，小缀檐，国朝仿元制。"照辽、金以来规矩，巾必有环，元代旧制，帽顶用珠。洪武六年（公元1373年）又有禁令："庶人巾环不得用金、玉、玛瑙、珊瑚、琥珀。未入流品者同。庶人帽不得用顶，帽珠止许水晶、香木。"衣制实近元代。参《永乐宫壁画》中人物衣着即可知。

其他巾子式样见于史志记载的，还有唐巾（即唐幞头）："四脚，二系脑后，二系颔下，服牢不脱。有两带、四带之异。今进士巾亦称'唐巾'。"两仪巾，"后垂飞叶二扇"。东坡巾，"云苏子瞻遗制"。山谷巾，"黄庭坚遗制"。万字巾，"上阔而下狭，形如万字"。凿子巾，"为唐巾而去其带耳"。又有凌云巾，以为诡异，被禁止，形象不明白。但从大量明代小说、戏曲木刻插图中，还可见出它的多样化程度。

帽子也还有许多种，有奓檐帽，即元代的钹笠圆帽。《事物

插图一三八·传元人绘《九九消寒图》

绀珠》："圆帽，元世祖出猎，恶日射目，以树叶置胡帽前，其后雍古刺氏乃以毡片置前后，今奓檐帽。"从传世《宣宗行乐图》、《宪宗行乐图》中还可发现，得知帝王便服均使用。前者另有一单幅，作观斗鹌鹑场面，《故宫周刊》旧题作《吴三桂斗鹌鹑图》，其实衣着形象及小案桌旁平民装四五人，均系明代前期式样。后者内容见本图。“民服瓦楞帽，结牛马尾作”，则应如李孝美《墨谱》图中式样。《留青日扎》称：“官民皆戴帽，其檐或圆，或前圆后方，盖兜鍪之遗制也。所云楼子，即今南方村中小儿所戴五彩帽、金钱帽，皆元俗也。”这些元代儿童帽子及衣着样子，在元人画及刻丝《九九消寒图》中还保留一部分，有皮毛出锋如后来风帽式样的（见插图一三八）。旧题南宋苏汉臣作的《货郎担图》之一，货架上画有些相似帽子，小孩脚上一律穿短统靴，得知此图实成于元人王振鹏之手。

至于演戏用的元人巾帽，名目就更多了。仅就《元明杂剧》记载中提到的，即有数十种，并叙述应用名色，对于我们研究元明演戏男女头部处理似还有用，略举一些作例：练垂帽、练垂胡帽、雷巾、披厦冠、全真冠、脑搭儿、吴学究巾、鬔髻箍儿、散巾、鬏髻头面、双檐毡帽、皮盔、四缝笠子帽、纱包头、铁幞头、塌头手帕、如意莲花冠、秦巾、九阳巾、韶巾、兔儿角幞头、红碗子盔、皮爹檐帽、白毡帽、三山帽、三叉冠、凤翅冠、卷云冠、一字巾、师磕脑盔、花箍、散巾……

这里包括有社会各阶层男女老幼、文臣武将、和尚道士头上东西，只有演戏时才戴它。部分和《元史·舆服志》记载相同。清代戏衣的各种帽子，大部分还承袭而来，惟名称已多改变。李斗《扬州画舫录》谈戏剧行头部分，有较详细记载。明、清人有彩绘堂会演戏图的，在两廊道具架子上，还挂有不少各不相同帽子式样。但某种帽式应合某某名目，已无从稽考。明末社会日益紊乱，也反映到衣服、巾帽材料及作法上，失去固有制度，变化剧烈，叶梦珠《阅世编》及《姚氏纪事编》均提及南方工商业发展冲破社会约束情形，可补充史志所不足。

# 一五二　明戴网巾的农民和工人

图二一七　[明]戴网巾、穿交领短衣的农民、榨油工人、铸工和纺织工
（明崇祯刻本《天工开物》插图）

图中包括农民、榨油工人、金属铸工和纺织工人。

照史志叙述，明代初年，人民头上戴的巾帽，除四方平定巾和六合一统帽外，还有网巾一种，相传也由于朱元璋见神乐观一道士使用，以为便当，因此令照样制作，全国流行。照规矩，如系朝服、官服，网巾宜在巾帽下边起约发作用。但一般图像中反映，却多不甚具体。《三才图会》虽画出式样，十分草率，应用情形终不大明白。图像中常见有四方巾和六合帽，也有用马尾罗作成透明样子，还可见头发结髻式样的，但既不见内有网巾，本身似乎也不宜叫作网巾。惟在本图中才看出网巾单独应用情形，得知在明代有施于巾帽下的，也有单独使用，比四方巾和六合帽制作都较简便，对于劳动人民在工作中穿戴较为便利。当时指为定式，主要应当还是对多数工农而言。此外则为对于着朝服、官服戴纱帽笼巾下面先加网巾，可起约发作用。至于戴四方巾、六合帽的一般老百姓，网巾的应用，实可有可无。讲究的用它，马虎点即不用。因为求工作便利，特别是农民，椎髻结发实省事。

明代劳动人民和元代一样，衣服只许穿暗褐颜色。但是染工却能从各种植物根、茎、籽、叶中，发明专染各种褐色的方法，《天工开物》即有部分记载。明人著《多能鄙事》，记载比较多，有枣褐、椒褐、明茶褐、暗茶褐、艾褐、荆褐、砖褐等等不同染法和用料及加工过程，十分详尽。惟这种染法事实上传自元代或更早。陶宗仪者《南村辍耕录》叙褐色名目，即达二十种。元、明间通俗读物《碎金》“彩色”篇第二十，记载名目大致相同。任何时候，工农和平民总永远是一个绝对多数，所以褐色种类不仅极多，并且这类染料必然也极经济，而原料取用又比较便利，才不虞匮乏。

# 一五三　明初制墨工人

图二一八　［明］戴元式瓦楞帽、穿长袍或短衣的伐木、制墨工人（明刻本李孝美《墨谱》插图）

据明弘治刻本李孝美《墨谱》摹绘。

本书虽刻于明弘治时，工人一律戴元式方顶笠子帽。其中除二人上身赤裸，其他人多着元代蒙古人袍服。如不是原本属于元代熟习这部门生产的专业手工艺人，就是原为元代蒙古族官吏，被迁徙至南方，指定从事这部门生产。他们积累经验，世代相传，成为专业。笠子历来是农民和渔夫樵子所戴，明代且用法律载明，只许农民戴笠子。但这种样式的笠子帽，居多劈细篾作胎，外罩马尾漆纱罗，轻便耐久。在元代，一般属于高价商品，且居多为蒙古族中等阶层官吏所戴。外出作客，且多有一小奴隶侍仆手持保护。至于普通制墨工人，是不可能在平常劳动中一律使用的。除非这个著作，原出元代官工匠之手。

本图包括制墨一系列复杂生产过程。前一部分砍伐油松作原料，后一部分和烟、配料、过秤、入模定型，再经过万千捶打使之坚固黏结，及其他许多烦琐细致工艺过程。知名书画家多知道明墨、清墨性格不同；书画用墨，即有区别。收藏鉴赏家多知道明代制墨大家方于鲁、程君房的著名《方氏墨谱》、《程氏墨苑》，墨范出于著名书家丁云鹏之手。一些知名鉴赏家，且多从外表即能鉴别墨质好坏，小件则以罗小华制作特精。但谈及制作方法过程，则少有如李孝美《墨谱》叙述得详尽具体。

# 一五四　明男女乐部

图二一九　左：［明］梳髻、交领衣、长裙女乐伎（明万历刻本《琵琶记》插图）

右：［明］笠子帽加红缨鼓乐和乌纱帽、补服官僚（明万历刻本《玉杵记》插图）

据明刻戏曲《玉杵记》、《琵琶记》插图。

男子乐人作一般差吏装束，是在公署衙门前或厅子前奏鼓吹乐，所以唢呐、号筒兼用。人戴元式笠子帽和红缨。同式帽子最早见于辽阳汉墓壁画骑卒头上，此后一千余年少使用。到元代才又出现于军吏头上，平民也戴它。贵族戴的式样相近，惟使用材料不同，多加珍贵珠玉于帽顶作装饰。平民有限制，法律指明，只许用香木类作顶子。明代帝王大官便服也常戴，军吏也戴，惟有的折腰如笠子，有的不折如风兜。衣袖口小仅容拳，据《事物绀珠》等记载，实根据明洪武二十三年（公元1390年）法令关于武人衣着而来。历代一般军服，为便于活动，袖口经常总是较小的。但也有例外（南朝齐、梁时流行大袖口，兵卒也不例外，惟作战时必在

插图一三九 · 明刻本《唐诗艳逸品》乐舞图

袖口下打一结）。即宋代武将着的大袖战袍，有大袖过一尺的，也有临戎时作一大结。

女乐为一般明代中期妇女装束。作室内乐布置，搁瑟用活动架子。内有奏长颈弦式四弦乐器，明《三才图会》称为阮咸，非阮咸原来形制，但明人还是叫这种弹拨乐器为阮咸，而把本来由阮咸发展而出柄颈缩短的叫月琴。又内中还有一奏凤首箜篌的，事实上明代一般已少用。云锣只五件，亦少见。

明代宫中女乐冠服有一定制度，洪武三年（公元1370年）制：凡宫中供奉女乐、奉銮等官妻，本色䯼髻，青罗圆领。提调女乐（乐部的头目），黑漆唐巾，大红罗销金花圆领，镀金花带皂靴。歌章女乐，黑漆唐巾，大红罗销金裙袄，大红罗胸带，大红罗抹额，青绿罗彩画云肩，描金牡丹花皂靴。奏乐女乐，服色与歌章同。近年江西明益庄王墓出土大量彩绘乐俑，彩绘虽多已失去本来颜色，衣服式样还具体，衣则属于宋代的大袖宽衫，可以和法令结合，相互印证，比仅凭文献所得形象知识，扎实许多。

又明教坊司乐伎冠服，洪武三年也有定制：明角冠，皂褙子，不许与民妻同，“教坊司妇人，不许戴冠，穿褙子。乐人衣服，止用明绿、桃红、玉色、水红、茶褐色”。乐伎只许穿浅淡颜色及暗色衣，不许用正色，以免和官服相混淆。平民妻女照洪武五年（公元1372年）令，“不许用大红、鸦青及黄色”。乐伎当然更受禁止，惟演戏时才不受限制。至于官服配色，多大红大绿，异常浓重。妇女平时一般衣着多用间色的。又五年有令：“凡婢使，高顶髻、绢布狭领长袄、长裙；小婢使，双髻、长袖短衣、长裙。”图中所见，如非乐户，即应属官僚地主家中奴役婢使服饰，和宫中女乐少共同处（见图二一九、插图一三九）。

# 一五五　明妇女时装与首饰

图二二〇　[明]戴遮眉勒、戴卧兔、披云肩、穿比甲妇女（取自《百美图》）

取自明万历间著名通俗小说《金瓶梅》删节本插图，及明、清间江南画家绘《燕寝怡情》图册。

书中叙述明代晚期社会风俗人情，衣着首饰，反映均相当真实具体。叙事方法，对于清代《红楼梦》一书尚有一定影响。有关绸缎名目、衣着名目、首饰名目，不仅可以补充《明会要》和《明史·舆服志》所不足，和《天水冰山录》中有关记载衣服首饰相印证，且可更进一步明白当时社会中层妇女作成衣裙后如何配搭成套，如何在日常生活中应用，及百十种金银首饰如何应用到发髻上的情形。

例如“……上穿香色潞绸雁衔芦花样对衿袄儿，白绫竖领，妆花眉子，溜金蜂赶蓟纽扣儿（明代妇女只领子上用金属揿扣一二，其余部分全用带结）。下着一尺宽海马潮云羊皮金沿边挑线裙子，大红缎子白绫高底鞋，妆花膝裤，青宝石坠子，珠子箍”。惟一家之主是“大红缎子袄，青素绫披袄，沙绿绸裙，头上戴着䯼髻，貂鼠卧兔儿”。“家常挽着一窝丝杭州攒，金累丝钗，翠梅花钿儿，珠子箍儿，金笼坠子。上穿白绫对衿袄儿，妆花眉子，绿遍地金掏袖，下着红罗裙子。……上穿沉香色水纬罗对衿衫儿，玉色绉纱眉子，下着白碾光绢挑线裙子，……头上银丝䯼髻，金厢玉蟾宫折桂分心翠梅钿儿。……搡领子的金三事儿”。“头上戴着一副金玲珑草虫儿头儿，并金累丝松竹梅岁寒三友梳背儿”。“上穿柳绿杭绢对衿袄儿，浅蓝色水绸裙子，金红凤头高跟鞋儿”。“上穿鸦青缎子袄儿，鹅黄绸裙子，桃红素罗羊皮金滚口高底鞋儿”。“上穿着银红纱白绢里对衿衫子，豆绿沿边金红心比甲儿，白杭绢画拖裙子，粉红花罗高底鞋儿（秋装）”。都是关于妇女衣饰的叙述，可和图画印证，得到部分明确印象的。

本图反映如比甲云肩的式样，冬天妇女头上戴的貂鼠或海獭卧兔儿形象和在头上的位置，汗巾儿的系法，都还接近真实。又如关于妇女发式的形容描写，“把䯼髻垫得高高的，梳得密笼笼的，把水鬓描得长长的”，“云鬓堆耸，犹如轻烟密雾”，从此外反映到晚明青花瓷、雕漆、镙钿及大量版画上晚明妇女梳妆式样，大都和本图所见相差不多，可见它具有相当普遍性。至于书中所说卸去假髻以后，“头上挽着个一窝丝杭州攒，梳得黑檐檐油光光的”，和“头上打着个盘头楂髻”，“去了冠儿，挽着个杭州攒”，这个“一窝丝”、“杭州攒”，脱去首饰的家常打扮，在本图中虽不甚具体，却可参证其他图中明、清之际妇女发式，得到比较明确印象。这类家常打扮，原来或只苏杭妇女使用，到明、清之际，便已成一般装束了。景德镇康熙烧造的彩绘瓷瓶，作《西厢记》中莺莺，头上发髻也还作相同式样。

明代发式首饰名目和应用情形，有三个文件记载得比较详细，一是王丹丘《建业风俗记》，二是《三冈识略》，三是范叔子《云间据目钞》，都提到些有地方性民间社会发式首饰具体内容。例如：

一、假髻有“丫髻”、“云髻”，常服戴于发上，用金银丝、马尾或纱作成。又有叫“鼓”的，用铁丝织成圜，外编以发，高比髻一半，罩髻上用簪绾着。簪多长摘而首圜式方，杂花爵为饰，用金、银、玉、玳瑁、玛瑙、琥珀作成。一头垂珠花的叫“结子”。“掩鬓”作云形，或团花形，插于两鬓。花钿则戴于发鼓下边。耳环或称“耳塞”，或称“坠”。又有“眉间俏”，用小花贴两眉间，即古代花子。钏子叫“手镯”，戒指又名“缠子”，多以金丝缠绕而成。佩件有坠领或七事，用金玉杂作百物，上有山云或花头，下垂诸件，多少还保留一点古代杂佩遗意，位置已不同。在胸名“坠领”，在裙腰名“七事”。用玉作名“禁步”，用金玉珠石作花鸟长列鬓旁叫“钗”，小的叫“掠子”。

二、关于南方流行妇女新装，如明人说的“卧兔儿”，及清初《红楼梦》中说的“昭君套”，大致多受宋人绘画明代版刻“昭君出塞”、“胡笳十八拍”等反映形象影响，或戏文间接影响，而流行一时。所以《三冈识略》谈吴中装饰，就说到仕宦家或辫发螺髻，珠宝错落，乌靴秃秃，貂皮抹额，使用的自以为“逢时之制”，保守派则以为“不堪寓目”。《坚瓠集》并引风俗记时事诗：“满面胭脂粉黛奇，飘飘两鬓拂纱衣。裙镶五彩遮红袴，绰板脚跟着象棋。

貂鼠围头镶锦裀，妙常巾带（仿戏曲中女尼水田衣和道冠丝绦）下垂尻。寒回犹着新皮袄，只欠一双野雉毛。”所以时行女衣中又有“昭君套”（披风）和“观音兜”（风帽）等名目。

三、范叔子《云间据目钞》，则说及妇女首饰和发髻结合情形：“妇人头髻在隆庆初年皆尚圆褊，顶用宝花，谓之‘挑心’，两边用捧鬓，后用满冠倒插，两耳用宝嵌大环，年少者用头箍，缀以圆花方块。身穿裙袄，用大袖圆领。裙有销金拖，自后翻出。挑尖顶髻、鹅胆心髻，渐见长圆，并去前饰，皆尚雅装。梳头如男人直罗，不用分发鬓髻，髻皆后垂，又名‘堕马髻’，旁插金玉梅花一二对，前用金绞丝灯笼簪，两边用西番莲梢簪插两三对，发眼中用犀玉大簪横贯一二枝，后用点翠卷荷一朵，旁加翠花一朵，大如手掌，装缀明珠数颗，谓之‘鬓边花’，插两鬓边，又谓之‘飘枝花’。耳用珠嵌金玉丁香。衣用三领。窄袖长三尺余，如男子穿褶，仅露裙二三寸。梅条裙拖、膝裤拖，初尚刻丝，又尚本色、尚画、尚插绣、尚堆纱。近又尚大红绿绣，如藕莲裙之类。而披风便服，并其梅条去之矣（意即着披风便服，即不着裙，应即近似清初四妃子图中旗袍样子）。”所以北方旗袍最早式样，或许还受有南方时装一定影响。

# 一五六　明代暖耳和罩甲

图二二一　左上：[明]穿罩甲将士（明万历刻本《元曲选》插图）
左中：[明]穿罩甲兵士（明万历刻本《水浒全传》插图）
左下：[明]穿罩甲吏卒（明刻本《义烈传》插图）
右上：[明]穿罩甲提督（明人绘《王琼事迹图》）
右下：[明]戴暖耳、补服官僚（明万历刻本《御世仁风》插图）

图二二一取自明刻《御世仁风》插图等木刻及《王琼事迹图》。

暖耳是明代百官入朝一种御寒东西，戴它有一定时候、一定地位。《明宫史》（实刘若愚《酌中志》一部分）称，宫廷月令节分穿戴，十一月“百官传戴暖耳”。可见这种御寒用具，还必得封建帝王许可才能戴用。所以明大臣奏事有“时已隆冬，尚未戴暖耳”语。老百姓不许随便戴，戴即犯罪。同一性质尚有披肩、风领、围脖种种不同名目，作用多相同，均指明在官僚朝服上应用，惟使用材料和作法不尽相同。《明宫史》水集部“披肩”条有较详细记载：“披肩，貂鼠制一圆圈，高六七寸不等，大如帽。两旁各制貂鼠二长方，毛向里，至耳，即用钩带斜挂于官帽之后山子上。旧制，自印公等至暖殿牌子（均宫中大太监官名）方敢戴。其余常行近侍则只戴暖耳。其制用玄色素纻作一圆箍，二寸高，两旁用貂皮，长方如披肩。凡司礼监写字起，至提督止，亦只戴暖耳，不甚戴披肩也。凡二十四衙门内官、内使人等，则止许戴绒纻围脖，如风领而紧小焉。凡圣上临朝讲，亦尚披肩。至于外廷，如今所戴帽套，谓之曰‘云字披肩’。闻今上登极后，令左右渐次改戴云字披肩随侍，然古制似已顿易也。”

据明代版画所见，有仅在耳部附加约四寸大小皮毛套子的，似即清代耳套所本。有全部套住帽子如本图中所见的，或者应为帽套。但根据画意，还是入朝奏事时戴的。围脖、风领，似都只限于领颈间。材料也限于绒缎，不用皮毛。“云字披肩”是否近似云肩，难得其详。因历史博物馆藏《宪宗元宵行乐图》明明是描写宫廷过年景象，正当大寒时候，宫监、宫女中即并不见一人有着戴的。即围脖、风领也未发现。相反，一般画塑反映，经常却是普通中上层社会使用还较多，妇女使用又比男子多些。又有名“卧兔儿”的，如明万历时小说中常说的“貂鼠卧兔儿”、“海獭卧兔儿”。结合传世画刻所见种种，才比较具体明白它当时在妇女头上的位置、式样，并得知主要重在装饰效果，实无御寒作用。但“昭君套”和“观音兜”，却全在出门御寒防风雪，具保护作用。至于遮眉勒条，则老年妇女重在御寒防风，青年妇女则作为装饰而流行。

《酌中志》“罩甲”条有：“罩甲，穿窄袖戎衣之上，加此，束小带，皆戎服也。有织就金甲者，有纯绣、洒绣（即明代流行的洒线绣）、透风纱不等。”又《戒庵漫笔》称：“罩甲之制，比甲稍长，比披袄减短。正德间创自武宗，近士大夫有服者。”据绘画、版刻反映，可知式样也极多，有短至齐腰部，却具有实用价值，还像是南北朝两当，如本图一总兵提督武将所穿式样。共有三种不同组合材料，即鱼鳞、琐子、柳叶。也有长将齐足，下垂丝穗，上绣种种花纹，如图中其他诸式，或本来就用小花锦，或如《酌中志》所说用透风纱作成的，自然就只足供封建统治者近身侍从仪卫穿来起点缀作用，既不御寒，也难防兵，并无实用意义。和后来背心坎肩，已无什么区别。只是在不同历史阶段中，名称和穿它的人阶级地位前后不同而已。

妇女着的名“比甲”，明、清之际特别流行，为秋冬间所常用，夏天也穿。因为比甲应用和衣着配色关系密切，明代著名通俗小说中常有描写：“……上穿白夏布衫儿，桃红裙子，蓝比甲。”“……二人家常都戴着银丝鬏髻，露着四鬓，耳边青宝石坠子，白纱衫儿，银红比甲，挑线裙子。”“……绿遍地金（即所谓浑金料子）比甲，……鬓后挑着许多各色灯笼儿。”“……穿着红袄，玄色缎比甲，玉色裙，勒着销金汗巾。”“……家常都是白银条纱衫儿，蜜合色纱挑线穿花凤缕金拖泥裙子，……大红蕉布比甲，……银红比甲（一般多用羊皮金镶边）。”“……上穿着银红绉纱白绢里对衿衫子，豆绿沿边金红心比甲儿，白杭绢画拖裙子，粉红花罗高底鞋儿。”“……头挽一窝丝杭州攒，翠梅花钿儿，金钍钗梳，海獭卧兔儿，……上穿白绫袄儿，绿遍地金比甲，下着大幅缃纹裙子。”“……白绫对衿袄儿，沉香色遍地金比甲，玉色绫宽襴裙（另一个是紫遍地金比甲）。”

传世旧画中妇女着长比甲的，一般说来或多出于元、明人手笔。有的或模仿宋人旧稿，即著录作宋画。事实上宋代妇女，在一般画塑上反映，居多着对襟旋袄上衣，少有着比甲的。元代图像中虽有反映，可并不流行。到明代，才成为妇女衣着中不可少之物。清代除在家老妇人畏寒穿长棉背甲，一般已较少用。清代晚期，男歌伶才在小袖长衫外加高领子琵琶襟短背心，棉、单、夹均常见。材料有天鹅绒、漳绒、漳缎、玻璃纱、刻丝等等。有的还是预先织成花样，一经剪裁缝合，即可上身。不久，即影响普遍，成为一时风尚。且流行镀金扁圆铜钮扣，讲究的出于特别制作，纽扣中心还镶嵌个人小像，似创始于海上伶人妓女。满族贵族习用后，“京样子”不久即通行全国。那拉氏慈禧太后的大件背心，还是由宫廷出样，交由苏州定织的。不少图样和实物都还保存在故宫博物院。

# 一五七　明贵族男女

图二二二　［明］岐阳王世家三世曹国夫人袁氏像、李邦镇画像

明《岐阳王世家文物》中临淮侯李言恭和曹国夫人袁氏画像。原画藏中国历史博物馆，据原画照像。李言恭穿的是明代斗牛补服。袁氏穿过肩蟒服，凤冠霞帔。

明代文武一般公服按官品等级不同，颜色花纹各有区别，大官红袍，中等青、绿袍，小官檀或褐绿袍。花朵也分大小，小官无花纹，远近似唐代圆领服而尺寸较宽博，是沿袭元代南官服制度而小有不同。官服除花纹外，分别等级用方圆补子，胸、背各一。补子一般比清代的大些，约市尺一尺二寸到一尺五寸。一般多是预先织就在材料上的。高级文官用仙鹤，高级武官用狮子，《明史·舆服志》、《事物绀珠》、《新知摘抄》、《三才图会》等均有记载。有的叙述尚简而扼要。

文武官公服："盘领右衽袍，用纻丝或纱罗绢，袖宽三尺。一品至四品，绯袍；五品至七品，青（即深蓝）袍；八品、九品，绿袍；未入流杂职官，袍、笏、带与八品以下同。公服花样，一品大独科花，径五寸；二品小独科花，径三寸；三品散答花，无枝叶，径二寸；四品、五品小杂花纹，径一寸五分；六品、七品小杂花，径一寸；八品以下无纹。"

在京官朝见奏事、谢辞，在外官清晨公座，配幞头服。文官常服补子花样，一品、二品仙鹤、锦鸡，三品、四品孔雀、云雁，五品白鹇，六品、七品鹭鸶、鸿雁，八品、九品黄鹂、鹌鹑、练鹊。风宪官皆用獬豸。麒麟，一品赐服。武官常服花样，一品、二品狮子，三品、四品虎豹，五品熊罴，六品、七品彪，八品、九品犀牛、海马。仪宾视武官（赞礼官和武官等同）。

冬十一月天气日冷后，入朝百官则赐暖耳，一般用狐皮类作成，有仅把双耳遮住，如后世耳帽套式的，又有把纱帽全部笼上的。赐暖耳事详刘若愚《酌中志》。平民则禁用。

蟒服由皇帝特赐，有各种不同名色。记载上层官僚男女衣着名目材料和丝绸品种多而极其详细的，是明代权臣严嵩被抄家时，清点财产的底册——《天水冰山录》。仅只丝绸锦缎匹头和衣裙，织金的也有几百种。妇女金宝首饰和男用特别贵重腰带，价值且难于估计。只就当时折价变卖的一般性丝织物而言，匹头就有各色改机，各色南京、潮、潞、温、苏、云素绸，各色嘉兴、苏、杭、福、泉等绢，各色松江土绫，各色绉纱，各色云素纱，各色丝布、生丝绢，各色大小棱土棉布，各色晒白、刮白苎、葛布，各色毛褐，各色碾光领绢（还有西洋布）。衣料有各色半旧织金圆领，各色缎、罗、绢、纱、丝、布圆领，各色缎纱衬摆，各色缎、绢、绫、绸、绒、褐男女衣，各色纱罗、丝、布男女衣，各色新旧锦、缎、绢、纱帐幔和被面、絮褥，各色新旧锦、缎、虎、豹坐褥，各色锦、缎、绢包袱，……当时由于上下贪污成风，官越大贪污也越多。政府存贮物资的十个大仓库，竟特别设了个赃罚库，把没收皇亲国戚、文武大官的赃物，另作处理。现在保存于明刻佛经封面上数以十万计的织金丝织物，和其他彩色锦缎，其中大部分或一部分，可能就是由赃罚库贮存物取来转用。所以《酌中志》提起明代宫中的有文字花锦，按不同节令出现的金虎、玉兔、花纱等特种丝织名目，经面材料上都可发现。另外灯笼景、五毒、秋千及《天水冰山录》记载中的各种名目四季服用丝织品，也多可从经面丝织物零碎材料上得到证实。从定陵出土男女衣着匹头一百七十余件及各省明初藩王陵墓中出土大量缎匹衣着得知，官服配色一般皆浓重正色，加金织物片金、捻金皆较粗（片金占分量极多），金色泛赤，和清代比，差别显明。切成细丝称"明金"、"缕金"，捻成线的称"捻金"，两种并用的称"两色金"。北宋衣饰用金已到十八种，见于王林《燕翼贻谋录》。到明代则发展到三十三种，名目具载于胡侍《珍珠船》一书中。在织绣中使用只是其中一部分。

# 一五八　明宪宗行乐图中杂剧人内监宫女和帝王

图二二三　［明］宫廷过年杂技人（《明宪宗元宵行乐图》部分）

据《明宪宗元宵行乐图》摹。原画藏中国历史博物馆。

彩绘长卷，有宫廷院墙建筑背景，相当具体。用色厚重，在明代宫廷主题画中近于写实。画的是宫廷过年，仿效民间习惯，张灯结彩，搭鳌山灯棚（为传世明代最具体鳌山灯棚形象），放烟火花炮，舞狮子，扮种种戏文，并举行杂技百戏。又有不少宋式货郎担，推手车出售小玩具、灯彩、烟火物事。在宫中称孤道寡的皇帝，却真正是孤孤独独，十分无聊，穿一件淡赭黄袍，坐在黄油绸幄帐下宝座上，或依据石栏边，和一群远远侍立的嫔妃子女在宫内奉行故事行乐。一面反映出当时重门深闭宫廷生活的单调、枯燥、阴暗，一面也为我们保留下四五百年前民间、首都过年一些风俗景象。鳌山灯棚搭一牌楼，上作八仙庆寿灯景。正中空处有一戴竿人表演。戏玩灯中有在地下旋转的滚灯。乐部中有拉弓式轧筝。“三战吕布”戏文演出，骑的是纸扎马灯。另有“百蛮进宝”、“月明和尚度柳翠”戏文故事，都是过去虽见于杂书记载，却少图像足证的。这些画面形象也丰富了我们许多社会生活史知识（见插图一四〇）。

照《明宫史》叙述，宫中规矩，穿衣必按节令，纱罗纻丝，换替有一定时候。正月宫眷、内臣必穿“胡芦景”补子及蟒衣，自岁暮正旦，“咸头戴闹蛾，或草虫蝴蝶”（应系象征迎春）。十五日上元元宵，皆穿“灯景”补子衣（又《明史》称，三月清明穿“秋千”补子）。五月穿“五毒艾虎”补子蟒衣。七月七夕穿“鹊桥”补子（又《明史》称八月中秋穿“天仙”、“玉兔”补子）。九月重阳穿“菊花”补子蟒衣。十一月穿“阳生”补子蟒衣。本图虽彩绘，五色鲜明，惟完成于宪宗时，还看不到后来这些新鲜花样。内监、宫女衣着均相对素朴，无多纹饰。宫墙转折处灯球多成串悬挂于高桅杆上，在其他图像中少见。

图二二四　[明] 宫廷杂技人、宫女、太监和戴宝石顶大檐笠子帽皇帝
（《明宪宗元宵行乐图》）

画中由皇帝、嫔妃、宫女、小孩子、宫监到货郎、杂剧人，衣着多和明代版画反映宫廷、民间情形不同，也为一般画迹所少见。皇帝穿柘黄袍，腰部缩小长及膝，如元代辫线袄子式样。戴元式笠子盔帽，近于便服，一切还是元式。妃嫔、宫女戴尖锥式帽，还近似女真妇女头上巾裹，小袖长裙，腰间束敛作襞积，下脚撒开，如用圈条撑住，和明代一般衣着也大不相同，却和《大金国志》记女真妇女装扮有相合处。货郎、杂剧人等巾裹，亦元代常见，不戴六合帽。巾子作元式诨裹。照记载，这种宫廷承应差使人，当时是有意仿效民间过年风俗习惯，特别为帝王而准备的。人数多时达七百名，嘉靖、万历时才减少一部分。

故宫又藏有《明宣宗行乐图》长卷，内中分段作皇帝和几个内监，进行射箭、投壶和打球种种情形。又有明商喜作《琴会图》大卷子，人马高及实物一半，作一群文士琴客，各骑骏马，衣便服，马后各有一琴童跟随，内有一老太监，人马装备特别华美。帝王则在画上端一骏骑上。中国历史博物馆还有晚明绘《皇都积盛图》，另外还有私人收藏明代《南都积盛图》，作各种杂剧社戏扮演，如台阁、高跷、各种娱乐性装扮，以及小市民于街楼观看，拥挤狂欢情形，都为现实性反映。因此得知，这类以宫廷生活或社会市容、民间风俗作的主题画，相当流行，内容局部反映出了明代社会各个方面，并不限于宫廷。但这类画卷，却多属于宫廷画师为宫廷需要而作，即使反映出明代社会部分真实风俗人情，也不免有些出于装点“国泰民安”，又受写实技术水平限制，艺术成就上有一定局限性。

有关明代宫廷内臣一般衣饰，例如穿的衣名“曳撒”、“圆领衬

插图一四〇·明木刻元宵灯景

摆”、“直身”、“大褶”、“顺褶”、“色衣”。戴的官帽名“刚叉帽”、“烟墩帽”、“圆帽”，巾子名“砂锅片”，腰佩出入宫门的牙牌、乌木牌。头上首饰正中一枚的名“铎针”，两旁成对的名“枝个”、“桃杖”，等等特别名称，和使用材料具体作法，都详载于刘若愚著《酌中志》一书中。惟时代较本图晚些。因此根据记载和本图中宫监、宫女衣着印证，少见相合处。想具体明白它的发展和同异处，还有待把这一系列形象材料，和近年南北各省市大量出土实物男女陶木俑，照时代先后排出个秩序，作进一步探讨分析，认识才可望比较肯定落实。

# 一五九　明帝后金冠

图二二五　［明］金冠（定陵出土）

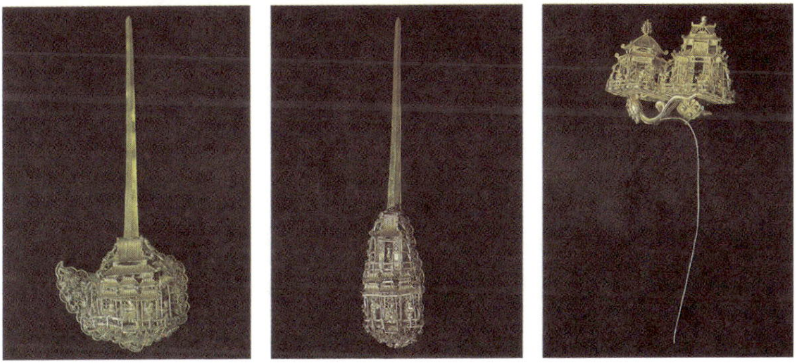

图二二五（续）　［明］嵌珠宝金凤冠（定陵出土）
　　　　　　　　［明］明益庄王金钗

北京明定陵出土，原物藏定陵博物馆。

明代封建帝王和其他朝代帝王一样，都是对人民极其残暴无情。生前横征暴敛，过着荒淫无度、穷奢极欲的生活，死后还用大量贵重器物殉葬。这两顶帝后金冠，是解放后从明代万历皇帝和皇后同葬的定陵中发掘出土的。因为保存得还十分完整，借此知道当时金冠的作法、规格和工艺成就。皇帝用的本于宋人对折上巾的记载，误解“折上”二字含义，用细金丝作网编织而成，将本来下垂二巾带改成向上直举，附双龙抢宝。皇后凤冠，上嵌珠宝，后垂点翠扇式翅叶数片，和宋代皇后画像戴的等肩冠式样完全相合。明代万历帝后画像头上，也戴这种凤冠。画迹只作平面反映出部分真实，实物才使我们知识具体。《明史·舆服志》记载帝后冠服极详细，《天水冰山录》中也有关于金银花冠的名目极多，同时还记下各种不同花冠内容和重量，如缺少实物对照还是难于明白。例如说作“王母队”的金凤冠，不见实物，不能想象原来是上插若干枝用细金工作成上有乐舞群仙百十人大小金钗，在一列列仙山楼阁前为西王母祝寿的景象。

明代镶嵌细金工特别发达，主要多反映到首饰方面。男子除帝王外，用金冠的也不少，解放以来浙江即有数种出土，冠式多较小，约三四寸大，卷梁，只能绾住顶上发髻，如道冠样子（也有用白玉作的）。当时实受严格法律禁止，所以《明史》称张居正被抄家时，家中搜出金冠一顶，是犯罪证据。但事实上得到皇帝恩宠的大臣、太监，照刘若愚《酌中志》记载，穿戴之讲究有时或过于帝王。例如作了二十多年宰相的严嵩，后来被抄家时，没收一切田地房屋财产，据《天水冰山录》记载，内中金器竟达三千多种，金镶珠宝器物达三百六十七种，另外坏了的二百五十三种，总共有三千八百多件。又有金镶珠玉首饰二十三副，计二百八十四件。金镶珠宝首饰一百五十九副，计一千八百零三件。每副首饰都注明分量，最重的一副达三十九两，约二斤半重。此外还有头箍、围髻、耳环、耳坠、坠领、禁步、坠胸、金七事、金四事等等名目。金玉宝石簪也有三百多根。杂首饰七百多件。金玉珠宝绦环二百多件，绦钩六十多件。总共达三千九百多件。男女用金玉珠宝带子也到三百多条。此外杂宝器物还不在内。

男女用金冠珠宝冠有种种名目，如“金厢玉仙玉兔”，必为月里嫦娥景致。“金大珠八仙”则为金珠镶嵌八仙庆寿场面。又有“金厢大凤刘海戏蟾”、“金厢楼阁群仙”、“金厢王母捧寿嵌珠宝”……，群仙祝寿上面，常作几十个仙女奏乐，且有重楼杰阁作为背景。就近年江西明藩王墓出土金首饰而言，楼阁不过方寸，人物只一分许高，工艺精巧，布局复杂，即比图中帝后金冠犹有过之而无不及。

《明史》卷三百八《奸臣传》“严子世蕃”条云：“籍其家，黄金可三万余两，白金（银）二百万余两，……”明郎瑛《七修类稿》卷十三“刘朱货财”有云：“正德间，前有中官刘瑾，后有指挥朱宁，皆擅主权。及籍家资，刘瑾计有金二十四万锭，又五万七千八百两。元宝（银）五百万锭，银八百万，又一百五十八万三千六百两。宝石二斗。金甲二，金钩三千。玉带四千一百六十二束，狮蛮带二束。金银汤盥五百。蟒衣四百七十袭。……八爪金龙盔甲三千。……以上金共一千二百五万七千八百两，银共二万五千九百五十八万三千六百两。朱宁计有金七十扛，共十万五千两；银二千四百九十扛，共四百九十八万两。碎金四箱，碎银十柜。金银汤盥四百。金首饰五百十一箱。珍珠二柜。金银台盏四百二十副，……”

严嵩家中的金银器物，实远不及当时内监王振，宠臣江彬、钱宁等聚敛丰富骇人。

明代万历间通俗小说，也有关于当时民间金银首饰名目百十种，并作过概括形容，可作一般地方金银工艺成就反映：“孤雁衔芦，双鱼戏藻。牡丹巧嵌翠含金，猫眼钗头火焰蜡。也有狮子滚绣球，骆驼献宝。满冠凿出广寒宫，掩鬓凿出桃源境。左右围发，利市相对荔枝丛。前后分心，观音盘膝莲花座。也有寒雀争梅，也有孤鸾戏凤。正是绦环平安祖琈绿（指外来水绿或深绿宝石，一两重的值黄金数百两），帽顶高嵌佛头青（指深蓝宝石）。”可以看出当时金银首饰工艺上的高度进展和综合成就。元、明之际通俗读物《碎金》，关于南北名目不尽相同首饰，也曾有较详细记载，其中部分名目明代已不通行。

# 一六〇　明代丝绸

图二二六　［明］青地牡丹加金锦（取自《中国丝绸图案》）

图二二七　上：［明］红地樗蒲锦（故宫博物院藏）
　　　　　下：［明］绿地牡丹花绸（中国历史博物馆藏）

明王朝为便于剥削人民，巩固其封建统治，明初就用法令规定，农家每户必种桑二株。纺织部门的人匠制部分还保留。且加强江浙织造，特派亲信内监，监督织造以供宫廷各方面需要。因此丝绸生产区，面积不断得到扩大，几及全国。南如福建（漳州、泉州生产，且因受外销刺激，产量和品种都得到提高），北及山西、安徽都有较大生产。河北河间府也得到恢复。产品各有不同成就。但主要产地还是江浙。南京的锦缎、丝绒，苏州的纱罗绸缎，杭州的纺绸、绉纱，产品都供应全国，且远及海外。工艺成就也不断提高，为清代生产奠定良好基础。

明代统治者为炫耀权威，帝王大臣特种蟒服，和官吏按照品级穿的补服（还有在膝部一道横边名"膝襴缎"），贵妇人官服中的云肩霞帔，多织绣加工而成，颜色华丽，金紫夺目，以龙凤云水花石及各种鸟兽为主调，构图设计都十分复杂。四季应用材料且各不相同。在薄质纱罗上提花起茸费工更大。很多部分还得加金，或兼用片金和捻金织。织金料比清代泛红而较粗。衣裙刺绣则多用金彩衣线平铺纱地上，加以格子界衲而成，名为"洒线绣"，见时代特征。技术加工或本源于宋代的"刻色作"（《红楼梦》中叙述晴雯补裘的所谓"雀金泥"，就现存实物分析，就是用孔雀尾羽毛捻成粗线，采用洒线绣法作成的）。

元代高级丝绸加金锦缎"纳石失"的织造约一世纪，留下大量串枝花和各种云纹吉祥图样，显然还影响到明代生产。例如明代补服，除当胸前后主要部分花纹为各种鸟兽，其余部分多本色花串枝或作连续如意云纹，就多是元代旧样。在原有基础上得到进一步发展，当在明代宣德、嘉靖、万历间。花色品种之多、产量之大，在历史上前所未闻。以《天水冰山录》为例，没收物中涉及丝绸衣料，就包括织金、妆花缎、绢、绫、罗、纱、绸、改机、绒、锦、琐幅等共达九千一百五十一匹，各种花绢达七百四十三匹，各种花罗六百四十七匹，各种花纱一千一百四十七匹，各种花绸八百一十四匹，各种改机（福建漳州织工林宏发明的各彩薄锦）二百七十四匹，各种花绒五百九十一匹，各种锦（包括百多匹宋锦）二百一十四匹，……还有丝布（丝棉交织）、云布（丝棉交织，当时也有织金提花，值百金一匹）五百七十六匹，共达一万四千三百多匹。又有各种丝绸男女衣裙一千三百多件。还有不少西洋布等外来纺织物。此外在严嵩江西家中还抄没各种绸缎达二万七千多匹，衣裘达一万七千多件。另一权臣朱宁抄家，仅绸缎绫绢等就达三千九百多扛。

根据这些记载，一面可看出明代政治的权端腐败，官僚权臣的贪污聚敛无所不至；另一面也反映这一历史阶段，由于农业、手工业以及海外贸易的进一步发展，全国纺织业也得到发展，技术有很大提高，纺织工人以优秀的创造在丝绸工艺和美术史上作出特殊贡献。这些成就在当时，几乎可以说是全部被少数统治者掠夺占有，而纺织工人过的生活却十分贫苦凄惨。政府特设苏宁织造，用亲信太监监督管理，却一再被纺织工人赶走，并罢工罢市表示反抗。

明代染业随同纺织手工业得到相应发达，文献中叙述染料、染事的，有《碎金》、《便民图纂》、《多能鄙事》、《农政全书》、《格古要论》、《天工开物》和《博物要览》，记载各有详略。

明代特种锦缎丝绸实物出土材料最重要的，为近年在北京昌平有计划发掘万历定陵中的大量殉葬物，除金银珠玉冠带，计有男女衣服达百七十多件，整匹料子百余匹，有的材料初出土时还保存极其完整，色泽如新，整匹成卷材料上，并附有包裹黄纸，上面注明品种名目（照元代办法用全名）、长短和织造年月、地方以及织工姓名、督造检查官名（另外还有几百件不到一寸大小的锡制饮食冥器，上面各写有“汤鼓”、“台盏”等等不同名目，则借此可知当时金银器式样名称）。传世锦缎丝绸种类数量特别丰富惊人的，还是保存于明刻正统、万历《大藏经》封面及经包袱用织金锦类，国内各博物馆、图书馆、各省市文管会或文物局和各大庙宇收藏，不同品种总计数以十万计。对于我们今后研究明代三个世纪丝绸成就，有着极大便利（见插图一四一，一四二、一四三）。

插图一四一·明代丝绸纹样

1：落花流水花绫　　2：球路纹锦

3：灯笼缎子　　4：龙凤穿花织金缎

插图一四二·明代织锦
上：蓝地杂花锦　　下：蓝地莲花锦

金、元以来，照法令用花朵大小定官品尊卑的制度，明代依旧载于史志。大小串枝牡丹的锦缎绫罗花样，明代依旧大量生产，成为明代官服丝绸花样一部分。内中如唐式梭子图案的樗蒲纹，五代南唐装裱法书名画的墨鸾雀锦，宋式的八答晕、大宝照、灯笼、狮子滚球，金式官诰用的鱼戏藻，元式的十样锦等百十种高级锦缎花纹，在明刻佛教《大藏经》的经袱和经面锦材料中，都无不可以发现，且看出不同发展。这份材料也是我们研究唐女、宋、元丝绸一把重要钥匙。宋代以来，记录中即有丝棉兼织的皂木棉，明代则有丝经棉纬的云布，又有印金、印银绸缎和印花麻棉布，均保存于明代经面材料中，还相当完整，且品种丰富惊人。明代棉花已经南北普遍种植，但是棉纺染业还仍以长江下游为中心。较早一时期，社会流行的丝棉交织的大

插图一四三・明代织金锦

左、中：葫芦景织金锦　　右：五湖四海织金锦

红云布，还值百两银子一匹，见于明人记载。过不多久，一般棉布便已代替了苎麻粗绢，成为南北各省人民普通御寒用物，得到广泛推广。棉布宜于染青，各省制蓝手工业也因之得到相应发展，国内大小都市染坊随之增加。大规模的棉布染业，以芜湖、松江、扬州、苏州等地市场独占优势，特别是芜湖染业，全国著名。顾炎武《日知录》就曾提到北方出产的棉花，每年必大量南运，织染加工后再转运北方，以为极不经济（但是山西布庄的发达，一直影响到清代，就和它分不开）。外来高级纺织物，品种之多，也应数这个时期达到空前程度。仅以东南亚缅甸等地文化交流而来的植物草木上藤葛织物，名目就达百种以上。这许多织物名称，由于文字阻隔，我们的知识是不多的，尚有待进一步研究，方可望得到应有的理解。

# 一六一　清初刻耕织图

图二二八　［清］戴斗笠或椎髻、着短衣短裤或蓑衣农民（清初刻《康熙耕织图》）

采自清焦秉贞绘、朱圭刻《耕织图》。另有彩绘本，藏故宫博物院。共四十六幅，耕、织各二十三幅。

图二二九　［清］裹巾子或椎髻、对襟短衣或齐膝长衣、长裤或裹腿农民（清初刻《康熙耕织图》）

传世画刻《耕织图》叙写生产过程，早成社会习惯。战国铜壶上即有采桑图反映。汉石刻更留下不少织机或纺织过程图像。

图二三〇　［清］裹巾子或加遮眉勒、衣衫、长裙农妇（清初刻《康熙耕织图》）

唐人名画，则有张萱绘《捣练图》（见图一三二）传世。到宋代更加普遍，而且成为生产宣传画的主题。例如传世《宫蚕图》，即把蚕桑生产由采桑到织成绸绢一系列过程绘成彩色长卷，虽然表现

图二三一 ［清］裹巾子、对襟或交领衣、长裙农妇（清初刻《康熙耕织图》）

的只是宫廷中蚕织，但可以明白唐、宋以来生产上许多问题。例如织机中出现竖机，在其他图像中还少见。此外如南宋牟益作《捣练图》，原稿还出于晚唐周昉。明代版刻中，有街市染坊，门前高架上悬布匹绢帛晒晾情况。近年江南出土宋墓壁画《捣练图》，且多一入染过程，有木制方形染缸，虽属家庭手工业范围，也十分重要。南宋楼璹作《耕织图》，因为有石刻传世，明刻《便民图纂》中插图即依据之而成。清焦秉贞图绘，也多沿袭楼作，加以丰富充实。本图由耕作浸种到祭神，计二十三图，工序二十二（祭神不算）。蚕事由浴种到成衣，计二十三图，工序二十三。

清初清兵入关，迁都北京后，为强使人民臣服，民族压迫严酷，不久就有薙发易服法令，特别对南方人民严厉。但是，当时即传有“男降女不降，生降死不降”等说法。从明、清间画迹分析，居官有职的，虽补服翎顶，一切俱备，妇女野老和平民工农普通服装却和明代犹多类同处，并无显著区别。死后殉葬，更多沿用旧礼。即部分写影，也还沿袭明制。本图绘刻于清康熙时，作者虽为当时宫廷画师，作本画时，生产程序部分受楼璹《耕织图》影响，但是作农民及农家衣着，实多就江浙富庶区田家现实生活取材。对生产上劳动艰苦，表现得有些美化，近于粉饰现实，但基本上还是符合生产恢复以后江南情形的。衣着还近似江南明末农家装束，惟男子头上多露顶椎髻，用明式巾裹网巾和瓜皮帽的不多，但并无曳长辫的。妇女衣着变化更少。男女衣服背间多齐领缀巾一方，晚明作劳动人民形象为常见标志。乾隆以后在画迹中已少有反映。本图当时只近于上奏本，虽说意在流传劝农，但刻印精美，必宠臣大官才蒙特赐，一般中级京官得不到。画家本来用意，虽把耕织生产过程绘刻得十分完备，但还是从宫中《捣练图》、《宫蚕图》等有所启发而来，近于“宫廷行乐图”之一种。内容相近的还有《雍正耕织图》彩绘本。雍正本人且作为主要生产者而出现。所以当时或稍后，对于全国农业生产，实少促进作用。和明代的《便民图纂》、《农政全书》、《天工开物》用意在知识普及，版刻广泛流传，情形大不相同，即和清乾隆初年编刻的《授时通考》，作用也难于并提。但清初江南农业生产，特别是蚕织生产一系列过程，原料如何得来，如何加工，给人的知识还是比较具体。另有《棉花图》也刻于乾隆时，描写种棉及加工过程，相当重要，因石刻拓本比较普遍，影响也较大。

此外还有由清初著名山水画家王翚主持，集中许多画家合作完成的《康熙万寿图》十二大卷，由徐扬主持的《乾隆南巡图》十六大卷，及徐扬另一画卷《姑苏繁华图》，都是长及数丈的画卷。图中作的人物形状、社会景象，都相当接近写实。画中所见满汉文武百官，袍服俱备，至于一般平民，衣着和本图还是相差不多。可知直到乾隆时，官服虽已用法律规定，等级区别分明，但江南一带平民衣着式样，还始终保有一些晚明固有风格，变化并不太多。李斗《扬州画舫录》叙乾隆时苏、扬两地得风气之先，衣着变化极大，似限于比较特殊阶层妇女，正如《啸亭杂录》叙述衣着变化，限于京师特殊阶层情形相似。至于社会下层劳动人民却影响不大，或变化比较缓慢。

棉花种植生产已遍及中国各地区，因之也成为一般人民衣着主要材料。长江一带生产的一种，花作紫色，纤维细长而柔软，由农民织成的家机布，未经加工多微带黄色，特别经久耐用，在外销上已著名，通称“南京布”（其实在长江流域均有生产。惟对外商品市场上，或以南京民间生产较多且易集中，因之通称“南京布”）。

# 一六二　清初妇女装束

图二三二　[清] 高髻、花钗、对襟外衣或水田衣、长裙，或加云肩中上层妇女（取自《燕寝怡情》图册）

采自清初《燕寝怡情》图册，辛亥后影印本通称《故宫珍藏皕美图》。

人作明、清之际一般南方中层社会妇女家常装束。衣服特征为领子高约寸许，有一二领扣。这种领扣的应用，较早见于明万历时官服妇女写影上。近年于北京西郊青龙桥附近发掘万历七妃子墓中及定陵万历皇后衣领间,均有实物发现,是用金银作成。《天水冰山录》中提到"金银扣",指的也就是这种东西。可知这种金银揿扣,早可到明万历间,晚到清代康熙、雍正时尚流行。形状如一蝶,应用似后来按扣,清初尚沿用,较后才改用绸子编成短纽扣。但衣服腰间部分,还是用带子打结,不用纽扣。领间嵌一道窄窄牙子花边。故宫也还收藏了些康、雍时实物。有捻金也有彩织。衣服某一部分绘绣或用团花双蝶闹春风,名"喜相逢"。明、清之际先流行于民间妇女刺绣印染上,然后才影响到宫廷里。到乾隆时,皇帝便服织绣也用了。这种团花还有用淡淡水墨画在牙白绫子上的,帷帐、镜套、衣裙都可发现。时代似起于晚明,在康熙、雍正间还流行,雍正瓷器中的淡墨彩绘,就是受它的影响("喜相逢"名目本出于明代,当时指的是蟒服在肩膊间二龙蟒相会部分,详见刘若愚《酌中志》)。清初丝绸图案日益趋于清淡雅素,质益薄花头也转小。特别是雍正一朝十三年中,工艺图案各部分(康熙瓷中之素三彩,雍正为豆彩瓷),或用淡墨作山水、花鸟、果木,有同一趋势,显得十分清新悦目,实有所本而成。

褚人获《坚瓠集》称,清初有人把北宋原拓装《淳化阁帖》上花锦二十片揭下,售于吴中机坊,加以仿制,大获厚利。传世数十种装裱用的小花淡色薄锦,图案组织秀美,色彩淡雅柔和,与常见明代袍服重色彩锦少共同处,或即清初仿宋而成。其实康、雍、乾三朝,在江宁、苏、杭织造的宫廷用特种锦缎,也多有意仿汉、晋、唐、宋加以变化而成。据故宫大量清初特种彩锦藏品作比较分析,就可明白多是取长去短,一面利用优秀传统,一面又有所创造发展,且取材还不仅仅限于丝织图案,根据近年新疆出土唐锦图案比较,才明白雍正时有一种用小簇草花组成的主题图案，在豆彩瓷上（大如天球瓶，小如六寸盘、三寸杯）加以简化，处理得效果极好，原来就是根据一片唐代小簇花蜀锦而成。这种相互转用的习惯，是商代以来在青铜、白陶和牙、玉及其他工艺品中就早有成例的。周、汉以来且扩大了应用范围，给研究工作带来极多便利。用凡事不孤立、一切有联系又有发展的观点，作比较分析和推测判断，即可取得许多有益明确的知识。

这一时期社会中层阶级妇女便服领下多外罩柳叶式小云肩，也是17、18世纪间衣着特征。元代贵族男女通行四合如意式大云肩，较早见于隋代敦煌画观音身上，唐代惟敦煌画吐蕃贵族妇女使用，唐末五代则王建墓石刻乐舞伎和南唐舞俑肩上也可发现。汉代以来在漆铜、砖陶、丝绸上都使用到的四合如意式，元代则成为官服定式，贵族男女均使用，只孙宴特种官服更不可少。出土实物虽不多，但元、明青花瓷瓶罐肩部却也大量采用云肩式装饰，为我们提供了百千种可供比较参考材料。故宫保存有一件元代实物，用织金锦作成，是从佛相腹中发现的。至于柳叶式小云肩，只明、清之际一度流行。有一色上绣小折枝花的，有五色间杂加窄沿牙子和羊皮金银滚边的，有戳纱绣，有挖绒沿珠边的。式样相差不多，配色各有不同。本图所见，是其中一式。和康熙单色釉莱菔尊肩部、足部装饰相近。瓷器上这种艺术加工，显明受衣着上的影响。

发髻在顶上作螺旋式，也是这一时期南方江浙妇女常见式样，即晚明通俗章回小说中常说及的“一窝丝杭州攒”，属于家常便装，但式样变化极多。头面花朵首饰，早期使用珠玉点翠，稍晚才出现银质广式法蓝。明嘉靖、万历时，贵族妇女用金银珠翠数十两作成十来件一份的首饰，和中等人家妇女用金银珠翠作的件头较小、种类繁多的首饰，到这时期中等社会妇女头上已不常见。但衣裙花色式样，和发髻、鞋子，南方一些大商业都市随同生产发展，品种日益翻新。李斗《扬州画舫录》卷九："扬郡着衣尚为新样，十数年前（乾隆初）缎用八团，后变为大洋莲、拱璧兰。颜色在前尚三蓝、朱墨、库灰、泥金黄，近尚膏粱红、樱桃红，谓之'福色'。"（《啸亭杂录》则说出自福康安）又有关于妇女头髻、鞋样及衣裙的："扬州鬏勒异于他地，有蝴蝶望月、花篮、折项、罗汉鬏、懒梳头、双飞燕、到枕松、八面观音诸义髻及貂覆额、渔婆勒子诸式。女鞋以香樟木为高底。在外为外高底，有杏叶、莲子、荷花诸式。在里者为里高底，谓之'道士冠'。平底谓之'底儿香'。女衫以二尺八寸为长，袖广尺二，外护袖以锦绣镶之（即挽袖。起于乾隆直流行到同、光）。冬则用貂狐之类。裙式以缎裁剪作条，每条绣花，两畔镶以金线，碎逗成裙，

插图一四四・毽毽（广东省博物馆藏）

谓之‘凤尾’。近则以整缎摺以细裥，谓之‘百折’。其二十四折者为玉裙，恒服也。”说的虽只是扬州一时一地制作，其实不久即影响全国，中上层妇女以能效法为时髦。宫廷衣着式样虽不相同，但是丝绸来自南方，衣料配色依然使宫廷衣裙受一定影响。

乾隆时具有社会史意义的著名小说《红楼梦》，书中叙述到清代初年，社会上层妇女以至男女婢仆衣着式样及使用丝绸名目都相当详细，内中虽有部分出于有意附会，大部分还近现实，十分重要。故宫织绣组藏品和当时宫中妃子便装写影图像，多还可以互证。至于特种材料衣着，如“晴雯补裘”所叙用孔雀毛织成的“雀金泥”（其实是平铺孔雀羽毛线，界以丝线而成，即明代的洒线绣法）及别外说到的“凫靥裘”，也不是织的，实用野鸭子脸颊皮毛剪贴重叠作成的。外来织物如“哆罗呢”、“猩猩毡”、“哔叽”、“羽纱”、“咔刺”，及西藏毛织物“氆氇”等等，都还可于故宫藏品中发现。此外，还有乾隆或较早大串枝花彩缎、天鹅绒，花纹和圆明园西洋楼残石刻边沿纹样完全相同，是当时仿意大利16、17世纪建筑边缘装饰图案特别织造，即书中的“西洋缎子”。故宫也还藏有一些不同色材料可作比较。这类材料，居多用于帷帐、炕垫、地衣等，衣着较少使用。也有直接以礼品方式由英、法、意诸国入贡来，苏、杭后来仿织的各色天鹅绒、金貂绒、芝麻雕绒，也都还有不少实物保存。从故宫留下的一个残余文件上，且得知康、乾时上等石青缎子，每尺直纹银一两七钱，天鹅绒则一尺直纹银三两五钱。至于外来织物通称来自“俄罗斯”，和明代对于外来织物通称“大西洋”相似，含义笼统，等于解放前上海商人口语的“来路货”，或稍文雅一些称“舶来品”，用意相同。

# 一六三　清初回族男女

图二三三　[清]红顶貂皮沿边帽、交领小袖长衣回族男女（清乾隆时彩绘《皇清职贡图》）

采自《皇清职贡图》。另有金廷标彩绘卷子，现藏中国历史博物馆。

又有题《广舆胜览》图册彩绘上奏书，内容相同，时间或较早一些。各附简单文字说明国内各族人民风俗习惯和生产成就。至于衣着特征，据序言说明，是特别派人于接待时照本人写绘的。惟来京多是当地社会地位较高的头人，部分又或依据较早材料绘成，所以真实性系相对而言。即图中衣着也并不完全和所附文字相合。

回族，当时主要居住新疆、甘肃等处。衣着特征为男戴红顶貂帽，着金丝织锦衣，束锦带，穿嵌花革鞮。妇女辫发双垂，约以红帛，缀珠为饰。其冠服则与男子相同。能织番锦，俗称“回回锦”。花朵细碎的，多交织金锦，过去常用于名贵书画手卷的包首部分，多误以为“倭锦”。近年据故宫材料比较，才明白是回锦，是本国西北生产。多属于薄缎地小花锦。故宫藏康熙用厚白毛毡作的蒙古包帐幕，就用这种金锦作边沿装饰，可知材料产生至迟也在17世纪。回族工艺品的水平极高，历史久已著名，西汉以来就锦、罽并称。音乐、歌舞对祖国文化也有特殊贡献。织金锦据《南史》称，本为波斯人特长，隋何稠仿效，精美已胜过波斯金锦。这种捻金及织造技术，后来还始终保持于西北兄弟民族织工巧匠手中，继续不绝。所以到宋代出使北方的洪皓作《松漠纪闻》时，即详细说到回鹘织捻金锦、刻丝和毛缎子诸成就。《续松漠纪闻》并提及各色毛缎子和丝毛混纺织物品种，以为是入居秦中与汉人通婚后的回鹘织工贡献。元代大量织造纳石失（即波斯金锦），在各省有蚕桑地区，都设有染织提举司监督织造金锦，《马可波罗游记》中就经常提到。新疆和山西（宏州大同），也各设有专局生产这种金锦（后者文献还称引为“回鹘金绮工”，金代即已开始）。回族织工和川蜀、江浙工人一样，在高级丝织品生产中曾共同作出特殊贡献。技术上既有优秀传统，又不断得到发展，所以成就特别突出。

故宫库藏兄弟民族高级特别纺织物和毛麻丝葛纺织品不下千百种，也数17、18世纪（有的时间或更早）回族织金锦，这部分材料特别丰富而精美。回族编织的毡毯，也具有特殊艺术风格，图案精美，配色复杂而调和，技术至今犹保存于新疆织工手中，在世界上极著名。故宫还有不少17、18世纪藏品，充分反映这个历史阶段织工的特别优秀的成就。

# 一六四　清初藏族男女

图二三四　［清］笠子帽、毛织交领长褐衣、挂串珠和红毡凉帽、披发、长衣藏族男女（清乾隆时彩绘《皇清职贡图》）

采自《皇清职贡图》。

本图原注“男戴高顶红缨毡帽，穿长领褐衣，项挂素珠。女披发垂肩，亦有辫发者。或时戴红毡凉帽，富家则多缀珠玑以相炫耀。衣外短内长，以五色褐布为之。能织番锦、毛罽。足皆履革鞮”。

藏族有古老文化传统，手工艺品中金属工艺和毛纺织物，千年前唐代即已著名。劳动人民用小木机细羊毛织成氆氇，和手工编织的细羊毛藏毯，明、清两代都有极高成就，是贵重难得珍品。清代初年宫廷文献记载，就常当作赠予西北部王公礼物。又地产红花，染色也特别鲜明经久。这种精美藏毯和氆氇是17、18世纪的产品，故宫博物院至今还有丰富收藏。氆氇有各种颜色，细致柔软，幅阔只一市尺左右，用夹缬法刷印花和绞缬法撮晕浸染花纹，还保留唐代印染风格。唐史曾提到送到长安的礼物，有朝霞锦、花罽、金银器、宝装刀，当时先陈列于殿前，供臣僚欣赏，始入库收藏。明人作《长物志》曾提到“西蕃有五色氆氇”，并说“陕西、甘肃出红绒，其色美如珊湖”。又元、明间通俗读物《碎金》载元、明之际服用品中有毽子、紫茸、斜褐、剪绒缎子、绒锦等名目。《明实录》则称永乐间曾“令陕西织造驼褐”。据清初记载看来，这些精细特种毛织物，回族、藏族劳动人民都有较大贡献。金属工艺中的刀剑，鞘部柄端多作金银装，镶嵌孔雀石、珊瑚、杂宝石，造形秀挺，制作十分精美，史志常多称述。即到18世纪的产品，工艺上还保留较多唐代兵器华丽精美长处。这部门手工艺的成就，实大大丰富了祖国物质文化的内容。以上种种，还都可看出自唐初文成公主入藏和婚带了各种手工艺工人同去，汉、藏两族人民文化交融影响的痕迹。至于西藏毡罽工人生产的藏毯和作衣料用的氆氇，艺术风格至今犹特征鲜明，和新疆、甘肃回族的毡毯，在世界特种手工艺品中同负盛名。

# 一六五　清初维族男女

图二三五　［清］毡帽、交领小袖皮袍和瓜皮小帽、披发维吾尔族男女
（清乾隆时彩绘《皇清职贡图》）

采自《皇清职贡图》。

据原图说明，当时维族居住主要地区为新疆准噶尔一带。衣着特征为“男戴红顶黑檐帽，衣长领齐膝衣。妇女披发四垂，戴瓜皮小帽，衣用各色褐布”。

维族也是居住于西北地区的一个古老民族，有悠久的文化传统。地方高寒，出产长茸细羊毛，因此特别以毛纺织物著名。历史文献中如氍毹、毾㲪、斜纹褐、花罽、细旃等名目，都属于西北生产的高级毡织品。西汉以来，历史文献中总经常是锦、罽并称，可见它的贵重。“罽”指彩色染经剪绒，晋人陆翙作的《邺中记》称石虎宫中有豹头罽、鹿文罽、花罽等名目。“毾㲪”、“氍毹”指毡毯，东汉班固文中曾提及受窦侍中托由班超用八十万钱购买西域名产，除香药外还只买得细罽十余张。这些名贵毡罽，大部分即出于当时西北居住的各族工人手中。南北宋时，地属西夏统治，或接近西夏，因之这一广大地区生产的细毛织品，还当通过西夏转到宋和辽、金政府，名目有褐里丝、褐黑丝、门得丝、帕里呵等等。均系细毛高级织成物，二丈为匹。至于内容品种，已难具体详悉。维族工人17、18世纪编织的地毯，故宫藏品中还占有一定分量，有许多做得异常精美。有的还捻金银线编成地子，作彩色壮丽串枝花或五色陆离几何图案。直到现在，新疆维族织的地毯在世界上还有盛名，在中外文化交流手工艺品中占有重要位置，并且还在不断发展中。

# 一六六　清初苗族男女

图二三六　［清］短衣、短裤、吹芦笙和短衣、短裙、裹腿的苗族男女（清乾隆时彩绘《皇清职贡图》）

采自《皇清职贡图》。

苗族是我国多民族大家庭中具有特别悠久历史的民族之一。人民居住分布范围也极广阔，南及海南岛，西北及宁夏、新疆，无不有苗族聚居。但较集中于西南贵州、湖南两省。照历史发展，苗族也还发展成许多不同分支，本图取自贵州花苗部分。

“衣以蜡绘花于布而染之，既染，去蜡，则花纹似锦。衣无襟衽，挈领自首以贯于身。男以青布裹头，女以马尾杂发，偏髻大如斗，拢以木梳。”以植物纤维织成的土布，使用蜡染艺术加工，为居住西南兄弟民族特长，早著于宋人笔记中，旧称“点蜡幔”。唐代印染加工，大致有三种不同技术，即夹缬、纹缬、蜡缬（详见唐代丝绸说明）。蜡缬即用竹笔涂蜂蜡绘成花鸟或几何图案于细布上加染去蜡而成。宋人周去非《岭外代答》就说到点蜡幔花纹细致非常。这种加工技术，可能即传自古代苗族，或和《后汉书·西南夷传》提到的“阑干斑布”有关。

这种蜡染工艺，至今犹保存于苗族、布依族等人民生活中，成为非专业、非商品手工艺生产一个重要部门。加工技术，亲属累代相传。花纹或秀美壮丽，或非常细致，艺术水平均极高。一般只限于蓝青色，也有五彩兼施的，染料一般多采用本地靛青本色花纹。

“花苗善歌舞，能吹芦笙，俗以六月为岁首，每岁孟春，择平地为月场，男吹芦笙，女摇铃盘鼓歌舞，谓之‘跳月’。”遇跳月期，青年妇女必盛装参加，首饰多用白银作成。又习惯于胸前加一特别经心作成的绣件，作为纪念，有重叠到一二十层的，可说明本人已参加跳月年数。年青男女吹芦笙跳月的风俗习惯，至今犹保存于贵州苗族居住区，成为每年盛会。芦笙式样，和近年湖南战国楚墓出土实物形制还相差不多。

另有青苗、白苗、红苗、黑苗、侬苗、天苗、蔡苗、家苗等等，主要居住地在贵州，以安顺较集中。在湖南西部以永绥、乾城、凤凰一带居多数。服装、风俗、语言，则各因地而不同。无文字，歌师傅多口耳世代相传。

# 一六七　清初彝族男女

图二三七　[清] 斗笠、披风、长衣和花帽、披风彝族男女（清乾隆时彩绘《皇清职贡图》）

采自《皇清职贡图》。

据原注称，彝族当时分布于“云南曲靖、临安、澂江、武定”等地，后来则集中于川滇地区大小凉山一带。衣着特征为“男子青布缠头，或戴斗笠，布衣长衫。妇女青布蒙首，布衣披羊皮，缠足着履”。

西南各民族中，有的战国以来即有文字，例如巴蜀，后因同化而失传。有的本来即无文字。有文字保存部分历史文化材料的，彝族为“爨文”，古宗为“么些文”。古宗所在地今属云南丽江中甸、剑川一带。爨文内容多属巫师经典，巫师社会地位因之特别高。么些文字内容比较丰富，既多经典，也有不少故事传说。爨文久已不使用，么些文则部分地区还在继续使用。古宗属于古代羌族的一个分支，历史已极悠久，因此文字象形部分还较多。一般采用贝叶经式横书，或系受藏族影响。因为这一地区在历史某一阶段中，是藏族向南发展最远的地区。但从近年云南晋宁石寨山发现西汉末青铜器文物中，已经有这类象形文字在古滇人中使用。可知文字来源，至少已可提早到二千年前。

# 一六八　清初壮族男女

图二三八　［清］巾子、交领齐膝长衣、长裤和螺髻、着银项圈、对襟短衣、长裙的壮族男女（清乾隆时彩绘《皇清职贡图》）

采自《皇清职贡图》。

清初壮族主要居住桂、平、梧各郡。衣着为"男蓝布裹头"，"女环髻，遍插银簪，衣锦边短衫系纯锦裙，华丽自喜。能织壮锦及巾帕。其男子所携，必家自织者。"

居住西南诸民族，妇女多长于歌舞，一般且善于织锦绣花。壮族、傣族和土家族，都以织锦著名。利用各种动、植物纤维纺织及本地原料染色，在简单木机上提花，产生花纹华美格子锦，图案丰富而多变化，彩色斑斓，各具民族特色，宜于作被褥、提袋、首帕。婚娶被面锦，且多为本人母亲亲手累年劳动方能织成，因此图案设计、艺术风格均各不相同。故宫博物院收藏17、18世纪被面锦，就极其精美悦目。18世纪以来，川蜀、江浙用丝织造仿格子锦、书画包首和刻丝，在宫廷中也极受重视。19世纪成都织造被面格子锦，基本图案也出于壮锦，艺术上都别具风格。又当时宫廷用桌围，椅披、荷包佩件等，也多采用壮锦图案，用纳丝法戳纱和铺绒法刺绣作成。

壮锦生产，到现在还是当地人民一种具有高度艺术价值的手工艺美术品，和傣族、瑶族、土家族棉锦异曲同工。许多图案组织及色彩配合艺术成就，还可供我们研究中国古代织锦作比较参考资料。例如一种连续矩纹彩织图案，在西南若干兄弟民族原始简单织机中至今还经常被采用，但事实上，在近年出土商代石刻人形衣着纹彩上，即可发现十分相同的花纹，使我们得知这类图案的产生实源远流长。

# 一六九　清初瑶族男女

图二三九　［清］束发、齐膝长衣、执笙和帷帽、短衣、短裙、裹腿瑶族男女（清乾隆时彩绘《皇清职贡图》）

采自《皇清职贡图》。

据原注，当时瑶族重要居住地区为“湖南安化、宁乡、武冈、溆浦”。人民衣着爱好和特征为“男女喜着青蓝短衣，缘以深色。……或时用花帕缠头。瑶妇亦盘髻贯箭（用竹箭为簪，长尺余，或七枝、五枝、三枝不等，插于发髻）。短衣短裙，能跣足登山”。现设在江华瑶族自治县。

瑶族也是祖国古老民族之一。图中所说妇女簪竹箭，实即古代两周、汉、唐以来钗笄制度遗留，春秋以来《诗经》上的“六笄”、“六珈”，就必然和这种簪钗的应和有关，汉代犹流行。晋代人用五兵作钗，虽无实物可得，唐代流行金银钗，即有作刀槊式样，六件分列发髻两旁的。敦煌唐、五代、北宋壁画，就还留下许多盛装妇女头插花钗六把形象。现代福建畲民三把刀发簪，也是由这个旧传统而来。瑶族的发际贯箭三、五、七枝，和部分西南兄弟民族头上发间着的彩画木梳形制，实在说来大都远及周、汉，近法唐、宋，反映较先一时代与中原社会风俗的融合。并且有的发髻式样、钗梳式样，都还保存唐、宋或更早些中原流行制度，大都可以从画塑和实物比证得知。

# 一七〇　清初哈萨克族男女

图二四〇　［清］方形高顶皮边帽、交领小袖长袍哈萨克族男女（清乾隆时彩绘《皇清职贡图》）

采自《皇清职贡图》。

据原注，当时哈萨克族居住主要地区为“准噶尔西北”（即汉称大宛地区，有东、西二部）。衣着特征为“头目等戴红白方高顶皮边帽，衣长袖锦衣，丝绦，革鞮。妇人辫发双垂，耳贯珠环，锦镶长袖衣，冠履与男子同。其民人男妇，则多毡帽褐衣而已”，“其俗以游牧为生，亦知耕种”。

西北出名马，为历史著称。汉代的天马，即来自西北大宛。唐代的名骏和一般马种改良，据张说《开元马政记》称，到开元、天宝间达四十五万匹，也得助于新疆伊犁马种。哈萨克族多以游牧为主，长于乘骑，生产好马。汉代以来西北诸部族君长头目多喜穿中原锦绣衣服，每年就有过万匹锦绣，由长安运往西北。常见于《史记》、《汉书》，且有给匈奴君长以锦绣夹袍若干领记载。近年西北出土许多汉、晋、唐锦绣，可以证实史传记载的正确。《唐六典》称，蜀中锦工每年必织造“蕃客锦袍二百领”。杜佑《通典》则称广陵织造二百五十领，上贡长安。可知直到唐代，这种袍料的织造，当时多是赠予西北诸族远来长安使者客人的。这种锦袍近年在新疆一带也有发现。上面织有文字的，唐代称“羌样文字”，有一时节曾下令中原锦缎生产区禁止织造，或指定织造入贡，或禁止织造，大多和当时政治现实有一定联系。至于18世纪穿的锦衣，照图像反映，多散点花锦，即当时一般回族织金锦花纹。因为唐代以来，和阗即已有蚕桑，能织丝绸著名。花纹图案，部分取法蜀锦，部分或受波斯影响，更多或即出于本地。千余年来始终保持一定生产，供应西北诸族千万人民需要。花纹也富于地方特征，还保持唐代流行的“小簇花”习惯。近年从新疆地区发现的唐、宋锦缎，其中用野猪头、鹿纹等兽类作主要装饰图案，及17、18世纪捻金小簇花回锦，大部分有可能即生产于当地织工手中，是利用和阗一带原料作成的。

# 一七一　清初白族男女

图二四一　［清］斗笠、交领短衣、短裤和裹巾子、对襟短衣、短裤白族男女（清乾隆时彩绘《皇清职贡图》）

采自《皇清职贡图》。

据原注，当时白族居住主要地区为“云南临安、曲靖、开化、大理、楚雄、姚安、承昌、永北、丽江等地。人民衣食风俗和一般汉人无多区别，亦有缠头衣短衣披羊裘者”。大理等地是唐代六诏合并后，南诏政权建都所在地，且曾一度入侵成都，得到万余熟练手工业技术工人，改进了各种工艺生产，提高了当地社会生活文化水平。大理现在还保留得十分完整的双白塔，造形秀挺，反映出唐代中原文化的典型面貌。丽江等县的民居建筑，据梁思成先生的意见，还完全保留唐代民居建筑的规模。人民能歌善舞。近代妇女衣短而袖口宽大，加宽花边，裤脚也加花边。着透空绣花鞋。惟头部仍缠宽巾，首饰用银，还保留清同、光时式样。衣着更多是受 19 世纪汉人流行影响。在西南诸兄弟民族中文化特别高。

# 一七二　清初傣族男女

图二四二　［清］竹笠、齐膝短衣、短裤、裹腿和盘发、裹纱巾垂缨、筒裙傣族男女（清乾隆时彩绘《皇清职贡图》）

采自《皇清职贡图》。

清初僰族人民居住主要地区，是“云南曲靖、临安、武定、广南、元江、开化、镇沅、普洱、大理、楚雄、姚安、永北、丽江、景东一带”。人民17、18世纪衣着特征为“男子青布裹头，簪花，饰以五色线。编竹丝为帽，青蓝布衣，白布缠胫。恒持巾帨。妇盘发于首，裹以色帛，系彩线分垂之。耳缀银环，着红绿衣裙，以小合包二三枚各贮白金于内，时时携之”。

僰族劳动人民特别长于织锦，用简单木机提花，织成格子锦或条纹间道锦，五色斑斓，图案华丽壮美，艺术水平极高，为世珍重。技术至今犹为当地人民所保存，解放后且得到更好发展。这种传统纺织艺术，可能还是从汉代以来传下的。《后汉书》中古哀牢国和《后汉书》提及的西南民族织的帛叠阑干细布，帛叠指木棉织物，以细软光洁见长，阑干细布则起美丽花纹。又称“阑干斑布”。若据后人记载，则属于印染棉布。宋代以来说的“兜罗锦（或绵）”、“诸葛锦”，多泛指用小机提花织成丝棉兼织这类彩锦而言。属于居住西南各族劳动人民共同的贡献。而其中部分成就，却显然是出于僰族劳动妇女手中。17、18世纪以来的僰族所织格子锦被单，故宫博物院犹有许多种保存得极其完整。

# 一七三　清初黎族男女

图二四三　[清]蒙头巾、短衣、短裙黎族妇女（清乾隆时彩绘《皇清职贡图》）

采自《皇清职贡图》。

黎族也是我国历史上古老民族之一，主要居住地区为海南岛五指山，及广东钦、廉各地区。清初衣着特征是“男椎髻在前，首缠红布，耳垂铜环。……黎妇椎髻在后，首蒙青帕。嫁时以针刺面为虫蛾花卉状，服绣吉贝（棉布绣花），系花结桶，桶似裙而四围合缝，长仅过膝（也有极细致花纹）”。宋人作《诸蕃志》称：“海南的棉布（吉贝），最坚厚者谓之‘兜罗棉’，次曰‘番布’，次曰‘木棉’，又次曰‘吉布’。或染杂色，异文炳然。”《岭外代答》则称：“海南所织，品更多类，幅极阔，不成端匹。联二幅可为卧单，名曰‘黎单’。间以五彩，异文炳然。联四幅可为幕者，名曰‘黎锦’，五色鲜明。可盖文书几案者，名曰‘鞍搭’。其长者，黎人用以缭腰。”

出身劳动人民的纺织种棉能手，对中国人民特有贡献的黄道婆，从元代琼崖把棉纺技术带回松江乌泥泾，教会当地农民，发展了中国的棉织手工业。据文献记载，当时所织花纹有折枝、棋局、团凤及文字等等式样。

黎族特别长于刺绣，花纹细密。织花布图案又有个优秀传统。故宫博物院不仅收藏有17、18世纪的织绣物及骨雕首饰（梳长而齿疏，还和商代骨梳式样相近），并且还有清初入贡来的全份织布工具，也作得异常精美，本身就是一种特别精致高级艺术品。反映出当地劳动人民优异的艺术秉赋，和高度的审美才能。又纺织工具和商、周出土玉璋、玉琮形象十分相近，也可间接证明旧人说的玉璋、玉琮和古代纺织应用工具有一定联系的提法。而这种工具的式样，且不限于黎族，西南、西北边远地区诸兄弟民族，凡是坐地腰机，用作卷轴和理经压线织具，形式多相近。因此用这种纺织工具提花的技术，还可望从中得到我国古代最早的彩织加工的基本知识。

# 一七四　清初高山族男女

图二四四　[清]对襟短衣、戴手镯和对襟短衣、戴串珠项链、手镯高山族男女（清乾隆时彩绘《皇清职贡图》）

采自《皇清职贡图》。

台湾高山族，和其他兄弟民族一样，属于祖国民族大家庭成员之一。根据清初记载，衣着是“男剪发束以红帛。衣用布二幅，联如半臂，垂尺许于肩肘。腰围花布。寒衣曰‘缦披’，其长覆足，妇女亦然。俱以铜钱环束两腕，或叠至数十”。

高山族人民富于艺术创造力，还特别长于雕刻，立体或平面木制雕刻，艺术构思工艺水平都极高，著名世界。并常用贝类编缀衣甲，制作极其精美。可联系体会到《诗经》中所说“贝胄朱绶”的制作方法。又有台湾锦，五色斑斓，作棋子格花样，属于古代腰机提花织物之一，织法与壮锦大同小异。惟用线较粗，一般多使用植物纤维，故宫博物院还保存有17、18世纪工艺水平极高的大幅被单类作品不少。有部分用戳纱纳锦法作成，或出于福建漳泉二州女工手中，入贡作宫廷被面用。图案花纹仍出于高山族。

# 一七五　清初赫哲族男女

图二四五　［清］貂帽、狐裘和戴兜鍪形皮帽、穿鱼皮衣、坐狗拉冰橇的赫哲族男女（清乾隆时彩绘《皇清职贡图》）

采自《皇清职贡图》。

赫哲族是居住我国东北，以渔猎为主要生产的兄弟民族之一。清初居住地区，据原注为“与七姓地方之乌扎拉供科相接”。因为居住地区特别寒冷，且以渔猎为生，所以衣着比较特别，“夏以桦皮为帽，冬则貂帽狐裘。妇女帽如兜鍪。衣服多用鱼皮而缘以色布，边缀铜铃，亦与铠甲相似。以捕鱼、射猎为生。夏航大舟，冬月冰坚则乘冰床，用犬挽之”。这是二三百多年前的情形，也可说是自古以来情形。

我国东北地方高寒，一年有七八个月冰封雪冻，多绵亘无尽大森林。自古以来，即以生产贵重的紫貂、银狐、玄狐、猞猁、虎、豹著名于世界。历史上提及贵重衣裘，总数紫貂、白狐，价重千金。春秋、战国以来即常著于文献。元代皮毛贡赋。多用貂皮作基数，如一虎皮抵多少貂皮，详情具载于《元典章》。清代还采用元代制度，比价略有变更。并用法令规定，王公大臣、高级官吏非赏赐特许，不能用玄狐、紫貂。而这些贵重皮毛，就完全是从赫哲族和东北邻近地区如郭伦绰、奇楞、库野、费雅喀、恰喀拉、七姓等以狩猎为主的兄弟民族劳动人民手中掠夺得来的。

# 一七六　清代大宴蒙古王公图

图二四六　［清］热河万树源宴蒙古王公图（故宫博物院藏）

蒙古族是居住我国西北部一个古老大族，长时期过着草原游牧毡帐生活。在公元13世纪军事上击溃了占据江淮以北全部的女真金政权后，进而渡江南侵，铁骑摧毁了南宋政权，统一了中国本土。在旧燕京建立了个大都，并设有南官协助处理政事。可是蒙古皇帝本人，却始终难习惯于宫廷定居生活，大部分日子，多在另外几个建立于水草肥美草原都城中依旧过着毡帐生活。因此政权崩溃后，在我国北方依旧保留了强大武力，成为明代政权的严重威胁。明初特设大宁卫，安置了重兵，企图用武力解除压迫，始终并未解决问题。到成祖朱棣在北京定都，才改变政策，放弃了大宁卫，从团结和好出发，处理蒙族关系。

到清初，康熙皇帝进一步加强彼此联系，改善相互关系，并照满洲制度，设立蒙古八旗，各立盟长，大封蒙古王公，且采用和亲方法，取蒙族贵族女子作为皇后，并且还把几个公主下嫁蒙王，巩固团结，并说“万里长城是防北患（指沙俄），蒙古人本身就是个万里长城”。避暑山庄的建立，就包括有加强增固北方人民防御的深远含义，并取得两个多世纪的安定的成功。康熙、乾隆每年都必在避暑山庄居住半年左右，在北京和热河两地设立特别驿站，一日之间即可通达信息。重要国事几乎全在那里解决，接见外国重要使节也无例外。在这座占地面积虽相当广大，建筑还是比较简朴的行宫中，每年必举行规模巨大的宴会，宴请蒙古王公各族盟长及各少数民族代表，既加强了团结，也解决了国境边区受侵略的隐患。我国著名民族英雄林则徐曾说过：“为中国之大患者，其俄罗斯乎？”这种对于较后国际形势的认识，也正是清代前期几个统治者早已理会到而对蒙古特别重视团结的原因。

蒙古族习于草原生活，能歌善舞，性情朴实豪迈。由于适应草原气候，衣着多小袖长袍，用丝绦做腰带，着长统靴子，男女差别不大。惟帽式发饰不同，衣喜绛红大紫。毡帐中多用蒙古民族所喜爱的图案织成的毡毯垫地，长年追随可供牧放牛羊的水草地区迁移。毡帐一般用杂牛羊毛作成。王公盟长所在处，则用白羊毛加有原绒或锦缎缘饰。本图中大毡帐，为乾隆经常接见各族王公或外国使节时使用。这种大型帐庐，有能容达千人坐卧的，如同一座随时可以撤换移动的行宫。

# 一七七　清代几种帝王袍服

图二四七

左：［清］皇贵妃朝服（慧贤皇贵妃朝服像，胡锤摄影）

中：［清］皇帝朝服（乾隆像，胡锤摄影）

右：［清］皇帝朝服（康熙像，胡锤摄影）

清代皇族服制繁琐，为历史所仅见。除箭袖、蟒服、披肩、翎顶为王公大臣朝服所必具，且四季各不相同，外套所用皮毛不同，顶子材料不同，翎子眼数不同，当胸补子、朝珠更加等级区别严明，令人一望而知。中等官僚大宴会，在吃喝过程中，还得换衣一二次。此外男子身上平时佩服挂件，清初还只二三种，往后越来越多，常是一大串分列腰际，包括香荷包、扇套、眼镜盒、烟袋、火镰以及割肉吃的刀叉等等，式样各不相同。锦锈刻丝，无不具备。有的还是用封建帝王名分特别赠予，表示对奴才爪牙的宠信。这些奴才便觉得十分光荣，用来对僚属夸耀，并深一层死心塌地为统治者尽忠效劳。统治者本人，便服中也身佩烟荷包、火镰和“京八寸”小烟锅。当时以为最特别重要衣着，即“钦赐黄马褂”。事实上在《康熙万寿图》、《乾隆南巡图》中，以亲王大臣在这两个大皇帝六十四人抬的大敞轿前排队步行所见而言，原来不过是在朝服外加套一件正黄色普通半长不短的马褂而已。

吸草烟在清初还是新鲜事物，一般人是禁止使用的。眼镜据明人记载，宣德间即传入中国，故宫博物院还收藏有明代宣德时实物。清初才较多使用。至于官僚文人佩件中的腰圆形眼镜盒，则多系嘉、道以后才上身的。

这些代表官僚身份的时新装饰品既日益增多而需要量又极大，清初雍正、乾隆间潘荣陛著《帝京岁时记胜》“皇都品汇”条，就有涉及当时北京不同季节的衣被服用著名铺号部分，说的虽相当简略，却有一定概括性，也反映部分社会现实情况：“帝京品物，擅天下以无双，盛世衣冠，迈古今而莫并。金银实饰，开‘敦华’、‘元吉’之楼。彩缎绫罗，置‘广信’、‘恒丰’之号。貂裘狐腋，江米街头，珊瑚珍珠，廊房巷口。靛青梭布，‘陈庆长’细密宽机。羽缎猩毡，‘伍少西’大洋清水。冬冠夏纬，‘北于’、‘桥李’齐名。满袜朝靴，‘三进’、‘天奇’并盛。织染局前鞓带，经从内府分来。隆福寺里荷包，样自大宫描出。‘马公道’广锡铸重皮纫扣，‘王麻子’西铁铿三代钢针。妆奁古玩，店开琉璃厂东门。鞍辔行装，铺设牌楼西大市。”

这不过指一般北京著名行铺而言。当时清贵族官僚，骄横贪暴，十分奢侈。一个红宝石顶值几千两银子，一挂朝珠且有达数千过万两的。清人笔记曾提及清初流行带玉皮的翡翠翎管，一般也值白银八百两。这些行铺营业进出金银数目之大，可想而知。至于宫廷王府，为婚丧大礼或祝寿一类需要，还往往动员全国有关行业来供应，财力物力需要之多、靡费之大，在历史上都是少有的。

比如帝王的龙袍制造，就照例由当时如意馆（在今北海公园画舫斋内）第一流工师精密设计作出图样，经过皇帝亲自审定认可后，才派专差急送南京或苏杭织造，由织造监督，计算出各道工序，每件衣服用料若干、用工若干。有的面积以方尺计，金银线以若干绞计，金银缕丝以若干万条计，色丝以斤两计。一衣动必经年方能作成。作成后，既缮具详细报告，又严密装箱，按时派专官护送到京。故宫博物院还收藏有这种织造特种衣服上奏报销册子九十余本（实物以若干万种计）。除织造衣服用费外，还有包装用费、半路食宿过河等等用费，无不一一列举入册。乍一看来，似乎法制严谨，毫不苟且。但是前后近两百年，价钱却毫无变动，因此得知，这种报销册子只不过一种例行公事，和实际耗费必不符合。当时织造，只是照这个官价数目发付下去，强派织户按时织成上供。付出官价，远不及人民实在花费之多。又据《苏州织造局志》卷三，关于“机张”部分就提到属于苏州织造管辖下的染织局和总织局，各有织机四百张，有工匠二千三百多人，长年生产官用缎匹，每月口粮就达一千多石。一件袍料有费工到一百九十天的。

帝王特种袍服，还有用孔雀尾毛捻线作满地，平铺，另用细丝线横界（宋代名为“刻色作”，明代名为“洒线”），上面再用米粒大真珠串缀绣成龙凤或团花图案，费工之大、用料之奢侈，都为前代所少见。这种制作特别华美、品种各别的衣服，保存于故宫博物院的还有不少实物。一面充分反映这一最后封建王朝统治者的穷奢极欲，另一面却可见南方丝绸生产区劳动人民织造艺术的极高造诣。用料之精、和色之美、手艺之巧，也都为前代所少见。

# 一七八　清代雍正四妃子便服

图二四八　左、中左：[清] 着旗袍皇妃（《雍正行乐图》中四妃子部分）

右、中右：[清] 比甲、长百褶裙、加领扣、云肩、垂耳环皇妃（《雍正行乐图》中四妃子部分）

采自《雍正行乐图》。原藏故宫博物院，系彩色绘制，精细如17、18世纪欧洲油画。

这是几个比较早期的清代最高统治者上层妇女家常装束，衣式各不相同。二人着裙，还具明式领扣（一般用金银作成，定陵及万历七妃子墓均有实物出土），垂珠翠耳环，其中一人并着遮眉勒，发不开额，髻式也如明式鬏髻，穿长比甲，裙作百褶，如明清之际南方常见流行式样。另二人衣长袍而不裙，虽较简单，已具后来旗袍规模。发饰处理三人均满装钿子，头上应用花钿方法，南方汉族妇女似少用。成分加金珠翠玉，如平顶帽套的叫“钿子”，分不同等级，各

插图一四五·雍正皇妃

1：《雍正十二妃子图》之一（故宫博物院藏，胡锤摄影）

插图一四五（续）·雍正皇妃

2：《雍正十二妃子图》之二（故宫博物院藏，胡锤摄影）

式各样均详载于《大清会典》图中。载于《皇朝礼器图》中的为彩图，特别具体。

满人原出女真，入关以前称“大金”或“后金”，妇女衣着远法辽、金，还受元代蒙族妇女长袍影响，惟已不左衽。早期偏于瘦长，袖口亦小，衣着配色极调和典雅，实明受有南方地主文化影响。晚期变化极大。由头到脚，和个暴发户相差不多。一般印象中的旗袍，配色已极不美观，反映封建末期的上层病态鉴赏水平。

金、元以来，南北衣着即有显明不同，元、明间通俗读物《碎金》一书中，叙述服饰部分，就经常注明，南方有某某，北方有某某，名目多不相同。南方式样也远比北方复杂，而且变化多方。风俗习惯有异，气候物产不同，实为情势所必然。17、18世纪在男女官服制度中，南北虽已无多区别，但便服则仍区别显明，不受法律约束，且影响由南而北。因为江南本是丝绸生产地区，商业发达，丝绸花色、衣着式样新陈代谢较快。北方气候寒冷，灰砂极多，相对而言，比较保守。

《红楼梦》一书中王府大宅布局，虽为北京所常见，但叙述到妇女衣着如何配套成分，都显明是江南苏州、扬州习惯。据故宫藏另一《雍正十二妃子图》所绘衣着，可知这时期宫廷里嫔妃便装已完全采用南方式样。这十二个图像还可作《红楼梦》一书金陵十二钗中角色衣着看待，远比后来费小楼、改琦、王小梅等画的形象接近真实，而一切动用器物背景也符合当时情形（见插图一四四、一四五）。四妃图给人印象，南北便服虽尚有区域特点，仍显明看出综合痕迹。至于较后的满族盛装，如大髻簪珠翠花，横插长约一尺的扁平翡翠玉簪，面额涂脂粉，眉加重黛，两颊圆点两饼胭脂，高底鞋在鞋底中部还另加一凸起约二寸高底子，长旗袍较大袖子，经常还加有一琵琶襟短背心，上面重重叠叠加有好几套花边，这种种大多是成熟于晚清同、光时期。

关于清代统治者上层，四时官服制度，并应用材料名目等等，极其复杂繁琐，均详载于《皇朝礼器图》中。《啸亭杂录》则提及乾隆时一些不同变化。《清稗类钞》里包括较广，叙述更加详尽，惟无图像可供比证。清政权延长近三个世纪之久，时间前后变化既大，地区差别又极显明，一切记录总不免近于“以管窥豹”，得见一斑而已。惟内中属于官制的衣着则受严格法律限制，变化并不太多。妇女官服亦不例外。只是受帝国主义的侵略，约一世纪中，化学颜料的大量倾销，以及毛织物的咔喇、镜面呢和羽纱、倭绒等等的入口，显然影响到各方面都极大。丝绸生产色彩的处理，也不免破坏了我国固有的长处，形成一种半殖民地化的趋势，反映到各方面，也影响到衣着式样。近人辑的《都门竹枝词》，由乾隆到宣统各个时期的变化均有点滴描写，如不结合大量图像，是始终难于得到明确具体印象的。

# 一七九 清代丝绸

图二四九 上：[清] 黄地琐窗格子团龙加金锦
下：[清] 深蓝地两色金云纹蟒缎

图二五〇　［清］深蓝地绣花云肩燕居部分

清代在江宁（南京）、苏州、杭州设三大织造监督三个丝绸区生产，除作为一般商品，近供国内不同需要，远及国际商品市场，均有千百万匹生产品供应外，并为北京清政府定织四季需要大量特别绫罗绸缎、锦绣刻丝。这些特种缎匹，除由织造局固定工师照成例生产外，多由北京如意馆工师设计出样，送交三织造署加工，限时定量完成，专差运京。故宫博物院档案馆，还藏有这种图样和档案许多种，借此可以明白织造特种衣料名称、品种价值、计工方法及施工过程。例如特种衣料缎匹用料计工，计价多以方尺作单位，是过去所不知道的。《苏州织造局志》则详细述及某一上用品种分别限定不同时日完成，某种丝料染色计价之详细，织金、明金以若干万条计，捻金以若干纽计，复杂到令人难于设想程度。

明代中期以来，南方地主官僚封建文化逐渐抬头，在艺术生活各方面对广大社会都发生影响，于衣着影响更为显著。这和南方经

插图一四六·清代几件民族服装

1：维吾尔族蓝绸彩绣连衣裙　　2：苗族绣花蜡染衣裙

3：哈萨克族绣花长袍　　4：彝族彩漆皮甲

5：鄂伦春族长袍

6：黎族妇女结婚衣服（以上均中国历史博物馆藏）

济生产发展有一定联系，因为不论是北方宫廷文化，还是南方的官僚地主文化，都是建立于对农民和手工业劳动人民的极不公平的残酷剥削上。它的特征反映于艺术各部门。绘画、文玩、手工艺，如松江雕竹、苏州治玉及江千里做软螺钿、扬州周翥作八宝嵌漆，或素朴，或精细，异途同归，多以能得到社会士大夫赏鉴为主。衣着也不例外。一反明代官服彩色浓重壮丽，而日趋雅素调和。妇女家常便装，反映得更加具体。这种风气不仅影响到当时，且支配了清初由康熙到乾隆约一世纪宫廷文化中的丝绸服装设计、家具文玩式样，以及工艺美术生产各部门。当时的审美观点，无不受它影响。故宫以收藏古代法书名画著名的三希堂，就是在故宫西路殿前一角，用木板隔成见方不到二丈的一间小室，仿照南方船舱式样。世界闻名而被帝国主义强盗焚掠的圆明园建筑，内中虽不少仿自意大利建筑，但主要部分和内中陈设布置，也多取法南方苏州、扬州亭园布局。江浙三大织造，每年生产大量绸缎纱罗，及为宝座、桌几、床榻、帐褥、书画装裱用的彩绣锦缎，仿宋、仿唐，无不以花纹雅丽、色调清新为主。因之宫廷文化空气，已近于为南方艺术风格所占据、所浸透。

服装材料的多样化，反映江浙农业手工业生产，在明末清初大破坏之后不多久就得到恢复，并进一步发展。仅以苏州一般商品丝绸为例。锦有海马、云鹤、宝相、球门，或织“书锦堂记”如画轴，或织词曲联作帷帐。又有紫白落化流水充装潢卷轴。若加金，则有间金和满地金，又有浑金。用金材料则分片金和捻金。且有织银，银线细如丝发，康熙时制作，至今还未生锈，技术上极值得研究。来自西北回回锦，也同样有织银的，时代多相近，花色品种之多样化，十分惊人。“纻丝（缎子）上者曰‘清水’，次曰‘兼生’（杂生丝或麻纤维织成），上贡则有平花、云蟒，精巧几夺天工”，罗有花、素、刀罗、

插图一四七·清初织锦纹样

1：番莲纹锦　　3：龟背如意锦

2：三多龟背锦　　4：棋盘格子纳锦

河西罗。纱有花的名夹织。绢有生熟。画绢幅广四尺，薄如蝉翼。上贡绢另置机杼，三人运梭，阔至二丈（故宫、中国历史博物馆均有藏品，五色具备）。绸分线绸、绵绸、丝绸、杜织绸、绫机绸、绉绸、

插图一四八·清初小花格子锦

纹绸、春绸、捺绸诸样。秋罗有遍地锦。绉纱分花素。药斑布青白相间，作人物、花鸟、诗词各色，充衾幔用。刮白布用苎麻作成，细如罗縠，莹白可爱。飞花布细软如绵。绣花品种也极多。刷绒为彩绒用胶刷成花朵（另有刮绒，则系用彩线劈得极薄，照所需要花样贴于地子上）。弹墨为用吹管喷五色于素绢，错成花鸟宫锦。刻丝五色相错，间以金缕（全部金地名“刻金”）。染作最著名在娄门外维亭（见《古今图书集成》卷六八一，苏州府部）。松江则兼为原料生产地，以棉、蓝著名。蓝有青秧、蔪青、淮青等不同品种。木棉布幅阔者三尺余。双庙桥有丁娘子布，尤为精软。又有紫花布，色赭而淡（即欧洲著盛名的“南京布”）。成化时即织丝棉交织的云布，有赭黄、大红、真紫等色，龙凤、斗牛、麒麟等纹，一匹贵至百金。又有兼丝布、药斑布、衲布（元代贵族侍宴穿只孙服，纻丝团花，有青、绿、红三色，明代供仪仗队用也是松江织的。从明代画迹和近年明益庄王墓出土仪卫俑衣着，还可得到元代只孙服部分形象知识）。有紫白锦，作坐褥、寝衣，雅素异于蜀锦（可证故宫陈列中称“改机”的，实为松江织紫白素锦）。剪绒花毯，用棉线作经，彩色毛绒结纬，剪出花样异巧。皇帝汗衣则必用三梭布，也是松江织的（见《古今图画集成》卷七百，松江府部）。

李斗《扬州画舫录》卷一称：“江南染色，盛于苏州。扬州染色，以小东门街戴家为最。如红有淮安红、桃红、银红、靠红、粉红、肉红。紫有大紫、玫瑰紫、茄花紫。白有漂白、月白。黄有嫩黄、杏黄、丹黄、蛾黄。青有红青、鸦青、金青、元青、合青、虾青、沔阳青、佛头青、太师青、小缸青。绿有官绿、油绿、葡萄绿、苹婆绿、葱根绿、鹦哥绿。蓝有潮蓝、睢蓝、翠蓝、雀头三蓝。黄黑色有茶褐。深黄赤色有驼茸，深青紫色曰古铜，紫黑色曰火薰，白绿色曰余白，浅红白

插图一四九·清初深青地如意云两色金蟒缎

插图一五〇・清初"寿"字锦

色曰出炉银，浅黄白色曰蜜合，深紫绿色曰藕合，红多黑少曰红棕，黑多红少曰黑棕（二者皆紫类），紫绿色曰枯灰，浅者曰朱墨。外此如茄花、兰花、栗色、绒色，其类不一。"染布业最著名则数安徽芜湖的蓝青。

叙述中所提及的种种颜色，都反映到当时绫罗绸缎布匹上，在清初17、18世纪间普遍流行，并且还间接影响到手工艺其他若干部门，互相促进和发展。例如当时的彩色料器，景德镇各种单色釉瓷器和福建彩色漆器，在技艺和生产方面，都于这一段时期突破过去纪录，取得崭新的成就。

插图一五一・清初纳锦

18世纪反映封建社会末期官僚地主大家庭崩溃过程的小说《红楼梦》中，就描述了清初丝绸锦绣及特种外来纺织品，应用到衣着和起居服用各方面的情形。除部分材料近于子虚乌有，大部分都还可以从故宫博物院藏品中发现，一般并且还保存得完整如新。

嘉、道以后，政治上虽在下降，纺织物新品种却还不断有所发展，特别精美贵重。用植物纤维织的高级产品有沉香葛，用丝或鹅茸织成的有五彩提花天鹅绒，丝织正反两面作成不同花纹的鸳鸯缎及樱桃红色、竹青色、宝蓝色成分提花的天鹅绒衣料。内中包括有一树梅、一丛兰、岁寒三友、整枝牡丹、玉兰等，设计颇见新意匠。丝绒中又以织有“绮霞馆造”字样的鼠灰金鱼、粉绿色皮球花等衣料图案设计为最精美。又有织法受外国影响材料极薄、彩色繁复、花朵细碎、风格别致的广州彩缎，品质厚实紧密指定作官服外套马褂用的南京宁绸，质料特别柔软本色暗花宜于作裙袄被面的各色湖绉，以及仿自外来品种各色具备茸头厚密的丝绒，就中又以金貂绒和鼠灰芝麻点绒特别精美。晚清，四川成都用小梭盘花织的穿绒缎和径寸方格子杂色被面锦缎，也相当精美。

丝织物中实行“古为今用”、“推陈出新”，落实到生产上，很值得向优秀传统借鉴取法，有用材料实在异常丰富。清代近三百年的江浙三大区产品和西北、西南各兄弟民族毛、棉、麻、丝有区域性的非商品性特种产品，就还有万千种保存于故宫博物院、地方省市博物馆和民族学院一类机关中，本节仅能略举数例以见一斑（见图二四九、二五〇，插图一四六至一五一）。这份材料还有待我们认真研究学习，并应用到生产上去，以增加纺织物的花色品种，提高艺术设计水平，丰富装饰纹样内容，发展社会主义新中国的纺织工业，从而对全国和世界作出更新更大的贡献。

# 后　　记

本书的成稿、付印到和读者见面，经过许许多多曲折过程，前后拖延了约十七年。工作前期的进行，和中国历史博物馆保管组、美工组等诸同事的辛勤劳动分不开。图版初次制版排样，原财经出版社老师傅的工作热情及高度责任感，也作出显明贡献。但此书能最后得以完成，实完全有赖于中国社会科学院领导准备了良好工作条件，并充分给以人力、物力支持的结果。就中本院考古所方面人力上协助最多，使增补工作进行得比较顺利。若没有这种种帮助和各方面的支援，这本书实不可能如目前样子呈现于读者面前。

从1949年起始，我就在中国历史博物馆工作，专搞杂文物研究。照规矩，文物各部门都得懂一点。经常性业务，除文物收集、鉴别并参预一系列新出土文物展出外，兼得为馆中绘制历史人物画塑提供些相关材料。还必须面对群众，尽力所能及，为外单位科研、生产和教学打打杂，尽点义务。我名分上属于陈列组，事实上任何一组有事用得着我时，我都乐意去做。虽感觉到能力薄，牵涉问题广泛，工作复杂且繁琐，用力勤而见功不大，但是我理会到，若能把工作做好，却十分有意义。我深深相信，新的业务接触问题多还生疏，坚持学个十年、二十年，总会由于常识积累，取得应有进展的。

近三十年新出土文物以千百万计，且不断有所增加，为中国物质文化史研究提供了无比丰富资料。一个文物工作者如善于学习，博闻约取，会通运用，显明可把文物研究中各个空白点逐一加以填补，创造出崭新纪录。

我就从这点认识和信念出发，在大多数人难以理解情形下守住本职，过了整整三十年。尽管前十年比较顺利，各类文物大多有机会经手过眼，数以万计，但是任何一方面却始终达不到深入专精程度。随后二十年，事实上有大半时间，全国都在各种运动中时断时续度过的。我不问条件如何，除了对本业坚持认真的学习和去为别的有关生产、教学方面打打杂，建建议，尽义务帮点忙，其他什么都说不上。

至于本书由我来编纂整理，似偶然也并不全是偶然。1964 年春夏间，由于周恩来总理和几个文化部门的人谈及每次出国，经常会被邀请看看那个国家的服装博物馆，因为可代表这一国家文化发展和工艺水平。一般印象，多是由中古到 17、18 世纪的材料。我国历史文化那么久，新旧材料那么多，问是不是也可以较有系统编些这类图书，今后出国时作为文化性礼品送送人。当时齐燕铭先生是文化部副部长，因推荐由我来作。历史博物馆龙潜馆长对我工作有一定了解，热情加以支持，为从美工组安排得力的三人协助。由于当作试点进行，工作方法是先就馆中材料和个人习见材料，按年代排个先后次序，分别加以摹绘。我即依据每一图稿，试用不同体例，适当引申文献，进行些综合分析比较，各写千百字说明，解释些问题，也提出些新的问题，供今后进一步探讨。

总的要求，是希望能给读者从多方面对于中国古代衣着式样的发展变化，有个比较明确印象。工作既近于创始开端，从探索中求理解，做得不够完美是意中事。方法上和判断上若还有少许可取处，能给海内外专家学人以小小启发，或依据本书加以充实，或从另一角度，用另一方法进行新的探索取得更大的成就，我也觉得十分高兴。

因为这份工作的全部完成，照当时估计，如有十年时间，不受过多干扰，又得到工作便利，继续出若干本不会缺少材料的。

从 1964 年初夏开始，由于历史博物馆美工组几位同事热心努力，我对于这些材料包含问题又较熟悉，工作因此进展格外迅速。前后不到八个月时间，图版二百幅，说明文字约二十万，样稿已基本完成。经我重作校核删补后，本可望于 1964 年冬付印出版。但是政治大动荡已见出先兆，一切出版物的价值意义大多得重新考虑。本书的付印，便自然搁下来了。

"文化大革命"开始后不多久，这份待印图稿，并不经过什么人根据内容得失认真具体分析，就被认为是鼓吹"帝王将相"、提倡"才子佳人"的黑书毒草。凡是曾经赞同过这书编写的部、局、馆中几个主要负责人，都不免受到不同程度的冲击。我本人自然更难于幸免。其后，于 1969 年冬我被下放到湖北咸宁湖泽地区，过着近于与世隔绝的生活。在一年多一点时间内，住处先后迁移六次，最后由鄂南迁到鄂西北角。我手边既无书籍又无其他资料，只能就记忆所及，把图稿中疏忽遗漏或多余处一一用签条记下来，准备日后有机会时补改。1971 年回到北京后，听一老同事相告，这图稿经过新来的主任重新看过，认为还像个有分量的图书，许多提法都较新，印出来可供各方面参考。因此把图稿取回，在极端恶劣工作条件下，约经过一个月，换补了些新附图，文字也重新作了修改，向上交去。可是从此即无下落。一搁又是四五年。其时恰在"十年浩劫"期间，这事看来也就十分平常，不足为奇了。

直到 1978 年 5 月，我调入中国社会科学院历史研究所，工作上得到社会科学院领导的全面支持，为在人力、物力上解决了许多具体困难，给予了不少便利条件。遂在同年 10 月，组成一个小小工作班子，在较短的时间内，对本书图稿作了较大的修改补充。首先尽可能地运用和增加许多新发现的文物资料，同时还改订添写了不少原有的以及新的章节，使全书约增至二十五万字左右，新绘插图一百五十余幅，于1979年1月增补完成，即交轻工业出版社印行。此后又联系了几家国内外出版社，几经周折，最后才交由商务印书馆香港分馆出版。

值得令人怀念的，是齐燕铭先生、龙潜先生、刘仰峤先生。三位都在“十年浩劫”折磨中因伤致病，已先后成了古人。尤其是周恩来总理，已来不及看到这个图录的出版，我觉得是极大的憾事。这本书如对于读者还有点滴可取处，首先应归功于他们几位对这个工作的鼓励和支持。

本书在增改过程中还得到国家文物局的经常关心，以及湖南省博物馆、云南省博物馆、陕西省博物馆、湖北省博物馆、故宫博物院、南京博物院、对外文展办公室、中央美术学院、音乐研究所和荣宝斋等文物、学术机构与友好，各方面充满热情的帮助。其次是直接参加过摹绘、摄影、制版、排印诸位劳动的贡献。至于我个人，只不过是在应尽职务上，把所学的问题，比较有条理、比较集中持久完成了一小部分任务而已。

沈从文

1981年5月1日于北京

# 再版后记

本书首版在香港印行后，得到各方面读者以及专家学人的热心关注与鼓励，同时也提出了很好的意见，从中受到许多有益启发，就此斟酌，当有机会重印时尽可能加以补正。但由于涉及问题多，工作亦受力量、条件囿限，粗率、不足、失调之处仍不可免。还须不断努力作更深一层的探索、提出新的问题，才可望有所提高。幸好目前正有更多专家同好倾注满腔热忱与精力，使中国服饰史的研究有了较大进展。而我的这份工作，始终不过是为本科开山铺路，稍尽绵力而已。

这次再版，多承香港商务印书馆李祖泽先生、陈万雄先生全力支持。一月间商定有关事项，本期望能较快着手进行增订工作，始料不及，4 月 22 日我即因脑血管疾病引起偏瘫，住进医院。增补文字的事，遂委由王孖执笔，补写了史前部分，战国时期也补入了江陵马山楚墓新发现的重要服饰、丝绸材料，共约三万字，图片数十幅。引书、引文部分也重新作出校订，并附上参考书目与索引。索引由王晓强承劳编制，这一工作用力繁费，定名分类却难以尽为确当。作此尝试，主要是为了对读者，特别是青年工艺美术工作者业务上参考时提供一点查找的方便。图像资料的增选分析、文物拍照、图版更换与某些线图的修正，还有图片的技术加工，这些细琐烦杂工作，是王亚蓉和谷守英两位完成的。

增订版工作，还得到文化部朱穆之部长的支持关怀。国家文物局、故宫博物院、中国历史博物馆、湖北荆州地区博物馆、辽宁省文化厅、辽宁省博物馆等部门，也都为本书的重印提供了资料上的帮助与方便，使得本书无论内容、形式都为之增色不少。谨借此机会，表示深切感谢！

沈从文口授，王抒记录

1983 年 10 月 24 日

沈从文先生晚年倾心之作《中国古代服饰研究》，1981 年 9 月，由商务印书馆香港分馆出版了。原拟不久将在国内印行缩印本，以适应大多数青年读者的需求。既然重印，先生觉得还可作些局部的修订补充。正如他历来的习惯，样书甫到，便伏案披阅，逐章逐节地随手改易个别文字；增补史前资料的设想也在筹划中。到 1983 年初，商务港馆李祖泽先生、陈万雄先生，会同国内三联书店范用先生，共商决定国内版安排上海付印。正当工作人员全力汇集图像资料之际，不期沈老因病住进中日医院，已难以继续秉笔。事到如此，勉强应命由我试作增补工作。成稿后幸得沈老过目，指点改削，连同索引即时交送香港方面植字排版，以求字体、格式前后一致。但临年底，出版界形势严峻，国内版事遂告搁浅。虽经各方努力，竟始终没有出版希望。1988 年 5 月 10 日，沈老在头脑极为清楚沉静中与世长辞。未能看到此书的再版，使我深感负疚而不可愿恕。去年，出版家李祖泽先生、陈万雄先生来京，他们是沈老生前好友，依然一往情深，专此约定，今年在港仍由商务重印增订版，以奉献给久久期待的读者，并借此表达对沈老逝世四周年的纪念。

"再版后记"是沈老在世时对自己的书最末一次说的几句话，事虽相距近十年之久，彷犹目历。谨附数语补述。念兹。

王孖

附记于1992年4月22日

# 沈从文先生学术年表

**1902 年（清光绪二十八年）**

12 月 28 日（农历十月二十九日），出生于湖南省凤凰厅一个军人家庭，原名沈岳焕。

**1906 年（光绪三十二年）**

母亲开始教他识字。

**1908 年（光绪三十四年）**

入私塾读书。

**1915 年**

入新式的第二初级小学就读。半年后转入第一初级小学（今文昌阁小学），受到国文教师、南社诗人田名瑜潜移默化影响。

**1917 年**

高小毕业。因家境衰败而当兵。

**1919 年**

受军法长萧选卿指点，曾埋头几个月学写旧体诗。翌年 12 月，因军队遭袭而回家。

**1921 年**

舅父黄巨川和姨父熊捷三（熊希龄之弟）常吟诗唱和，他代抄诗文，也学作点“半通不通”的旧体诗，在熊府还读到林纾译的小说。

1922 年

在湘西巡防军统领部谋到司书职。

在工作余暇继续学作旧诗，阅读各种新旧书籍。

1923 年

在统领官陈渠珍身边作书记约半年，从代管古书字画碑帖文物中，拓宽了兴趣和知识面，所读旧书也多奠基于此时。

夏，一度被派到陈渠珍办的报馆作校对。

8 月下旬，到北京求学。

初到北京经常从琉璃厂到天桥饱览沿途的古玩店、挂货铺；又几乎每天去京师图书馆分馆读书，许多新旧杂书是在这阶段读到的。

1924 年

旁听北大课程。

1925 年

11 月，到北京大学图书馆在职进修，师从袁同礼学习目录学等相关业务，直到翌年 2、3 月间。

1926 年

3 月 28 日，被香山慈幼院正式聘为图书馆编辑。

9 月，离开香山慈幼院，从此开始以写作为生。

1929 年

1 月，与胡也频、丁玲合作创办的《红黑》、《人间》月刊问世，并任《人间》主编。

8 月，中国公学校长胡适破格延聘他为国文系讲师，开设新文学和小说习作课程。

冬，兼任上海暨南大学中国小说史课程。

1930 年

7—8 月，留校教暑期课程，讲授中国新诗，编写新诗讲义初稿。

7 月 26 日，结合讲授现代文学中的新诗，写成《我们怎样去读新诗》，10 月发表于《现代学生》杂志。

9 月，受聘为武汉大学国文系助教，开设新文学课程。

秋，以论新诗发展为内容的《新文学研究》讲义，由武汉大学印行。

1931 年

8 月，应聘任青岛大学国文系讲师，开设中国小说史和高级作文课程。

1932 年

10 月，与林庚、高植、程一戎合编的《小说月刊》在杭州苍山书店创刊。

1933 年

8 月，辞去教职，应杨振声之邀到北平参加编辑中小学教科书工作。一起编书的还有朱自清、吴晗等。

9 月 23 日起，他和杨振声共同主持天津《大公报·文艺副刊》。

1937 年

4 月 4 日，第一篇谈书法的论文《谈写字》发表于《大公报·文艺副刊》，5 月在《月报》转载。

5 月，由朱光潜任主编，他和杨振声、俞平伯、朱自清、周作人、林徽因为编委的《文学杂志》创刊。

8 月 12 日，按教育部秘密通知，离开沦陷不久的北平，到达武汉。

9 月起，与杨振声等利用武汉大学图书馆资料，继续编写教科书，萧乾也临时参加。

12月下旬，因武汉大学停办，编教科书工作暂停，离开武昌到长沙。

1938年

1月中旬，政府批准临时大学转移昆明计划。编教科书的办事处也决定向昆明转移。

1939年

1月，由陈岱孙、潘光旦负责的《今日评论》周刊创刊，他负责编辑文艺方面的稿件工作。

3月，编完国文教科书稿，上交教育部。

6月27日，被聘为西南联合大学师范学院国文系副教授。先后开设必修课大一国文、大二各体文习作（一）；选修课各体文习作（三）、中国小说史、现代中国文学、创作实习等。

1940年

春，林同济、何永信等主持《战国策》半月刊，他任编委，编辑文艺稿件。编委还有冯至、贺麟等。

1942年

6月10日，云南省教育厅和西南联大师范学院联合举办中学教员暑期讲习班，他应聘为讲师。

是年增补为联大师范学院国文系《国文月刊》编委。

1943年

7月22日，被西南联大聘为师范学院国文系教授。

1945年

年初应邀主编昆明《观察报·新希望》副刊。

1946年

5月4日，西南联合大学宣告结束，即被北京大学聘为国文系教授。8 月 27 日，他由上海飞往北平就职。

10 月 13 日，他和杨振声、冯至主持编辑的天津《大公报·星期文艺副刊》创刊。

10 月，任天津《益世报·文学周刊》副刊主编。

12 月，和朱光潜、杨振声、冯至、徐盈五人编辑的《现代文录》出版。12 月 29 日主编北平《平明日报·星期艺文副刊》创刊。

1947 年

本年，北京大学成立博物馆筹委会，并决定在史学系成立博物馆专修科。他积极支持这项工作，提出很多建议。

1948 年

2 月起，他陆续把自己收藏的许多瓷器、贝页经等古文物、民间工艺品，以及从云南搜集来的全部漆器捐给北大博物馆，并参与布展工作；因新建博物馆专修科缺乏资料，又捐出《世界美术全集》、《书道全集》等一批藏书。

秋、冬，为博物馆专修科准备"陶瓷史"课程，着手编写教学参考书。

10 月 1 日和 9 日，分别在《论语》半月刊和天津《大公报》发表《收拾残破——文物保卫的一种看法》和《关于北平特种手工艺展览会一点意见》。

1949 年

4 月，上海《子曰·艺舟副刊》发表他写于 1947 年 7 月的《读春游图有感》，后改名为《读展子虔〈游春图〉》。

6 月底，写完《中国陶瓷史》教学参考书稿，未出版。

8 月，人事关系转到北平历史博物馆。离开北大国文系教职后，仍在为博物馆专修科第一届学生兼课，讲授工艺美术中的陶瓷史等课程。

冬，研究中国玉工艺问题。写出一组专题文章，是为“中国玉工艺史”而准备的教学参考材料。未发表。

1950 年

3 月 2 日起，进入华北大学，为四部五班学员。不久随建制转入华北人民革命大学，为政治研究院第二期学员。12 月毕业。决定回博物馆工作。

1951 年

1 月，参加原始社会展览讲解词编写。

春季开学后，在辅仁大学兼每周两学时散文习作课。

4 月，参加《敦煌文物展》布置陈列，起草说明，撰写《文物参考资料》展品目录特刊中的评介文字。发表时未署名。

1952 年

7 月 4 日，历史博物馆成立文物收购组，他为四成员之一，此后数年间，为丰富馆藏，经手收购了多种文物，还替多所大学文史、艺术院系代购教学用文物。自费购买一些有价值文物，日后捐赠给需用单位。

10 月 1 日，注完清代寂园叟的陶瓷专著《陶雅》。

1953 年

1 月，历史博物馆成立出版组，负责本馆编辑出版工作。

3 月 28 日，为中央美术学院一图案课助教拟一百种牡丹花纹图案；4 月 4 日，“为温同学拟出一百种图案花，代表各种器形和时代”（据《日记六则》）。这是他较早用开列某一题目参考图像或文献资料草目方式，为别人和社会上其他单位提供服务的记载。

下半年，应聘在中央美术学院兼课，为留学生和研究生讲授中国染织美术史等课程。

7月26日，在《光明日报》发表《明代织金锦问题》。

9月3日，在《新建设》杂志发表《中国织金锦缎的历史发展》。

9月23日至10月6日，以工艺美术界代表身份出席第二次全国文学艺术工作者代表大会。

这年他从早期关注织绣品或某一类器物本身的工艺历史，向丝绸纹样史与陶瓷、漆器、铜器等纹样的相互联系、影响或制约等方面拓展，为将研究视野进一步扩展到服饰、制度，及物质文化史的广阔领域，已实现重要的跨越。

1954年

5月，《全国基本建设工程出土文物展》预展，任说明员。8月19日，在接待华东文物工作者会上发言，以展览上多种新发现的展品为例，阐述出土文物对学术研究的特殊意义。

10月3日，在《光明日报·文学遗产》发表《文史研究必需结合实物》。

这年，他主编的《长沙出土古代漆器图案选集》以单位署名，由人民美术出版社出版。

1955年

上半年，为人民文学出版社再版《红楼梦》就小说中服装器物等作注，6月完成。

6月，他从1952年3月起配合故宫丝绸专家李杏南编选的《明锦》图录，由人民美术出版社出版，书中收入1954年写的《题记》。

9月，主持编选的《中国古代漆器图案选》以单位名义由北京荣宝斋新记用套色木刻水印出版。出版前后他撰写了《题记》，并改写成论文《我们从古漆器可学些什么？》；又撰写了《介绍一个漆器图案》。均未发表。

冬，抽调参加出版总署组织的《中国历史图说》文物部分的编写工作，任编委，直到1957年。

### 1956年

1月10日，增选为全国政协特邀委员，1月30日，出席第二届全国委员会第二次会议。

5月，吴仲超院长请他兼任故宫博物院织绣研究组顾问，协助织绣组培训业务骨干。由于有更多机会接触故宫馆藏文物，从而扩大了他的研究视野。

秋，完成《中国刺绣》（又题为《谈刺绣》）初稿。10月织绣研究组曾将此文油印作为业务学习和交流材料。

是年，得知北京一文物商人处理一批明代装裱佛经封面锦片，售价很低，但对研究明代丝织工艺和服饰很有价值，建议人民美术出版社收藏。

### 1957年

2月15日，被聘为北京历史博物馆学术委员。

4月12日，先后到南京、苏州、上海、杭州，考察丝绸生产，访问各地博物馆，为筹建丝绸博物馆作前期研究。

10月，应邀去定陵，对刚清理出来的出土服饰、丝织物进行考察。

12月，中国古典艺术出版社出版了他和王家树合编的《中国丝绸图案》，为之撰写《后记》。

### 1958年

6月，论文《龙凤图案的应用和发展》完稿，9月在《装饰》杂志发表。后改名为《龙凤艺术》。

8月下旬，携带故宫博物院、北京历史博物馆收藏的部分明清丝绸、刺绣，先后到杭州、苏州、南京举办巡回展出，历时三个月。

这次巡展后，故宫准备再选馆藏去武汉举办明清文物展览，他参予了陈列设计，并撰写陈列说明。

9月，任《装饰》杂志编委，至1961年5月。

11月，所编《唐宋铜镜》由古典艺术出版社出版。其论文《古代镜子的艺术特征》作为本书《题记》。

1959年

4月，改写1955年《谈谈〈文姬归汉图〉》文稿，6月在《文物》发表。4月17—29日，出席政协第三届全国委员会第一次会议，作题为《关于文物"古为今用"问题》书面发言。

7月5日，给沈云麓信中说：打算"把《服装史》工作打个基础，好供全国使用。明年可能调二三助手来试试，进行一年，即可见出效果"。这是较早明确提到《服装史》计划的文字。

这年，为故宫博物院作织绣陈列馆设计，与故宫同事一起布置，使这个专馆向观众开放。

1960年

3月，他的第一本物质文化史论文集《龙凤艺术》由北京作家出版社出版，收《题记》、《织金锦》、《谈染缬》等15篇文章。

4月，为轻工业出版社草拟《中国服饰资料》目录。

5月中旬，《中国服饰资料》项目计划初步完成，用到六七百种画和石刻，还拟进一步编成十本书。6月此计划提交讨论，文化部同意进行这项工作。入冬时，已有三人配合此项目绘制图像资料。

6月，列席在北京召开的全国文教"群英会"。

7—8月，第一次以作家身份出席第三次中国文学艺术工作者代表大会。

10月24、25日，去定陵参加出土衣物绸缎鉴定。

这年，应邀为人民艺术剧院话剧《虎符》剧组讲解古代服饰制度及生活习俗，介绍各种形象资料、文物和文献，供服装、舞美人员参考。此后还为很多历史剧组如《蔡文姬》、《关汉卿》、《武则天》等和各制片厂义务提供类似的服务。

1961年

上半年，文化部请他任高等艺术院校工艺美术类统一教材编写组顾问，调集十多位教师参加编写《中国工艺美术史》、《中国陶瓷史》、《中国漆工艺史》、《中国染织纹样史》。5—6月，为各教材拟提纲和参考资料草目，随后一次次带领参编教师到故宫和历史博物馆看文物。

在青岛为景德镇陶瓷研究所审校了《中国的瓷器》书稿。

8月6日，在《光明日报》发表论文《"觚爬罳"和"点犀盉"》。

10月21日起，在《光明日报·文学遗产》分两次发表《从文物谈谈古人的胡子问题》。

1962年

3月，对《中国的瓷器》书稿作一些修改补充。

夏初，撰写论文《陶瓷装饰艺术的进展》。脱稿后交《中国的瓷器》一书编写组供引用。未发表。

6月，为《中国的瓷器》一书作《序言》。翌年由北京财经出版社出版。

12月，作论文《假若我们再演〈屈原〉》，谈剧中人物形象的塑造及服装道具如何古为今用问题。未发表。

1963 年

6 月中旬起，在香山对新编写的工艺美术类教材再一次审稿。审阅陈之佛、罗叔子的《中国工艺美术史》，并进行修改补充。

这年出版的林志钧先生遗稿《北云集》中，收入他写的《跋》；《中国历史常识》第五册收入他写的《我国古代人怎么穿衣打扮？》。

这年，继续进行《中国服饰资料》工作。

冬，周恩来总理提出编印一本精美的历代服装图录，作为送国宾的文化礼品。12 月，文化部通过文物局，责成中国历史博物馆组织《中国古代服饰资料》的编撰工作，由沈从文担任主编。

1964 年

年初，《中国古代服饰资料》工作全面展开，他作为主编，提出具体图版目录，在摹绘工作进行的同时，由他撰写文字说明，经反复修改，才形成初稿。

4 月 30 日，完成隋唐五代部分图文初稿。

7 月 4 日，按约定日程将全部图版、文稿交给中国财经出版社。

7 月下旬，去大连休养，继续审改工艺类教材稿。

1965 年

春，社会政治环境日趋严峻，《中国古代服饰资料》出版被搁置。

12 月，继续修改服饰资料。

1970 年

6 月，盼望参加日后博物馆对“通史陈列”的修改（简称“改陈”），重读文稿，拟出十几个物质文化史研究专题，可望在不长时间内搞得像个样子。同时只凭回忆把对服饰资料的修改补充处，用签条记下备忘。

10月14日，写完长篇文化史诗《文字书法发展》初稿。以后曾几次修改、补充，章草行草部分改写为《叙书法进展》而单独成篇。

1971年

1月，作文化史题材的诗《西周如何过渡到东周》，后改题为《西周及东周——上层文化之形成》，未发表。

3月，尝试凭记忆进行专题研究，写出《关于马的应用历史发展》、《狮子如何在中国落脚生根》两篇文稿，此后又续写新作或改写旧论文，逐渐扩大探讨范围。

6月，博物馆"改陈"工作已开始。针对一个个展柜写"改陈"建议，在8月前完成了60个展柜的改陈建议。

7月初，写成《谈輂舆》。

秋、冬，在回忆中把想到的服饰资料问题，用签条记下来，供日后能抄改文稿时备忘。此外继续凭记忆写专题研究文章。其中有《鼓的形象在文物中的反映》和几个未完篇短文留存；完成文化史题材的诗歌《战国时代》，均未发表。

1972年

1月，写《有代表性之案形》短文。1月10日，写完《乐舞杂伎与戏剧》。

3月，对《中国古代服饰资料》文稿进行修改增删。

4月下旬，博物馆领导要求他把《中国古代服饰资料》文稿从20万字压缩到5万。

7月20日，应邀为《文物》撰写了《长沙西汉墓出土漆器和丝绸衣物》，讨论马王堆一号汉墓出土的部分文物。未刊载。

夏，陆续买旧图书以弥补丧失罄尽的藏书和文物图录。

8月初，北京特种工艺品展在历史博物馆预展，他每天到场，和大家交流并受到欢迎。

1973年

5月7日，将《中国古代服饰资料》文稿改完正式上交，篇幅无大变化。

6月起，每星期一、三、五去历史博物馆看通史陈列，重新写各段改陈意见供馆里参考，前后约四个月。

秋、冬，参加历史博物馆协助安徽马鞍山市筹建李白纪念馆和李白塑像工作。

同期，用三个月对自己的研究专题进行梳理，扩充了“扇子应用进展”等一批新题目，共有约50个大小不同项目，多已拟出草目，全是物质文化史研究领域的空白点。

11月，致函科学院文学研究所所长何其芳，重申在古典文学研究中要重视文献与文物结合的主张。

1974年

1月，馆中初步确定三四个人为他的业务接手人，分别学服装、绸缎、家具、图案等。

8月下旬，经反复申请，馆里将《中国古代服饰资料》文稿退还，以便重抄及补充附图。

秋、冬，《中国古代服饰资料》文稿重抄时，为了补充附图，他请科学院考古研究所的王㐨帮助把所需的形象资料照相放大，又从荣宝斋、工艺美术学院等单位寻求摹绘附图的解决办法。同时，还对几个研究专题采取“流水作业”方式交叉进行。

1975年

1月末，杨纤如介绍王亚蓉来帮他绘图，又得到另一位教师协助摹绘，专题研究工作取得明显进展。

1976 年

1 月，经两位朋友帮助，将《中国古代服饰资料》约 20 万字修正稿全部抄好一份，开始校改抄稿。

12 月 5 日，与张兆和乘船到角直镇，第二次去保圣寺仔细考察，与文物管理同行交流切磋。

这年，他在东堂子胡同住处为少数教师、编辑、文物考古工作者等，系统讲解不同侧重的文物专题和基础知识。

1977 年

这年，不再多抓新的研究题目，只在已进行的几个专题上作补充修改，希望一部分能收尾。

11 月，为两年前进行的《扇子应用进展》专题撰写主论文。

1978 年

2 月，出席政协五届全国委员会第一次会议。

3 月，调到中国社会科学院历史研究所工作，任研究员。

5 月，在王㐨、王亚蓉协助下，完成《扇子应用进展》专题。

从 10 月 6 日起，社会科学院在友谊宾馆设立临时工作室。他与张兆和、助理王㐨、王亚蓉等，对《中国古代服饰资料》图稿进行了较大修改补充，尽可能运用和增加许多新发现的文物资料，新绘插图 150 余幅，经连续工作三个半月，于翌年 1 月将全部书稿交给轻工业出版社付印。

1979 年

2 月，准备建立服饰研究组。

3 月下旬到 4 月底，出差上海、杭州、苏州、南京、镇江等地，考察近年新出土文物。

8月，出席轻工业部工艺美术艺人设计创作会议。8月下旬到9月上旬去兰州、敦煌考察，总算满足了30年的心愿。

11月，出席第四次全国文学艺术工作者代表大会。

这年，《中国古代服饰资料》的出版单位几经变动，迟迟不能付印，且书稿被编辑乱改。冬，不得不由他重加清理改正。

1980年

1月15日，将服饰资料改正稿交中国社会科学院科研局。后确定将由香港商务印书馆出版，书名定为《中国古代服饰研究》。

4月，再次改写《中国古代服饰研究引言》，为定稿。

7月24日，被聘为国家文物局谘议委员会委员。

10月27日，应耶鲁大学高辛勇、余英时、倪密和傅汉思教授邀请，在张兆和陪同下赴美国访问。先后在耶鲁大学、哥伦比亚大学、圣约翰大学、哈佛大学、华盛顿大学、普林斯顿大学、芝加哥大学、斯坦福大学、加利福尼亚大学伯克利分校、旧金山州立大学、夏威夷大学等15所高等学府作过23次演说，所讲内容主要有20年代的中国文学、扇子应用进展、中国古代服饰等。

这年，历史研究所初步组建起古代服饰研究室。

1981年

5月1日，写成《中国古代服饰研究后记》定稿。

夏，美国兰登出版社来商议出版英译本《中国古代服饰研究》的可能性。后试译工作遇到困难于次年3月暂停。

9月，《中国古代服饰研究》由香港商务印书馆出版。这部先后在中国历史博物馆和中国社会科学院都曾作为重点项目而给予支持的大书，数易其稿，历时17年问世。但它仅是当初计划编印10到12本中国服装史之中的第一个试点本。

## 1982 年

年初，计划对初版《中国古代服饰研究》改换 100 张彩图，为发行国内版时准备出改订本。

3 月 20 日至 4 月初，去湖北江陵，考察马山楚墓新出土的精美丝织物和江陵博物馆藏品。马山楚墓的考古发现，为他增补《中国古代服饰研究》及其他研究项目提供了新的重要材料。由于华美纺织物和服装出土后易残毁和变色，他提出应开展对原有的染织绣工艺技术研究，进行有重点复制，促进古为今用。

8 月 20 日，日本古代服饰学者丹野郁邀请他出席翌年在东京举行的"东亚古代服饰研究大会"，并请他出任"国际服饰学会"顾问或理事，他复信同意赴会。

9 月中旬，日本服饰学者中山千代女士来访。

9 月 27 日到 10 月 12 日，作为访日代表团成员，参加中日邦交正常化十周年庆祝活动。在日期间，曾访问东京博物馆，和日本同行交流。

## 1983 年

1 月，与香港商务印书馆负责人李祖泽、陈万雄商定在香港和内地分别出版《中国古代服饰研究》增订本事宜。

6 月 4 日，政协第六届全国委员会第一次会议开幕，他因住院不能出席。从这一届起，他名列全国政协"无党派民主人士"界别，6 月 17 日被缺席选为全国政协常务委员，但此后因病再也没有出席过政协会议及其他活动。

10 月 24 日，向王㐨口授《中国古代服饰研究》增订本的《再版后记》。他病倒后，王㐨承担起领导古代服饰研究室完成增订本的一系列工作，并执笔补写了史前部分，战国时期也补入了江陵马山楚墓新发现的重要服饰、丝绸材料，共约三万多字。

1984 年

7—8 月，日本政府部门派的专家村山英树来访，咨询关于一万元日钞上所印古代皇太子画像问题，听取他对日钞上人物服饰制度问题的分析，在交谈中问题趋于明朗。

1986 年

2 月，吉首大学成立了沈从文研究室。

5 月，香港商务印书馆为纪念他从事文学创作和文物研究六十周年，出版了新编《龙凤艺术》，收物质文化史论文 37 篇。

1987 年

5 月初，陕西省扶风县法门寺地宫发现大量丝织物。他听取介绍后，详述法门寺考古发现对丝织物研究的意义，并口授复陕西省副省长孙达人的电文。

11 月，吉首大学沈从文研究室发起召开了一次小型学术座谈会，与会的各地沈从文研究者商定第二年召开一次国际性的沈从文研究学术讨论会，邀请港台及国外的研究者参加。

1988 年

5 月 10 下午，心脏病发作，晚 8 时 30 分在家中逝世。享年 86 岁。

（本年表由商务印书馆编辑部编制，所据底本为沈虎雏编《沈从文年表简编》，载《沈从文全集》附卷，北岳文艺出版社 2003 年版。）

# 一部文献与文物多元结合的学术名著
## ——沈从文的《中国古代服饰研究》

王亚蓉

商务印书馆再版沈从文先生的《中国古代服饰研究》，母版是1983年香港商务印书馆出版的《中国古代服饰研究》的增订版，相对1981年的原版主要增加了由王㐨先生执笔，并经沈先生过目修改过的旧石器时代出现的缝纫和装饰品，新石器时代的绘塑人形和服饰资料及江陵马山楚墓发现的衣服和衾被三部分。这次商务印书馆希望由我为这个21世纪的重排本写一篇导读文字。我辗转许久，夜难成寐，总觉得跟随沈从文先生的学习、工作就在昨日，并不觉得已过近四十年。当年从服饰研究的图像、实物资料的对比整理开始直至今日完成的工作，仍是沧海一粟，沈先生上个世纪80年代就走了，王㐨先生也去了，曾经跟随的导师、工作的伙伴留下了这样一片尚需大力耕耘的土地，让我今日回想起来仍有激情却也充满惶恐。

《中国古代服饰研究》是沈先生自1963年受周恩来总理的嘱托而作，它历经磨难18年终于于1981年在香港商务印书馆得以出版发行，并被评为香港最佳印刷奖；后又在北京被评为中国社会科学类图书一等奖。也曾被作为国礼送给日本天皇、英国女王和美国总统，它是中国古代丝绸、服饰研究领域的开山之作，这部书是沈先生对于中国传统服饰、传统工艺文化的深度研究，饱含着文物历史学家对于中国古代文化、物质研究的满满责任。

就像郭沫若先生在序言中所说的那样作为测定民族文化水平的标准，艺术与生活紧密相连，“古代服饰是工艺美术的主要组成部分，资料甚多，大可集中研究。于此可以考见民族文化发展的轨迹和各种兄弟民族间的相互影响。历代生产方式、阶级关系、风俗习惯、文物制度等，大可一目了然，是绝好的史料”，而“遗品大率出自无名作家之手。历代劳动人民，无分男女，他们的创造精神，他们的改造自然、改造社会的毅力，具有着强烈的生命脉搏，纵隔千万年，都能使人直接感受，这是值得特别重视的”。

也许沈先生可以笑谈他年近七十下放湖北干校，血压升高仍孜孜不倦默写已被焚毁的《中国古代服饰研究》书稿，但作为学生，我现在深刻地明白，如若不是对国家对中国文化、文物的深深眷恋，对传统文化传承的强烈感情,先生又如何能如他所说的“在农村‘五七’干校期间头脑简单地度过难关”？

《中国古代服饰研究》用近二十年的时间方予面世，满载着沈先生对传统文化、传统工艺技艺的热爱和执着，上个世纪60年代的沈先生，对于来自总理的编写一部向别国引荐中国服饰文化的国礼书籍的嘱托，可以说是踌躇满志，先生将之规划为一项至少出版十本、潜心研究整理十年的巨大工程，而已出版的内容是对历代有关服饰史中有争议问题的整理和解惑，依沈先生的说法，这仅是一个试点本，仅是将历朝历代学界有所争议的问题进行浅析，后面仍有极其庞大的内容需要一一以史学方式进行梳理。

接受商务印书馆撰写导读时我就十分踌躇，就书籍本身而言，沈先生自己早已将他的主旨、他的向往以及他对中国服饰文化的探索方式都在序言中阐释详尽，任何赘述无疑具为蛇足。若一定稍作浅述，那仅有将沈先生作此文的更多背景、设想一一道来，以便读者可以更加宏观、客观地应用这本以25万文字和900余幅图片概述中国服饰历程的承载着沈先生整个后半生成果和无限憧憬与遗憾的书籍。

《中国古代服饰研究》对于现代的读者来说，或许更适合被作为一位长者在中国文化地界默默耕耘的笔记来看待，它为后来者铺设了一条穿古越今以实物见证历史的道路，人们可以循着这条路径了解中国古代服饰的发展历程：我们看到自商代始，从祭祀丧葬等方面所反映出的先民们的工艺技术状况、等级制度沿革；可以看到周代由于我们知之甚少而稀缺实证但确然发展起来的织纺技术，譬如2007年江西靖安东周大墓所出之高级别锦绣；接下来，随着技术发展而不再深藏庙堂的珠玉锦绣，在春秋战国时作为商品流通，一定程度的为群雄霸主提供着称霸的物质基础；日益丰富的物质条件，统一强大的完整帝国，让秦汉之后的封建王朝开始了定服制的全新篇章，服饰的应用除却实用，又被人为规制出政治色彩……技术在发展，物质被丰富，精神寻求满足，它们又互相影响成为各朝各代特有工艺及文化发展的动力齿轮。通过沈先生的指引，一部缩略版中国古代服饰沿革脉络呈现在了世人面前，它看似以史为轴铺陈服饰演进，却也同时以服饰为线将中国古代各时期的政治、军事、经济、文化、民俗、哲学、伦理等诸多变迁之轨迹联系起来：如服装的产生源于人们御寒的需求，接着被运用到狩猎和战争时的防护，又因着战争需求而不断改进着服装的公用样式，这些样式慢慢渗入生活成为日常之所用，日常生活的基本需要满足之后，精神层面的追求也日益增加，美观、独特甚或不容侵犯等精神需求被实质化为技术、制度的发展和订立，它们自身也在循环往复。倘若没有真实可信的图片和细致完善的研究工作，人们如何直观地了解历史的发展，社会的沿革？因而以“实”为核心的《中国古代服饰研究》是一部非常易读的历史、服饰等方面的入门书籍，对后学又是一部信息量巨大的综述索引。

同时，写作这部书或者说这部从服饰角度以实证史的编写项目，也是传统文化向现代文化转型的一个重要标志，中国文人历来喜爱“纸上江山”，在文字的天地间天马行空，乃至《天工开物》一类的巨著即便作者提及均需遮掩羞惭，一副生无大志聊以自娱的无奈。而《中国古代服饰研究》更是不受“传统”史学家待见的，它以百、千字为单元看似漫不经心地与读者一起读图赏图，不做赘述，不强加臆想而是就实论事地以实物为展示主体，以文献为背景资料深入浅出地为读者揭开传统服饰文化发展的面纱。所有被列举出来的现象虽远不及实物的数量，但每一件作品的选取却均非随手而至，它们是建立在沈先生三十余年潜心文物、文献的研究基础之上，它们是先生在实物与文献研究中发现的问题，是传统文献中的说法与考古实物比证时需要非常关注的节点。

沈从文先生的《中国古代服饰研究》是中国古代服饰研究系统化工程的开山之作，它为历史研究提出了以实论史的新方法，作为沈先生的学生和助手，跟从沈先生的学习使我一生受益，却也备感压力。沈先生未尽之事业倘若断于我之手中，将绝不仅是个人的遗憾，沈先生当年为之倾力的事业，今日依然维系，却真实希望更多的人看到先生为大家引出的这条路径，希望它可以像先生希望的那样引领更多的人走入传统服饰文化的殿堂。

沈先生一生手不释卷，博闻强记，踏踏实实地求知育人，对年轻人的教育从不教条而是不断引导，他强调研究中的问题绝不能孤立看待，凡事有联系，上下而求索的方法是使人明了事物的根本途径。

因而在研究历史问题时，沈先生带领我们使用的就是文献与文物多元结合对比分析的方法。沈老身体力行地在中国古代服饰文化的研究中，坚定地推动历史文化必须以文献与文物相结合的唯物主义方法，他无愧于历史研究之大家之称。

先生还有一句话，在导读的最后呈现给大家，希望更多的人能投入到这样一份没有喜爱、没有坚持、没有时间的积淀就无法走下去却真真实实为国之必需的道路上来，也希望读这本书的人更加体会沈先生的良苦用心。

沈先生说："中国古人给世上留下了一部二十四史的巨著，地下却也还埋藏着另一部更加重要的二十四史，地下的这部将会不断订正、修补着世间流传的地上二十四史。"

2011 年 10 月于中国社会科学院考古研究所